KB135861

파이썬을 이용한 머신러닝, 딥러닝 실전 개발 입문

웹 크롤링과 스크레이핑부터
머신러닝 · 딥러닝까지 체계적으로 배우기

파이썬을 이용한 머신러닝, 딥러닝 실전 개발 입문

웹 크롤링과 스크레이핑부터
머신러닝 · 딥러닝까지 체계적으로 배우기

지은이 쿠지라 히코우즈쿠에
옮긴이 윤인성
펴낸이 박찬규 | 엮은이 이대엽 | 표지디자인 Arowa & Arowana

펴낸곳 위키북스 | 전화 031-955-3658, 3659 | 팩스 031-955-3660
주소 경기도 파주시 문발로 115, 311호(파주출판도시, 세종출판벤처타운)

가격 30,000 | 페이지 472 | 책규격 188x240mm

1쇄 발행 2019년 12월 05일
2쇄 발행 2020년 07월 14일
3쇄 발행 2021년 07월 23일
4쇄 발행 2023년 03월 15일
ISBN 979-11-5839-179-9 (93000)

등록번호 제406-2006-000036호 | 등록일자 2006년 05월 19일
홈페이지 wikibook.co.kr | 전자우편 wikibook@wikibook.co.kr

이 도서의 국립중앙도서관 출판시도서목록 CIP는
e-CIP 홈페이지 http://www.nl.go.kr/cip.php에서 이용하실 수 있습니다.
CIP제어번호 CIP2019047163

개정판

파이썬을 이용한 머신러닝, 딥러닝 실전 개발 입문

웹 크롤링과
스크레이핑부터
머신러닝 · 딥러닝까지
체계적으로 배우기

쿠지라 히코우즈쿠에 지음
/
윤인성 옮김

위키북스

일단 이 책을 구매하실 때의 주의점부터 언급하겠습니다. 이 책은 머신러닝/딥러닝 알고리즘을 만드는 방법을 단 한 줄도 설명하지 않습니다. 이 책은 머신러닝/딥러닝을 실무에 적용하기 위한 활용서입니다.

대부분의 IT 기술은 "기술을 쉽게 쓸 수 있게 무언가를 만드는 사람"과 "그러한 기술을 활용해 실질적으로 서비스를 제공하는 사람"으로 나뉩니다. 예를 들어

- "프로그래밍 언어를 만드는 사람"과 "프로그래밍 언어를 활용하는 사람"
- "게임 엔진을 만드는 사람"과 "게임 엔진으로 게임을 만드는 사람"
- "라이브러리/프레임워크를 만드는 사람"과 "라이브러리/프레임워크로 서비스를 만드는 사람"

등이라고 할 수 있는데, 이 책은 후자처럼 "그러한 기술을 활용해 실질적으로 서비스를 제공하는 사람"을 위한 책이라고 할 수 있습니다.

사실 이렇게 말하면 "그 기술을 만드는 방법을 모르는데, 그 기술을 사용해 실질적으로 서비스를 만들 수 있을까?"라고 생각하는 분들이 있을 것입니다. 하지만 자동차를 만드는 방법을 모른다고, 자동차를 운전하지 못하는 것은 아닌 것처럼 어떤 것을 만드는 것과 어떤 것을 활용하는 것은 조금 다른 문제라고 할 수 있습니다(물론 알면 좋겠지만요). 따라서 "머신러닝/딥러닝이 뭔지 전혀 모르겠는데?"라고 생각하는 독자라도 읽고 활용하는 데 큰 문제가 없을 것이라 생각합니다.

또한 머신러닝/딥러닝에 사용되는 알고리즘을 배우고도, "그래서 이걸로 뭘 어떻게 하는 거지?"라는 생각이 드는 독자라면 이 책으로 활용하는 방법을 익히면 좋을 것입니다.

이어서 책의 장점과 단점을 언급하면 장점은 “머신러닝/딥러닝 활용과 관련된 굉장히 넓은 범위를 다룬다”이고, 단점은 “너무 넓은 범위를 다루지만 아주 깊지는 않다”라고 할 수 있습니다. 따라서 “머신러닝/딥러닝을 더 깊게 공부할 수 있게 하는 방향성을 제시하는 책”이라고 생각하면 좋습니다(굉장히 다양한 주제를 다뤄서 굉장히 재미있습니다).

원래 책이 일본 책이라서 일본 사이트의 데이터 스크레이핑, 일본어 형태소 분석처럼 모두 일본어로 돼 있었는데, 약 130페이지를 전부 수정해서 한국 사이트의 데이터 스크레이핑, 한국어 형태소 분석으로 바꿨습니다.

어쨌거나 머신러닝/딥러닝은 컴퓨터를 전공하지 않은 비전공자도 관심이 있는 기술이라고 생각합니다. 그런데 그런 분들이 보기에는 이 책이 난이도가 약간 있습니다. 그래서 동영상 강의를 함께 제공합니다. 동영상 강의와 관련된 내용은 위키북스 홈페이지나 https://tinyurl.com/mqh4g73을 참고해 주세요.

2017년 6월에 이 책의 1판을 번역해서 출간하고, 2019년 11월에 책의 2판을 번역해서 출간하게 되었습니다. 1판을 출간할 때 녹화했던 동영상 강의는 현재 시점을 기준으로 약 13만회 조회되며 많은 분들께서 봐 주셨습니다. 2판에서는 Selenium 라이브러리 사용 방법의 변경, Scrapy 프레임워크 관련 내용의 추가, 일부 예제의 수정 등이 이루어졌습니다. 따라서 1판 강의를 기본하고, 변경 사항과 관련된 동영상 강의만 추가하도록 하겠습니다.

마지막으로 이 책을 펴내는 데 도움을 주신 모든 관계자 분들께 감사의 말씀을 드립니다.

– 윤인성

최근 딥러닝의 성과가 다양한 분야에서 나타나고 있습니다. 2016년 초에 인공지능 "알파고(AlphaGo)"가 한국의 프로 기사 이세돌과의 바둑 경기에서 5전 4승이라는 압도적인 결과를 내면서, 인공지능과 관련된 관심이 높아졌습니다. 체스 같은 분야는 이미 1997년 IBM의 딥 블루(Deep Blue)가 승리했었지만 바둑은 체스보다 훨씬 더 선택의 여지가 많아서 기존의 방법으로는 컴퓨터가 인간을 이길 수 없다고 여겨졌었습니다. 하지만 머신러닝의 한 분야인 딥러닝을 기반으로 시스템을 구축해 좋은 성과를 낼 수 있었습니다.

이 책은 파이썬으로 데이터를 수집하고, 수집된 데이터를 기반으로 머신러닝을 수행하는 방법을 설명합니다. 머신러닝의 중요성은 매일 높아지고 있지만 실제로 이를 어떻게 실무에 도입해야 하느냐와 관련된 질문이 많습니다. 따라서 이 책에서는 데이터를 수집하는 방법을 살펴보고 머신러닝에 활용하는 과정까지 실질적인 파이썬 예제 코드로 소개합니다.

딥러닝은 다양한 분야에서 활용되고 있습니다. 2000만 건의 의학 논문을 학습한 인공지능 왓슨(Watson)은 전문의도 진단하기 어려운 특수 백혈병을 10분 만에 확인할 수 있으며, 치료 방법을 바꾸도록 제안까지 해서 여성 환자의 생명을 구하기도 했습니다. 왓슨과 같은 인공지능은 인간 의사가 진단하기 힘든 암 환자의 병명을 밝혀내는 등의 활약을 실제 의료 현장에서 이미 하고 있습니다.

이처럼 머신러닝과 관련된 성공 사례를 듣고 나면 실제 업무에서도 활용해보고 싶을 것입니다. 머신러닝이라고 하면 어려운 수학과 관련된 지식이 필요하다고 생각하는 경우가 많지만, 그렇게까지 어려운 수학을 사용하는 경우는 거의 없습니다. 활용할 데이터만 가지고 있다면 이 책에서 설명하는 것과 같은 방법을 사용해 자신이 원하는 것을 만들어낼 수 있을 것입니다.

어쨌거나 컴퓨터에게 학습이라는 것을 시키려면 데이터를 수집해야 합니다. 그래서 이 책에서는 인터넷에서 데이터를 효율적으로 수집하고, 머신러닝을 원활하게 할 수 있게 데이터를 가공하는 방법에도 초점을 맞췄습니다.

물론 이처럼 데이터를 수집하고 가공하는 것은 머신러닝을 통해 새로운 무언가를 얻어내기 위함입니다. 따라서 데이터를 활용해 머신러닝을 수행하는 방법도 살펴봅니다. 이 책이 여러분의 업무를 조금 더 효율적으로 만들고, 새로운 지식을 전달할 수 있게 된다면 좋겠습니다.

대상 독자

- 파이썬 프로그래밍 언어와 관련된 기본적인 내용을 알고 있는 사람
- 데이터 스크레이핑과 머신러닝에 흥미가 있는 사람
- 머신러닝, 딥러닝을 업무에 적용해보고 싶은 사람

책의 구성

이 책에는 많은 소스코드가 있습니다. 다만 지면상 일부 코드는 생략했습니다. 이렇게 생략된 코드는 위키북스에서 제공하는 샘플 코드(https://wikibook.co.kr/pyml-rev/)를 내려받아 확인해주세요.

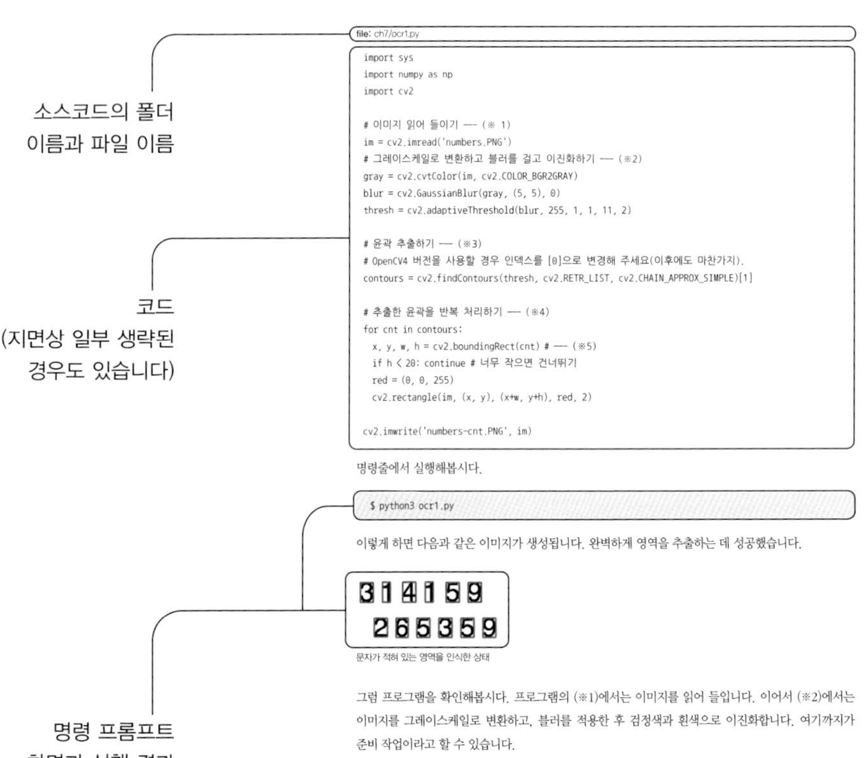

416 파이썬을 이용한 머신러닝, 딥러닝 실전 개발 입문 (개정판): 웹 크롤링과 스크레이핑부터 머신러닝 · 딥러닝까지 체계적으로 배우기

file: ch7/ocr1.py

```
import sys
import numpy as np
import cv2

# 이미지 읽어 들이기 --- (※ 1)
im = cv2.imread('numbers.PNG')
# 그레이스케일로 변환하고 블러를 걸고 이진화하기 --- (※2)
gray = cv2.cvtColor(im, cv2.COLOR_BGR2GRAY)
blur = cv2.GaussianBlur(gray, (5, 5), 0)
thresh = cv2.adaptiveThreshold(blur, 255, 1, 1, 11, 2)

# 윤곽 추출하기 --- (※3)
# OpenCV4 버전을 사용할 경우 인덱스를 [0]으로 변경해 주세요(이후에도 마찬가지).
contours = cv2.findContours(thresh, cv2.RETR_LIST, cv2.CHAIN_APPROX_SIMPLE)[1]

# 추출한 윤곽을 반복 처리하기 --- (※4)
for cnt in contours:
  x, y, w, h = cv2.boundingRect(cnt) # --- (※5)
  if h < 20: continue # 너무 작으면 건너뛰기
  red = (0, 0, 255)
  cv2.rectangle(im, (x, y), (x+w, y+h), red, 2)

cv2.imwrite('numbers-cnt.PNG', im)
```

명령줄에서 실행해봅시다.

```
$ python3 ocr1.py
```

이렇게 하면 다음과 같은 이미지가 생성됩니다. 완벽하게 영역을 추출하는 데 성공했습니다.

314159
265359

문자가 적혀 있는 영역을 인식한 상태

그럼 프로그램을 확인해봅시다. 프로그램의 (※1)에서는 이미지를 읽어 들입니다. 이어서 (※2)에서는 이미지를 그레이스케일로 변환하고, 블러를 적용한 후 검정색과 흰색으로 이진화합니다. 여기까지가 준비 작업이라고 할 수 있습니다.

예제 프로그램의 사용법

위키북스 사이트에서 책의 예제(https://wikibook.co.kr/pyml-rev/)를 내려받아서 압축을 해제합니다. 그리고 압축 해제된 파일을 원하는 경로에 복사해주세요. 예제 프로그램은 웹 서버를 기반으로 실행하는 경우도 있고, 명령 프롬프트에서 실행하는 경우도 있습니다.

웹 페이지 출력

웹 서버를 기반으로 실행해야 하는 경우에는 웹 서버(Apache 등)의 루트 폴더 아래에 예제 프로그램을 복사합니다. 1장에서 설명하겠지만 우분투(Ubuntu) 등을 가상 머신으로 사용한다면 "/var/www/html" 폴더에 복사합니다. 이어서 웹 브라우저 등을 사용해 해당 폴더로 이동하고, 실행하고자 하는 PHP 프로그램을 클릭하면 됩니다.

```
http://localhost:8088/sample/
```

명령 프롬프트에서 실행하는 프로그램

명령 프롬프트에서 실행해야 하는 프로그램이라면 다음과 같은 명령어를 입력해서 해당 프로그램이 있는 폴더로 이동합니다.

```
$ cd "<프로그램이 있는 폴더의 경로>"
```

예를 들어, 예제 폴더를 사용자 폴더 아래에 복사한 상태에서 sample/c2/array-basic.php를 실행하고 싶다면 다음과 같은 명령어를 입력합니다.

```
$ cd ~/sample/c2
$ php array-basic.php
```

00

머신러닝을 위한 데이터 처리

01

크롤링과 스크레이핑

02

고급 스크레이핑

04

머신러닝

05
딥러닝

07

이미지와 딥러닝

부록

개발 환경 구축

0장

머신러닝을 위한 데이터 처리

이번 장에서는 데이터 스크레이핑으로 데이터를 수집하고, 머신러닝을 수행하는 기법의 개요를 간단하게 소개합니다. 일단 간단하게 설명하면 "① 웹에서 데이터 다운로드하기, ② 데이터를 가공해서 저장하기, ③ 저장된 데이터를 활용해 머신러닝 수행하기"라고 할 수 있습니다.

0-1

크롤링, 스크레이핑, 머신러닝

인터넷의 빅데이터

“빅데이터(Big Data)”는 이름 그대로 대규모 데이터의 집합을 의미합니다. 물론 데이터를 수집하는 것만으로는 어떤 의미도 없습니다. 수집한 데이터는 활용해야 가치가 생깁니다. 빅데이터라는 용어는 수집한 데이터를 분석해서 비즈니스에 활용하는 것까지를 의미합니다.

빅데이터를 분석한다는 것은 수많은 데이터에서 규칙성을 찾는다는 것입니다. 데이터에 포함돼 있는 요소 중에서 중요한 것들을 추출하고, 이를 분류해서 규칙성을 찾는 것이 일반적입니다.

최근 빅데이터라는 분야가 인기를 끌고 있는 가장 큰 이유는 데이터를 쉽게 수집할 수 있게 됐기 때문입니다. 인터넷에 들어가면 수많은 데이터를 간단하게 수집할 수 있습니다. 또한 스마트폰의 보급과 소형 센서의 발달로 수많은 정보를 실시간으로 수집할 수 있게 됐다는 것도 중요한 이유입니다.

인터넷은 지식의 바다

이 책에서는 일단 인터넷에서 기계적인 방법으로 데이터를 수집하는 내용을 설명합니다. 인터넷에는 다양한 데이터가 있습니다. 몇 가지 생각해봅시다.

블로그와 SNS – 트렌드 분석

블로그와 웹 사이트에는 매일매일 좋은 정보들이 업로드됩니다. 페이스북과 트위터 등의 SNS가 퍼지면서 IT 지식이 거의 없는 사람들도 다양한 정보를 인터넷에 올릴 수 있게 됐습니다. 이러한 정보를 수집하고 분석하면 다양한 트렌드를 분석할 수 있습니다.

인터넷 전자상거래 – 상품 데이터베이스

쿠팡, 인터파크 등의 인터넷 쇼핑몰에는 매일 수많은 상품의 데이터가 업로드됩니다. 네이버와 다음 같은 사이트에서 다양한 곳의 상품 데이터를 모아 웹 API로 제공하므로 이를 이용하면 상품 데이터를 쉽게 활용할 수 있습니다.

금융 정보

인터넷에는 환율, 주식 등의 다양한 금융 정보가 있습니다. 따라서 각 국가의 환율, 주식, 금값 등을 실시간으로 추출할 수 있습니다. 이러한 정보를 정기적으로 추출해서 저장해두고 활용하면 예측 등에 활용할 수 있습니다.

이미지 데이터

또한 플리커, 인스타그램 같은 유명한 이미지 서비스를 활용하면 다양한 이미지 데이터를 얻을 수 있습니다. 이미지와 함께 제공되는 태그 정보 등을 활용하면 이미지의 내용을 함께 확인할 수 있답니다. 이 책에서도 이미지를 활용해 머신러닝을 수행하는 방법을 살펴봅니다.

행정 기관 정보 – 공개 데이터

행정 기관에서 공개하고 있는 공개 데이터도 있습니다. 예를 들어, "서울 열린 데이터 광장(http://data.seoul.go.kr/)" 등을 통해 인구, 지리, 미세먼지 등의 정보를 얻을 수 있습니다. 이름처럼 공개 데이터, 열린 데이터이므로 대부분 자유롭게 활용할 수 있습니다.

위키

인터넷에는 다양한 데이터가 있습니다. 세계 최대의 인터넷 사전이라고 불리는 위키피디아도 비교적 자유로운 라이선스를 가지고 있으므로 활용할 수 있습니다. 그 밖에도 한영 사전, 한일 사전, 한중 사전과 같은 언어 데이터도 찾아볼 수 있습니다.

저작권이 없어진 작품

또한 인터넷에는 저작권이 없어진 작품도 공개돼 있습니다. 고전 소설, 고전 그림 등은 대부분 다양하게 활용할 수 있습니다.

머신러닝 데이터

머신러닝에 활용할 목적으로 만들어진 데이터가 공개된 경우도 있습니다. 예를 들어, 손글씨 이미지 데이터, 사람 얼굴 데이터, 강아지와 고양이 등의 동물 데이터가 있는데, 용도에 맞게 다양하게 활용할 수 있습니다.

이처럼 인터넷에 있는 여러 정보를 조합하거나, 정기적으로 확인하면 다양한 비즈니스에 활용할 수 있습니다.

스크레이핑, 크롤링, 데이터 가공

이 책에서는 일단 데이터를 추출하는 방법부터 가공하는 방법까지 설명합니다. 인터넷에 다양한 데이터가 있는 것은 사실이지만 이것을 알고 있다는 것만으로는 데이터를 활용할 수 없습니다. 데이터를 제대로 활용하려면 데이터를 다운로드하고 용도에 맞게 가공하는 과정이 필요합니다.

스크레이핑

스크레이핑(Scraping)이란 웹 사이트에 있는 특정 정보를 추출하는 기술을 의미합니다. 스크레이핑을 이용하면 웹 사이트에 있는 정보를 쉽게 수집할 수 있습니다.

웹에 공개된 정보는 대부분 HTML 형식입니다. 이를 가져와서 데이터베이스에 저장하려면 데이터 가공이 필요합니다. 광고 등의 불필요한 정보를 제거하고, 필요한 정보만 가져오려면 사이트의 구조를 분석해야 합니다. 따라서 스크레이핑이라는 기술은 웹에서 데이터를 추출하는 것뿐만 아니라 그러한 구조를 분석하는 것도 포함됩니다.

또한 최근에는 로그인해야 유용한 정보에 접근할 수 있는 사이트도 많습니다. 이 경우 단순히 URL을 알고 있는 것만으로는 유용한 정보에 접근할 수 없습니다. 따라서 제대로 스크레이핑하려면 로그인해서 필요한 웹 페이지에 접근하는 기술도 알아야 합니다.

크롤링

크롤링(Crawling)이란 프로그램이 웹 사이트를 정기적으로 돌며 정보를 추출하는 기술입니다. 크롤링하는 프로그램을 “크롤러(Crawler)” 또는 “스파이더(Spider)”라고 합니다.

예를 들어, 검색 엔진을 구현할 때 사용하는 크롤러는 웹 사이트의 링크를 타고 돌며 웹 사이트를 돌아다닙니다. 그리고 웹 사이트의 데이터를 긁어 데이터베이스에 저장합니다. 정기적으로 웹 사이트들을 돌아다니므로 항상 최신 정보를 유지할 수 있습니다.

머신러닝에 사용할 수 있는 데이터의 구조

수집한 데이터는 머신러닝을 사용해 다양하게 활용할 수 있습니다. 하지만 웹에서 내려받은 HTML 데이터를 곧바로 머신러닝에 사용할 수 있는 것은 아닙니다. 데이터의 구조를 분석하고, 필요한 부분만 추출하는 과정이 필요합니다.

추출한 데이터를 어떻게 저장할 것인지도 중요한 문제입니다. 머신러닝에 활용하려면 일단 다루기 쉬운 형태로 저장하는 것이 좋습니다. 그리고 데이터를 데이터베이스에 저장할지, 파일에 저장할지 등도 용도에 따라서 결정해야 합니다.

이 책에서는 다양한 데이터 세트를 활용해 머신러닝을 배웁니다. 어떤 데이터를 어떤 형태로 사용하는지 잘 살펴보기 바랍니다.

머신러닝에 활용되는 대표적인 형식으로는 "쉼표로 구분하는 CSV 형식의 데이터", "계층을 통해 구조화할 수 있는 JSON, XML, YAML 형식의 데이터" 등이 있습니다. 이러한 형식에 대해 잘 알아두면 데이터를 활용할 때 큰 도움이 됩니다.

또한 이후에 머신러닝을 다룰 때 자세히 설명하겠지만 텍스트 데이터와 이미지 파일을 아무런 처리 없이 학습기(머신러닝을 시키는 대상)에 입력할 수는 없습니다. 데이터에 어떤 특징이 있는지 개발자가 직접 확인하고 가공해야 학습시킬 수 있습니다.

정리

이 책에서는 다음과 같은 순서로 머신러닝에 대해 살펴봅니다.

- 웹에서 데이터를 다운로드합니다(1, 2장).
- 다운로드한 데이터에서 필요한 데이터를 추출합니다(1, 2장).
- 추출한 데이터를 목적에 맞는 형식으로 저장합니다(3장).
- 머신러닝을 수행합니다(4장 이후의 내용).

칼럼 | 파이썬 크롤링과 스크레이핑의 변화

이 책의 앞부분에서는 데이터 수집, 즉 파이썬을 이용한 크롤링과 스크레이핑 방법을 설명합니다. 굉장히 다양한 방법으로 크롤링과 스크레이핑할 수 있는데, 일단 가장 단순한 방법을 소개하고 차근차근 라이브러리와 프레임워크 사용법으로 넘어가겠습니다.

처음에는 파이썬에 기본적으로 내장돼 있는 urllib 라이브러리를 사용하는 방법을 알아봅니다. 이는 가장 간단한 네트워크 라이브러리이지만 충분히 다양한 네트워크 처리를 할 수 있습니다. 이를 활용하면 웹에 공개돼 있는 데이터를 읽어 들일 수 있습니다.

이어서 BeautifulSoup를 소개합니다. BeautifulSoup를 이용하면 읽어 들인 HTML과 XML을 파싱하고, 원하는 데이터를 추출할 수 있습니다.

그리고 Requests 라이브러리를 소개합니다. 이 라이브러리를 이용하면 urllib 라이브러리보다 간편하게 데이터를 다운로드할 수 있습니다. BeautifulSoup와 함께 조합해서 사용하면 다양한 스크레이핑이 가능해집니다. 특히 세션을 이용한 로그인 기능이 있는 사이트 등에서 데이터를 추출할 때 편리합니다.

하지만 최근에는 많은 웹 사이트들이 자바스크립트를 사용해서 만들어지고 있습니다. 이러한 경우에는 실제로 웹 브라우저를 조작해서 크롤링과 스크레이핑을 해야 합니다. 이때 사용하는 것이 바로 Selenium입니다. Selenium을 이용하면 웹 브라우저를 조작해서 다양한 처리를 할 수 있으며, 데이터를 추출할 수도 있습니다.

또한 Scrapy라는 크롤링과 스크레이핑을 전문적으로 해주는 프레임워크도 있습니다. 이는 방금 언급했던 Selenium과 함께 사용할 수도 있습니다. 프레임워크를 배우는 것은 조금 어렵고, 노력이 필요한 과정입니다. 하지만 한 번만 배우면 복잡한 처리를 간편하게 할 수 있습니다. 스크레이핑을 많이 해야 하는 경우에는 Scrapy를 사용하는 것이 좋습니다.

1장

크롤링과 스크레이핑

이번 장에서는 실제로 프로그램을 만들어 데이터를 수집해보겠습니다. 이러한 과정을 크롤링 또는 스크레이핑이라고 하며, 이번 장은 크롤링/스크레이핑과 관련된 기술을 살펴보는 장입니다. 또한 책의 부록에서 베이그런트(vagrant) 또는 도커(Docker)를 이용한 파이썬 개발 환경 구축 방법도 설명하는데, 부록을 보고 개발 환경을 설정한 뒤에 이번 장의 내용을 함께 진행하면 좋습니다.

1-1

데이터 다운로드하기

파이썬으로 웹 사이트에서 데이터를 다운로드하는 방법을 소개합니다. 일단 파이썬에서 표준적으로 제공하는 "urllib"이라는 라이브러리를 사용해봅시다.

이번 절에서 배울 내용

- 파이썬의 네트워크 라이브러리 urllib
- urllib을 이용한 다운로드

알고리즘과 툴

- urllib

웹상의 정보를 추출하는 방법

파이썬은 웹 사이트에 있는 데이터를 추출하기 위해 "urllib 라이브러리"를 사용합니다. 이 라이브러리를 이용하면 HTTP 또는 FTP를 사용해 데이터를 다운로드할 수 있습니다.

urllib은 URL을 다루는 모듈을 모아 놓은 패키지라고 할 수 있습니다.

그중에서도 urllib.request 모듈은 웹 사이트에 있는 데이터에 접근하는 기능을 제공합니다. 또한 인증, 리다이렉트, 쿠키(Cookie)처럼 인터넷을 이용한 다양한 요청과 처리를 지원합니다.

urllib.request를 이용한 다운로드

일단 웹 사이트에서 파일을 다운로드하는 방법을 살펴봅시다.

파일을 다운로드할 때는 urllib.request 모듈에 있는 `urlretrieve()` 함수를 사용합니다. 이 함수를 이용하면 직접 파일을 다운로드할 수 있습니다.

다음 코드는 웹에 있는 PNG 파일을 "test.png"라는 이름의 파일로 저장한 예입니다.

file: ch1/download-png1.py

```
# 라이브러리 읽어 들이기 --- (※1)
import urllib.request

# URL과 저장 경로 지정하기
url = "http://uta.pw/shodou/img/28/214.png"
savename = "test.png"

# 다운로드 --- (※2)
urllib.request.urlretrieve(url, savename)
print("저장되었습니다...!")
```

다음과 같이 프로그램을 명령줄에서 실행해봅시다. PNG 파일이 다운로드되는 것을 확인할 수 있습니다.

```
$ python3 download-png1.py[1, 2]
저장되었습니다...!
```

download-png1.py

test.png

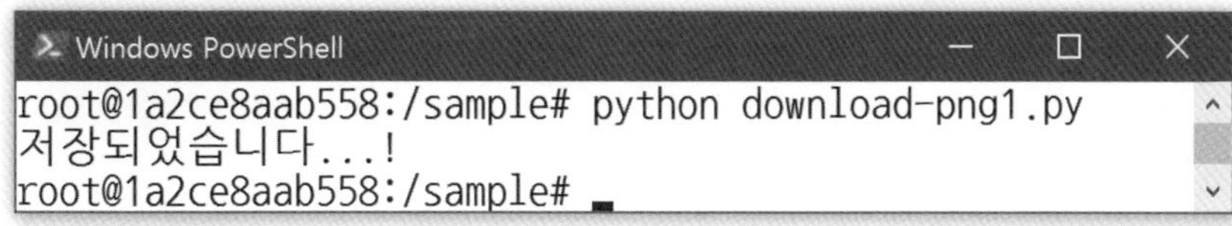

PNG 파일을 다운로드했습니다.

그럼 파이썬 프로그램을 확인해봅시다.

파이썬 라이브러리를 사용하려면 import 구문을 사용해 라이브러리를 읽어 들여야 합니다. 프로그램에서는 (※1)에서 urllib.request 모듈을 읽어 들입니다. "urllib.request"처럼 점(".")으로 구분된 모듈을 지정한 것은 "urllib 패키지 내부에 있는 request 모듈"이라는 의미입니다.

1 (옮긴이) python3으로 실행되지 않으면 python 명령어로 실행해주세요. 환경에 따라 파이썬 3.x 버전의 실행 명령어가 다르기 때문입니다. 참고로 이 책의 부록에서 설치한 도커 환경에서는 python 명령어를 사용하면 되는데, 파이썬 3.x 버전이라는 것을 명시하기 위해 책의 본문 코드에서는 python3 명령어를 사용하겠습니다.

2 (옮긴이) macOS에서 코드를 실행했을 때, 인증 관련 오류가 발생한다면, "Machintoshi HD/Application/Python 3.8/Install Certificates.command" 파일을 실행해주세요.

프로그램의 (※2)에서 파일을 다운로드합니다. urlretrieve()의 첫 번째 매개변수에 URL을, 두 번째 매개변수에 저장할 파일의 경로를 지정합니다.

파이썬을 이용하면 파일을 다운로드할 때 이처럼 몇 줄의 코드만 있으면 된답니다.

urlopen()으로 파일에 저장하는 방법

방금 살펴본 예제에서는 request.urlretrieve() 함수를 사용해 파일에 곧바로 저장했는데, 이번에는 request.urlopen()을 사용하는 방법을 소개하겠습니다. request.urlopen()을 이용하면 곧바로 파일로 저장하는 것이 아니라 데이터를 파이썬 메모리 위에 올릴 수 있습니다[3].

그럼 request.urlopen()을 이용해 메모리 위에 데이터를 올리고, 이후에 파일에 저장해봅시다. 이 과정은 데이터를 추출하고, 파일로 저장하는 흐름에 따라 진행됩니다.

file: ch1/download-png2.py

```
import urllib.request

# URL과 저장 경로 지정하기
url = "http://uta.pw/shodou/img/28/214.png"
savename = "test.png"

# 다운로드 --- (※1)
mem = urllib.request.urlopen(url).read()

# 파일로 저장하기 --- (※2)
with open(savename, mode="wb") as f:
    f.write(mem)
    print("저장되었습니다...!")
```

프로그램을 명령줄에서 실행하면 png 파일이 test.png라는 이름으로 저장됩니다.

```
$ python3 download-png2.py
저장되었습니다...!
```

그럼 곧바로 프로그램을 확인해봅시다.

3 (옮긴이) 데이터를 파이썬 메모리 위에 올린다는 말이 어려울 수 있는데, 약간 다르기는 하지만 "변수에 저장해서 활용할 수 있게 만든다"라고 이해해도 괜찮을 것 같습니다.

(※1)에서는 urlopen() 함수로 PNG 파일의 URL 리소스를 엽니다. 이어서 read() 메서드로 데이터를 읽어 들입니다. 그리고 (※2)에서는 파일을 여는 open() 함수로 파일을 엽니다. 이때 파일을 읽고 쓰기 모드를 나타내는 mode를 "wb"로 파일을 엽니다. "w"는 쓰기 모드, "b"는 바이너리 모드를 의미합니다[4].

그리고 write() 메서드로 다운로드한 바이너리 데이터를 파일에 저장합니다.

웹에서 데이터 추출하기

이어서 웹에서 XML 또는 HTML 등의 텍스트 기반 데이터를 다운로드하는 방법을 소개하겠습니다. 이번에는 간단한 다운로드 예로 필자가 운용하고 있는 웹 API를 사용해보겠습니다.

> 책과 함께 제공되는 웹 API[5]
> http://api.aoikujira.com/

클라이언트 접속 정보 출력해보기

일단은 기본적인 사용법을 살펴보겠습니다. 다음은 IP 주소, UserAgent 등의 클라이언트 접속 정보를 출력하는 "IP 확인 API"에 접근해서 정보를 추출하는 프로그램입니다.

file: ch1/download-ip.py

```
# IP 확인 API로 접근해서 결과 출력하기
# 모듈 읽어 들이기 --- (※1)
import urllib.request

# 데이터 읽어 들이기 --- (※2)
url = "http://api.aoikujira.com/ip/ini"
res = urllib.request.urlopen(url)
data = res.read()

# 바이너리를 문자열로 변환하기 --- (※3)
text = data.decode("utf-8")
print(text)
```

4 (옮긴이) 바이너리가 무엇인지는 3장에서 자세히 다룹니다.

5 (옮긴이) 책의 자료가 대부분 일본 자료입니다. 실습할 때 입력 또는 출력에 일본어가 사용되는 경우는 모두 한국어로 교체했지만 입력 또는 출력에 일본어가 전혀 들어가지 않아서 실습에 상관없는 자료는 모두 원래 자료를 그대로 사용하겠습니다. 웹 사이트는 일본어로 돼 있는데, 실습할 때 전혀 신경 쓰지 않아도 되므로 걱정하지 말고 내용을 진행하도록 합시다.

명령줄에서 프로그램을 실행해봅시다. 실행하면 다음과 같이 접속 클라이언트와 관련된 정보가 표시됩니다(xxx 부분은 실행하는 환경에 따라 다른 부분입니다).

```
[ip]
API_URI=http://api.aoikujira.com/ip/get.php
REMOTE_ADDR=xxx.xxx.xxx.xxx
REMOTE_HOST= xxx.xxx.xxx.xxx
REMOTE_PORT=61310
HTTP_HOST=api.aoikujira.com
HTTP_USER_AGENT=python-urllib/3.5
HTTP_ACCEPT_LANGUAGE=ko-KR,ko;q=0.8,en-US;q=0.6,en;q=0.4,ja;q=0.2
HTTP_ACCEPT_CHARSET=
SERVER_PORT=80
FORMAT=ini
```

결과를 확인했으면 프로그램을 살펴봅시다. 프로그램의 (※1)에서는 urllib.request 모듈을 읽어 들입니다.

이어서 프로그램의 (※2)에서는 `request.urlopen()` 메서드를 호출합니다. 그리고 `read()` 메서드를 사용해 데이터를 읽어 들입니다.

`read()` 메서드로 읽어 들인 데이터는 바이너리 데이터입니다. 따라서 프로그램의 (※3)에서 `decode()` 메서드를 사용해 바이너리를 문자열로 변환합니다. 문자열로 변환한 이후에는 `print()` 함수로 표준 출력[6]에 데이터를 출력합니다.

만약 FTP 상의 리소스를 추출하고 싶으면 `request.urlopen()`에 지정한 URL을 "http://"에서 "ftp://"로 변경하면 됩니다.

매개변수를 추가해 요청을 전송하는 방법

이어서 URL에 매개변수를 추가해 요청을 전송하는 방법을 확인해보겠습니다. 이번 예제에서는 기상청의 RSS 서비스를 사용해보겠습니다. 기상청 RSS는 다음과 같은 URL에 지역 번호를 지정하면 해당 지역의 정보를 제공해줍니다.

```
http://www.kma.go.kr/weather/forecast/mid-term-rss3.jsp
※ [참고] 기상청 RSS: http://www.kma.go.kr/weather/lifenindustry/sevice_rss.jsp
```

6 (옮긴이) 표준 출력이란 터미널 화면이라고 생각해도 일단 문제없습니다.

이때 지역 번호는 매개변수로 지정합니다.

매개변수	의미
stnId	기상 정보를 알고 싶은 지역을 지정합니다.

지역 번호는 다음과 같습니다.

지역	지역 번호	지역	지역 번호
전국	108	전라북도	146
서울/경기도	109	전라남도	156
강원도	105	경상북도	143
충청북도	131	경상남도	159
충청남도	133	제주특별자치도	184

파이썬으로 요청 전용 매개변수를 만들 때는 urllib.parse 모듈의 `urlencode()` 함수를 사용해 매개변수를 URL 인코딩합니다.

그럼 실제로 지역 번호를 사용해 기상 정보를 가져오는 프로그램을 만들어봅시다.

file: ch1/download-forecast.py

```
import urllib.request
import urllib.parse
API = "http://www.kma.go.kr/weather/forecast/mid-term-rss3.jsp"
# 매개변수를 URL 인코딩합니다. --- (※1)
values = {
    'stnId': '108'
}
params = urllib.parse.urlencode(values)
# 요청 전용 URL을 생성합니다. --- (※2)
url = API + "?" + params
print("url=", url)
# 다운로드합니다. --- (※3)
data = urllib.request.urlopen(url).read()
text = data.decode("utf-8")
print(text)
```

명령줄에서 프로그램을 실행해봅시다. 서울/경기도의 정보를 다음과 같이 출력합니다. 내용이 너무 많으므로 일부 내용은 생략했습니다. 이렇게 많은 내용 중에서 원하는 내용만 추출하는 방법은 이후에 살펴보겠습니다.

```
url= http://www.kma.go.kr/weather/forecast/mid-term-rss3.jsp?stnId=108
<?xml version="1.0" encoding="utf-8" ?>
<rss version="2.0">
<channel>
<title>기상청 육상 중기예보</title>
<link>http://www.kma.go.kr/weather/forecast/mid-term_01.jsp</link>
<description>기상청 날씨 웹서비스</description>
<language>ko</language>
<generator>기상청</generator>
<pubDate>2019년 11월 12일 (화)요일 06:00</pubDate>
 <item>
<author>기상청</author>
<category>육상중기예보</category>
<title>전국 육상 중기예보 - 2019년 11월 12일 (화)요일 06:00 발표</title>
<link>http://www.kma.go.kr/weather/forecast/mid-term_01.jsp</link>
<guid>http://www.kma.go.kr/weather/forecast/mid-term_01.jsp</guid>
<description>
        <header>
                <title>전국 육상중기예보</title>
                <tm>201911120600</tm>
                <wf><![CDATA[기압골의 영향으로 15~16일은 중부지방, 17일은 전국에 비가 오겠습니
다.<br />그 밖의 날은 고기압의 가장자리에 들어 가끔 구름이 많겠습니다.<br />기온은 평년(최저기온:
-4~8℃, 최고기온: 9~16℃)보다 15일과 19~20일은 낮겠으나, 그 밖의 날은 비슷하거나 조금 높겠습니다.
<br />강수량은 평년(1~3mm)과 비슷하거나 조금 많겠습니다.]]></wf>
        </header>
        <body>
```

그럼 프로그램을 확인해봅시다. 프로그램의 (※1)에서는 딕셔너리(dict) 자료형의 매개변수를 URL 인코딩합니다. URL 인코딩을 위해 urllib.parse 모듈을 사용했습니다.

이어서 프로그램의 (※2)에서는 요청 전용 URL을 생성하고, 표준 출력에 URL을 출력했습니다. URL 인코딩 결과가 위의 실행 결과의 첫 번째 줄에 출력된 것입니다.

이처럼 요청을 전송할 때는 다음과 같은 URL을 보내게 됩니다.

```
[서식] GET 요청으로 매개변수 전송하기
http://example.com?key1=v1&key2=v2&key3=v3...
```

URL 끝부분에 "?"를 입력하고, "<key>=<value>" 형식으로 매개변수를 작성하면 됩니다. 여러 개의 매개변수를 사용할 때는 "&"을 사용해 구분해줍니다.

사실 이번 예제에서는 매개변수로 간단한 숫자를 사용하므로 복잡한 처리를 따로 하지 않고 매개변수를 곧바로 URL에 지정해서 사용해도 됩니다. 하지만 매개변수에 한국어 등이 포함돼 있다면 반드시 URL 인코딩을 해야 합니다.

매개변수를 명령줄에서 지정하기

그런데 현재 프로그램은 매개변수를 코드에 입력해야 하므로 다른 지역의 정보를 알아내고 싶을 때는 프로그램을 열고 수정해야 합니다. 이런 귀찮은 과정을 거치지 않고 명령줄에서 곧바로 지역 번호를 입력하고 사용할 수 있다면 어떨까요?

file: ch1/download-forecast-argv.py

```python
#!/usr/bin/env python3

# 라이브러리를 읽어 들입니다. --- (※1)
import sys
import urllib.request as req
import urllib.parse as parse

# 명령줄 매개변수 추출 --- (※2)
if len(sys.argv) <= 1:
    print("USAGE: download-forecast-argv <Region Number>")
    sys.exit()
regionNumber = sys.argv[1]

# 매개변수를 URL 인코딩합니다. --- (※3)
API = "http://www.kma.go.kr/weather/forecast/mid-term-rss3.jsp"
values = {
    'stnId': regionNumber
}
```

```
params = parse.urlencode(values)
url = API + "?" + params
print("url=", url)

# 다운로드합니다. --- (※4)
data = req.urlopen(url).read()
text = data.decode("utf-8")
print(text)
```

명령줄에서 다음과 같은 형식으로 실행해보세요.

```
$ python3 download-forecast-argv 108
$ python3 download-forecast-argv 109
$ python3 download-forecast-argv 184
```

입력한 명령줄 매개변수에 따라 결과가 달라질 것입니다. 그럼 파이썬 프로그램을 확인해봅시다.

프로그램의 (※1)에서는 라이브러리를 읽어 들입니다. 명령줄 매개변수를 추출할 때 사용하는 sys 모듈을 읽어 들였습니다. 또한 import 구문에 as를 지정해서 모듈을 원하는 이름으로 사용할 수 있게 했습니다. 현재 코드에서는 urllib.request를 req이라는 이름으로, urllib.parse를 parse라는 이름으로 선언했습니다. 이처럼 모듈에 별칭(alias)을 정의하면 프로그램을 작성할 때 키보드를 입력하는 횟수를 줄일 수 있습니다.

이어서 프로그램의 (※2)를 살펴봅시다. 여기서는 명령줄 매개변수를 조정합니다. 명령줄 매개변수는 `sys.argv`에 리스트 형태로 들어옵니다. `sys.argv[0]`에는 스크립트의 이름, `sys.argv[1]` 이후에는 명령줄 매개변수가 설정됩니다. 몇 개의 매개변수가 지정돼 있는지는 `len(sys.argv)`처럼 `len()` 함수를 사용해 확인할 수 있습니다. 그리고 파이썬 프로그램을 중단할 때는 `sys.exit()` 또는 `quit()` 함수를 사용합니다.

프로그램의 (※3)에서는 URL 매개변수를 생성하기 위해 URL 인코딩합니다. 사실 숫자로 입력하므로 따로 필요는 없지만 한국어 등을 사용할 때는 필수이므로 꼭 기억해주세요. 어쨌거나 이 부분을 제외하면 이전에 만든 프로그램과 완전히 같은 프로그램입니다. 프로그램의 (※4)에서 데이터를 추출하고, 결과를 표준 출력에 출력합니다.

참고로 Linux/macOS에서는 실행 권한을 부여해서 명령어처럼 실행할 수 있습니다. "download-forecast-argv.py" 파일의 첫 번째 줄에 있는 것을 셔뱅(shebang)이라고 부릅니다. 이를 이용하면 실행 권한이 있을 때 "python3" 명령어를 따로 지정하지 않아도 프로그램이 실행되게 할 수 있습니다.

```
# 실행 권한 부여
$ chmod 766 download-forecast-argv.py
# 명령어로 실행
$ ./download-forecast-argv.py 108
```

정리

urllib으로 웹 사이트에서 데이터를 읽어 들이고 파일로 저장하는 방법을 살펴봤습니다.
이처럼 urllib을 이용하면 간단하게 데이터를 다운로드할 수 있습니다. urllib을 이용한 다운로드는 이 책을 읽을 때 가장 기초가 되는 내용이므로 반드시 기억하기 바랍니다.

1-2

BeautifulSoup로 스크레이핑하기

"BeautifulSoup"란 파이썬으로 스크레이핑을 할 수 있게 해주는 편리한 라이브러리입니다. 이번 절에서는 이러한 라이브러리를 사용해 원하는 정보를 추출하는 방법을 소개하겠습니다.

이번 절에서 배울 내용

- 스크레이핑
- BeautifulSoup

알고리즘과 툴

- BeautifulSoup

BeautifulSoup로 스크레이핑하기

스크레이핑이란 웹 사이트에서 데이터를 추출하고, 원하는 정보를 추출하는 것입니다. 최근에는 인터넷에 데이터가 너무 많으므로 스크레이핑을 잘 활용하는 것이 중요합니다.

파이썬으로 스크레이핑할 때 빼놓을 수 없는 라이브러리가 바로 "BeautifulSoup"입니다. 이 라이브러리를 이용하면 간단하게 HTML과 XML에서 정보를 추출할 수 있습니다.

최근 스크레이핑 라이브러리는 다운로드부터 HTML 분석까지 모두 해주는 경우가 많은데, BeautifulSoup는 어디까지나 HTML과 XML을 분석해주는 라이브러리입니다. BeautifulSoup 자체에는 다운로드 기능이 없으므로 주의해주세요.

BeautifulSoup 설치

파이썬 라이브러리를 설치할 때는 `pip` 명령어를 사용합니다. `pip`이란 파이썬 패키지 관리 시스템입니다.

파이썬 패키지는 Python Package Index(PyPI)에서 확인할 수 있습니다. `pip`을 이용하면 PyPI에 있는 패키지를 명령어 한 줄로 설치할 수 있습니다.

```
파이썬 Package Index(PyPI)
[URL] https://pypi.python.org/pypi
```

pip으로 BeautifulSoup를 설치할 때는 다음과 같은 명령어를 실행합니다.

```
$ pip3 install beautifulsoup4
```

참고로 pip3는 pip의 파이썬 3 버전입니다[7].

BeautifulSoup 기본 사용법

일단은 BeautifulSoup의 기본적인 사용법을 확인해봅시다. 다음 프로그램은 BeautifulSoup를 이용해 분석하는 간단한 예제입니다. 웹 사이트로부터 HTML을 가져와서 사용하는 것이 아니라 HTML을 문자열로 만들어 사용하고 있습니다. 그리고 문자열 분석을 완료하면 결과를 출력합니다.

file: ch1/bs-test1.py

```
# 라이브러리 읽어 들이기 --- (※1)
from bs4 import BeautifulSoup

# 분석하고 싶은 HTML --- (※2)
html = """
<html><body>
  <h1>스크레이핑이란?</h1>
  <p>웹 페이지를 분석하는 것</p>
  <p>원하는 부분을 추출하는 것</p>
</body></html>
"""

# HTML 분석하기 --- (※3)
soup = BeautifulSoup(html, 'html.parser')

# 원하는 부분 추출하기 --- (※4)
h1 = soup.html.body.h1
p1 = soup.html.body.p
p2 = p1.next_sibling.next_sibling

# 요소의 글자 출력하기 --- (※5)
```

7 (옮긴이) 이전과 마찬가지로 pip3 명령어가 적용되지 않으면 pip 명령어를 사용해주세요. 환경에 따라 파이썬 3.x 버전이라도 pip 명령어인 경우가 있습니다. 이전과 마찬가지로 책의 본문에서는 파이썬 3.x 버전이라는 것을 명시하기 위해 pip3라고 적겠습니다.

```
print("h1 = " + h1.string)
print("p  = " + p1.string)
print("p  = " + p2.string)
```

프로그램을 명령줄에서 실행해봅시다.

```
$ python3 bs-test1.py
h1 = 스크레이핑이란?
p  = 웹 페이지를 분석하는 것
p  = 원하는 부분을 추출하는 것
```

그럼 프로그램을 확인해봅시다. 프로그램의 (※1)에서는 BeautifulSoup 라이브러리를 읽어 들입니다. (※2)에서는 분석 대상 HTML을 지정합니다.

프로그램의 (※3)에서는 BeautifulSoup 인스턴스를 생성합니다. 이때 첫 번째 매개변수에 HTML을 지정합니다. 그리고 두 번째 매개변수에는 분석할 분석기(parser)의 종류를 지정합니다. HTML을 분석할 때는 "html.parser"라고 지정합니다.

프로그램의 (※4)에서 원하는 부분을 추출합니다. 정상적으로 분석됐다면 HTML의 구조처럼 루트 요소인 <html>에서 마침표(.)를 사용해 값에 접근할 수 있습니다. 코드에서는 "soup.html.body.h1"이라고 적었는데, <html><body><h1>에 있는 요소에 접근한 것입니다. 프로그램의 (※5)에서는 string 속성에 접근해서 요소의 글자 부분을 추출합니다.

분석할 때 HTML 내부에는 <p> 태그가 2개 있는데 soup.html.body.p라고 접근하면 앞쪽에 있는 <p> 태그를 추출하게 됩니다. 이때 첫 번째의 next_sibling에서는 </p> 뒤에 있는 줄바꿈 또는 공백이 추출됩니다. 따라서 next_sibling을 한 번 더 사용해 2번째 <p> 태그를 추출합니다.

HTML의 구조를 알고 있다면 쉽게 원하는 요소를 추출할 수 있습니다. 하지만 루트부터 "html.body…" 형태로 HTML 구조를 하나하나 적어 나가는 것은 조금 귀찮고 복잡합니다. 따라서 이어서 간단하게 요소를 찾아내는 방법을 소개하겠습니다.

id로 요소를 찾는 방법

BeautifulSoup는 루트부터 하나하나 요소를 찾는 방법 말고도 id 속성을 지정해서 요소를 찾는 find() 메서드라는 메서드를 제공합니다. 그럼 곧바로 코드를 살펴봅시다.

file: ch1/bs-test2.py

```
from bs4 import BeautifulSoup

html = """
<html><body>
  <h1 id="title">스크레이핑이란?</h1>
  <p id="body">웹 페이지를 분석하는 것</p>
  <p>원하는 부분을 추출하는 것</p>
</body></html>

# HTML 분석하기 --- (※1)
soup = BeautifulSoup(html, 'html.parser')

# find() 메서드로 원하는 부분 추출하기 --- (※2)
title = soup.find(id="title")
body  = soup.find(id="body")

# 텍스트 부분 출력하기
print("#title=" + title.string)
print("#body="  + body.string)
```

그럼 명령줄에서 실행해봅시다.

```
$ python3 bs-test2.py
#title=스크레이핑이란?
#body=웹 페이지를 분석하는 것
```

프로그램을 살펴봅시다. 프로그램의 (※1)에서는 BeautifulSoup 인스턴스를 생성합니다. 첫 번째 매개변수에 분석하고 싶은 HTML을 지정합니다.

(※2)에서는 `id`를 지정해 요소를 추출합니다. `find()` 메서드에 `"id=<값>"` 형태로 매개변수를 지정해 요소를 검색합니다.

여러 개의 요소 추출하기 – find_all() 메서드

참고로 여러 개의 태그를 한 번에 추출하고 싶을 때는 `find_all()` 메서드를 사용합니다. 다음 코드는 HTML 내부에 있는 여러 개의 <a> 태그를 추출하는 프로그램입니다. <a> 태그는 하이퍼링크 태그이므로, 링크 대상은 href 속성으로 지정하고 링크를 설명하는 텍스트는 태그 내부에 입력합니다. 다음 코드는 설명 글자와 링크 대상 URL을 추출하고 출력하는 예입니다.

file: ch1/bs-link.py

```
from bs4 import BeautifulSoup
html = """
<html><body>
  <ul>
    <li><a href="http://www.naver.com">naver</a></li>
    <li><a href="http://www.daum.net">daum</a></li>
  </ul>
</body></html>
"""

# HTML 분석하기 --- (※1)
soup = BeautifulSoup(html, 'html.parser')

# find_all() 메서드로 추출하기 --- (※2)
links = soup.find_all("a")

# 링크 목록 출력하기 --- (※3)
for a in links:
    href = a.attrs['href']
    text = a.string
    print(text, ">", href)
```

일단은 명령줄에서 실행해봅시다.

```
$ python3 bs-link.py
naver > http://www.naver.com
daum > http://www.daum.net
```

그럼 프로그램을 확인해봅시다. 프로그램의 (※1)에서는 HTML을 지정해 BeautifulSoup 인스턴스를 생성합니다. 프로그램의 (※2)에서는 `find_all()` 메서드를 사용해 모든 <a> 태그를 추출합니다.

프로그램의 (※3)에서는 추출한 모든 요소를 `for` 구문으로 반복 처리합니다. 링크의 `href` 속성은 `attrs['href']`처럼 `attrs` 속성에서 추출합니다. 또한 내부의 설명 텍스트는 `string` 속성으로 추출합니다.

DOM 요소의 속성에 대해

그럼 다시 DOM 요소의 속성을 추출하는 방법을 확인해봅시다. 파이썬의 대화형 실행 환경인 REPL을 사용해 동작을 확인해보겠습니다. REPL을 실행하려면 명령줄에 "`python3`"라고 입력합니다.

참고로 DOM(Document Object Model)이란 XML 또는 HTML의 요소에 접근하는 구조를 나타냅니다. 그리고 DOM 요소의 속성이란 태그 이름 뒤에 있는 각 속성을 말합니다. 예를 들어, <a> 태그라면 href 등이 속성입니다.

```
>>> # 코드를 쉽게 볼 수 있게 줄바꿈했습니다. 실제 REPL은 따로 줄바꿈되지 않습니다.
>>> from bs4 import BeautifulSoup
>>> soup = BeautifulSoup(
...     "<p><a href='a.html'>test</a></p>",
...     "html.parser")

>>> # 분석이 제대로 됐는지 확인하기 --- (※1)
>>> soup.prettify()
'<p>\n <a href="a.html">\n  test\n </a>\n</p>'

>>> # <a> 태그를 변수 a에 할당
>>> a = soup.p.a

>>> # attrs 속성의 자료형 확인 --- (※2)
>>> type(a.attrs)
<class 'dict'>

>>> # href 속성이 있는지 확인
>>> 'href' in a.attrs
True

>>> # href 속성값 확인
>>> a['href']
'a.html'
```

(※1)처럼 `prettify()` 메서드를 이용하면 제대로 분석됐는지 확인할 수 있습니다. 그리고 (※2)처럼 `attrs` 속성의 자료형을 확인하면 딕셔너리(dict)라는 것을 알 수 있습니다. 따라서 `in` 연산자를 사용해 원하는 속성이 존재하는지 확인할 수 있습니다.

urlopen()과 BeautifulSoup 조합하기

BeautifulSoup 인스턴스를 생성하는 방법을 배웠습니다. 지금까지 살펴본 예제처럼 HTML 문자열을 지정할 수도 있지만 `open()` 함수 또는 `urllib.request.urlopen()` 함수의 리턴 값을 지정해도 됩니다.

그럼 `urlopen()`을 사용해 "기상청 RSS"에서 특정 내용을 추출해봅시다.

file: ch1/bs-forecast.py

```
from bs4 import BeautifulSoup
import urllib.request as req

url = "http://www.kma.go.kr/weather/forecast/mid-term-rss3.jsp"

# urlopen()으로 데이터 가져오기 --- (※1)
res = req.urlopen(url)

# BeautifulSoup으로 분석하기 --- (※2)
soup = BeautifulSoup(res, "html.parser")

# 원하는 데이터 추출하기 --- (※3)
title = soup.find("title").string
wf = soup.find("wf").string
print(title)
print(wf)
```

명령줄에서 실행해봅시다. 굉장히 간단한 프로그램으로서 기상청 RSS에서 XML 데이터를 추출하고 XML의 내용을 출력합니다.

```
$ python3 bs-forecast.py
기상청 육상 중기예보
이번 예보기간에는 고기압의 영향으로 대체로 맑은 날이 많겠습니다.<br />기온은 평년(최저기온: -12~4
도, 최고기온: 1~9도)보다 높겠습니다.<br />강수량은 평년(0~3mm)보다 적겠습니다.
```

프로그램을 확인해봅시다. 프로그램의 (※1)에서는 `urlopen()`으로 URL을 엽니다. 그리고 프로그램의 (※2)에서 BeautifulSoup로 분석합니다. (※3)에서 원하는 태그를 추출하고, 결과를 출력합니다.

참고로 이번 코드에서는 프로그램을 쉽게 볼 수 있게 `urlopen()`을 실행할 때 `with` 구문을 사용하지 않았습니다.

CSS 선택자 사용하기

BeautifulSoup는 자바스크립트 라이브러리인 jQuery처럼 CSS 선택자를 지정해서 원하는 요소를 추출하는 기능도 제공합니다.

메서드	설명
soup.select_one(〈선택자〉)	CSS 선택자로 요소 하나를 추출합니다.
soup.select(〈선택자〉)	CSS 선택자로 요소 여러 개를 리스트로 추출합니다.

그럼 이러한 메서드를 사용하는 예를 살펴봅시다. 다음은 HTML에서 <h1> 태그와 <li> 태그를 추출해 출력하는 코드입니다.

file: ch1/bs-select.py

```
from bs4 import BeautifulSoup

# 분석 대상 HTML --- (※1)
html = """
<html><body>
<div id="meigen">
  <h1>위키북스 도서</h1>
  <ul class="items">
    <li>유니티 게임 이펙트 입문</li>
    <li>스위프트로 시작하는 아이폰 앱 개발 교과서</li>
    <li>모던 웹사이트 디자인의 정석</li>
  </ul>
</div>
</body></html>
"""

# HTML 분석하기 --- (※2)
soup = BeautifulSoup(html, 'html.parser')

# 필요한 부분을 CSS 쿼리로 추출하기
# 타이틀 부분 추출하기 --- (※3)
h1 = soup.select_one("div#meigen > h1").string
print("h1 =", h1)
# 목록 부분 추출하기 --- (※4)
li_list = soup.select("div#meigen > ul.items > li")
for li in li_list:
  print("li =", li.string)
```

이를 명령줄에서 실행해봅시다.

```
$ python3 bs-select.py
h1 = 위키북스 도서
li = 유니티 게임 이펙트 입문
li = 스위프트로 시작하는 아이폰 앱 개발 교과서
li = 모던 웹사이트 디자인의 정석
```

프로그램을 확인해봅시다. 프로그램의 (※1)에서는 분석 대상 HTML을 지정합니다. (※2)에서는 BeautifulSoup 인스턴스를 생성합니다. 이때 내부적으로 분석 처리가 이뤄집니다.

프로그램의 (※3)에서는 `select_one()` 메서드를 사용해 <h1> 태그를 추출합니다. 이 예에서는 <h1> 태그가 하나밖에 없으므로 `h1`이라고만 지정해도 상관없습니다. 실제로 웹 사이트에서 추출한 HTML에서 원하는 요소를 선택하려면 CSS 선택자를 조금 더 자세히 지정해야 합니다.

그리고 프로그램의 (※4)에서는 `select()` 메서드를 사용해 여러 개의 <h1> 태그를 추출합니다. 그리고 추출한 요소는 리스트 자료형이므로 `for` 구문을 사용해 하나씩 확인합니다.

네이버 금융에서 환율 정보 추출하기

그럼 실제로 웹 사이트를 스크레이핑해봅시다.

이번 절에서는 다양한 금융 정보가 공개돼 있는 "네이버 금융"에서 원/달러 환율 정보를 추출해보겠습니다.

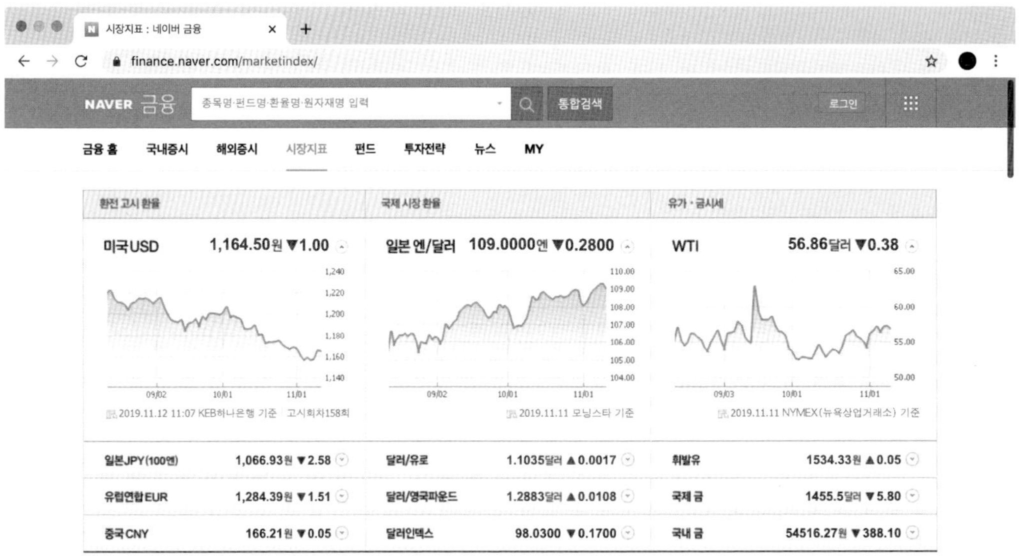

네이버 금융의 시장 지표 페이지

> 네이버 금융의 시장 지표 페이지
> `http://finance.naver.com/marketindex/`

다음은 실제로 페이지 내부에 있는 원/달러 환율 정보를 추출하는 프로그램입니다.

file: ch1/bs-usd.py

```
from bs4 import BeautifulSoup
import urllib.request as req

# HTML 가져오기
url = "http://finance.naver.com/marketindex/"
res = req.urlopen(url)

# HTML 분석하기
soup = BeautifulSoup(res, "html.parser")

# 원하는 데이터 추출하기 --- (※1)
price = soup.select_one("div.head_info > span.value").string
print("usd/krw =", price)
```

명령줄에서 실행해봅시다. 환율은 매일매일 변하므로 프로그램을 실행하는 날에 따라 출력 결과가 조금씩 다를 것입니다. 일단 다음과 같이 적당한 숫자가 출력된다면 프로그램이 정상적으로 동작한 것입니다.

```
$ python3 bs-usd.py
usd/krw = 1,147.50
```

제대로 실행되지 않는다면 여러 가지 문제가 있을 수 있습니다. 일단 네트워크 문제가 있을 수 있는데, 프로그램에 적혀있는 URL을 웹 브라우저의 주소창에 붙여 넣어 접근할 수 있는지 확인해보세요.

또한 네이버에서 해당 페이지의 레이아웃을 변경해버려서 제대로 된 값을 추출하지 못하는 것일 수도 있습니다. 최근에는 웹 사이트들이 레이아웃을 자주 변경하기 때문에 스크레이핑 프로그램을 만들 때 이 같은 문제를 피할 수 없습니다.

웹 사이트의 레이아웃이 바뀌었다면 독자가 직접 프로그램을 다시 작성해서 대응해야 합니다.

웹 브라우저에서 네이버 금융 페이지에 들어가서 마우스 오른쪽 버튼을 클릭하고 [페이지 소스 보기]를 눌러 소스코드를 살펴봅시다. 현재 2019년 12월 시점에서는 다음과 같이 구성돼 있습니다.

```
<div class="head_info point_up">
    <span class="value">1,146.90</span>
    <span class="txt_krw"><span class="blind">원</span></span>
    <span class="change">3.90</span>
    <span class="blind">상승</span>
</div>
```

따라서 "div.head_info > span.value"로 환율 부분을 추출할 수 있을 것이라고 판단했습니다. 프로그램의 (※1)을 살펴봅시다. soup.select_one() 메서드로 환율이 적힌 요소를 추출했습니다.

정리

HTML을 분석하고 싶을 때 BeautifulSoup를 사용하면 편리합니다. BeautifulSoup를 이용하면 구조가 복잡한 HTML 페이지에서도 원하는 데이터를 간단하게 추출할 수 있습니다.
CSS 선택자를 이용해 데이터를 추출할 수도 있으므로 웹 브라우저로 HTML의 구조만 확인하면 원하는 요소에 쉽게 접근할 수 있습니다.

1-3

CSS 선택자

지금까지 BeautifulSoup로 웹 사이트를 스크레이핑하는 방법을 알아봤습니다. 이때 CSS 선택자로 DOM 내부의 원하는 요소를 지정해서 추출해봤는데, 이번 절에서는 CSS 선택자에 대해 조금 더 자세히 알아보겠습니다.

이번 절에서 배울 내용

- HTML의 구조를 확인하는 방법
- CSS 선택자

알고리즘과 툴

- 웹 브라우저(구글 크롬)

웹 브라우저로 HTML 구조 확인하기

HTML 구조를 확인할 때는 웹 브라우저가 제공하는 개발자 도구를 사용하는 것이 좋습니다.

구글 크롬(Google Chrome)에서 분석하고 싶은 웹 페이지 위에 마우스 오른쪽 버튼을 클릭하면 컨텍스트 메뉴가 나타납니다. 여기서 [검사]를 선택하면 개발자 도구가 열립니다.

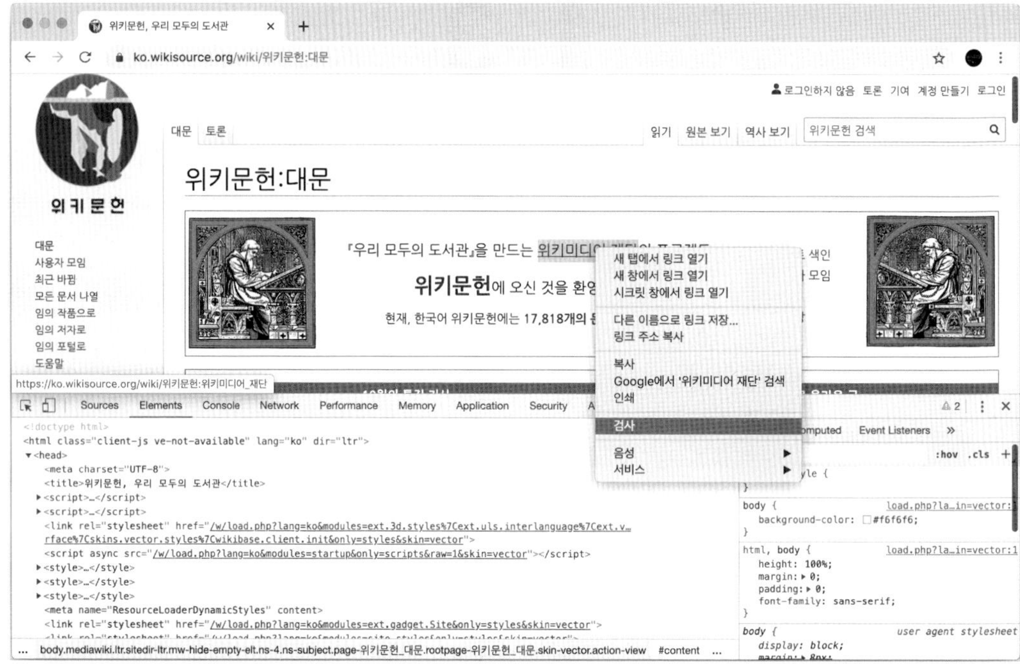

크롬에서 [검사]를 선택해서 개발자 도구 열기

원하는 요소 선택하기

웹 브라우저에서 개발자 도구를 열었다면 개발자 도구 왼쪽 위에 있는 요소 선택 아이콘을 클릭하고, 페이지에서 조사하고 싶은 요소를 클릭합니다. 이렇게 하면 개발자 도구에 표시되는 요소 구조 표시 부분에서 해당 DOM 요소를 확인할 수 있습니다.

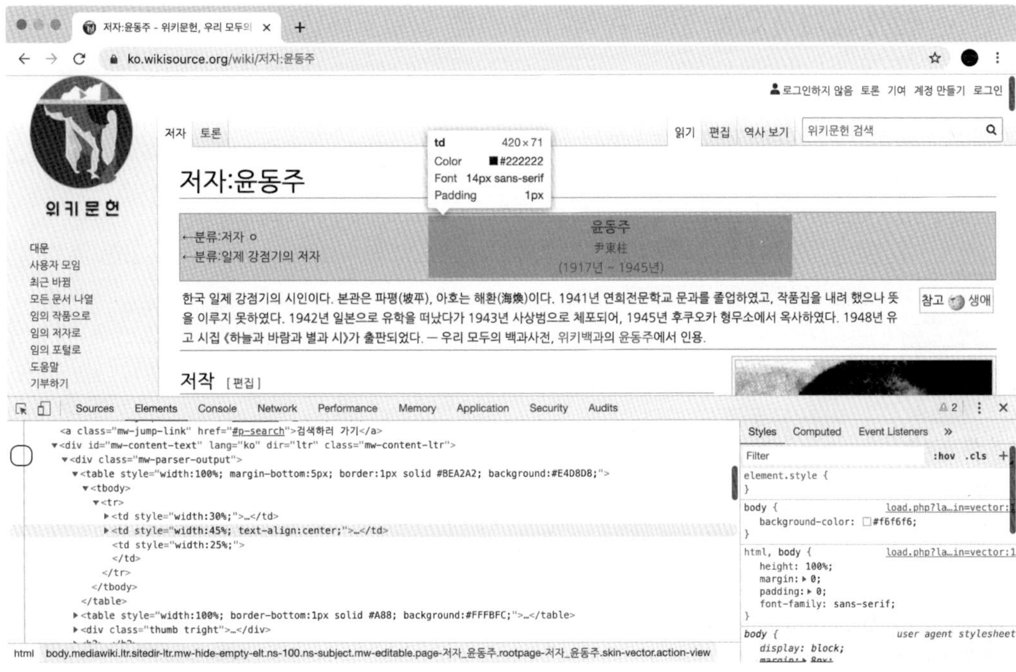

요소 선택 아이콘을 클릭하고 페이지에서 조사하고 싶은 요소 클릭하기

개발자 도구에서 HTML 구조를 확인했으면 태그를 선택한 상태로 마우스 오른쪽 버튼을 클릭합니다. 그리고 팝업 메뉴에서 [Copy 〉 Copy selector]를 클릭하면 선택한 요소의 CSS 선택자가 클립보드에 복사됩니다. 이 기능은 스크레이핑할 때 굉장히 유용한 기능이므로 기억해주세요.

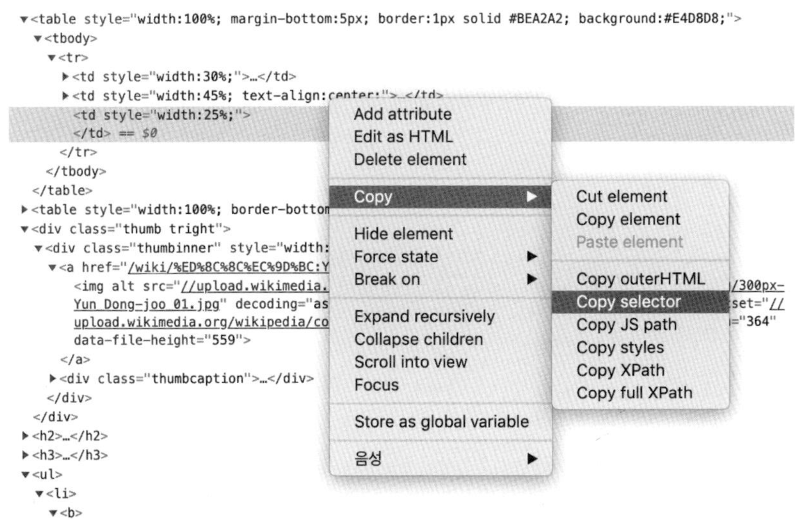

선택자 복사하기

위키 문헌에 공개돼 있는 윤동주 작가의 작품 목록 가져오기

그럼 방금 설명한 방법을 사용한 예로 위키 문헌(https://ko.wikisource.org/wiki/)에 공개돼 있는 윤동주 작가의 작품 목록을 프로그램을 통해 가져와보겠습니다. 일단 윤동주 작가 페이지를 웹 브라우저에서 엽니다. 그리고 마우스 오른쪽 버튼을 클릭하고 [검사]를 눌러 개발자 도구를 띄웁니다.

https://ko.wikisource.org/wiki/저자:윤동주

이어서 개발자 도구의 Elements 탭 왼쪽 위에 있는 요소 선택 아이콘을 클릭하고, 작품 목록에서 첫 번째 요소를 클릭합니다.

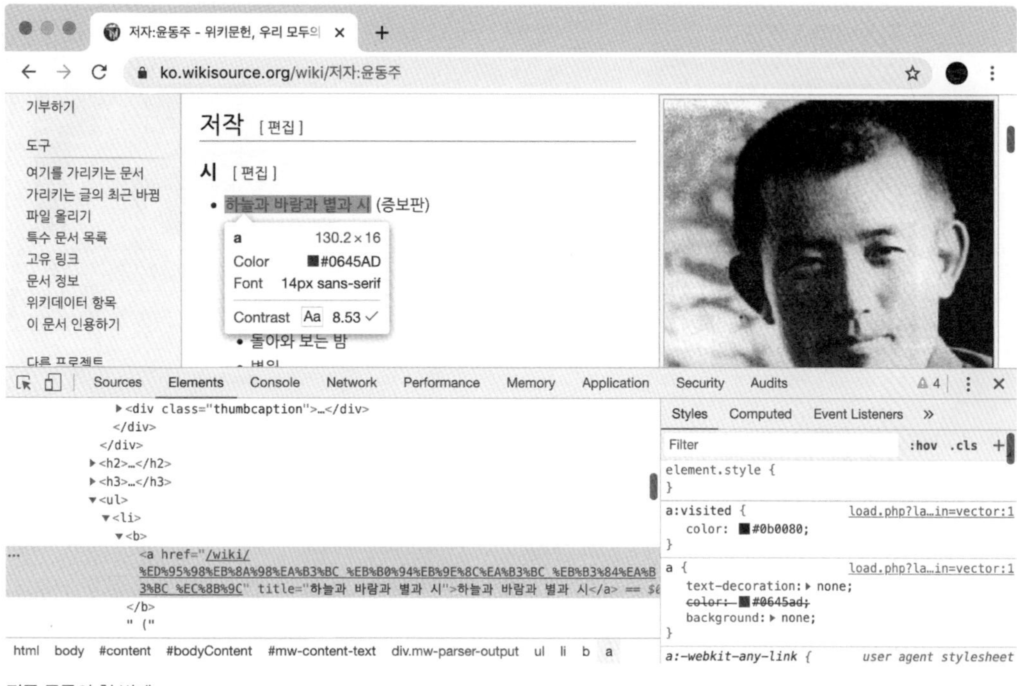

작품 목록의 첫 번째

참고로 "하늘과 바람과 별과 시"라는 것은 작품집인데, 위키 문헌 사이트의 구조가 단순하기 때문에 선택자만으로는 작품집과 작품을 구분할 수 없습니다. "ul 태그 내부에 또 ul 태그가 있다면 작품집"이라는 형태로 구분해야 하는데, 간단한 연습이므로 작품집과 작품 구분 없이 모두 가져와보겠습니다.

일단 요소의 CSS 선택자를 클립보드에 복사합니다.

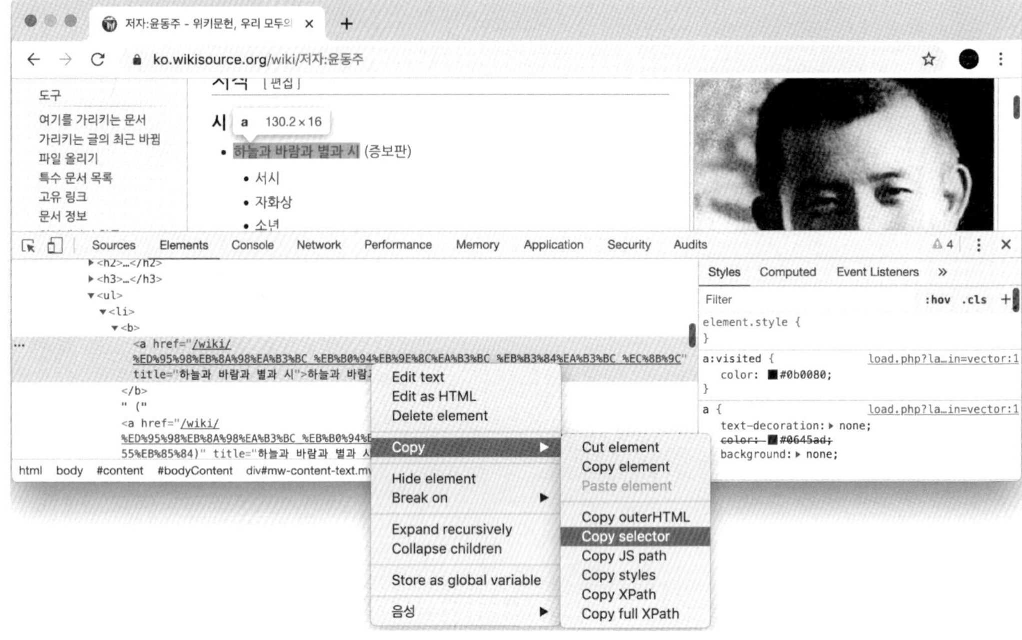

CSS 선택자 복사하기

다음과 같은 CSS 선택자가 복사됩니다.

```
#mw-content-text > ul:nth-child(7) > li > b > a
```

nth-child(n)이라는 것은 n번째에 있는 요소를 의미합니다. 따라서 nth-child(7)이라는 것은 7번째에 있는 태그라는 의미입니다. 현재 페이지를 조금 더 분석해보면 #mw-content-text 내부에 있는 ul 태그는 모두 작품과 관련된 태그입니다. 따라서 따로 구분할 필요가 없으므로 생략해도 됩니다(사실 BeautifulSoup는 nth-child를 지원하지 않는답니다).

그럼 이를 기반으로 작품 목록을 가져오는 파이썬 프로그램을 만들어봅시다[8]. 선택자와 관련된 더 자세한 내용은 잠시 뒤에 다루겠습니다. 일단 맛본다는 느낌으로 진행해주세요.

file: ch1/sel-dongju.py

```
from bs4 import BeautifulSoup
import urllib.request as req

# 뒤의 인코딩 부분은 "저자:윤동주"라는 의미입니다.
```

8 (옮긴이) 가능성은 낮지만 위키 문헌 페이지의 디자인 등이 변경되면 예제가 동작하지 않을 수 있습니다. 이러한 경우에는 직접 선택자를 확인하면서 예제를 작성해주세요.

```
# 따로 입력하지 말고 위키 문헌 홈페이지에 들어간 뒤에 주소를 복사해서 사용하세요.
url = "https://ko.wikisource.org/wiki/%EC%A0%80%EC%9E%90:%EC%9C%A4%EB%8F%99%EC%A3%BC"
res = req.urlopen(url)
soup = BeautifulSoup(res, "html.parser")

# #mw-content-text 바로 아래에 있는
# ul 태그 바로 아래에 있는
# li 태그 아래에 있는
# a 태그를 모두 선택합니다.
a_list = soup.select("#mw-content-text > div > ul > li a")

for a in a_list:
    name = a.string
    print("-", name)
```

명령줄에서 실행해봅시다. 굉장히 많은 작품이 출력되므로 생략했습니다.

```
$ python3 sel-dongju.py
- 하늘과 바람과 별과 시
- 서시
- 자화상
- 소년
- 눈 오는 지도
...
```

CSS 선택자 자세히 알아보기

방금 살펴본 것처럼 웹 사이트를 스크레이핑하려면 선택자에 대해 자세히 알아야 합니다. 선택자를 잘 사용하면 구조가 복잡한 HTML 페이지라도 한 번에 원하는 데이터를 추출할 수 있습니다. 그럼 CSS 선택자로 지정할 수 있는 서식을 확인해봅시다.

선택자 기본 서식

서식	설명
*	모든 요소를 선택합니다.
<요소 이름>	요소 이름을 기반으로 선택합니다.
.<클래스 이름>	클래스 이름을 기반으로 선택합니다.
#<id 이름>	id 속성을 기반으로 선택합니다.

선택자들의 관계를 지정하는 서식

서식	설명
〈선택자〉, 〈선택자〉	쉼표로 구분된 여러 개의 선택자를 모두 선택합니다.
〈선택자〉 〈선택자〉	앞 선택자의 후손 중 뒤 선택자에 해당하는 것을 모두 선택합니다.
〈선택자〉 〉 〈선택자〉	앞 선택자의 자손 중 뒤 선택자에 해당하는 것을 모두 선택합니다.
〈선택자〉 + 〈선택자〉	같은 계층에서 바로 뒤에 있는 요소를 선택합니다.
〈선택자1〉 ~ 〈선택자2〉	선택자1부터 선택자2까지의 요소를 모두 선택합니다.

선택자 속성을 기반으로 지정하는 서식

서식	설명
〈요소〉[〈속성〉]	해당 속성을 가진 요소를 선택합니다.
〈요소〉[〈속성〉=〈값〉]	해당 속성의 값이 지정한 값과 같은 요소를 선택합니다.
〈요소〉[〈속성〉~=〈값〉]	해당 속성의 값이 지정한 값을 단어로 포함(띄어쓰기로 구분해서 완전히 포함)하고 있다면 선택합니다[8].
〈요소〉[〈속성〉|=〈값〉]	해당 속성의 값으로 시작하면 선택합니다(이때 하이픈 기호(※)로 구분해서 확인합니다).
〈요소〉[〈속성〉^=〈값〉]	해당 속성의 값이 지정한 값으로 시작하면 선택합니다.
〈요소〉[〈속성〉$=〈값〉]	해당 속성의 값이 지정한 값으로 끝나면 선택합니다.
〈요소〉[〈속성〉*=〈값〉]	해당 속성의 값이 지정한 값을 포함하고 있다면 선택합니다.

위치 또는 상태를 지정하는 서식

서식	설명
〈요소〉:root	루트 요소
〈요소〉:nth-child(n)	n번째 자식 요소
〈요소〉:nth-last-child(n)	뒤에서부터 n번째 자식 요소
〈요소〉:nth-of-type(n)	n번째 해당 종류의 요소
〈요소〉:first-child	첫 번째 자식 요소
〈요소〉:last-child	마지막 번째 자식 요소
〈요소〉:first-of-type	첫 번째 해당 종류의 요소
〈요소〉:last-of-type	마지막 번째 해당 종류의 요소

9 (옮긴이) 말이 굉장히 어려운데요, [title~="xyz"]라고 돼 있으면 title="abc xyz"로 지정된 태그는 선택되지만 title="abcxyz"로 지정된 태그는 선택되지 않습니다.

서식	설명
<요소>:only-child	자식으로 유일한 요소
<요소>:only-of-type	자식으로 유일한 종류의 요소
<요소>:empty	내용이 없는 요소
<요소>:lang(code)	특정 언어로 code를 지정한 요소
<요소>:not(s)	s 이외의 요소
<요소>:enabled	활성화된 UI 요소
<요소>:disabled	비활성화된 UI 요소
<요소>:checked	체크돼 있는 UI 요소를 선택합니다.

하지만 이전에 언급했던 것처럼 위치 또는 상태를 지정하는 서식의 대부분은 BeautifulSoup(4.5.1)에서는 지원하지 않습니다. 이 중에서 지원하는 것은 nth-of-type(n)이 유일합니다.

CSS 선택자로 추출 연습하기

그럼 CSS 선택자를 사용해 실제로 HTML 코드를 보고, 특정 요소를 선택해서 추출하는 프로그램을 생각해봅시다.

예로 다음과 같이 작성된 HTML 구성을 사용해봅시다.

file: ch1/books.html

```
<ul id="bible">
  <li id="ge">Genesis</li>
  <li id="ex">Exodus</li>
  <li id="le">Leviticus</li>
  <li id="nu">Numbers</li>
  <li id="de">Deuteronomy</li>
</ul>
```

이러한 HTML에서 Numbers 요소를 추출하는 경우를 생각해봅시다. 어떤 CSS 선택자를 사용해야 할까요?

file: ch1/sel-books.py

```
from bs4 import BeautifulSoup
fp = open("books.html", encoding="utf-8")
soup = BeautifulSoup(fp, "html.parser")

# CSS 선택자로 검색하는 방법
sel = lambda q : print(soup.select_one(q).string)
sel("#nu")                                    #(※1)
sel("li#nu")                                  #(※2)
sel("ul > li#nu")                             #(※3)
sel("#bible #nu")                             #(※4)
sel("#bible > #nu")                           #(※5)
sel("ul#bible > li#nu")                       #(※6)
sel("li[id='nu']")                            #(※7)
sel("li:nth-of-type(4)")                      #(※8)

# 그 밖의 방법
print(soup.select("li")[3].string)            #(※9)
print(soup.find_all("li")[3].string)          #(※10)
```

명령줄에서 실행해봅시다. 10가지 방법으로 원하는 태그를 추출해봤습니다.

```
$ python3 sel-books.py
Numbers
Numbers
Numbers
Numbers
Numbers
Numbers
Numbers
Numbers
Numbers
Numbers
```

그럼 프로그램을 살펴봅시다. (※1) 방법은 가장 기본적인 방법으로 `id` 속성이 `nu`인 것을 추출합니다. (※2) 방법은 거기에 `<li>` 태그라는 것을 추가로 지정한 것입니다. (※3) 방법은 `<ul>` 태그의 자식이라는 것을 추가로 지정한 것입니다. (※4) 방법은 `id` 속성을 사용해 `#bible` 아래의 `#nu`를 선택하게 한 것입니다. (※5) 방법은 (※4) 방법에서 태그들이 직접적인 부모 자식 관계를 가지고 있다는 것을 나타낸 것입니다. (※6) 방법은 `id`가 `bible`인 `<ul>` 태그 바로 아래에 있는 `id`가 `nu`인 `<li>` 태그를 선택하는 것입니다.

(※7) 방법은 속성 검색을 사용해 id가 nu인 <li> 태그를 지정하는 것입니다. (※8) 방법은 4번째 <li> 태그를 추출하는 것입니다.

이어서 (※9)와 (※10) 방법은 각각 select()와 find_all() 메서드를 사용합니다. 두 가지 방법 모두 <li> 태그를 모두 추출하고, 3번째에 있는 요소(0부터 세므로 3은 4번째 요소입니다)를 추출한다는 의미입니다.

CSS 선택자로 과일과 야채 선택해보기

그럼 조금은 더 복잡한 HTML에서 원하는 요소를 추출해봅시다. 사용한 HTML은 다음과 같습니다.

file: ch1/fruits-vegetables.html

```
<html>
<body>
<div id="main-goods" role="page">
  <h1>과일과 야채</h1>
  <ul id="fr-list">
    <li class="red green" data-lo="ko">사과</li>
    <li class="purple" data-lo="us">포도</li>
    <li class="yellow" data-lo="us">레몬</li>
    <li class="yellow" data-lo="ko">오렌지</li>
  </ul>
  <ul id="ve-list">
    <li class="white green" data-lo="ko">무</li>
    <li class="red green" data-lo="us">파프리카</li>
    <li class="black" data-lo="ko">가지</li>
    <li class="black" data-lo="us">아보카도</li>
    <li class="white" data-lo="cn">연근</li>
  </ul>
</div>
</body>
</html>
```

이 중에서 "아보카도"를 추출하고 싶다면 어떤 선택자를 사용해야 할까요?

file: ch1/sel-avocado.py

```
from bs4 import BeautifulSoup
fp = open("fruits-vegetables.html", encoding="utf-8")
soup = BeautifulSoup(fp, "html.parser")
```

```
# CSS 선택자로 추출하기
print(soup.select_one("ul:nth-of-type(2) > li:nth-of-type(4)").string)  #(※1)
print(soup.select_one("#ve-list > li:nth-of-type(4)").string)           #(※2)
print(soup.select("#ve-list > li[data-lo='us']")[1].string)             #(※3)
print(soup.select("#ve-list > li.black")[1].string)                     #(※4)

# find 메서드로 추출하기 ---- (※5)
cond = {"data-lo":"us", "class":"black"}
print(soup.find("li", cond).string)

# find 메서드를 연속적으로 사용하기 --- (※6)
print(soup.find(id="ve-list")
          .find("li", cond).string)
```

명령줄에서 실행해봅시다. 6개의 추출 방법으로 다음과 같이 6번 출력됩니다.

```
$ python3 sel-avocado.py
아보카도
아보카도
아보카도
아보카도
아보카도
아보카도
```

일단 (※1) 방법은 2번째 <ul> 태그 내부의 4번째 <li> 태그를 선택하는 것입니다. (※2) 방법은 야채를 나타내는 id가 ve-list인 요소 바로 아래에 있는 <li> 태그 중에 4번째 요소를 추출하는 것입니다. (※3) 방법은 select() 메서드를 사용해 id가 ve-list인 요소 바로 아래에 있는 <li> 태그 중에서 data-lo 속성이 "us"인 것을 모두 추출하고, 그중에서 [1]인 요소(0부터 세므로 2번째 요소)를 선택하는 것입니다. 현재 HTML에서는 data-li가 "us"인 것은 파프리카와 아보카도뿐이기 때문에 이런 방법을 사용할 수 있는 것입니다. (※4) 방법도 select() 메서드를 사용해 class 속성이 "black"인 요소 가운데 [1]의 요소를 선택하는 것입니다. class 속성이 "black"인 것은 가지와 아보카도뿐입니다.

그리고 (※5)의 방법은 find() 메서드를 사용하는 것입니다. find() 메서드는 객체를 사용해 여러 개의 조건을 한 번에 지정할 수 있다는 것이 특징입니다. 현재 코드에서는 data-lo 속성이 "us", class 속성이 "black"인 것이 특징입니다.

또한 (※6) 방법은 find() 메서드를 두 번 조합해서 사용하는 방법입니다. find() 메서드를 연속으로 사용하면 이전에 추출한 요소에 추가적인 조건을 지정할 수 있습니다. 따라서 id가 "ve-list"인 요소를 추출하고, 거기서 "li" 태그이며 특정 조건을 만족하는 것을 추출합니다. 이러한 방법을 사용하면 원하는 요소를 굉장히 정확하게 추출할 수 있습니다.

정규 표현식과 함께 조합하기

CSS 선택자라기보다는 BeautifulSoup의 기능인데, 정규 표현식을 조합해서 요소를 추출할 수도 있습니다. 예를 들어, 링크를 나타내는 <a> 태그 중에서 https 프로토콜로 통신하는 링크만 추출하고 싶다면 다음과 같은 코드를 사용합니다.

file: ch1/sel-re.py

```
from bs4 import BeautifulSoup
import re # 정규 표현식을 사용할 때 --- (※1)

html = """
<ul>
  <li><a href="hoge.html">hoge</li>
  <li><a href="https://example.com/fuga">fuga*</li>
  <li><a href="https://example.com/foo">foo*</li>
  <li><a href="http://example.com/aaa">aaa</li>
</ul>
"""
soup = BeautifulSoup(html, "html.parser")
# 정규 표현식으로 href에서 https인 것 추출하기 --- (※2)
li = soup.find_all(href=re.compile(r"^https://"))
for e in li: print(e.attrs['href'])
```

명령줄에서 실행해봅시다.

```
$ python3 sel-re.py
https://example.com/fuga
https://example.com/foo
```

그럼 코드를 살펴봅시다. (※1)에서 정규 표현식을 사용하기 위해 re 모듈을 읽어 들입니다. 그리고 (※2)에서 compile() 함수로 정규 표현식을 생성해 적용합니다. 두 가지 포인트만 짚으면 쉽게 활용할 수 있을 것입니다.

정리

이번 절에서는 DOM을 확인하는 방법, CSS 선택자를 사용하는 방법을 알아봤습니다. 웹 브라우저의 개발자 도구 등을 이용하면 원하는 요소를 쉽게 찾을 수 있었는데, 이처럼 원하는 요소를 어떻게 찾을 수 있는지 빠르게 알아내는 것이 스크레이핑할 때의 포인트입니다. 따라서 웹 브라우저의 개발자 도구 사용법, CSS 선택자 활용 방법 등을 꼭 익힙시다.

1-4 링크에 있는 것을 한꺼번에 내려받기

기본적인 스크레이핑 방법을 배웠으므로 이제 실전적인 예를 살펴보겠습니다. 이번 절에서는 어떤 페이지에 있는 모든 이미지, 페이지 등을 한꺼번에 내려받는 방법을 소개하겠습니다.

이번 절에서 배울 내용

- 상대 경로를 절대 경로로 변경하는 방법
- 링크에 있는 것을 추출하기 위한 재귀 처리

알고리즘과 툴

- 재귀 처리

한꺼번에 다운받는 데 필요한 처리 내용

지금까지 BeautifulSoup와 CSS 선택자의 사용법을 살펴봤습니다. 하지만 이것만으로는 링크에 있는 것을 한꺼번에 다운받을 수 없습니다.

일단 <a> 태그의 링크 대상이 상대 경로일 수 있습니다. 그래서 링크 대상이 HTML일 경우, 해당 HTML의 내용에 추가적인 처리를 해야 합니다. 그리고 링크를 재귀적으로 다운받아야 합니다. 이번 절에서는 링크에 있는 것을 한꺼번에 다운받는 기법을 소개하겠습니다.

상대 경로를 전개하는 방법

그럼 일단 첫 번째 문제부터 살펴봅시다.

일단 <a> 태그의 `href` 속성에 링크 대상이 "../img/foo.png"처럼 상대 경로로 적혀 있다고 합시다. <a> 태그가 상대 경로로 주어졌을 때 대상에 있는 것을 다운받으려면 상대 경로를 절대 경로로 변환해야 합니다.

상대 경로를 전개할 때는 `urllib.parse.urljoin()`을 사용합니다. 실제로 프로그램을 확인해봅시다.

file: ch1/cr-path.py

```
from urllib.parse import urljoin

base = "http://example.com/html/a.html"

print( urljoin(base, "b.html") )
print( urljoin(base, "sub/c.html") )
print( urljoin(base, "../index.html") )
print( urljoin(base, "../img/hoge.png") )
print( urljoin(base, "../css/hoge.css") )
```

명령줄에서 실행해봅시다.

```
$ python3 cr-path.py
http://example.com/html/b.html
http://example.com/html/sub/c.html
http://example.com/index.html
http://example.com/img/hoge.png
http://example.com/css/hoge.css
```

결과를 보면 기본 URL을 기반으로 상대 경로를 절대 경로로 변환한다는 것을 알 수 있습니다. 이처럼 상대 경로를 절대 경로로 변환하는 `urljoin()` 함수의 사용법을 살펴봅시다.

```
[서식] urllib.parse.urljoin()의 사용법
urljoin(base, path)
```

이 함수는 첫 번째 매개변수로 기본 URL, 두 번째 매개변수로 상대 경로를 지정합니다.

만약 상대 경로(`path` 매개변수)가 http:// 등으로 시작한다면 기본 URL(`base` 매개변수)을 무시하고, 두 번째 매개변수에 지정한 URL을 리턴합니다. 예제 코드로 동작을 확인해봅시다.

file: ch1/cr-path2.py

```
from urllib.parse import urljoin

base = "http://example.com/html/a.html"

print( urljoin(base, "/hoge.html") )
print( urljoin(base, "http://otherExample.com/wiki") )
print( urljoin(base, "//anotherExample.org/test") )
```

명령줄에서 실행해봅시다.

```
$ python cr-path2.py
http://example.com/hoge.html
http://otherExample.com/wiki
http://anotherExample.org/test
```

이처럼 `urljoin()` 함수를 사용하면 <a> 태그의 `href` 속성에 지정돼 있는 경로를 절대 경로로 쉽게 변환할 수 있습니다.

재귀적으로 HTML 페이지를 처리하는 방법

HTML 링크라는 것은 굉장히 재미있는 구조를 가지고 있습니다.

"a.html"에서 "b.html"로 링크 이동하고, "b.html"에서 "c.html"로 링크를 타고 이동하는 경우를 생각해봅시다. 이때 "a.html"에서 링크를 통해 이동하는 페이지를 모두 다운로드하고, "c.html"을 다운받지 않으면 중간에 링크가 잘리는 문제가 발생합니다. 따라서 "a.html"을 분석하면 "b.html"도 함께 분석해야 합니다. 또한 "c.html"에서 "d.html"로 링크를 통해 이동하는 경우가 있다면 "c.html"도 분석해야 합니다. 따라서 HTML을 다운로드하고 싶다면 재귀적으로 HTML을 분석해야 합니다.

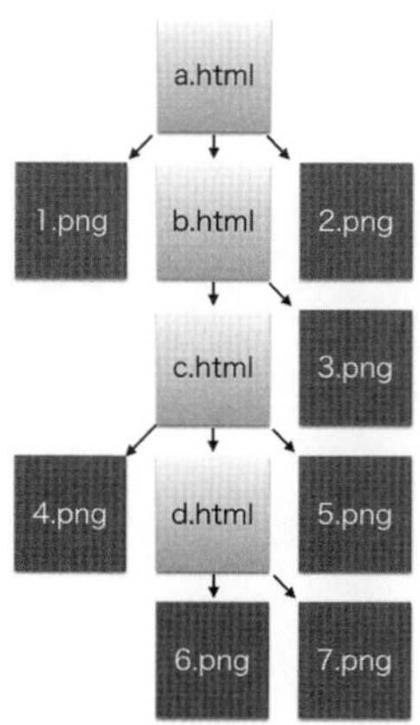

링크를 재귀적으로 처리해야 해요.

이러한 구조의 데이터를 처리하려면 함수를 이용한 재귀 처리를 사용하면 됩니다. 재귀 처리는 프로그래밍 기법 중 하나로서 어떤 함수 내부에서 해당 함수 자신을 호출하는 것을 의미합니다. 이런 기법을 이용하면 연결된 모든 HTML 페이지를 다운받을 수 있습니다.

순서를 정리하면 다음과 같습니다.

(1) HTML을 분석합니다.

(2) 링크를 추출합니다.

(3) 각 링크 대상에 다음과 같은 처리를 합니다.

(4) 파일을 다운받습니다.

(5) 파일이 HTML이라면 재귀적으로 (1)로 돌아가서 순서를 처음부터 실행합니다.

모든 페이지를 한꺼번에 다운받는 프로그램

그럼 이를 구현한 프로그램을 살펴봅시다. 일단 이번 절에서는 웹에 있는 파이썬 문서 중에서 library 폴더 아래에 있는 모든 것을 다운받아보겠습니다.

프로그램을 실행하면 다음과 같이 사이트 내부의 파일 또는 HTML 등을 모두 다운받습니다.

파일을 추출한 상태

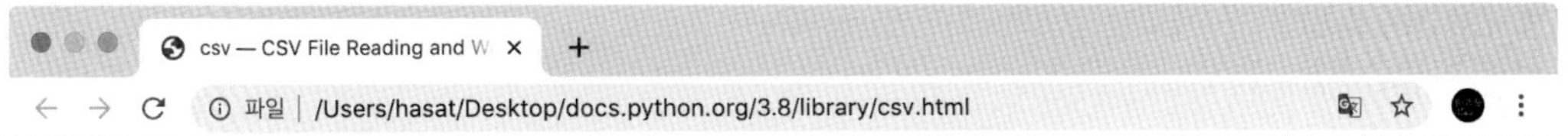

csv — CSV File Reading and Writing¶

Source code: Lib/csv.py

The so-called CSV (Comma Separated Values) format is the most common import and export format for spreadsheets and databases. CSV format was used for many years prior to attempts to describe the format in a standardized way in RFC 4180. The lack of a well-defined standard means that subtle differences often exist in the data produced and consumed by different applications. These differences can make it annoying to process CSV files from multiple sources. Still, while the delimiters and quoting characters vary, the overall format is similar enough that it is possible to write a single module which can efficiently manipulate such data, hiding the details of reading and writing the data from the programmer.

The csv module implements classes to read and write tabular data in CSV format. It allows programmers to say, "write this data in the format preferred by Excel," or "read data from this file which was generated by Excel," without knowing the precise details of the CSV format used by Excel. Programmers can also describe the CSV formats understood by other applications or define their own special-purpose CSV formats.

The csv module's `reader` and `writer` objects read and write sequences. Programmers can also read and write data in dictionary form using the `DictReader` and `DictWriter` classes.

See also

PEP 305 - CSV File API

The Python Enhancement Proposal which proposed this addition to Python.

Module Contents¶

The csv module defines the following functions:

`csv.reader`(*csvfile*, *dialect='excel'*, ***fmtparams*)¶

Return a reader object which will iterate over lines in the given *csvfile*. *csvfile* can be any object which supports the iterator protocol and returns a string each time its `__next__()` method is called — file objects and list objects are both suitable. If *csvfile* is a file object, it should be opened with `newline=''`. 1 An optional *dialect* parameter

다운받은 파이썬 매뉴얼

실제 프로그램은 다음과 같습니다.

file: ch1/cr-getall.py

```
# 파이썬 매뉴얼을 재귀적으로 다운받는 프로그램
# 모듈 읽어 들이기 --- (※1)
from bs4 import BeautifulSoup
from urllib.request import *
from urllib.parse import *
from os import makedirs
import os.path, time, re
```

```
# 이미 처리한 파일인지 확인하기 위한 변수 --- (※2)
proc_files = {}

# HTML 내부에 있는 링크를 추출하는 함수 --- (※3)
def enum_links(html, base):
    soup = BeautifulSoup(html, "html.parser")
    links = soup.select("link[rel='stylesheet']") # CSS
    links += soup.select("a[href]") # 링크
    result = []
    # href 속성을 추출하고, 링크를 절대 경로로 변환 --- (※4)
    for a in links:
        href = a.attrs['href']
        url = urljoin(base, href)
        result.append(url)
    return result

# 파일을 다운받고 저장하는 함수 --- (※5)
def download_file(url):
    o = urlparse(url)
    savepath = "./" + o.netloc + o.path
    if re.search(r"/$", savepath): # 폴더라면 index.html
        savepath += "index.html"
    savedir = os.path.dirname(savepath)
    # 모두 다운됐는지 확인
    if os.path.exists(savepath): return savepath
    # 다운받을 폴더 생성
    if not os.path.exists(savedir):
        print("mkdir=", savedir)
        makedirs(savedir)
    # 파일 다운받기 --- (※6)
    try:
        print("download=", url)
        urlretrieve(url, savepath)
        time.sleep(1) # 1초 휴식 --- (※7)
        return savepath
    except:
        print("다운 실패: ", url)
        return None

# HTML을 분석하고 다운받는 함수 --- (※8)
def analyze_html(url, root_url):
    savepath = download_file(url)
```

```
    if savepath is None: return
    if savepath in proc_files: return # 이미 처리됐다면 실행하지 않음 --- (※9)
    proc_files[savepath] = True
    print("analyze_html=", url)
    # 링크 추출 --- (※10)
    html = open(savepath, "r", encoding="utf-8").read()
    links = enum_links(html, url)

    for link_url in links:
        # 링크가 루트 이외의 경로를 나타낸다면 무시 --- (※11)
        if link_url.find(root_url) != 0:
            if not re.search(r".css$", link_url): continue
        # HTML이라면
        if re.search(r".(html|htm)$", link_url):
            # 재귀적으로 HTML 파일 분석하기
            analyze_html(link_url, root_url)
            continue
        # 기타 파일
        download_file(link_url)

if __name__ == "__main__":
    # URL에 있는 모든 것 다운받기 --- (※12)
    url = "https://docs.python.org/3.8/library/"
    analyze_html(url, url)
```

명령줄에서 실행해봅시다. 실행하면 파이썬 문서를 하나하나 다운로드하기 시작합니다.

```
$ python3 cr-getall.py
mkdir= ./docs.python.org/3.8/library
download= http://docs.python.org/3.8/library/
analyze_html= http://docs.python.org/3.8/library/
mkdir= ./docs.python.org/3.8/_static
download= http://docs.python.org/3.8/_static/pydoctheme.css
download= http://docs.python.org/3.8/_static/pygments.css
download= http://docs.python.org/3.8/library/intro.html
analyze_html= http://docs.python.org/3.8/library/intro.html
download= http://docs.python.org/3.8/library/functions.html
...계속...
```

그럼 프로그램을 확인해봅시다. 프로그램의 (※1)에서는 필요한 모듈을 읽어 들입니다. 인터넷에서 데이터를 내려받기 위해 urllib.request, URL 분석을 위한 urllib.parse, 폴더 생성을 위한 os, 경로와 관련된 os.path, 슬립[10]을 위한 time, 정규 표현식을 위한 re 모듈을 읽어 들였습니다.

프로그램의 (※2)에서는 전역 변수 `proc_files`를 초기화합니다. 이는 이미 분석한 HTML 파일인지 판별하기 위한 변수입니다. HTML 링크 구조는 a.html에서 b.html로 이동하는 링크가 있으면 b.html에서 a.html로 이동하는 변수가 있을 수 있습니다. 이때 따로 처리를 하지 않으면 무한 루프에 빠져서 처리가 종료되지 않아버립니다. 따라서 이러한 변수를 사용해 같은 HTML에 두 번 이상 처리를 반복하지 않게 만들어야 합니다.

이어서 (※3)의 `enum_links()` 함수에서는 HTML을 분석하고, 링크를 추출합니다. `<a>` 태그로 링크, `<link>` 태그로 스타일시트의 경로를 찾는데, 두 가지 모두 BeautifulSoup의 `select()` 메서드를 사용했습니다. 이어서 (※4)에서는 링크 태그의 `href` 속성에 적혀 있는 URL을 추출하고, 절대 경로로 변환합니다.

프로그램의 (※5)부터 인터넷에 있는 파일을 다운받는 부분입니다. URL을 기반으로 파일명을 결정하고, 필요하다면 폴더를 생성합니다. 실제로 다운로드하는 부분은 (※6)입니다. 여기서 파일을 다운로드할 때는 `urlretrieve()` 함수를 사용합니다. 이때 (※7)에서 일시적으로 처리를 중지하기 위해 `time.sleep()` 메서드를 사용합니다. `sleep()` 메서드는 특정한 시간 동안 처리를 멈추는 기능을 제공하는데, 이는 파일을 다운로드하는 웹 서버에 부하를 주지 않기 위한 예의라고 할 수 있습니다.

프로그램의 (※8)의 `analyze_html()` 함수에서는 HTML 파일을 분석하고, 링크에 있는 것을 다운받습니다. (※9)는 같은 파일에 처리를 반복하지 않게 확인하는 부분입니다. 이때 (※2)에서 선언했던 변수를 사용합니다.

프로그램의 (※10)에서는 링크를 추출합니다. 이 프로그램에서는 (※6)에서 본 것처럼 `urlretrieve()` 함수로 다운받고, 이미 다운받은 파일을 읽어 들이는 처리를 진행합니다.

프로그램의 (※11) 부분에서는 링크 대상을 확인해서 링크가 해당 사이트가 아닌 경우 다운로드하지 않게 만듭니다. 다만 CSS 파일을 다운로드하지 않으면, 레이아웃이 깨질 수 있으므로 CSS 파일은 예외적으로 다운로드하게 조건문을 설정했습니다.

10 (옮긴이) 잠시 쉬는 것을 의미합니다.

또한 프로그램의 (※12)에서는 어떤 사이트를 다운로드할지 지정합니다. __name__에는 모듈 이름이 들어오게 되는데, 모듈이 아닌 경우에 "__main__"이 들어옵니다. 따라서 이 스크립트를 직접적으로 실행한 경우에만 __name__에 "__main__"이 들어와서 처리를 진행하게 됩니다. 이는 이 프로그램에서 정의하고 있는 함수를 다른 프로그램에서도 사용할 수 있게 고려한 것입니다.

정리

이번 절에서는 사이트 내부의 콘텐츠를 모두 다운받는 프로그램을 소개했습니다. HTML 파일에서 링크돼 있는 URL을 추출하고 다운받으려면 상대 경로를 절대 경로로 변경하는 등의 기법을 알아야 합니다. 이번 절의 마지막에 소개했던 프로그램은 중요한 예제이므로 다시 한 번 살펴보기 바랍니다.

2장

고급 스크레이핑

이전 장에서는 다운받는 방법과 스크레이핑하는 기본적인 방법을 배웠습니다. 이번 절에서는 좀 더 고급 스크레이핑 방법을 살펴보겠습니다. 자바스크립트를 사용한 사이트, 로그인이 필요한 사이트에서 데이터를 추출할 때 필요한 기법을 소개합니다.

2-1

로그인이 필요한 사이트에서 다운받기

최근에는 회원제 사이트를 사용하는 경우가 많습니다. 회원제 사이트는 대부분 로그인해야 데이터를 볼 수 있습니다. 따라서 지금까지 배운 내용으로 이러한 회원제 사이트에서 데이터를 제대로 다운받을 수 없습니다. 따라서 이번 절에서는 세션을 사용해 로그인하는 방법을 살펴보겠습니다.

이번 절에서 배울 내용

- 로그인의 구조
- requests 모듈

알고리즘과 툴

- requests 모듈
- cron

HTTP 통신

실제로 다운받는 과정을 소개하기 전에 HTTP 통신, 쿠키, 세션 등의 기본적인 지식을 간단하게 정리하겠습니다.

우리는 웹 브라우저를 통해 인터넷에 있는 웹 사이트를 살펴볼 수 있습니다. 이때 웹 사이트를 제공하는 웹 서버와 웹 브라우저 사이에는 어떤 일이 일어나는 것일까요?

웹 브라우저와 웹 서버는 HTTP라고 불리는 통신 규약(프로토콜)을 사용해서 통신합니다. HTTP 통신은 브라우저에서 서버로 요청(request)하고, 서버에서 브라우저로 응답(response)할 때 어떻게 할 것인지를 나타내는 규약입니다.

예를 들어, 웹 브라우저로 "http://www.naver.com"이라는 URL에 접근한다고 합시다. 이때 웹 브라우저는 www.naver.com이라는 웹 서버를 찾습니다. 웹 서버가 발견되면 index.html이라는 파일을 보고 싶다고 요청을 보냅니다. naver.com이라는 서버가 이러한 요청을 받으면 index.html 파일의 내용을 응답해줍니다. 이처럼 HTTP 통신은 요청과 응답으로 만들어집니다.

HTTP 통신의 구조

요청에 대해 응답을 돌려주는 굉장히 간단한 구조입니다. 그리고 기본적으로 무상태(stateless) 통신입니다. 무상태 통신이란 같은 URL에 여러 번 접근해도 같은 데이터를 돌려주는 통신을 나타냅니다. 조금 더 자세히 말하면 이전에 어떤 데이터를 가져갔는지 등에 대한 정보(상태: state)를 전혀 저장하지 않는 통신입니다.

쿠키

무상태 HTTP 통신으로는 회원제 사이트를 만들 수 없습니다. 과거의 정보가 저장되지 않으면 장바구니에 어떤 상품을 추가했는지 등도 구현할 수 없습니다.

그래서 웹 브라우저에 쿠키(Cookie)라는 구조가 추가됐습니다. 이는 웹 브라우저를 통해 사이트에 방문하는 사람의 컴퓨터에 일시적으로 데이터를 저장하는 기능입니다. 다만 쿠키에는 제약이 있습니다. 데이터를 마음대로 저장할 수 있는 것이 아니라 1개의 쿠키에 저장할 수 있는 데이터의 크기가 4096바이트로 제한됩니다. 그리고 쿠키는 HTTP 통신 헤더를 통해 읽고 쓸 수 있습니다. 따라서 방문자 또는 확인자 측에서 원하는 대로 변경할 수 있습니다.

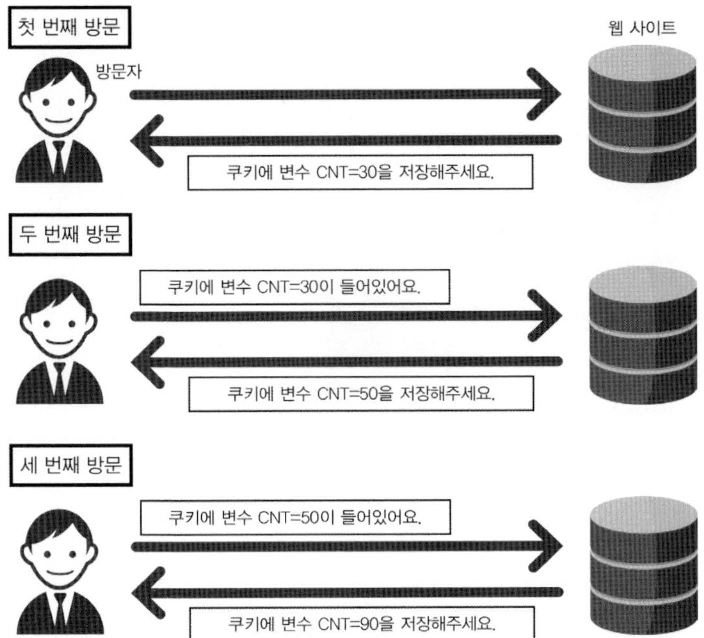

쿠키의 구조

이처럼 쿠키는 HTTP 헤더를 기반으로 이뤄지므로 방문자가 데이터를 원하는 대로 변경할 수 있다는 성질이 있습니다. 따라서 변경하면 문제가 생길 수 있는 비밀번호 등의 비밀 정보를 저장하기에는 알맞지 않습니다.

그래서 세션이라는 구조를 사용하게 됐습니다.

세션도 쿠키를 사용해 데이터를 저장한다는 점은 같습니다. 하지만 쿠키에는 방문자 고유 ID만 저장하고, 실제로 모든 데이터는 웹 서버에 저장합니다. 서버에 데이터를 저장하므로 쿠키와는 다르게 저장할 수 있는 데이터에 제한이 없다는 것도 중요한 특징입니다.

HTTP 통신은 무상태 통신이지만 세션을 이용하면 쿠키에 기록돼 있는 고유 ID를 키로 사용해 상태를 변수로 확인할 수 있습니다. 따라서 통신을 계속해서 진행하는 것 같은 상태 유지(stateful) 통신을 구현할 수 있습니다[1]. 이러한 세션이라는 구조를 이용하면 회원제 웹 사이트 또는 쇼핑몰 사이트를 구현할 수 있습니다.

1 (옮긴이) 상태 유지(stateful) 통신은 상태를 가진 통신을 의미합니다. 본문에서 사용한 "통신을 계속해서 진행하는 것 같은" 표현이 이해되지 않을 수 있는데, 통신할 때마다 다른 정보를 주는 것을 "통신을 계속하는 것 같다"라고 표현한 것입니다.
예를 들어, 사람과 사람이 대화할 때 "안녕하세요"라고 말했는데, 항상 "안녕하세요"라고만 답한다면 대화를 계속하는 듯한 느낌을 받을 수 없을 것입니다.
하지만 이전에 "안녕하세요"라고 말했다라는 상태를 가지고 있다면 "[요청] 안녕하세요"→"[응답] 안녕하세요"→"[요청] 안녕하세요"→"[응답] 왜 또 '안녕하세요'라고 하세요?"라는 형태로 대화가 이뤄질 수 있습니다. 따라서 대화가 이어지는 듯한 느낌을 받을 수 있습니다.

그럼 세션이 어떠한 형태로 구성되는지 확인해봅시다. 일단 방문자가 처음 웹 사이트에 방문할 때 쿠키에 세션 ID를 기록합니다. 그리고 웹 서버에는 세션 ID를 기반으로 데이터 파일을 만들고, 여기에 저장하고 싶은 변수의 값을 저장해둡니다. 그리고 사용자가 다시 서버에 접근하면 쿠키의 세션 ID를 기반으로 저장한 변수를 확인하는 것입니다.

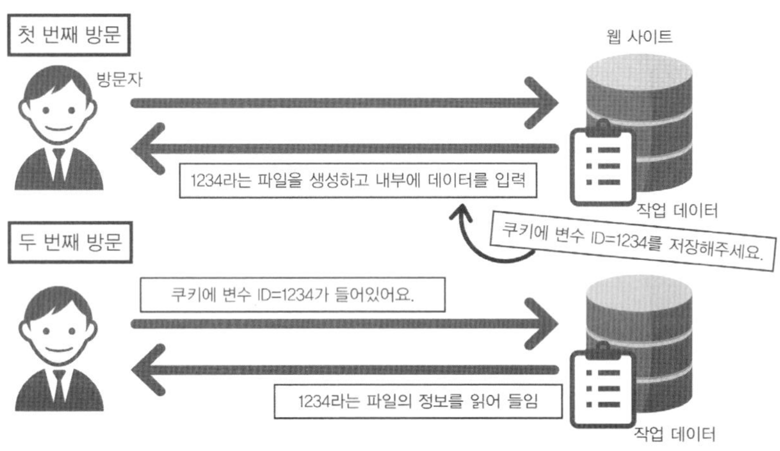

세션의 구조

requests 사용해보기

이전 장에서 소개한 urllib.request로도 쿠키를 이용한 접근이 가능합니다. 하지만 방법이 조금 복잡합니다. 따라서 requests라는 패키지를 사용하겠습니다. 이 패키지를 이용하면 굉장히 쉽게 쿠키를 이용한 접근을 할 수 있습니다.

명령줄에서 다음과 같은 명령을 실행해 requests를 설치합니다.

```
$ pip3 install requests
```

다만 프로그램(봇 등)이 쉽게 로그인할 수 없게 보안적으로 구성한 네이버 또는 다음 등의 포털 사이트 등은 지금 설명하는 방법으로 로그인할 수 없습니다. 이러한 사이트에 로그인하는 방법은 다음 절에서 살펴보겠습니다(사실 이러한 사이트가 많지는 않습니다).

일반적인 사이트 중에 IT와 관련된 분들이 사용할 만하고, 크게 변화가 없으며, 많이 로그인해도 보안 문제를 따로 신경 쓰지 않으며, 약간 복잡하고, 로그인했을 때의 변화를 확인할 수 있는 사이트를 골라 보려니 "한빛출판네트워크" 사이트 정도가 생각났습니다.

위키북스와 경쟁하는 출판사이기는 하지만 한빛출판네트워크 사이트에 로그인한 후 "마이페이지"에서 마일리지와 코인을 확인하는 예제를 만들어봅시다(아쉽게도 위키북스 사이트에는 로그인과 관련된 기능이 없습니다).

```
한빛출판네트워크
- 로그인 페이지: http://www.hanbit.co.kr/member/login.html
- 마이페이지: http://www.hanbit.co.kr/myhanbit/myhanbit.html
```

일단 한빛출판네트워크의 페이지 중에서 로그인 페이지와 마이페이지를 사용해볼 것입니다. 참고로 계정이 없으면 내용을 진행할 수 없습니다. 계정을 만들고 테스트하거나, 예제를 그냥 보거나, 자신 있다면 자신이 가입한 다른 사이트에 활용해보세요.

사이트의 기본 형태 분석

마이페이지는 로그인을 해야만 들어갈 수 있습니다. 로그인돼 있지 않으면 다음과 같은 경고창이 출력됩니다.

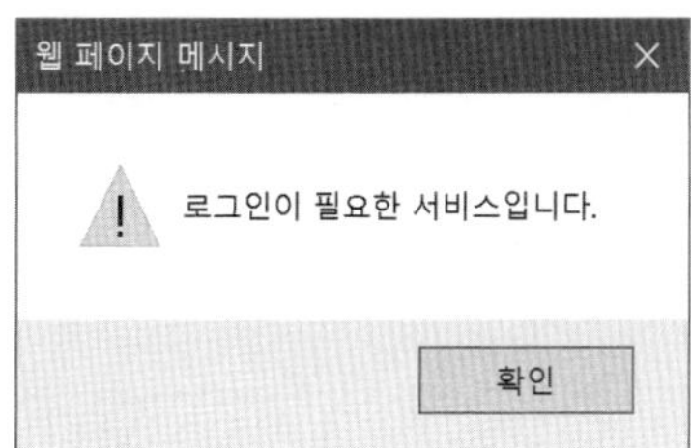

로그인하지 않고 마이페이지에 접근했을 때 나타나는 경고창

로그인 페이지는 다음과 같이 구성돼 있습니다.

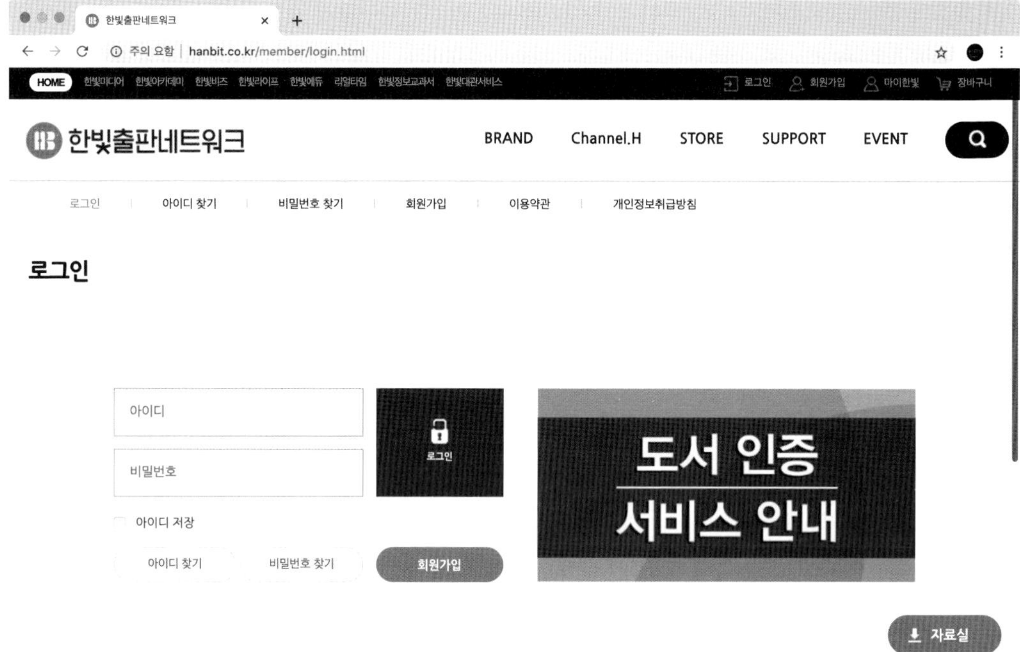

로그인 페이지

여기서 아이디와 비밀번호를 입력하는 부분에 마우스 오른쪽 버튼을 클릭하고 [검사]를 누르면 다음과 같은 입력 양식을 확인할 수 있습니다(책에 쉽게 표기하고자 쓸데없는 코드는 제거했습니다).

```
<form name="frm" id="frm" action="#" method="post">
    <div class="login_left">
        <fieldset>
            <legend>한빛출판네트워크 로그인</legend>
            <label class="i_label" for="login_id">
                <input name="m_id" id="m_id" type="text" value="">
            </label>
            <label class="i_label" for="login_pw">
                <input name="m_passwd" id="m_passwd" type="password" value="">
            </label>
            <label>
                <input type="button" name="login_btn" id="login_btn" value="로그인">
            </label>
        </fieldset>
    </div>
</form>
```

입력 양식(input 태그)으로 m_id, m_passwd라는 값(name 속성의 값)을 입력하고, 입력 양식을 제출하면 로그인되는 구조라는 것을 알 수 있습니다.

어쨌거나 로그인하고 마이페이지에 들어가면 다음과 같은 내용이 출력됩니다. 여기서 "마일리지(.mileage_section1 > span)"와 "한빛이코인(.mileage_section2 > span)"을 출력해보겠습니다. 페이지의 자세한 구조는 직접 크롬의 검사를 사용해 확인해보세요.

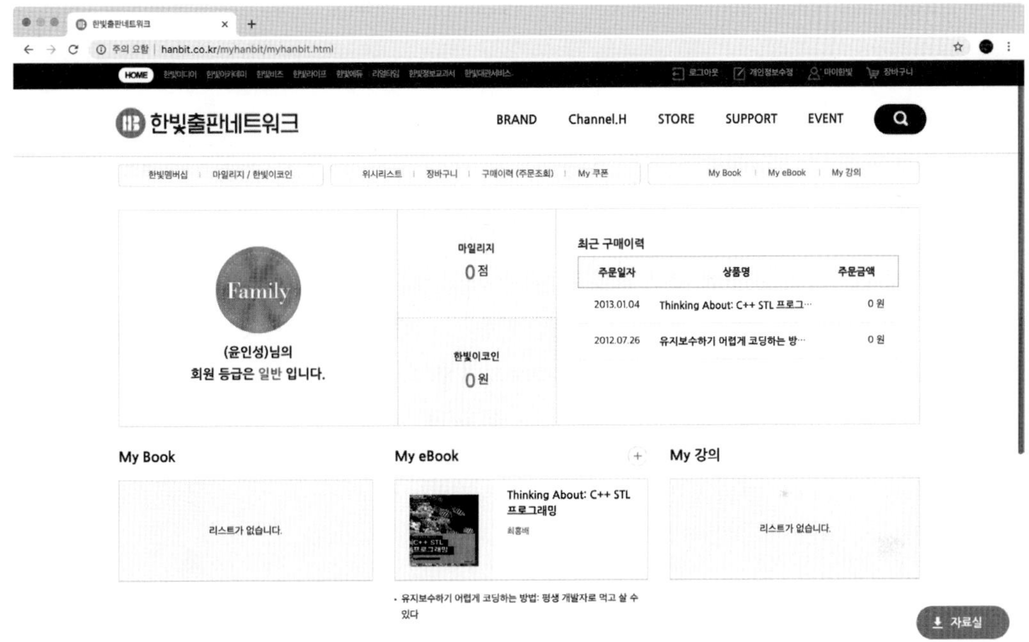

마이페이지

로그인 과정 분석

그럼 로그인 과정을 분석해보겠습니다. 일단 크롬의 [검사] 화면을 띄우고 [Network]라는 탭을 띄웁니다. [Network] 탭은 어떠한 네트워크 통신이 오가는지 확인할 수 있는 탭입니다.

왼쪽 위에 레코드 표시에 붉은 불이 들어오면 어떤 웹 페이지, 이미지, 스타일시트, 자바스크립트 파일 등이 오가는지 보입니다. 굉장히 많은 것들이 보이므로 조금 어지러울 수 있습니다. 우리에게 필요한 것은 일단 "웹 페이지"이므로 필터에서 "Doc"을 클릭합니다.

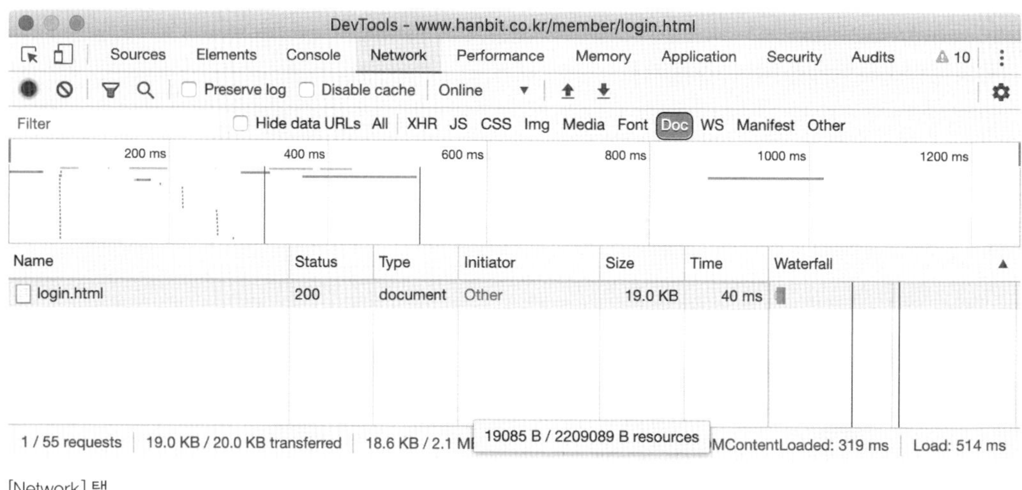

[Network] 탭

그리고 "Preserve log"라는 곳에 체크합니다. 원래 [Network] 탭은 페이지가 이동할 때 기존 페이지와 관련된 내용을 지우고, 새로운 페이지의 내용만 띄웁니다. 하지만 "Preserve log"를 체크하면 내용을 지우지 않고 유지해줍니다. 로그인 과정을 분석하려면 웹 페이지를 어떻게 이동하는지 알아야 하므로 꼭 체크해야 합니다. 어쨌거나 체크했다면 로그인해보세요.

로그인하면 index.html → login_proc.php → login.html의 과정으로 뭔가가 지나갔다는 것을 확인할 수 있습니다. 로그인하는 기본적인 과정을 의미합니다.

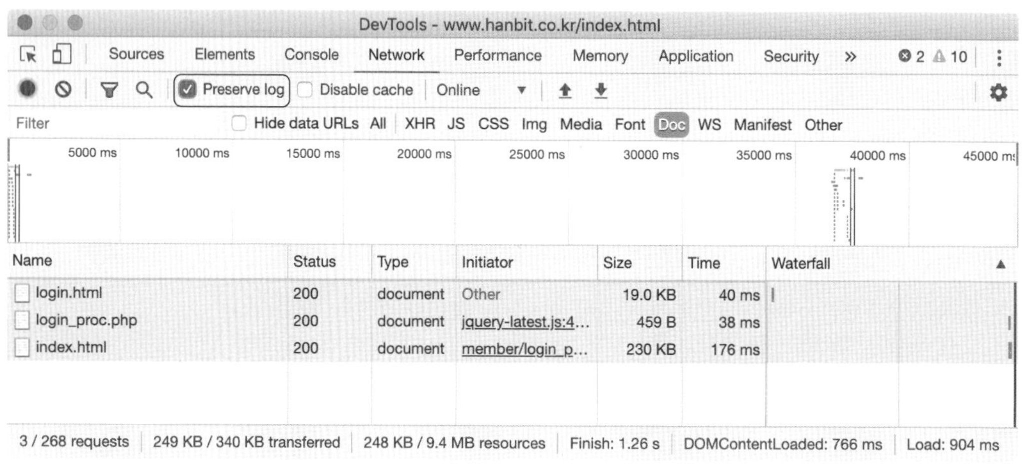

로그인 과정

오가는 과정을 하나하나 눌러보면 자세한 내용이 표시됩니다. 이 가운데 Request Method가 POST이고, 이전의 입력 양식에서 확인한 값이 나오는 곳을 찾아주세요.

현재 페이지에서는 login_proc.php입니다. General 메뉴를 보면 Request Method가 POST라는 것을 알 수 있으며, 아래의 Form Data에 `m_id`와 `m_passwd`가 나옵니다.

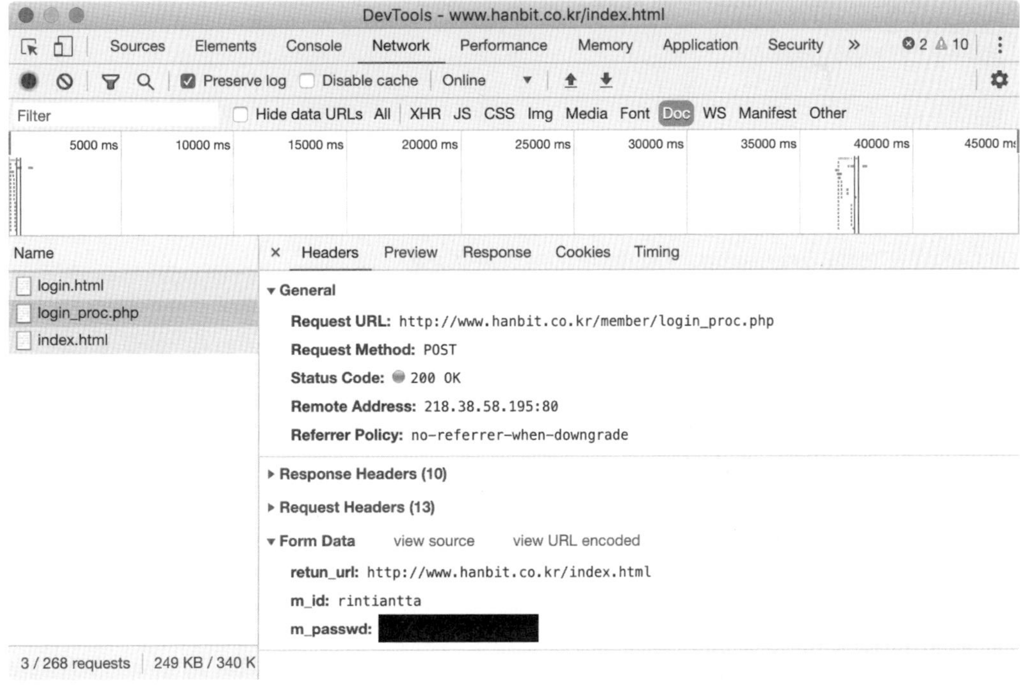

login_proc.php

한마디로 login_proc.php가 로그인과 관련된 기능을 처리하는 곳이라는 뜻입니다. 위의 그림에서 General의 Request URL을 보면 "http://www.hanbit.co.kr/member/login_proc.php"라고 적혀 있습니다. 이곳에 입력 양식 데이터를 POST로 전달하면 로그인할 수 있습니다.

파이썬으로 로그인하기

이러한 과정을 진행하고, 화면의 내용을 출력하는 프로그램을 파이썬으로 작성하면 다음과 같습니다.

file: ch2/login-getmileage.py

```
# 로그인을 위한 모듈 추출하기
import requests
```

```
from bs4 import BeautifulSoup
from urllib.parse import urljoin

# 아이디와 비밀번호 지정하기[자신의 것을 사용해주세요] --- (※1)
USER = "<아이디>"
PASS = "<비밀번호>"

# 세션 시작하기 --- (※2)
session = requests.session()
# 로그인하기 --- (※3)
login_info = {
    "m_id": USER,  # 아이디 지정
    "m_passwd": PASS  # 비밀번호 지정
}
url_login = "https://www.hanbit.co.kr/member/login_proc.php"
res = session.post(url_login, data=login_info)
res.raise_for_status() # 오류가 발생하면 예외가 발생합니다.

# 마이페이지에 접근하기 --- (※4)
url_mypage = "https://www.hanbit.co.kr/myhanbit/myhanbit.html"
res = session.get(url_mypage)
res.raise_for_status()

# 마일리지와 이코인 가져오기 --- (※5)
soup = BeautifulSoup(res.text, "html.parser")
mileage = soup.select_one(".mileage_section1 span").get_text()
ecoin = soup.select_one(".mileage_section2 span").get_text()
print("마일리지: " + mileage)
print("이코인: " + ecoin)
```

명령줄에서 실행해봅시다. 실행하면 마일리지와 이코인이 출력됩니다. 사실 바로 가입하고 테스트해본다면 0과 0이 출력될 것입니다.

```
$ python3 login-getmileage.py
마일리지: 0
이코인: 1,000
```

그럼 곧바로 프로그램을 살펴봅시다. 프로그램의 (※1)에서는 아이디와 비밀번호를 지정합니다. 자신의 것을 사용해 입력하기 바랍니다.

프로그램의 (※2)에서는 session() 메서드를 사용해 세션을 시작합니다. 그리고 (※3)에서 로그인합니다. 로그인을 위해 이전에 분석한 입력 양식의 name 속성과 값을 입력했습니다. 그리고 로그인 전용 URL에 POST 요청을 수행합니다.

로그인이 완료되면 (※4)에서 마이페이지에 접근합니다. 그리고 (※5)에서 마이페이지의 내용을 출력합니다.

이처럼 requests.session을 이용하면 쿠키를 사용하는 회원제 사이트에 로그인할 수 있습니다. 다양하게 활용할 수 있으므로 기억하기 바랍니다.

requests 모듈의 메서드

로그인 예제를 통해 requests 모듈을 간단하게 살펴봤습니다. 이번 절에서는 requests 모듈의 주요 메서드를 추가적으로 정리하겠습니다.

일단 requests 모듈을 사용하려면 requests 모듈을 읽어 들여야 합니다.

```
import requests
```

그리고 HTTP에서 사용하는 GET, POST 등의 메서드는 requests 모듈에 같은 이름의 메서드가 있습니다.

```
# GET 요청
r = requests.get("http://google.com")

# POST 요청
formdata = { "key1": "value1", "key2": "value2" }
r = requests.post("http://example.com", data=formdata)
```

그 밖에도 PUT/DELETE/HEAD 등의 요청을 위한 메서드도 있습니다.

```
r = requests.put("http://httpbin.org/put")
r = requests.delete("http://httpbin.org/delete")
r = requests.head("http://httpbin.org/get")
```

그리고 GET, POST 등의 리턴값에 있는 text와 content 속성을 참조하면 내부의 데이터를 확인할 수 있습니다.

다음 프로그램은 현재 시간에 대한 데이터를 추출하고, 추출한 데이터를 텍스트 형식과 바이너리 형식으로 출력하는 예제입니다. 여기서 http://api.aoikujira.com/time/get.php는 책에서 제공하는 시간 확인 웹 API입니다 웹 브라우저에 주소를 입력해서 들어가보면 어떤 것을 출력하는지 알 수 있을 것입니다.

file: ch2/requests-test.py

```
# 데이터 가져오기
import requests
r = requests.get("http://api.aoikujira.com/time/get.php")

# 텍스트 형식으로 데이터 추출하기
text = r.text
print(text)

# 바이너리 형식으로 데이터 추출하기
bin = r.content
print(bin)
```

명령줄에서 실행해봅시다.

```
$ python3 requests-test.py
2019/08/18 13:13:57
b'2019/08/18 13:13:57'
```

첫 번째 출력은 일반 텍스트이고, 두 번째 출력은 `b'…'` 형태입니다. `b'…'`는 파이썬에서 바이너리라는 것을 나타냅니다.

그럼 바이너리를 활용해 바이너리 데이터인 이미지를 받아 저장하는 예제를 살펴봅시다.

file: ch2/requests-png.py

```
# 이미지 데이터 추출하기
import requests
r = requests.get("http://wikibook.co.kr/wikibook.png")

# 바이너리 형식으로 데이터 저장하기
with open("test.png", "wb") as f:
    f.write(r.content)

print("saved")
```

명령줄에서 실행해봅시다.

```
$ python3 requests-png.py
saved
$ ls test.png
test.png
```

PNG 파일을 내려받고 test.png라는 이름으로 저장합니다. 폴더를 확인해보세요.

내려받은 이미지

정리

이번 절에서는 로그인하는 기본적인 방법을 소개했습니다. 파이썬 라이브러리인 "requests"를 이용해 로그인하고 필요한 데이터를 스크레이핑하는 방법을 기억하기 바랍니다.

- HTTP 통신은 무상태(stateless) 통신입니다.
- 세션을 사용하면 상태 유지(statefull) 통신처럼 됩니다.
- requests 패키지의 사용법을 기억해주세요.

2-2 웹 브라우저를 이용한 스크레이핑

이전 절에서 쿠키를 사용해 회원제 웹 사이트에 로그인하는 방법을 살펴봤습니다. 하지만 최근에는 자바스크립트 등으로 다양한 장치를 설치해서 실제 웹 브라우저를 사용해 접근하지 않으면 로그인되지 않는 경우가 많습니다. 그래서 이번 절에서는 웹 브라우저를 조작하는 접근 방법을 소개하겠습니다.

이번 절에서 배울 내용

- 웹 브라우저를 원격 조작하는 Selenium
- 명령줄에서 사용할 수 있는 헤드리스 파이어폭스

알고리즘과 툴

- Selenium
- 헤드리스 파이어폭스

웹 브라우저 원격 조작에 사용하는 Selenium

자바스크립트를 많이 사용하는 웹 사이트는 웹 브라우저를 사용하지 않을 경우 제대로 동작을 확인할 수 없습니다. 그래서 이러한 사이트는 이전에 소개한 requests 모듈로 대처할 수 없습니다[2].

따라서 이번 절에서는 웹 브라우저를 원격으로 조작하는 방식을 사용해보겠습니다. 이 방법을 사용하면 웹 브라우저를 조작하는 것과 같으므로 모든 웹 페이지에서 데이터를 스크레이핑할 수 있습니다.

웹 브라우저를 원격 조작할 때 사용하는 도구로 Selenium이 있습니다. 일반적으로 웹 애플리케이션 테스트를 자동화할 때 사용합니다. 하지만 스크레이핑할 때도 유용하게 사용할 수 있습니다.

Selenium을 이용하면 자동으로 URL을 열고 클릭할 수 있으며, 스크롤하거나, 문자를 입력하는 등의 다양한 조작을 자동화할 수 있습니다. 또한 화면을 캡처해서 이미지로 저장하거나 HTML의 특정 부분을 꺼내는 것도 가능합니다.

또한 다양한 웹 브라우저에 대응합니다. 구글 크롬, 파이어폭스, 인터넷 익스플로러, 오페라 등의 다양한 웹 브라우저를 원격으로 조작할 수 있습니다(또한 iOS와 안드로이드 브라우저를 조작하게 해주는 프로젝트도 있습니다).

2 (옮긴이) 예를 들어, Ajax로 데이터를 나중에 가져오는 페이지의 경우 request 모듈로는 데이터를 하나도 추출할 수 없습니다.

화면 없는 웹 브라우저 헤드리스 파이어폭스

웹 브라우저를 원격조작할 때마다 웹 브라우저 화면이 뜨면 불편합니다. 그래서 일반적으로 헤드리스(화면이 없는) 모드를 사용합니다. 이를 활용하면 명령줄에서 웹 브라우저를 조작할 수 있습니다. 이 책에서는 모질라 파이어폭스(Mozilla Firefox)를 헤드리스 모드로 사용하는 방법을 소개합니다. 이전에는 PhantomJS라는 헤드리드 모드만 지원하는 웹 브라우저도 있었지만 이제 유지보수가 중지됐으므로 다른 헤드리스 모드를 지원하는 웹 브라우저(파이어폭스 또는 크롬)를 사용하는 것이 좋습니다.

헤드리스 모드로 웹 브라우저를 사용하면 명령줄에서 웹 브라우저를 조작할 수 있습니다. 따라서 브라우저 내부에 출력되는 데이터를 추출하거나 스크린숏을 찍을 수 있습니다. 그래서 스크레이핑, UI 테스트 자동화 등에 활용됩니다.

Selenium + 파이어폭스 실행 환경 준비

그럼 실행 환경을 구축해봅시다. 가상환경에서 Selenium + 파이어폭스 환경을 준비하겠습니다. 일단 다음 명령어를 실행해 Selenium을 설치합니다.

```
$ sudo apt-get update
# 파이어폭스 설치
$ sudo apt-get install -y firefox
# Selenium 설치
$ pip3 install selenium
# BeautifulSoup4 설치
$ pip3 install beautifulsoup4
```

이어서 파이어폭스 조작을 위한 드라이버(Geckodriver)를 설치합니다. 다음과 같이 배포 사이트에서 드라이버를 다운로드하고, 압축을 해제한 후 적절한 디렉터리에 복사하면 됩니다.

```
$ mkdir -p ~/src && cd ~/src
$ wget https://github.com/mozilla/geckodriver/releases/download/v0.21.0/
geckodriver-v0.21.0-linux64.tar.gz
$ tar -zxvf geckodriver-v0.21.0-linux64.tar.gz
$ sudo mv geckodriver /usr/local/bin/
```

이렇게 하면, v.0.21.0이 설치됩니다. 이 외의 최신 버전을 설치하고 싶을 경우 다음 URL에서 드라이버의 URL을 확인하고 설치해주세요.

```
# Geckodriver 배포 버전 목록
[URL] https://github.com/mozilla/geckodriver/releases
```

마지막으로 한국어 폰트를 설치합니다. 한글 폰트를 설치하지 않으면 한글이 제대로 출력되지 않습니다.

```
# 한글 폰트 설치
$ apt-get install -y fonts-nanum*
```

```
$ docker ps -a
<콘테이너 ID>
$ docker commit <컨테이너 ID> ubuntu-headless
```

이미지가 생성되면 다음 명령어를 실행해 컨테이너를 실행합니다. 환경변수의 LANG에 UTF-8이 설정돼 있지 않으면 파이썬의 표준 인코딩이 제대로 설정되지 않습니다. 그래서 이전과 다르게 몇 가지 추가적인 옵션을 지정했습니다.

```
docker run -i -t -v $HOME:$HOME \
    -e ko_KR.UTF-8 \
    -e PYTHONIOENCODING=utf_8 \
    ubuntu-headless /bin/bash
```

웹 사이트를 이미지로 캡처해보기

환경을 구축했으므로 Selenium과 파이어폭스가 제대로 동작하는지 확인해봅시다. 다음 프로그램은 네이버의 메인 페이지를 캡처해서 "Website.png"라는 이름으로 저장합니다.

file: ch2/selenium-capture.py

```
from selenium.webdriver import Firefox, FirefoxOptions

url = "http://www.naver.com/"

# 파이어폭스를 헤드리스 모드로 설정하는 옵션 --- (※1)
options = FirefoxOptions()
options.add_argument('-headless')
```

```
# 파이어폭스 드라이버 추출 --- (※2)
browser = Firefox(options=options)

# URL 읽어 들이기 --- (※3)
browser.get(url)
# 화면을 캡처해서 저장 --- (※4)
browser.save_screenshot("Website.png")
# 브라우저 종료 --- (※5)
browser.quit()
```

명령줄에서 실행해봅시다.

```
$ python3 selenium-capture.py
```

실행하면 다음과 같은 이미지가 생성됩니다. 만약 한국어가 깨져서 나온다면 한국어 폰트를 다시 설정하기 바랍니다.

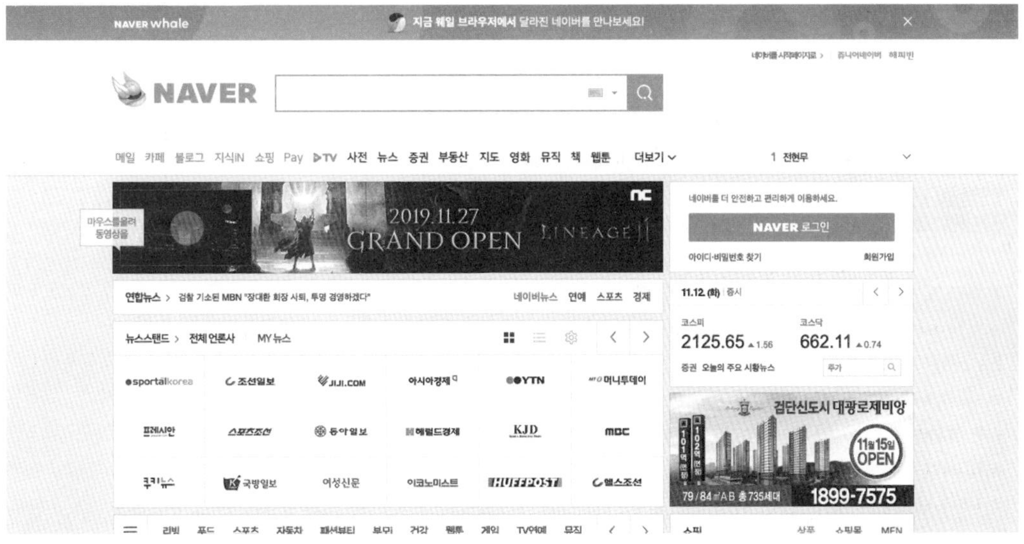

네이버 메인 페이지

그럼 프로그램을 확인해봅시다. 프로그램의 (※1)에서는 파이어폭스를 헤드리스 모드로 사용하기 위한 옵션을 설정합니다. 그리고 (※2)에서는 파이어폭스를 실행하고, 드라이버를 초기화합니다.

프로그램의 (※3)에서는 매개변수로 지정한 URL의 웹 페이지를 읽어 들입니다. (※4)에서는 화면을 캡처해서 파일로 저장합니다. 마지막으로 (※5)에서는 `quit()` 메서드로 브라우저를 종료합니다.

네이버에 로그인해서 구매한 물건 목록 가져오기

그럼 Selenium으로 네이버에 로그인해봅시다. 참고로 네이버 등의 포털 사이트는 대부분 다양한 보안 요소를 넣고 있어서 이전 절에서 살펴본 단순 쿠키 활용으로는 로그인이 불가능합니다. 하지만 Selenium을 사용하면 가능합니다.

다음 코드는 네이버 로그인 페이지에서 로그인하고, 네이버 쇼핑 페이지에 들어가서 최근 구매한 물건 목록을 들고 오는 예제입니다.

file: ch2/selenium-login.py

```
from selenium.webdriver import Firefox, FirefoxOptions

USER = "<아이디>"
PASS = "<비밀번호>"

# 파이어폭스 실행 --- (※1)
options = FirefoxOptions()
options.add_argument('-headless')
browser = Firefox(options=options)

# 로그인 페이지에 접근 --- (※2)
url_login = "https://nid.naver.com/nidlogin.login"
browser.get(url_login)
print("로그인 페이지에 접근합니다.")

# 텍스트 박스에 아이디와 비밀번호 입력 --- (※3)
e = browser.find_element_by_id("id")
e.clear()
e.send_keys(USER)
e = browser.find_element_by_id("pw")
e.clear()
e.send_keys(PASS)

# 입력 양식 전송해서 로그인 --- (※4)
form = browser.find_element_by_css_selector("input.btn_global[type=submit]")
form.submit()
print("로그인 버튼을 클릭합니다.")

# 쇼핑 페이지의 데이터 가져오기 --- (※5)
browser.get("https://order.pay.naver.com/home?tabMenu=SHOPPING")
```

```
# 쇼핑 목록 출력 --- (※6)
products = browser.find_elements_by_css_selector(".name")
print(products)
for product in products:
  print("-", product.text)
```

명령줄에서 실행해봅시다[3].

```
$ python3 selenium-capture.py
로그인 페이지에 접근합니다.
로그인 버튼을 클릭합니다.
- 한샘몰 [헬렌스타인] 호텔콜렉션 80수양면 사계절구스 퀸(이불+침구세트)
- Alesis V-Mini / 알레시스 미니 마스터키보드
- 양면자석유리닦이리필
- 양면유리창청소기 자석유리창닦이
- CAT.6 랜선/랜케이블/UTP케이블
- LS-LAN20C USB 유선랜카드 랜카드 유선 USB2.0 100M 컨버터 랜선
- 스카이디지탈 NKEY BT61 LED 블루투스 적축
- 넛트 요거트 단호박샐러드
- 비프 치즈 샌드위치
```

필자가 최근 네이버 페이로 구매한 물건 목록이 나오는 것을 확인할 수 있습니다. 참고로 중간중간 스크린샷을 찍어보면 다음과 같습니다.

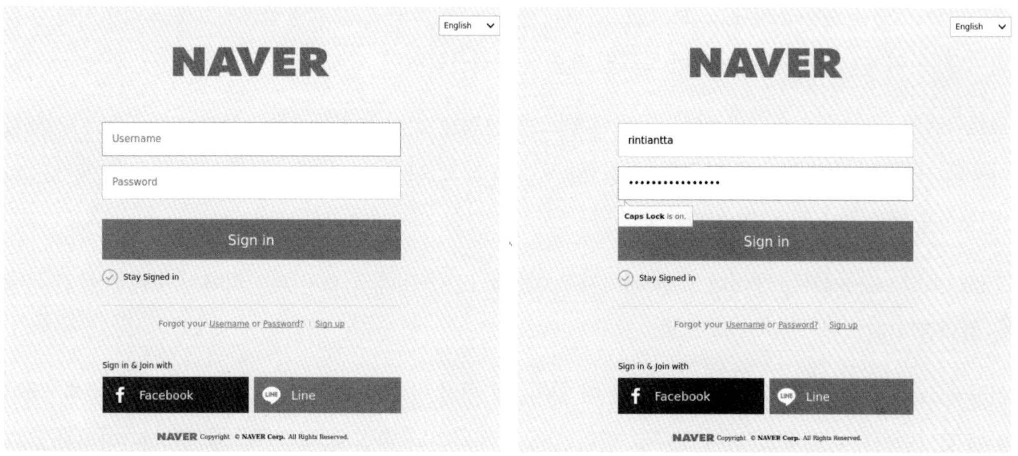

로그인 화면과 아이디/비밀번호 입력

3 (역은이) 네이버 로그인 시 자동입력 방지문자를 입력하는 단계가 추가되어, 이 예제를 헤드리스 모드로 실행하면 결과를 얻지 못하게 되었습니다. headless 옵션을 해제하고, 파이썬 셸 또는 5장에서 소개하는 주피터 노트북을 이용해 실습하세요. 단, 도커나 vagrant로 리눅스 가상 머신을 구성해 실습하는 경우, 시스템 구성에 따라 '헤드 있는' 모드로 실습이 불가할 수 있습니다.

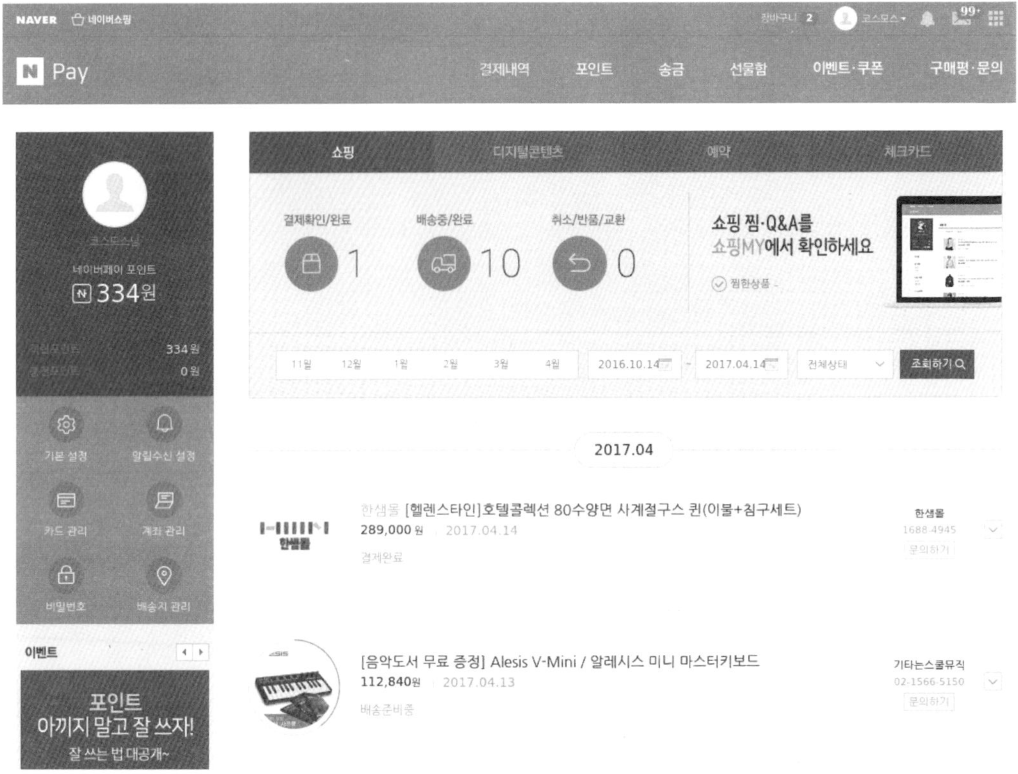

네이버 쇼핑 사이트 접근

그럼 프로그램을 살펴봅시다. 프로그램의 (※1)에서는 파이어폭스를 사용할 수 있게 드라이버를 추출합니다. 이어서 (※2)에서는 네이버 로그인 페이지에 접근합니다.

프로그램의 (※3)에서는 입력 양식 <input> 태그에 문자를 입력합니다. `find_element_by_id()` 메서드를 사용해 아이디와 비밀번호를 입력하는 DOM 요소를 찾고, 내용을 입력합니다. 이어서 (※4)에서는 입력 양식을 제출해서 로그인합니다.

프로그램의 (※5)에서는 네이버 쇼핑 페이지로 이동하고, (※6)에서 쇼핑 페이지에서 구매한 물건 목록을 출력합니다.

어떻게 `find_element_by_id()` 메서드 등의 매개변수에 저런 아이디를 넣었는지 궁금할 수 있는데, 네이버에 로그인하면서 크롬의 검사 도구로 입력 양식을 하나하나 확인해본 것입니다. 참고로 이러한 로그인 방법은 주기적으로 바뀔 수 있으므로 독자가 예제를 실행할 때 제대로 되지 않을 수 있습니다. 이 경우 네이버 로그인 페이지 등을 직접 확인하면서 예제를 변경해보세요. 또한 네이버에는 로그인 보안 설정이 있습니다. 보안 설정을 건 계정이라면 추가적인 로그인 과정이 더 필요합니다.

Selenium으로 스크레이핑하는 방법

Selenium의 기본적인 사용법을 살펴봤으므로 이제 자주 사용하는 메서드 등을 확인해봅시다. 일단 Selenium을 임포트할 때는 기본적으로 다음과 같은 형태를 사용합니다.

```
from selenium import webdriver
```

그리고 Selenium을 어떤 브라우저와 함께 사용할지를 지정합니다. 다음은 각 브라우저에 대응되는 드라이버입니다.

```
Webdriver.Firefox
Webdriver.Chrome
Webdriver.Ie
Webdriver.Opera
Webdriver.PhantomJS
Webdriver.Remote
```

Selenium으로 DOM 요소를 선택하는 방법

Selenium으로 DOM 요소를 선택하는 방법은 BeautifulSoup와 비슷하면서도 약간 다릅니다. 따라서 주의하기 바랍니다. Selenium에서는 다음과 같은 메서드를 사용해 DOM 요소를 추출합니다.

DOM 내부에 있는 여러 개의 요소 중 처음 찾아지는 요소를 추출:

메서드 이름	설명
find_element_by_id(id)	id 속성으로 요소를 하나 추출합니다.
find_element_by_name(name)	name 속성으로 요소를 하나 추출합니다.
find_element_by_css_selector(query)	CSS 선택자로 요소를 하나 추출합니다.
find_element_by_xpath(query)	XPath를 지정해 요소를 하나 추출합니다.
find_element_by_tag_name(name)	태그 이름이 name에 해당하는 요소를 하나 추출합니다.
find_element_by_link_text(text)	링크 텍스트로 요소를 추출합니다.
find_element_by_partial_link_text(text)	링크의 자식 요소에 포함돼 있는 텍스트로 요소를 하나 추출합니다.
find_element_by_class_name(name)	클래스 이름이 name에 해당하는 요소를 하나 추출합니다.

DOM 내부에 있는 모든 요소 추출:

메서드 이름	설명
find_elements_by_css_selector(query)	CSS 선택자로 요소를 여러 개 추출합니다.
find_elements_by_xpath(query)	XPath를 지정해 요소를 여러 개 추출합니다.
find_elements_by_tag_name(name)	태그 이름이 name에 해당하는 요소를 여러 개 추출합니다.
find_elements_by_class_name(name)	클래스 이름이 name에 해당하는 요소를 여러 개 추출합니다.
find_elements_by_partial_link_text(text)	링크의 자식 요소에 포함돼 있는 텍스트로 요소를 여러 개 추출합니다.

참고로 이러한 검색 메서드를 사용했는데, 어떠한 요소도 찾지 못한다면 NoSuchElementException이라는 예외가 발생합니다.

Selenium으로 요소 조작하기

특정한 DOM 요소를 선택하면 키를 입력하거나 클릭하는 등의 조작을 할 수 있습니다. 다음은 DOM 요소에 사용할 수 있는 메서드와 속성을 나타낸 것입니다. 굉장히 많은 메서드가 제공되며, 다양하게 활용할 수 있습니다.

DOM 요소에 적용할 수 있는 메서드와 속성:

메서드 또는 속성	설명
clear()	글자를 입력할 수 있는 요소의 글자를 지웁니다.
click()	요소를 클릭합니다.
get_attribute(name)	요소의 속성 중 name에 해당하는 속성의 값을 추출합니다.
is_displayed()	요소가 화면에 출력되는지 확인합니다.
is_enabled()	요소가 활성화돼 있는지 확인합니다.
is_selected()	체크박스 등의 요소가 선택된 상태인지 확인합니다.
screenshot(filename)	스크린샷을 찍습니다.
send_keys(value)	키를 입력합니다.
submit()	입력 양식을 전송합니다.
value_of_css_property(name)	name에 해당하는 CSS 속성의 값을 추출합니다.
id	요소의 id 속성입니다.
location	요소의 위치입니다.
parent	부모 요소입니다.

메서드 또는 속성	설명
rect	크기와 위치 정보를 가진 딕셔너리 자료형을 리턴합니다.
screenshot_as_base64	스크린샷을 Base64로 추출합니다.
screenshot_as_png	스크린샷을 PNG 형식의 바이너리로 추출합니다.
size	요소의 크기입니다.
tag_name	태그 이름입니다.
text	요소 내부의 글자입니다.

또한 send_keys()로 키를 입력할 때는 텍스트 데이터 외에도 특수 키를 입력할 수 있습니다. 특수 키를 사용하려면 다음 모듈을 사용해야 합니다.

```
from selenium.Webdriver.common.keys import Keys
```

이 모듈을 사용하면 다음과 같은 키를 사용할 수 있습니다.

```
ARROW_DOWN / ARROW_LEFT / ARROW_RIGHT / ARROW_UP
BACKSPACE / DELETE / HOME / END /  INSERT
ALT / COMMAND / CONTROL / SHIFT
ENTER / ESCAPE / SPACE / TAB
F1 / F2 / F3 / F4 / F5 ...  / F12
```

Selenium 드라이버 조작

드라이버 객체는 다음과 같은 메서드를 사용할 수 있습니다. 대표적인 몇 가지만 정리했습니다.

Selenium 드라이버의 메서드와 속성:

메서드 또는 속성	설명
add_cookie(cookie_dict)	쿠키 값을 딕셔너리 형식으로 지정합니다(※1).
back() / forward()	이전 페이지 또는 다음 페이지로 이동합니다.
close()	브라우저를 닫습니다.
current_url	현재 URL을 추출합니다.
delete_all_cookies()	모든 쿠키를 제거합니다.
delete_cookie(name)	특정 쿠키를 제거합니다.
execute(command, params)	브라우저 고유의 명령어를 실행합니다.

메서드 또는 속성	설명
execute_async_script(script, *args)	비동기 처리하는 자바스크립트를 실행합니다.
execute_script(script, *args)	동기 처리하는 자바스크립트를 실행합니다.
get(url)	웹 페이지를 읽어 들입니다.
get_cookie(name)	특정 쿠키 값을 추출합니다.
get_cookies()	모든 쿠키 값을 딕셔너리 형식으로 추출합니다.
get_log(type)	로그를 추출합니다(browser/driver/client/server).
get_screenshot_as_base64()	base64 형식으로 스크린샷을 추출합니다.
get_screenshot_as_file(filename)	스크린샷을 파일로 저장합니다.
get_screenshot_as_png()	PNG 형식으로 스크린샷의 바이너리를 추출합니다.
get_window_position(windowHandle='current')	브라우저의 위치를 추출합니다.
get_window_size(windowHandle='current')	브라우저의 크기를 추출합니다.
implicitly_wait(sec)	최대 대기 시간을 초 단위로 지정해서 처리가 끝날 때까지 대기합니다.
quit()	드라이버를 종료시켜 브라우저를 닫습니다.
save_screenshot(filename)	스크린샷을 저장합니다.
set_page_load_timeout(time_to_wait)	페이지를 읽는 타임아웃 시간을 지정합니다.
set_script_timeout(time_to_wait)	스크립트의 타임아웃 시간을 지정합니다.
set_window_position(x,y,windowHandle='current')	브라우저의 위치를 지정합니다.
set_window_size(width, height, windowHandle='current')	브라우저의 크기를 지정합니다.
title	현재 페이지의 타이틀을 추출합니다.

(※1)의 add_cookie()는 다음과 같이 딕셔너리 데이터를 지정합니다.

```
driver.add_cookie({'name' : 'foo', 'value' : 'bar'})
driver.add_cookie({'name' : 'foo', 'value' : 'bar', 'path' : '/'})
driver.add_cookie({'name' : 'foo', 'value' : 'bar', 'path' : '/', 'secure':True})
```

Selenium 매뉴얼

이번 절에서는 Selenium에서 자주 사용하는 기능을 주로 살펴봤습니다. 그 밖의 더 자세한 내용을 살펴보고 싶을 때는 다음 문서를 참고해주세요.

```
+ Selenium with Python
[URL] http://selenium-python.readthedocs.io/index.html

+ SeleniumHQ Documentation
[URL] http://docs.seleniumhq.org/docs/
```

자바스크립트 실행해보기

지금까지 본 것처럼 Selenium은 굉장히 다양한 메서드를 제공합니다. 하지만 원하는 기능이 없을 수 있습니다. 이럴 때는 execute_script() 메서드를 사용합니다. 이 메서드를 사용하면 자바스크립트 코드를 실행할 수 있습니다.

다음 프로그램은 적당한 웹 사이트를 열고, 자바스크립트를 실행한 뒤 결과를 추출하는 예입니다.

file: ch2/selenium-js.py

```
from selenium.webdriver import Firefox, FirefoxOptions

# 파이어폭스 실행
options = FirefoxOptions()
options.add_argument('-headless')
browser = Firefox(options=options)

# 적당한 웹 페이지 열기
browser.get("https://google.com")

# 자바스크립트 실행
r = browser.execute_script("return 100 + 50")
print(r)
```

명령줄에서 실행해봅시다.

```
$ python3 selenium-js.py
150
```

자바스크립트를 실행한 결과가 출력되는 것을 확인할 수 있습니다. 이처럼 임의의 자바스크립트 코드를 실행할 수 있으므로 HTML 페이지 내부의 DOM 요소도 자유롭게 조작할 수 있으며, 페이지 내의 특정 자바스크립트 함수를 원하는 시점에 실행하는 것도 가능합니다. 예를 들어, 추출할 데이터와 무관한 데이터(광고, 디자인을 위한 요소)를 제거하는 자바스크립트 함수를 호출한 뒤에 원하는 데이터만 추출할 수도 있습니다.

정리

이번 절에서는 Selenium과 파이어폭스 환경을 구축하는 방법, Selenium으로 브라우저를 조작하는 방법을 살펴봤습니다. Selenium은 웹 애플리케이션 테스트에 활용하는 경우가 많지만 스크레이핑에도 활용할 수 있답니다.

- 스크레이핑할 때 웹 브라우저를 활용해야 하는 경우가 꽤 많습니다.
- 브라우저를 자동적으로 동작하게 조작하는 방법에는 여러 가지가 있습니다.
- Selenium과 파이어폭스의 사용법을 살펴봤습니다.

2-3

웹 API로 데이터 추출하기

최근에는 다양한 웹 API가 공개돼 있습니다. 그리고 이러한 웹 API를 활용하면 웹 사이트를 효율적으로 개발할 수 있습니다. 이번 절에서는 웹 API를 사용해 데이터를 수집하는 방법을 살펴보겠습니다.

이번 절에서 배울 내용

- 웹 API
- 활용 가능한 웹 API

알고리즘과 툴

웹 API

웹 API에 대해서는 이전 장에서 간단하게 설명했지만 한 번 더 이야기해봅시다.

세계에는 굉장히 다양한 웹 서비스가 있습니다. 날씨 정보, 상품 데이터, 주가, 환율 등의 다양한 정보를 웹에서 찾을 수 있습니다. 이러한 웹 사이트 중에는 웹 API를 제공하는 곳이 있습니다.

웹 API는 어떤 사이트가 가지고 있는 기능을 외부에서도 쉽게 사용할 수 있게 공개한 것을 의미합니다. 원래 API(Application Programming Interface)는 어떤 프로그램 기능을 외부의 프로그램에서 호출해서 사용할 수 있게 만든 것을 의미합니다. 간단하게 서로 다른 프로그램이 기능을 공유할 수 있게 절차와 규약을 정의한 것입니다.

웹 API도 비슷합니다. 일반적으로 HTTP 통신을 사용하는데, 클라이언트 프로그램은 API를 제공하는 서버에 HTTP 요청을 보냅니다. 그러면 서버가 이러한 요청을 기반으로 XML 또는 JSON 형식 등으로 응답합니다.

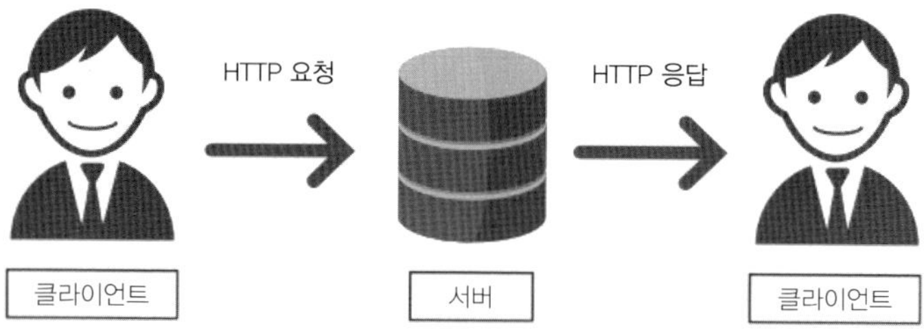

대부분의 클라이언트 프로그래밍 언어는 XML과 JSON 형식의 데이터를 쉽게 처리할 수 있습니다. 따라서 굉장히 쉽게 원하는 형태로 사용할 수 있습니다.

웹 API를 제공하는 이유

많은 웹 서비스들이 웹 API를 제공하고 있습니다. 왜 웹 API를 제공하는 것일까요? 물론 개발자들의 이익을 목적으로 선의를 가지고 API를 제공하는 서비스도 있습니다. 하지만 조금 더 깊게 생각해보면 다른 면도 있습니다.

대부분의 웹 서비스는 정보를 웹 사이트를 통해 제공합니다. 이러한 정보는 크롤링의 표적이 됩니다. 수많은 개발자들이 크롤링하면 서버에 큰 부하가 걸립니다. 따라서 어차피 크롤링될 것이라면 차라리 웹 API를 미리 제공해서 서버의 부담을 줄이는 것입니다. 이처럼 웹 API를 제공하는 측에서 웹 API를 제공함으로써 얻는 이득으로 서버 부하 감소를 들 수 있습니다.

또한 웹 API를 제공해서 상품을 알리거나 구매할 기회를 더 많이 주는 경우도 있습니다. 옥션, 지마켓, 11번가, 아마존(Amazon) 등의 사이트는 상품 검색 API를 제공합니다. 이를 제공함으로써 개발자들이 관련된 애플리케이션을 만들면 판매 기회를 조금이라고 올릴 수 있게 됩니다.

물론 유료로 제공되는 웹 API도 있습니다.

웹 API의 단점

웹 API의 단점으로 뽑을 수 있는 첫 번째는 웹 API 제공자의 사정으로 인해 웹 API가 없어지거나 사양 변경이 일어날 수 있다는 것입니다. 애플리케이션을 개발할 때는 이를 반드시 고려해야 합니다. 편리하게 활용하던 웹 API가 어느 날 갑자기 사라지면 애플리케이션이 동작하지 않기 때문입니다. 물론 이는 웹 사이트를 직접적으로 스크레이핑할 때도 발생할 수 있는 문제입니다.

여러 명이 사용하던 웹 서비스도 갑자기 서비스가 정지되는 경우도 있으니, 웹 API가 사라지거나 사양이 변경되는 일은 당연하게 발생할 수 있는 일입니다. 하지만 그렇다고 아예 사용하지 않기에는 정보들이 너무 아깝습니다.

어쨌거나 웹 API가 사라지거나 사양이 변경되는 일은 흥망성쇠가 자주 발생하는 IT 업계의 숙명이라고 생각하고 사용하는 것이 마음 편합니다.

참고로 개인이 취미로 개발해서 공개한 웹 API와 큰 기업에서 공개한 웹 API를 비교하면 큰 기업이 공개한 웹 API가 신뢰할 수 있고, 지원도 더 오래 할 것이라고 생각하기 쉽습니다. 하지만 꼭 그런 것은 아닙니다. 구글과 같은 기업도 수요가 적은 서비스를 곧바로 없애 버리는 경우가 많습니다. 반대로 개인이 만들었는데 굉장히 오래 유지되고 있는 웹 API도 꽤 많습니다.

빠르게 변하는 웹 세계에서 미래를 읽는다는 것은 거의 불가능에 가깝지만 활용하고자 하는 웹 API를 "언제까지 사용할 수 있을까?", "없어지면 어떻게 하지?" 등은 생각해두는 것이 좋습니다.

웹 API 사용해보기 – OpenWeatherMap의 날씨 정보

그럼 간단한 웹 API를 사용해봅시다. 일단 전 세계의 모든 날씨 정보 등을 가지고 있는 OpenWeather Map을 사용해보겠습니다.

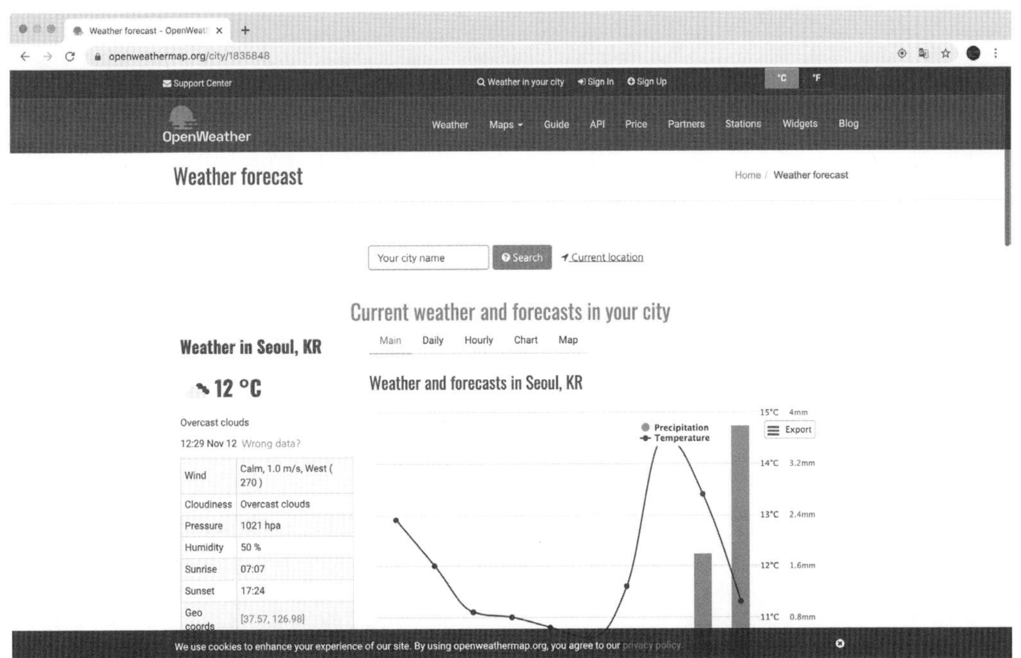

OpenWeatherMap에서 서울의 날씨를 확인한 모습

```
OpenWeatherMap
http://openweathermap.org/
```

OpenWeatherMap을 사용하려면 개발자 등록을 하고, API 키를 발급받아야 합니다. 다른 웹 API도 대부분 개발자 등록을 하고, API 키를 발급받아야 사용할 수 있습니다.

OpenWeatherMap은 기본적으로 유료 API이지만 현재 날씨, 5일까지의 날씨는 무료로 사용할 수 있습니다. 다만 무료로 사용할 때는 1분에 60번만 호출할 수 있습니다. 실제 애플리케이션에 활용해서 배포하기에는 무리가 있지만 연습하기에는 충분한 양입니다.

다음 URL로 들어가서 사용자 등록을 합니다. 영어 페이지지만 과정이 그리 복잡하지 않으므로 쉽게 가입할 수 있을 것입니다.

```
OpenWeatherMap > Sign Up
https://home.openweathermap.org/users/sign_up
```

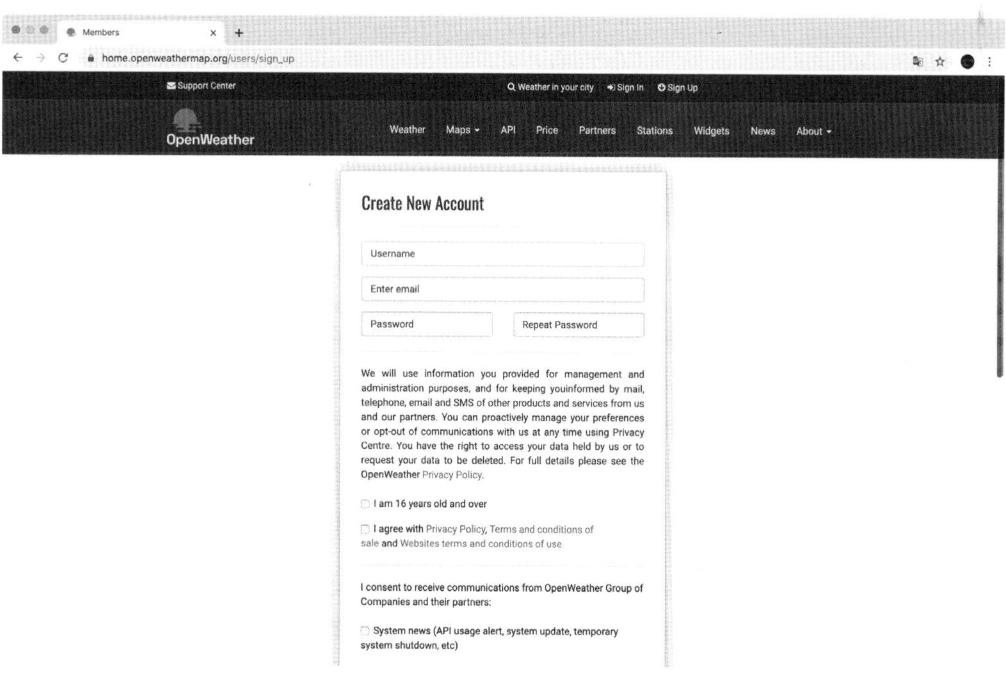

API를 사용하기 위한 사용자 등록

처음 가입하면 어떠한 곳에 사용할지 묻습니다. 적당한 것을 선택하고 [OK] 버튼을 눌러주세요. 버튼을 누르면 개발자 콘솔이 나오고, [API Keys]라는 탭에서 API 키를 확인할 수 있습니다. Key는 32자 길이의 알파벳과 숫자 조합입니다.

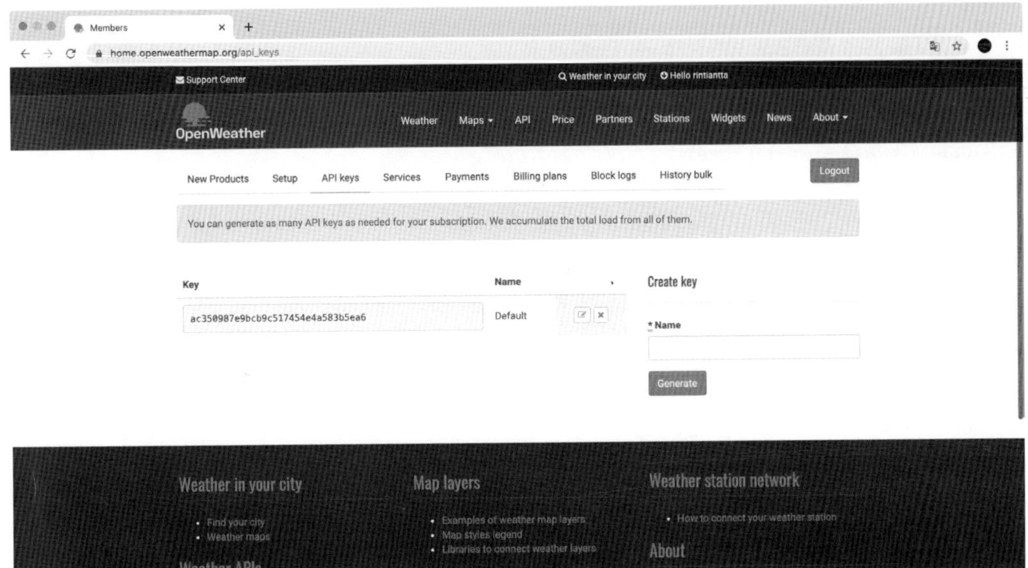

로그인해서 API 키 확인하기

이렇게 하면 일단 준비 완료입니다. 이 API를 사용해 세계 각 지역의 날씨를 가져오는 프로그램을 만들어봅시다. 다음은 서울, 도쿄, 뉴욕의 날씨를 가져와 출력하는 프로그램입니다.

file: ch2/api-weather.py

```
import requests
import json

# API 키를 지정합니다. 자신의 키로 변경해서 사용해주세요. --- (※1)
apikey = "474d59dd890c4108f62f192e0c6fce01"

# 날씨를 확인할 도시 지정하기 --- (※2)
cities = ["Seoul,KR", "Tokyo,JP", "New York,US"]
# API 지정 --- (※3)
api = "http://api.openweathermap.org/data/2.5/weather?q={city}&APPID={key}"

# 켈빈 온도를 섭씨 온도로 변환하는 함수 --- (※4)
k2c = lambda k: k - 273.15
```

```
# 각 도시의 정보 추출하기 --- (※5)
for name in cities:
    # API의 URL 구성하기 --- (※6)
    url = api.format(city=name, key=apikey)
    # API에 요청을 보내 데이터 추출하기
    r = requests.get(url)
    # 결과를 JSON 형식으로 변환하기 --- (※7)
    data = json.loads(r.text)
    # 결과 출력하기 --- (※8)
    print("+ 도시 =", data["name"])
    print("| 날씨 =", data["weather"][0]["description"])
    print("| 최저 기온 =", k2c(data["main"]["temp_min"]))
    print("| 최고 기온 =", k2c(data["main"]["temp_max"]))
    print("| 습도 =", data["main"]["humidity"])
    print("| 기압 =", data["main"]["pressure"])
    print("| 풍향 =", data["wind"]["deg"])
    print("| 풍속 =", data["wind"]["speed"])
    print("")
```

명령줄에서 실행해봅시다. 다음과 같이 결과가 나옵니다. 서울, 도쿄, 뉴욕 모두 맑음(clear sky)입니다.

```
$ python3 api-weather.py
+ 도시 = Seoul
| 날씨 = clear sky
| 최저 기온 = 15.0
| 최고 기온 = 19.0
| 습도 = 34
| 기압 = 1011
| 풍향 = 180
| 풍속 = 4.6

+ 도시 = Tokyo
| 날씨 = clear sky
| 최저 기온 = 14.0
| 최고 기온 = 18.0
| 습도 = 55
| 기압 = 1018
| 풍향 = 140
| 풍속 = 4.6
```

```
+ 도시 = New York
¦ 날씨 = clear sky
¦ 최저 기온 = 11.0
¦ 최고 기온 = 16.0
¦ 습도 = 28
¦ 기압 = 1027
¦ 풍향 = 360
¦ 풍속 = 3.1
```

프로그램을 확인해보기 전에 웹 API에서 어떤 값을 리턴하는지 확인해봅시다. 현재 프로그램에서 추출하는 데이터는 다음과 같은 형태로 돼 있습니다. 날씨 외에도 습도, 기온, 기압 등의 다양한 정보가 들어 있습니다.


```
{
  "coord": {
    "lon": 126.98,
    "lat": 37.57
  },
  "weather": [
    {
      "id": 800,
      "main": "Clear",
      "description": "clear sky",
      "icon": "01d"
    }
  ],
  "base": "stations",
  "main": {
    "temp": 290.4,
    "pressure": 1011,
    "humidity": 34,
    "temp_min": 288.15,
    "temp_max": 292.15
  },
  "visibility": 10000,
  "wind": {
    "speed": 4.6,
    "deg": 180,
    "gust": 11.3
  },
```

```
  "clouds": {
    "all": 1
  },
  "dt": 1492132800,
  "sys": {
    "type": 1,
    "id": 8519,
    "message": 0.0084,
    "country": "KR",
    "sunrise": 1492117136,
    "sunset": 1492164385
  },
  "id": 1835848,
  "name": "Seoul",
  "cod": 200
}
```

프로그램에서 사용하지 않은 정보도 있는데, 대충 다음과 같은 의미입니다.

데이터	의미
id	도시 ID
name	도시 이름
coord.lat / coord.lon	위도와 경도
weather.main	날씨
weather.description	날씨(설명)
main.temp	기온(켈빈 온도)
main.temp_min / main.temp_max	최저 온도 / 최고 온도(켈빈 온도)
main.humidity	습도(%)
main.pressure	기압
wind.speed	바람의 속도
wind.deg	바람의 방향(북=0, 동=90, 남=180, 서=270)
clouds.all	구름의 양(%)
dt	데이터 시각(UNIX 타임 형식)
sys.sunrise	일출 시간(UNIX 타임 형식)
sys.sunset	일몰 시간(UNIX 타임 형식)
visibility	시야(m)

이를 염두에 두고 프로그램을 살펴봅시다. 프로그램의 (※1)에서는 API 키를 지정합니다. 현재 코드에 지정한 키는 필자가 테스트 전용으로 만든 키입니다. 따라서 이 부분을 자신이 가진 키로 교체해서 사용해주세요.

프로그램의 (※2)에서는 날씨를 알고 싶은 도시 목록을 배열로 지정했습니다. 서울은 `"Seoul,KR"`, 도쿄는 `"Tokyo,JP"`처럼 도시 이름과 국가 이름을 지정합니다. 도시 목록은 다음 URL의 파일을 받아 확인할 수 있습니다.

```
도시 목록 데이터
http://bulk.openweathermap.org/sample/city.list.json.gz
```

프로그램의 (※3)에서는 API의 기본적인 형태를 지정합니다. 매개변수 q에 도시 이름, APPID에 API 키를 지정합니다. 파이썬에서는 `"xxx{name}xxx"`와 같은 형식으로 문자열을 만들고, `format()` 메서드로 `{name}` 부분을 다른 문자열로 대체할 수 있습니다. (※6)에서 이러한 처리를 했습니다.

프로그램의 (※4)에서는 `lambda` 식으로 `k2c`라는 함수를 정의했습니다. API 결과에 포함돼 있는 기온 데이터는 단위가 켈빈 온도(K: 절대 온도)입니다. 따라서 섭씨 온도로 변환해야 읽기 쉽습니다. 그래서 켈빈 온도를 섭씨 온도로 변환하는 함수를 정의한 것입니다.

프로그램의 (※5)에서는 각 도시의 기온을 추출합니다. (※6)에서 API로 요청할 URL을 만들고, 다음 줄에서 요청을 전송한 뒤 결과를 얻습니다. 웹 API의 결과는 JSON 형식입니다. 따라서 (※7)에서 `json.loads()` 메서드를 사용해 JSON 형식의 데이터를 파이썬 데이터로 변환합니다. 그리고 (※8)에서 결과를 화면에 출력합니다.

여기서 볼 수 있는 것처럼 OpenWeatherMap도 API의 결과는 JSON 형식으로 리턴합니다. 대부분의 웹 API는 결과를 XML이나 JSON 형식으로 리턴합니다. 두 형식 모두 계층 구조를 가지고 있으므로 복잡한 데이터를 표현할 수 있습니다. 그리고 파이썬에서는 XML과 JSON 모두 간단하게 활용할 수 있는 기능을 제공합니다. 이러한 기능은 3장에서 살펴보겠습니다.

국내에서 사용할 수 있는 웹 API

그럼 국내에서는 어떤 웹 API를 사용할 수 있을까요? 다음 사이트에서 찾아보면 굉장히 많은 웹 API를 볼 수 있습니다.

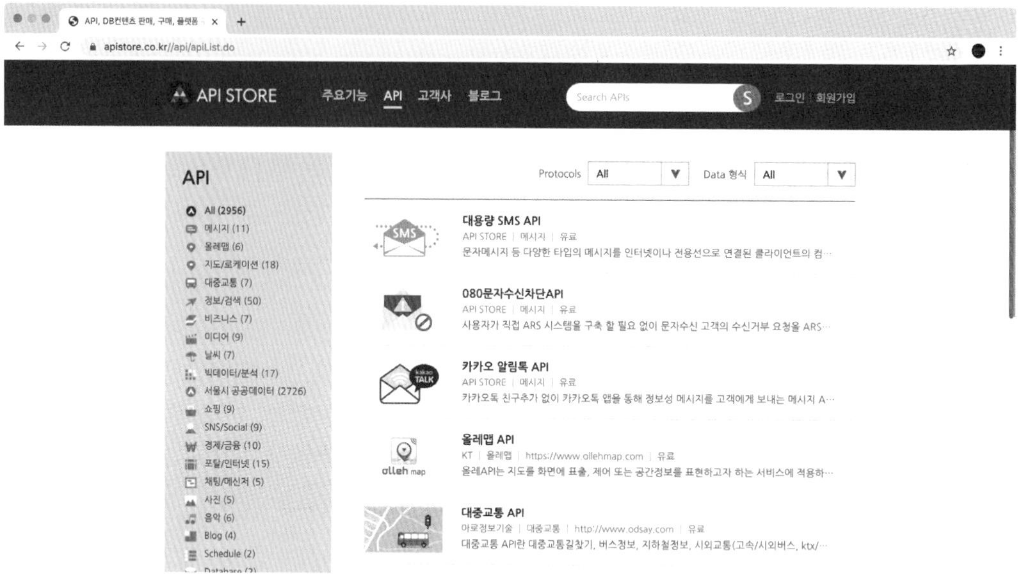

- http://www.apistore.co.kr/api/apiList.do
- http://mashup.or.kr/business/main/main.do

이 중에서 무료로 사용할 수 있는 몇 가지를 소개하겠습니다. 여기서 소개하는 것 외에도 미세 먼지 측정, 고장난 신호등 신고와 같은 다양한 웹 API가 존재합니다. 직접 살펴보기 바랍니다.

네이버 개발자 센터와 다음 개발자 센터

네이버와 다음 카카오는 검색 서비스를 웹 API로 제공합니다. 기본적인 웹 사이트 검색은 물론이고 도서 검색, 번역 등도 지원합니다.

- 네이버 개발자 센터: https://developers.naver.com/main/
- 다음 개발자 센터: https://developers.daum.net/

쇼핑 정보

위의 네이버 개발자 센터와 다음 개발자 센터에서도 쇼핑 정보를 제공하는데, 다음과 같은 쇼핑 전문 사이트에서도 웹 API를 제공합니다.

- 다나와: http://api.danawa.com/main/index.html
- 옥션: http://developer.auction.co.kr/

주소 전환

주소 전환에는 다음과 같은 사이트를 사용할 수 있습니다.

- 행정자치부: http://www.juso.go.kr/openIndexPage.do
- 우체국: http://biz.epost.go.kr/customCenter/custom/custom_9.jsp?subGubun=sub_3&subGubun_1=cum_17&gubun=m07

정리

이번 절에서는 웹 API에 대해 살펴보고 사용할 때의 주의점 등을 살펴봤습니다.

➔ 웹 API의 사용 예로 OpenWeatherMap을 살펴봤습니다.

➔ 다양한 웹 API가 공개돼 있습니다.

2-4

cron을 이용한 정기적인 크롤링

특정 데이터를 정기적으로 내려받고 싶은 경우가 있습니다. 이번 절에서는 이럴 때 사용할 수 있는 정기적으로 다운로드하는 방법을 소개하겠습니다. 다만 정기적인 처리를 수행하는 방법은 OS에 따라서 다릅니다. 이번 절에서는 macOS/리눅스에서 사용할 수 있는 cron을 소개하겠습니다.

이번 절에서 배울 내용

- 정기적으로 크롤링하는 방법
- cron 사용법

알고리즘과 툴

- cron

정기적인 크롤링

웹에 공개된 데이터 중에는 주기적으로 변경되는 데이터가 많습니다. 몇 가지를 예로 들면 주식, 환율, 날씨 예보 등이 있습니다.

이처럼 주기적으로 변경되는 데이터를 사용할 때는 정기적으로 데이터를 크롤링해야 합니다. macOS와 리눅스에서는 "cron(크론)"이라는 데몬 프로세스를 사용해 정기적으로 데이터를 크롤링할 수 있습니다. 윈도우에는 "작업 스케줄러(Task Scheduler)"라는 기능이 있는데, 이 책에서는 cron을 살펴보겠습니다.

정기 실행의 장점

정기적으로 처리를 수행할 때 사용하는 cron에는 다양한 기능이 있습니다. 일반적으로 cron으로는 다음과 같은 처리를 수행합니다.

(1) 데이터 수집과 같은 애플리케이션에서 필요한 정기적인 처리

(2) 로그, 백업과 같은 시스템에서 필요한 정기적인 처리

(3) 시스템이 제대로 동작하고 있는지 정기적으로 감시하는 처리

이 책에서 다루는 내용은 (1)입니다. 그 밖에도 데이터베이스 집계와 같은 애플리케이션에 필요한 처리를 정기적으로 실행하기 위해 cron을 사용합니다.

또한 (2)처럼 시스템 자체의 동작을 원활하게 하기 위해 로그 파일을 변경하거나, 필요한 데이터를 백업하는 데 사용합니다. 또한 (3)처럼 시스템이 제대로 동작하는지 확인하는 용도로도 많이 사용됩니다. 만약 시스템에 문제가 있다면 관리자에게 메일을 보내서 문제를 처리하게 합니다.

매일 환율 정보 저장하기

그럼 정기적으로 실행되는 프로그램을 만들어봅시다. 앞에서 네이버 금융의 환율 정보를 추출하는 프로그램을 만들었는데, 이 프로그램으로 추출된 환율 정보를 주기적으로 저장하게 해봅시다. 정기적으로 저장되는 파일에는 "2019-11-11.txt" 같은 이름을 부여하겠습니다.

file: ch2/everyday-dollar.py

```
from bs4 import BeautifulSoup
import urllib.request as req
import datetime

# HTML 가져오기
url = "http://finance.naver.com/marketindex/"
res = req.urlopen(url)

# HTML 분석하기
soup = BeautifulSoup(res, "html.parser")

# 원하는 데이터 추출하기 --- (※1)
price = soup.select_one("div.head_info > span.value").string
print("usd/krw", price)

# 저장할 파일 이름 구하기
t = datetime.date.today()
fname = t.strftime("%Y-%m-%d") + ".txt"
with open(fname, "w", encoding="utf-8") as f:
    f.write(price)
```

일단 명령어를 실행해봅시다.

```
# 프로그램 실행
$ python everyday-dollar.py
usd/krw 1,121.30
$ ls *.txt
2019-11-11.txt
$ cat 2019-11-11.txt
1,121.30
```

이 프로그램은 urllib.request 모듈의 `urlopen()`을 사용해 데이터를 내려받습니다. 그리고 환율을 찾아 구한 뒤에 텍스트 파일로 저장합니다.

cron으로 매일 한 번 실행하기

그럼 방금 작성한 스크립트를 매일 한 번씩 실행하도록 설정하겠습니다. macOS/리눅스에서는 정기적으로 스크립트를 실행하는 “cron”을 사용하면 됩니다.

macOS를 비롯해 UNIX 계열의 OS라면 대부분 cron이 기본적으로 설치돼 있습니다. cron을 사용하려면 설정 파일에 특정한 형식으로 실행 간격을 지정하면 됩니다. 텍스트 형식으로 설정 파일을 작성해야 하므로 익숙하지 않은 사람이라면 조금 어렵게 느낄 수도 있습니다.

“nano” 에디터 설치하기

cron을 설정하려면 터미널에서 crontab이라는 명령어를 실행해 파일을 열고 편집해야 합니다. 기본적으로는 “vi” 에디터가 실행되는데, 터미널에 익숙하지 않은 독자라면 vi가 굉장히 어려울 것입니다.

vi 조작이 익숙하지 않은 독자라면 “nano”를 설치해서 사용하기 바랍니다. macOS에서는 nano가 기본적으로 설치돼 있습니다. 가상 환경을 포함해 Ubuntu를 사용하고 있다면 다음과 같은 명령어를 실행해주세요.

```
$ sudo apt-get install nano
```

이어서 cron 수정에 nano가 사용되도록 설정하겠습니다. 참고로 이 설정을 할 때도 nano를 사용합니다. 어쨌거나 명령줄에서 다음 명령어를 실행합니다. 터미널로 홈 폴더에 있는 “.bash_profile”이라는 설정 파일을 nano로 편집하는 명령어입니다.

```
$ nano ~/.bash_profile
```

nano가 실행되면 파일 뒤에 다음과 같은 한 줄을 추가합니다. 수정을 완료했다면 Ctrl + X를 눌러 에디터를 닫습니다. 에디터를 닫기 전에 파일을 저장할지 묻는 대화상자가 나오는데, y를 눌러 저장을 선택한 뒤 파일 이름을 확인하고 [Enter]를 눌러주세요.

```
# cron을 수정할 때 nano 사용하게 하기
export EDITOR=nano
```

nano에서 .bash_progile을 수정하고 있는 상태

"~/.bash_profile"을 수정했으면 다시 로그인하거나, "source ~/.bash_profile" 명령어를 실행해 설정을 반영합니다.

crontab으로 cron 설정하기

준비가 끝나면 "crontab" 명령어로 cron을 설정합니다. crontab을 실행할 때 "-e" 옵션을 추가해서 실행합니다. 이렇게 하면 cron 설정 화면이 열립니다. 처음 "crontab"을 실행했다면 아무것도 작성되지 않은 설정 파일이 열립니다.

```
$ crontab -e
```

어쨌거나 매일 아침 7시에 이전에 만든 “everyday-dollar.py”를 실행하는 프로그램을 실행한다면 다음과 같이 입력합니다(당연하지만 프로그램의 경로는 자신의 환경에 맞게 변경해야 합니다).

```
0 7 * * * /path/to/python3 /path/to/everyday-dollar.py
```

위와 같이 작성하고 에디터를 닫아주세요. nano 에디터를 사용하고 있다면 Ctrl + X를 눌러 에디터를 닫습니다. 에디터를 닫기 전에 파일을 저장할지 묻는 대화상자가 나오면 y를 눌러 저장을 선택한 뒤 파일 이름을 확인하고 [Enter]를 눌러주세요. 이렇게 하면 매일 아침 7시에 설정한 스크립트를 실행합니다.

cron 실행 시 환경변수에 주의하기

다만 cron을 실행할 때 주의할 것이 있는데, cron을 실행할 때는 환경변수가 최소한으로만 설정된다는 것입니다. 따라서 경로가 맞지 않아 명령이 실행되지 않는 경우가 발생할 수 있습니다. 이럴 때는 crontab으로 설정하는 설정 파일 앞부분에서 환경변수를 따로 설정해야 합니다.

```
PATH=/usr/local/bin:/usr/bin:/bin
PYTHONIOENCODING='utf-8'

0 7 * * * python3 /home/test/everyday-dollar.py
```

다만 crontab에 지정하는 환경변수는 우변을 따로 전개하지 않으므로 주의하기 바랍니다.

```
# crontab에서는 환경변수를 전개할 수 없습니다.
# 잘못된 지정 방식
PATH=/usr/local/bin:$PATH

# 정상적인 지정 방식
PATH=/usr/local/bin:/usr/bin:/bin
```

또한 현재 폴더가 사용자 홈 폴더로 지정된다는 것도 주의해야 합니다. 따라서 로그 등을 저장할 때는 전체 경로를 지정하거나 현재 폴더를 변경하는 등의 대책이 필요합니다.

한마디로 이번 프로그램을 cron에 등록해서 실행하면 사용자 홈 폴더에 환율 정보가 저장됩니다.

crontab 설정 방법

그럼 crontab을 사용해 설정 파일을 작성하는 방법을 조금 더 자세히 알아보겠습니다. 기본적으로는 다음과 같은 형태로 작성합니다.

```
[서식] crontab
(분) (시) (일) (월) (요일) <실행할 명령어의 경로>
```

각 필드에는 다음과 같은 숫자를 입력합니다.

항목	설명
분	0–59
시	0–23
일	1–31
월	1–12
요일	0–7(0과 7은 일요일)

또한 숫자 외에도 다음과 같은 것을 지정할 수 있습니다.

이름	사용 예	설명
리스트	0,10,30	0, 10, 30을 각각 지정합니다.
범위	1–5	1, 2, 3, 4, 5를 범위로 지정합니다.
간격	*/10	10, 20, 30처럼 10 간격으로 지정합니다.
와일드카드	*	모두 지정합니다.

그럼 구체적인 설정 예를 몇 가지 살펴봅시다.

다음은 macOS에서 매 분마다 "Hi"라고 이야기하는 프로그램입니다.

```
* * * * * /usr/bin/say "Hi"
```

그리고 다음은 매일 아침 8시 30분에 "Good morning"이라고 인사하는 예입니다.

```
30 8 * * * /usr/bin/say "Good morning"
```

또한 다음은 매월 20일 18시 32분에 /home/foo/bar.sh라는 프로그램을 실행하는 프로그램입니다.

```
32 18 20 * * /home/foo/bar.sh
```

다음은 매년 5월 6일 7시 8분에 "Have a nice day"라고 인사하는 설정 예입니다.

```
08 07 06 05 * /usr/bin/say "Have a nice day"
```

다음은 매주 월요일 아침 7시 50분에 "쓰레기 버리는 날입니다!"라고 알려주는 설정 예입니다.

```
50 07 * * 1 /usr/bin/say "쓰레기 버리는 날입니다!"
```

cron으로 요일을 지정할 때는 다음과 같은 숫자를 지정합니다.

요일	숫자
월요일	1
화요일	2
수요일	3
목요일	4
금요일	5
토요일	6
일요일	7 또는 0

매월의 마지막 날에 뭔가를 하고 싶은 경우에는 기본적인 crontab으로는 지정할 수 없습니다. 하지만 test 명령어와 조합해서 사용하면 매월 마지막 날을 검출할 수 있습니다.

```
50 23 28-31 * * /usr/bin/test $( date -d '+1 day' +%d ) -eq 1 && <실행할 명령어>
```

또한 cron은 표준 출력 또는 오류 출력이 있으면 메일을 줍니다. 이러한 기능을 비활성화하고 싶을 때는 crontab의 앞에 MAILTO를 비워둡니다.

```
MAILTO=""
```

정리

이번 절에서는 "cron"을 사용해 정기적으로 데이터를 수집하는 방법을 살펴봤습니다.

- 웹에서 데이터를 추출하는 방법을 살펴봤습니다.
- 이번 절에서는 환율을 예로 살펴봤습니다.
- cron으로 자동화하면 자동적으로 데이터를 수집할 수 있습니다.

2-5

Scrapy를 이용한 스크레이핑

Scrapy는 크롤링과 스크레이핑을 할 때 사용하는 프레임워크입니다. 기존 클래스를 상속받아서 사용하며, 이를 통해 고급 기능들을 굉장히 쉽게 사용할 수 있습니다.

이번 절에서 배울 내용

- Scrapy 소개
- Scrapy 사용법

알고리즘과 툴

- Scrapy

Scrapy란?

Scrapy는 크롤링과 스크레이핑을 할 때 사용하는 프레임워크입니다. Scrapy는 특정 시나리오를 작성함으로써 데이터를 추출합니다. 이때 페이지 파싱, 저장 등의 각 기능을 분리해서 작성합니다.

그럼 Scrapy는 언제 사용할까요? 지금까지 책의 내용을 진행하면서 알 수 있는 것처럼 특정 사이트의 데이터를 다운로드할 때는 특정한 흐름에 따라 로직을 작성합니다. 그런데 이러한 로직의 많은 부분들이 굉장히 비슷합니다. 같은 코드를 똑같이 작성하는 낭비를 막고 싶을 때 Scrapy를 사용한다고 생각하면 좋을 것 같습니다.

Scrapy를 사용하면 기본적인 처리는 프레임워크가 해주기 때문에 스크레이핑에 집중해서 프로그램을 작성할 수 있습니다. 기본적으로 Scrapy는 어떤 데이터를 추출하고, 어디에 저장할 것인가라는 기본적인 흐름만 작성하면 크롤링과 스크레이핑을 할 수 있습니다.

```
Scrapy
[URL] https://scrapy.org/
```

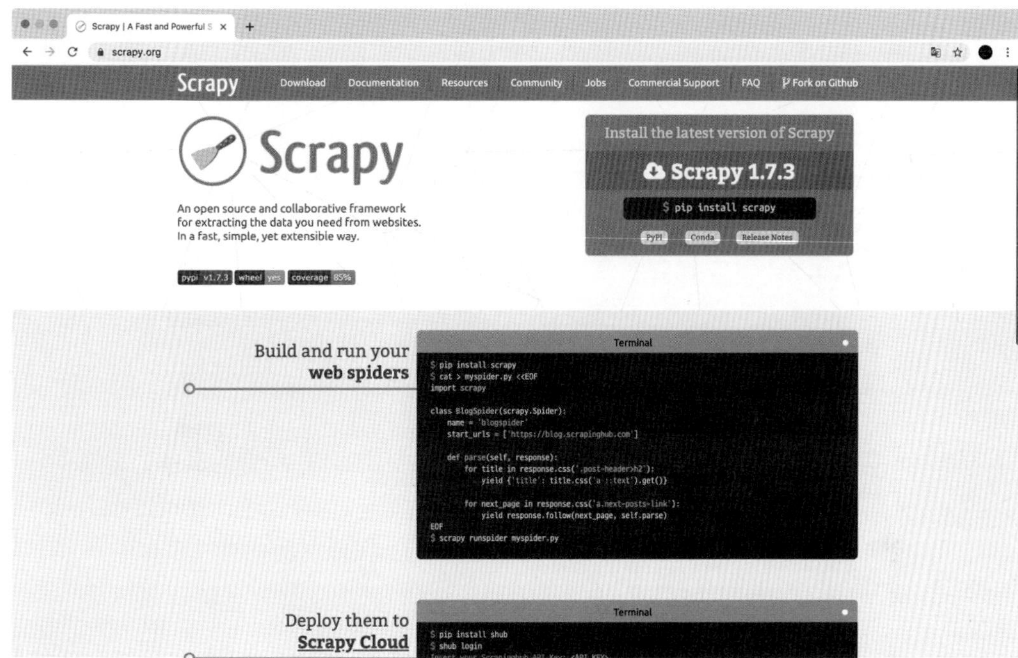

Scrapy 웹 사이트

Scrapy 설치

Scrapy는 pip 명령어로 설치합니다. 명령줄에서 다음 명령어를 실행해 주세요.

```
# Scrapy 설치
$ pip install Scrapy
```

Scrapy 시작하기

그럼 Scrapy를 이용해 간단한 데이터 추출을 해봅시다. 위키북스의 도서 목록(https://wikibook.co.kr/list/)을 다운로드해 보겠습니다.

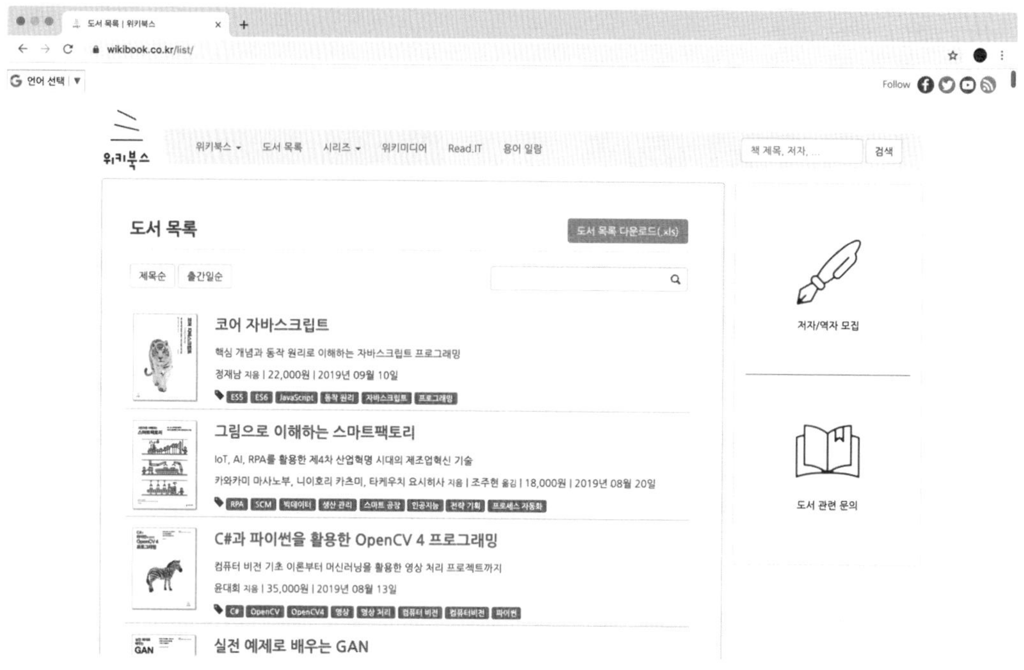

위키북스의 웹 사이트

Scrapy를 사용하려면 다음과 같은 과정에 따라 프로그램을 만듭니다.

1. scrapy 명령어를 사용해 프로젝트 만들기
2. Spider 클래스를 작성해서 크롤링과 데이터 추출 코드 작성
3. 명령줄에서 scrapy 명령어 실행

Scrapy를 비롯해서 대부분의 프레임워크는 명령어를 사용해서 프로젝트의 기본 형태를 만들고, 기본 형태의 코드를 수정해서 원하는 처리를 구현하며, 차근차근 프로그램을 만들어 나갑니다.

명령어가 자동으로 생성해주는 기본 형태를 사용하므로 지금까지 살펴본 다른 프로그램과 비교해서 파일 구성이 복잡해집니다. 프로젝트의 루트 경로(ch2/wiki) 아래의 어떤 파일을 조작하는지 주목하기 바랍니다.

과정(1) – Scrapy 프로젝트 만들기

Scrapy를 설치했다면 scrapy 명령어를 사용할 수 있게 됩니다. Scrapy에는 기본적으로 이러한 scrapy 명령어를 사용해 프로젝트를 생성하고, 크롤링 · 스크레이핑 처리를 수행합니다.

그럼 wiki라는 프로젝트를 만들어 봅시다. 다음 명령어를 실행해 프로젝트를 만듭니다.

```
$ scrapy startproject wiki
```

이렇게 하면 wiki라는 폴더가 만들어집니다. 만들어진 파일을 확인해 보면 다음과 같이 구성돼 있습니다.

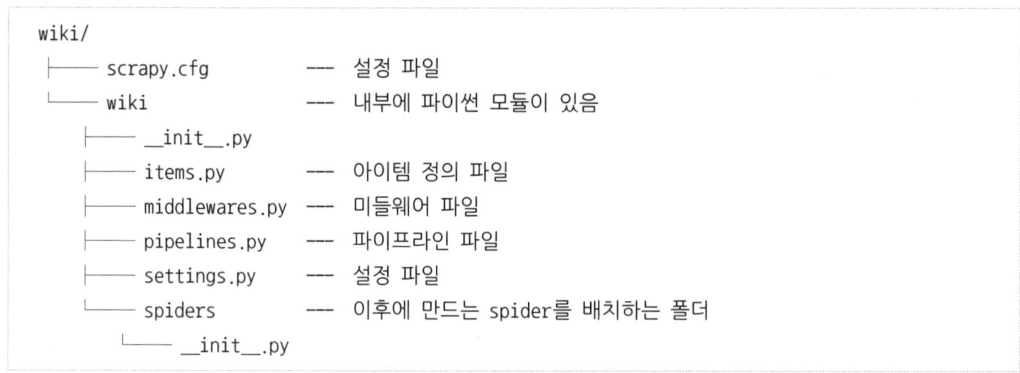

```
wiki/
 ├──── scrapy.cfg         --- 설정 파일
 └──── wiki               --- 내부에 파이썬 모듈이 있음
    ├──── __init__.py
    ├──── items.py        --- 아이템 정의 파일
    ├──── middlewares.py  --- 미들웨어 파일
    ├──── pipelines.py    --- 파이프라인 파일
    ├──── settings.py     --- 설정 파일
    └──── spiders         --- 이후에 만드는 spider를 배치하는 폴더
       └──── __init__.py
```

과정(2) – Spider 클래스 만들기

이어서 Spider 클래스를 생성합니다. Scrapy 프레임워크에서는 Spider 클래스를 상속해서 서브클래스를 만들며, 서브클래스에서 다양한 처리를 하게 됩니다.

그럼 "book1"이라는 이름의 서브클래스를 만들어 봅시다. Spider 서브클래스는 프로젝트의 spiders 폴더 내부에 만들게 돼 있습니다. 다음과 같이 프로젝트 아래에 wiki/spiders/book1.py라는 파일을 만듭니다.

```
wiki/
    └──── spiders
       └──── book1.py
```

book.py의 내용은 다음과 같습니다.

file: ch2/wiki/wiki/spiders/book1.py

```
import scrapy

class Book1Spider(scrapy.Spider):
  name = 'book'
```

```
start_urls = [
  'https://wikibook.co.kr/list/'
]

def parse(self, response):
  # 도서 목록 추출 --- ( ※ 1)
  title = response.css('title')
  print(title.extract())
```

이처럼 name 속성에는 Spider의 이름, start_urls 리스트에는 추출 대상 URL을 지정합니다. parse() 메서드에는 데이터를 추출한 후의 파싱 처리를 지정합니다. css() 메서드를 사용하면 CSS 선택자로 DOM을 추출할 수 있습니다. 이어서 extract() 메서드를 이용해 해당 DOM에 포함된 데이터를 추출합니다.

과정(3) – 명령줄에서 실행해서 결과 추출

프로그램을 작성했다면 scrapy 명령어로 실행해 봅시다. 다음 명령어는 spiders 디렉터리에 있는 book이라는 Spider를 실행하는 것입니다.

```
$ scrapy crawl book --nolog
```

프로그램을 실행하면 위키북스 도서 목록 페이지를 추출하고, 타이틀 부분(<title> 태그)을 추출해서 출력합니다.

```
['<title>도서 목록 | 위키북스</title>']
```

참고로 위의 --nolog를 작성하지 않고 실행하면 더 자세한 동작 로그가 출력됩니다. 만약 타이틀이 잘 출력되지 않는다면 --nolog를 지우고 실행해서 문제를 찾아보세요.

이처럼 크롤링에 필요한 부분만 작성하고 scrapy crawl 명령어를 사용해 크롤링을 실행하는 형태로 사용한다고 기억해 둡시다.

과정(4) – 데이터를 추출해서 저장

기본적인 과정을 알았다면 BookSpider 클래스의 코드를 조금 더 수정해 봅시다. 이번에는 book2라는 Spider를 만듭니다. 이전과 마찬가지로 프로젝트 아래에 wiki/spiders/book2.py라는 파일을 만들어 주세요.

file: ch2/wiki/wiki/spiders/book2.py

```
import scrapy

class Book2Spider(scrapy.Spider):
  name = 'book2'
  start_urls = [
    'https://wikibook.co.kr/list/'
  ]

  def parse(self, response):
    # 도서 목록 추출 --- (※1)
    li_list = response.css('.book-url')
    for a in li_list:
      # href 속성과 텍스트 추출 --- (※2)
      href = a.css('::attr(href)').extract_first()
      text = a.css('::text').extract_first()
      # 절대 경로로 변환 --- (※3)
      href2 = response.urljoin(href)
      # 결과 내기 --- (※4)
      yield {
        'text': text,
        'url': href2
      }
```

프로그램을 확인해 봅시다.

(※1)에서는 도서 목록 링크를 추출합니다. 이어서 (※2)에서는 href 속성(링크)과 링크의 텍스트를 추출합니다. extract_first() 메서드는 결과에 포함된 첫 요소를 리턴하는 메서드입니다. 그리고 (※3)에서는 상대 경로를 절대 경로로 변환합니다. 마지막으로 (※4)에서 링크 텍스트와 URL을 결과로 리턴합니다. 이때 결과는 return 키워드가 아니라 yield 키워드로 리턴합니다.

그럼 명령줄에서 실행해 봅시다. 이번에는 실행 결과를 print()가 아니라 yield로 리턴하게 했습니다. -o 옵션을 사용해 파일로 저장하게 합시다.

```
$ scrapy crawl book2 -o list.json
```

실행하면 list.json이라는 이름으로 JSON 파일이 출력됩니다. JSON 파일의 내용을 확인해 봅시다.

```
>>> import json, pprint
>>> a = json.load(open("list.json"))
>>> pprint.pprint(a)
[{'text': '코어 자바스크립트', 'url': 'https://wikibook.co.kr/corejs/'},
 {'text': '그림으로 이해하는 스마트팩토리',
  'url': 'https://wikibook.co.kr/smartfactory/'},
 {'text': 'C#과 파이썬을 활용한 OpenCV 4 프로그래밍',
  'url': 'https://wikibook.co.kr/opencv4/'},
 {'text': '실전 예제로 배우는 GAN', 'url': 'https://wikibook.co.kr/gan/'},
 {'text': '파이썬을 활용한 크롤러 개발과 스크레이핑 입문',
  'url': 'https://wikibook.co.kr/python-crawler/'},
 {'text': '절대강좌! 유니티 VR/AR', 'url': 'https://wikibook.co.kr/vrar/'}
(…생략…)
```

목록이 잘 출력되는 것을 확인할 수 있습니다.

Scrapy를 셸로 실행해서 테스트해보기

Scrapy에는 Scrapy 셸이라는 기능이 제공되며, 이를 이용하면 인터랙티브하게 Scrapy의 다양한 메서드를 테스트해 볼 수 있습니다. Scrapy 셸을 실행할 때는 다음과 같은 명령어를 입력합니다.

```
$ scrapy shell
```

일단 위키북스 사이트를 기반으로 테스트해 봅시다. `fetch()` 메서드로 페이지를 읽어 들입니다.

```
>>> fetch("https://wikibook.co.kr/list/")
```

페이지를 읽어 들이면 `response` 변수(객체)에 값이 설정됩니다. 그럼 데이터를 추출하고 출력해 봅시다. 예를 들어, HTML 타이틀 부분을 추출한다면 다음과 같이 합니다.

```
>>> response.css("title::text").extract_first()
'도서 목록 | 위키북스'
```

이어서 내부의 텍스트를 추출해 봅시다. 다음과 같이 입력하면 됩니다.

```
>>> response.css('h4::text').extract()
['코어 자바스크립트', '그림으로 이해하는 스마트팩토리', 'C#과 파이썬을 활용한 OpenCV 4 프로그래밍',
'실전 예제로 배우는 GAN', '파이썬을 활용한 크롤러 개발과 스크레이핑 입문',
(…생략…)
'iBATIS 인 액션', '실천가를 위한 실용주의 프로젝트 관리', '소프트웨어 컨플릭트 2.0 [재출간판]']
```

셸을 종료할 때는 다음과 같이 입력합니다.

```
>>> quit()
```

정리

이번 절에서는 Scrapy의 기본적인 사용법을 확인했습니다.

- Scrapy는 크롤링, 스프레이핑 프레임워크입니다.
- Scrapy는 Spider를 상속한 서브클래스를 만들고 scrapy 명령어로 실행합니다.
- Scrapy 셸을 이용하면 인터랙티브하게 Scrapy를 테스트해 볼 수 있습니다.

2-6

Scrapy를 이용한 위키북스의 도서 표지 다운로드

Scrapy의 기본적인 사용법을 확인했다면 이어서 Scrapy를 사용해 사이트를 순회하며 파일을 다운로드하는 방법을 알아봅시다.

이번 절에서 배울 내용

- Scrapy로 사이트를 순회하는 방법
- 다운로드하는 방법

알고리즘과 툴

- Scrapy

위키북스의 전체 도서 목록 다운로드

이전 절에서 위키북스 도서 목록을 추출하는 프로그램을 만들었습니다. 이번 절에서는 도서 목록의 링크를 한 번 더 순회해서 들어간 뒤, 표지 이미지를 추출해서 저장하는 프로그램을 만들어 봅시다.

Scrapy로 프로그램을 만들 때 클래스의 함수들은 한 페이지별로 하나를 만드는 편입니다. 우리가 추출해야 하는 페이지는 다음과 같으므로 전부 3개의 함수를 만들어 보겠습니다.

- 도서 목록 페이지
- 개별 도서 페이지
- 이미지

genspider로 기본 Spider 골격 만들기

이전 절과 마찬가지로 파일을 그냥 만들어서 코드를 입력해도 되지만 이번에는 `scrapy genspider` 명령어를 이용해 기본 골격을 만들어 보겠습니다.

```
$ scrapy genspider book3 https://wikibook.co.kr/
```

명령어를 실행하면 book3.py 파일이 생성됩니다. 파일을 보면 내부에 Spider 클래스를 상속받는 클래스가 만들어져 있을 것입니다. 이를 수정해서 프로그램을 만들면 됩니다.

코드 구성

그럼 일단 이미지의 링크를 추출하는 부분까지만 만들어 봅시다.

file: ch2/wiki/wiki/spiders/book3.py

```
import scrapy

class Book3Spider(scrapy.Spider):
  name = 'book3'
  allowed_domains = ['wikibook.co.kr']
  # 도서 목록 페이지 --- (※1)
  start_urls = [
    'https://wikibook.co.kr/list'
  ]

  # 도서 목록 페이지 스크레이핑 --- (※2)
  def parse(self, response):
    li_list = response.css('.book-url')
    for a in li_list[:5]:
      href = a.css('::attr(href)').extract_first()
      print(href)
      # 개별 도서 페이지에 대한 크롤링 요청 --- (※3)
      yield response.follow(
        response.urljoin(href), self.parse_book
      )

  # 개별 도서 페이지를 스크레이핑하는 함수 --- (※4)
  def parse_book(self, response):
    # 제목과 링크 추출 --- (※5)
    title = response.css('.main-title::text').extract_first()
    img_url = response.css('.book-image-2d::attr(src)').extract_first()
    # 결과 출력하기 --- (※6)
    yield {
      'title': title,
      'img_url': response.urljoin(img_url)
    }
```

그럼 프로그램을 확인해 봅시다. (※1)에서는 크롤링을 시작할 URL을 지정합니다. (※2)는 도서 목록에서 개별 도서 목록의 링크를 추출하고, 개별 도서 페이지 크롤링을 지시하는 함수입니다.

(※3)이 개별 도서 페이지 크롤링을 지시하는 부분입니다. 크롤링을 지시할 때는 `yield response.follow(<URL>, <스크레이핑 메서드>)` 형태로 지정합니다. 개별 도서 페이지를 크롤링하면 (※4)의 `parse_book()`이 호출됩니다. (※5) 부분에서는 개별 도서 페이지에서 도서의 이름과 이미지 링크를 추출하고, `yield` 키워드로 리턴합니다.

프로그램을 다음과 같은 명령어로 실행해 봅시다.

```
$ scrapy crawl book3 -o list3.json
```

`list3.json` 파일의 결과를 다음과 같이 출력해보면 제대로 출력됐음을 확인할 수 있습니다.

```
>>> import json, pprint
>>> a = json.load(open('list3.json'))
>>> pprint.pprint(a)
[{'img_url': 'https://wikibook.co.kr/images/cover/s/9791158391720.jpg',
  'title': '코어 자바스크립트'},
 {'img_url': 'https://wikibook.co.kr/images/cover/s/9791158391652.jpg',
  'title': '실전 예제로 배우는 GAN'},
 {'img_url': 'https://wikibook.co.kr/images/cover/s/9791158391645.jpg',
  'title': '파이썬을 활용한 크롤러 개발과 스크레이핑 입문'},
 {'img_url': 'https://wikibook.co.kr/images/cover/s/9791189989019.jpg',
  'title': '그림으로 이해하는 스마트팩토리'},
 {'img_url': 'https://wikibook.co.kr/images/cover/s/9791158391669.jpg',
  'title': 'C#과 파이썬을 활용한 OpenCV 4 프로그래밍'}]
```

그럼 한 단계 더 나아가서 이미지 파일도 다운로드해 봅시다.

이미지 파일을 다운로드하려면?

이어서 이미지의 URL을 기반으로 이미지를 다운로드하겠습니다. 이전 프로그램을 변경해서 다음과 같이 구성합니다.

file: ch2/wiki/wiki/spiders/book4.py

```
import scrapy

class Book4Spider(scrapy.Spider):
  name = 'book4'
  allowed_domains = ['wikibook.co.kr']
  start_urls = [
    'https://wikibook.co.kr/list'
  ]

  def parse(self, response):
    li_list = response.css('.book-url')
    # 위키북스 사이트에 부담을 주지 않게 5개만 다운로드합니다.
    for a in li_list[:5]:
      href = a.css('::attr(href)').extract_first()
      yield response.follow(
        response.urljoin(href), self.parse_book
      )

  def parse_book(self, response):
    title = response.url.split("/")[-2]
    img_url = response.css('.book-image-2d::attr(src)').extract_first()
    # 다운로드를 지시합니다. --- (※1)
    req = scrapy.Request(
      response.urljoin(img_url),
      callback=self.parse_img
    )
    # 함수끼리 데이터를 전송하는 방법입니다. --- (※2)
    req.meta["title"] = title
    yield req

  # 이미지 다운로드 --- (※3)
  def parse_img(self, response):
    # 전달된 데이터를 받습니다. --- (※4)
    title = response.meta["title"]
    title = title.replace(r'[\/:*?"<>|.]+', '_').strip()
    fname = title + '.jpg'
    # 파일을 저장합니다. --- (※5)
    with open(fname, 'wb') as f:
      f.write(response.body)
```

프로그램을 확인해 봅시다. (※1)에서는 다운로드할 이미지 URL을 기반으로 크롤링을 지시합니다. 이때 scrapy.Request()를 사용합니다. 첫 번째 매개변수로 URL, 두 번째 매개변수로 크롤링을 완료했을 때 처리할 내용을 지정합니다. 여기서는 (※3)의 parse_img() 메서드를 지정했습니다. 참고로 Request 객체에는 메타데이터를 지정할 수 있습니다. 이를 활용하면 함수끼리 데이터를 전달할 수 있습니다.

이미지 크롤링이 완료되면 콜백에 지정한 메서드가 실행됩니다. 따라서 (※3) 부분이 실행됩니다. (※4)에서는 파일의 이름을 결정하고, (※5)에서 파일을 저장하게 했습니다.

그럼 실행해 봅시다.

```
$ scrapy crawl book4
```

프로그램을 실행하면 위키북스 도서의 표지가 다운로드됩니다.

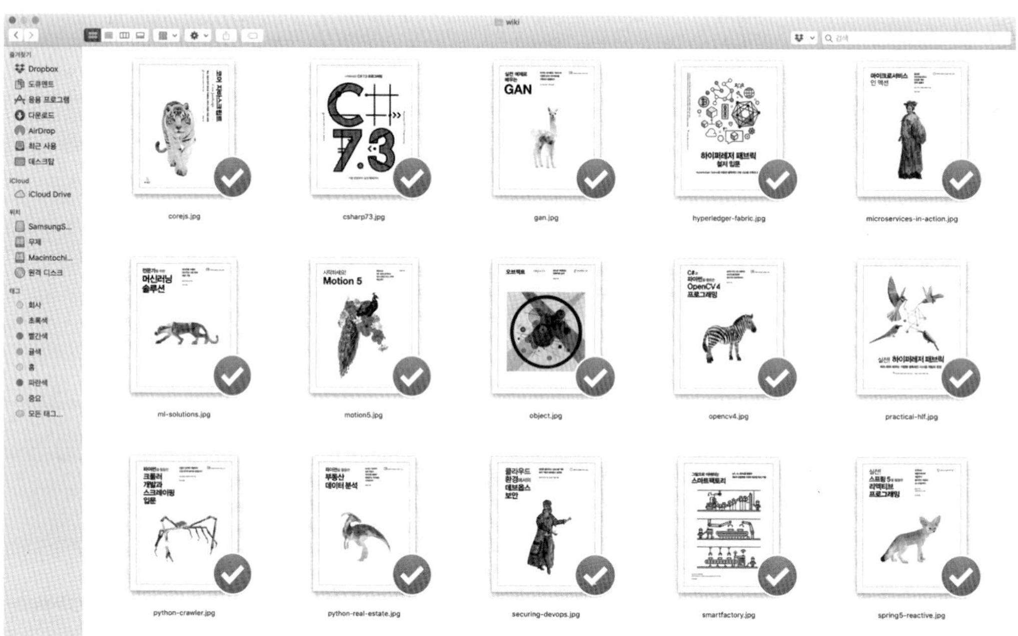

50줄도 안 되는 프로그램으로 이미지들을 모두 다운로드할 수 있다는 점은 굉장히 매력적입니다.

정리

Scrapy를 이용하면 간단하게 사이트를 순회하고 파일을 다운로드할 수 있습니다.

- 링크 대상 페이지를 추출할 때는 response.follow() 메서드를 사용합니다.
- 파일을 다운로드할 때는 scrapy.Request() 메서드를 사용합니다.

2-7

Scrapy와 Selenium을 이용한 동적 웹 사이트 다운로드

SNS 등을 중심으로 하는 현대 웹 사이트는 자바스크립트를 사용해 동적으로 생성되는 부분이 굉장히 많습니다. 그래서 Scrapy만으로는 데이터를 제대로 추출할 수 없는 경우가 많습니다. 이러한 경우에는 Selenium과 함께 조합해서 사용합니다.

이번 절에서 배울 내용

- Scrapy와 Selenium을 연동하는 방법
- 자바스크립트를 이용해 동적 웹 사이트의 데이터를 추출하는 방법

알고리즘과 툴

- Scrapy
- Firefox + Selenium

쿠팡 구매 목록

국내에서 많은 사람들이 계정을 갖고 있고, 네이버와 다음처럼 보안이 걸려있지 않은 사이트를 찾다 보니 쿠팡 사이트로 예제를 만들어보는 것이 재미있을 것 같았습니다. 쿠팡에 로그인하고, 마이 쿠팡(마이 페이지)에서 구매한 물품 목록을 가져오는 프로그램을 만들어 봅시다.[4]

```
쿠팡
[URL] https://www.coupang.com/
```

4 (옮긴이) 지금은 쿠팡 사이트도 크롤링하지 못하게 보안이 적용돼 있어서 이 장의 코드를 실행하면 오류가 납니다. 설명과 코드를 참고해서 다른 사이트에 적용해 보시기 바랍니다.

참고로 쿠팡의 robots.txt를 보면 크롤러에게 수집하지 말아 달라는 요청을 하고 있습니다. 따라서 학습 목적으로만 간단하게 살펴봅시다. 쿠팡 사이트에 부담을 주지 않게 최대한 조심해 주세요.

프로젝트 생성

일단 프로젝트를 생성합시다. 다음 명령어를 실행해 프로젝트를 생성합니다.

```
$ scrapy startproject coupang
```

이어서 Selenium을 사용하기 위한 미들웨어부터 만들겠습니다. Selenium 드라이버로는 파이어폭스(Firefox)를 사용하겠습니다. 이 책의 106쪽의 2-6절을 참고해서 기본적인 환경을 준비합니다. 그리고 프로젝트 폴더의 "coupang/coupang/selenium_middleware.py"에 파이썬 모듈을 생성합니다.

file: ch2/coupang/coupang/selenium_middleware.py

```
from scrapy.http import HtmlResponse
from selenium.webdriver import Firefox
from selenium.webdriver.common.by import By
from selenium.webdriver.support import expected_conditions as EC
from selenium.webdriver.support.ui import WebDriverWait
```

```
# 파이어폭스 초기화 --- (※1)
driver = Firefox()

# 파이어폭스로 URL 열기 --- (※2)
def selenium_get(url):
  driver.get(url)

# CSS 쿼리를 지정해서 읽어 들일 때까지 대기 --- (※3)
def get_dom(query):
  dom = WebDriverWait(driver, 10).until(
    EC.presence_of_element_located(
      (By.CSS_SELECTOR, query)))
  return dom

# 파이어폭스 종료 --- (※4)
def selenium_close():
  driver.close()

# 미들웨어 --- (※5)
class SeleniumMiddleware(object):
  # 요청을 Selenium으로 처리 --- (※6)
  def process_request(self, request, spider):
    driver.get(request.url)
    return HtmlResponse(
      driver.current_url,
      body = driver.page_source,
      encoding = 'utf-8',
      request = request)
```

프로그램을 확인해 봅시다. 프로그램의 (※1)에서는 Selenium의 파이어폭스 드라이버를 초기화해서 Firefox 객체를 생성합니다. (※2)부터 (※4) 부분은 Selenium을 조작하기 위한 메서드를 만듭니다. (※2)는 특정 URL을 여는 메서드입니다. (※3)은 페이지를 모두 읽어 들였는지 확인하고, 특정 CSS 선택자를 사용해 DOM을 추출하는 메서드입니다. (※4)는 브라우저를 닫는 메서드입니다. (※5) 이후 부분에서는 미들웨어를 정의합니다. process_request() 메서드를 정의해서 Selenium을 사용해 특정 URL을 추출하고, 추출한 HTML을 리턴하게 합니다.

Selenium을 이용한 Spider 만들기

그리고 Spider를 만들어 봅시다. 다음 명령어를 실행해 기본 골격을 만듭니다.

```
$ scrapy genspider coupang1 coupang.com
```

이어서 이렇게 생성한 "coupang/spiders/coupang.py"를 다음과 같이 변경합니다.

file: ch2/coupang/coupang/spiders/coupang1.py

```
import scrapy
# Selenium 미들웨어 읽어 들이기
from ..selenium_middleware import *

# 쿠팡 이메일과 비밀번호 지정 --- (※1)
USER = "쿠팡 이메일을 입력해주세요"
PASSWORD = "쿠팡 비밀번호를 입력해주세요"

class CoupangSpider(scrapy.Spider):
  name = 'coupang1'
  # 미들웨어 등록 --- (※2)
  custom_settings = {
    "DOWNLOADER_MIDDLEWARES": {
      "coupang.selenium_middleware.SeleniumMiddleware": 0
    }
  }

  # 요청 전에 로그인 --- (※3)
  def start_requests(self):
    # 로그인 페이지로 이동 후 로그인
    selenium_get("https://login.coupang.com/login/login.pang")
    email = get_dom('._loginForm [name=email]')
    email.send_keys(USER)
    password = get_dom('._loginForm [name=password]')
    password.send_keys(PASSWORD)
    button = get_dom("._loginForm button[type=submit]")
    button.click()

    # 마이 페이지로 이동
    a = get_dom('#myCoupang > a')
    mypage = a.get_attribute('href')
    yield scrapy.Request(mypage, self.parse)
```

```
def parse(self, response):5
  # 원하는 정보 추출 --- (※4)
  items = response.css('.my-order-unit__item-info')
  for item in items:
    title = item.css(".my-order-unit__info-name strong:last-child::text").extract_first().strip()
    info = item.css(".my-order-unit__info-ea::text").extract_first().split("/")[0].strip()
    yield {
      "title": title,
      "info": info
    }
```

명령줄에서 다음 명령어를 입력해 프로그램을 실행해 봅시다.

```
$ scrapy crawl coupang1 -o coupang.json
```

프로그램을 실행하면 다음과 같이 HTML이 다운로드되는 것을 볼 수 있습니다.

```
$ python3
>>> import json, pprint
>>> a = json.load(open('coupang.json'))
>>> pprint.pprint(a)
[{'info': '11,900원', 'title': '록키스 타이트닝 포어 클린 팩 세트'},
 {'info': '17,140원', 'title': 'AHC 젠5 하이드레이팅 앰플'},
 {'info': '873,120원', 'title': 'LG전자 프라엘 체계관리 패키지'},
 {'info': '54,720원', 'title': '샤바스 컬러스토리 서랍장 와이드 4단 600 일체형'},
 {'info': '375,760원', 'title': '다이슨 슈퍼소닉 헤어드라이어 HD-01 1600W'},
 {'info': '1,299,170원', 'title': 'Apple 2019년 맥북 에어 13 8세대'},
 {'info': '502,000원', 'title': '인스타360 One X'}]
```

그럼 프로그램을 확인해 봅시다. 프로그램의 (※1)에서는 ID와 비밀번호를 지정합니다. 실제로 실행할 때는 자신의 ID와 비밀번호를 입력해 주세요. (※2)에서는 이전에 만든 Selenium 미들웨어를 등록합니다. <프로젝트 폴더 이름>.<미들웨어 파일 이름>.<미들웨어 클래스 이름> 형태로 지정했습니다.

프로그램의 (※3)에서는 start_requests() 메서드를 작성합니다. 이는 요청 직전에 자동으로 실행되는 처리 내용을 정의하는 메서드입니다. 여기에 로그인 관련 처리 내용을 작성합니다. 로그인 페이지에 들어가고, 로그인 입력 양식에 사용자 이름과 비밀번호를 입력하고, 로그인 버튼을 클릭합니다. 사용자 페이지가 출력되면 이때부터는 Scrapy의 차례입니다.

5 (옮긴이) 미들웨어에 의해 Request 객체가 생성될 때 driver 변수에 직접적인 조작이 일어납니다. 현재 parse() 함수에서는 Scrapy를 사용해서 데이터를 추출하고 있지만 driver 변수를 사용해 Selenium을 직접 조작할 수도 있습니다.

(※4) 부분에서는 요청 결과를 파싱해서 원하는 결과를 추출합니다. 그리고 이를 `yield` 키워드로 리턴합니다. 따라서 `scrapy crawl` 명령어를 실행할 때 `-o` 옵션을 붙여서 파일에 추출한 데이터를 저장할 수 있습니다.

이전 절에서 살펴본 이미지 다운로드 등과 결합하면 구매했던 물건들을 월 단위로 정리해서 문서로 만드는 등의 프로그램도 만들 수 있을 것입니다. 다양하게 활용해보기 바랍니다.

정리

이번 절에서는 Scrapy의 기본적인 사용법을 확인했습니다.

- Scrapy를 Selenium과 조합해서 사용할 수 있습니다.
- 로그인 처리와 자바스크립트로 생성된 페이지도 문제 없이 조작할 수 있습니다.
- Selenium을 미들웨어로 등록해서 Scrapy에서 사용합니다.

칼럼 | 머신러닝과 딥러닝은 어려울까?

프로그래밍을 좋아하는 분들은 대부분 새로운 것을 배우는 것을 좋아합니다. 그런데 많은 프로그래머들이 머신러닝과 딥러닝을 어렵다고 느끼고 있는 듯합니다. 필자의 개인적인 생각으로는 수학적인 지식이 필요하다고 생각하고, 지금까지 경험이 없었던 새로운 분야의 프로그래밍을 하게 된다고 느끼기 때문인 것 같습니다. 또한 머신러닝과 관련된 기사를 보면 전문가의 어려운 설명과 수많은 수학 공식들이 나와서 거기에서부터 어려워하는 것 같습니다.
하지만 이 책을 읽으면 머신러닝을 할 때 그만큼 어려운 수학적인 지식이 필요 없다는 것을 알 수 있을 것입니다.
물론 직접 라이브러리를 만들어 보고 싶다거나 내부적으로 어떻게 동작하는지를 알고 싶다면 수학적인 지식이 필요합니다. 하지만 이 책에서 소개하는 scikit-learn과 Keras 등의 머신러닝 라이브러리는 이러한 부분이 굉장히 많이 추상화돼 있습니다. 그래서 라이브러리의 기본적인 사용법만 알면 누구라도 머신러닝과 딥러닝을 쉽게 할 수 있습니다. 이 책을 읽을 때 고급 수학 지식은 필요 없습니다. 그리고 필자를 포함해서 수학을 잘 못하는 비전공자 프로그래머라도 머신러닝과 딥러닝을 나름대로 잘 다룰 수 있답니다.

3장

데이터 소스의 서식과 가공

웹을 포함한 IT 업계의 기술들은 대부분 인기가 갑자기 생겼다가 사라집니다. 파일 데이터 형식도 마찬가지입니다. 수많은 데이터 형식 중에서 어떤 것을 사용하는 것이 좋을까요? 이번 장에서는 크롤링으로 수집한 데이터를 어떻게 다뤄야 하는지 살펴보겠습니다. 머신러닝을 살펴보려면 데이터 형식들을 어느 정도 이해하고 있어야 합니다.

3-1

웹의 다양한 데이터 형식

XML/JSON/YAML/CSV/TSV/엑셀/PDF 등등 웹에는 다양한 데이터가 있습니다. 이러한 데이터 형식을 파이썬에서 어떻게 처리하는지 살펴보겠습니다.

이번 절에서 배울 내용

- 텍스트 데이터와 바이너리 데이터
- XML/JSON/YAML/CSV/엑셀 형식

알고리즘과 툴

- BeautifulSoup
- json/PyYAML/codecs/csv 모듈
- 파이썬-엑셀/pandas 모듈

텍스트 데이터와 바이너리 데이터

데이터 포맷은 크게 "텍스트 데이터"와 "바이너리 데이터"로 나눌 수 있습니다.

"텍스트 데이터"라는 것은 일반적으로 텍스트 에디터로 편집할 수 있는 데이터 포맷을 나타냅니다. 주로 일반적인 자연 언어(한국어, 영어, 일본어 등)와 숫자 등으로 구성됩니다. 특수하게 줄바꿈과 탭 등의 제어 문자도 포함돼 있는데, 그 밖에는 모두 에디터에서 시각적으로 확인할 수 있는 데이터 형식입니다.

프로그래밍 언어의 소스코드도 텍스트 데이터라고 말할 수 있습니다. XML/JSON/YAML/CSV......처럼 웹에서 주로 사용되는 데이터 포맷은 텍스트 데이터를 기반으로 합니다.

반면 "텍스트 데이터" 외의 데이터를 "바이너리 데이터"라고 부릅니다. 텍스트 데이터는 문자 데이터로 사용할 수 있는 영역만으로 구성됩니다. 하지만 바이너리 데이터는 문자와 상관 없이 데이터를 사용할 수 있는 데이터 영역을 활용하는 데이터 형식입니다[1].

1 (옮긴이) 사전 지식이 없으면 조금 이해하기 힘든 문단인데, 운영체제에 따라서 차이는 있지만 메모리 영역은 크게 "코드(텍스트) 영역", "데이터 영역", "스택 영역", "힙 영역"으로 구분됩니다. 본문에서 말하는 텍스트 데이터의 영역은 "코드 영역"이고, 바이너리 데이터의 영역은 "데이터 영역"입니다. 두 영역은 데이터를 읽고 쓰는 방식이 다릅니다. 코드 영역은 글자로 구성되는 영역이고, 데이터 영역은 컴퓨터가 이해할 수 있는 이진수(0과 1)로 구성되는 영역입니다.

바이너리 데이터는 문자에 할당되는 영역 외의 영역도 사용하므로 일반적인 텍스트 에디터로는 열 수 없습니다. 또한 사람이 시각적으로 확인해도 의미를 알 수 없는 문자열로 표현됩니다.

예를 들어, 100이라는 값을 텍스트 데이터로 작성하려면 텍스트 에디터에 "100"이라고 입력한 뒤 "a.txt"라는 이름으로 저장하면 됩니다.

하지만 바이너리로 100이라는 값을 표현하려면 파이썬에서는 다음과 같은 프로그램을 작성해야 합니다.

file: ch3/write100.py

```
# 파일 이름과 데이터
filename = "a.bin"
data = 100
# 쓰기
with open(filename, "wb") as f:
    f.write(bytearray([data]))
```

위의 프로그램을 실행하면 a.bin이라는 파일이 만들어집니다.

텍스트 데이터와 바이너리 데이터 각각의 크기를 비교하면 다음과 같습니다.

```
a.txt --- 3바이트
a.bin --- 1바이트
```

macOS 또는 리눅스에서는 hexdump 명령어를 사용해 파일의 내용을 바이트 단위로 볼 수 있습니다. 만약 윈도우를 사용하고 있다면, "certutil -f -encodehex <입력 파일> <출력 파일>"을 사용해주세요. 다음은 hexdump로 파일의 내용을 확인한 것입니다.

```
$ hexdump a.txt
0000000 31 30 30
0000003
$ hexdump a.bin
0000000 64
0000001
```

텍스트 데이터로 100이라고 적으면 3바이트가 필요하지만 바이너리 형식에서는 100을 표현하는 데 1바이트면 충분합니다[2]. 이처럼 바이너리 데이터는 데이터를 효율적으로 저장할 수 있는 데이터 형식이라고 할 수 있습니다.

다만 오늘날의 CPU는 기억 매체의 용량이 큽니다. 1바이트와 3바이트의 처리 속도에 큰 차이가 없습니다. 따라서 텍스트 에디터로 열어 누구라도 볼 수 있고 편집할 수 있게 텍스트 데이터를 사용하는 것이 좋다고 할 수 있습니다.

이처럼 텍스트 데이터와 바이너리 데이터는 다음과 같은 장점이 있습니다.

데이터 종류	장점	단점
텍스트 데이터	텍스트 에디터가 있다면 편집할 수 있습니다. 또한 설명을 포함할 수도 있으므로 가독성이 높습니다.	바이너리 데이터에 비해 크기가 큽니다.
바이너리 데이터	텍스트 데이터에 비해 크기가 작습니다.	텍스트 에디터로 편집할 수 없습니다. 어떤 바이트에 어떤 데이터가 있다고 정의해야 합니다.

표를 보면 크기가 조금 크더라도 텍스트 데이터가 조금 더 많이 사용될 것 같은데, 사실 웹에서 사용되는 데이터는 대부분 바이너리 데이터입니다. 이미지와 동영상 같은 파일 때문입니다. 이미지와 동영상 파일은 용량이 크므로 최대한 서버의 부하를 줄이기 위해 크기를 압축해야 하기 때문입니다. 이미지의 경우는 이미지에 따라 압축률이 다른 JPEG(사진 전용), GIF(애니메이션/CG), PNG(CG/GIF보다 좋은 품질) 등의 형식을 사용합니다.

물론 텍스트 데이터를 기반으로 하는 이미지 형식도 있지만 거의 사용되지 않습니다. 이미지는 바이너리 형식을 사용하는 것이 훨씬 실용적이기 때문입니다[3].

따라서 각각의 장점과 단점을 생각해서 데이터를 사용해야 합니다.

텍스트 데이터의 주의점

시각적으로 확인할 수 있는 텍스트 데이터도 주의할 것이 있습니다. 텍스트 데이터는 문자가 적혀 있는 데이터입니다. 따라서 어떤 문자 코드(문자 인코딩)로 저장돼 있느냐에 따라 다른 의미를 갖게 됩니다.

같은 문장을 텍스트 파일로 저장하더라도 문자 인코딩이 다르면 다른 문자를 나타냅니다.

2 (옮긴이) 텍스트 데이터로 100이라는 문자열은 1, 0, 0으로 구성됩니다. 문자 코드로 1은 0x31(10진수로는 49), 0은 0x30(10진수로는 48)입니다. 3글자를 표현해야 하므로 0x31 0x10 0x10으로 3바이트가 필요한 것입니다. 바이너리 데이터는 그냥 100이라는 숫자를 컴퓨터 내부적으로 표현하면 됩니다. 따라서 0x64(10진수로는 100)만 출력되는 것입니다.

3 (옮긴이) 이미지는 어차피 글자로 적어도 가독성이 떨어집니다. 가독성이라는 장점이 없다면 바이너리 데이터로 용량을 줄이는 것이 훨씬 실용적입니다.

예를 들어, "안녕하세요"를 살펴봅시다. 이를 EUC_KR(줄바꿈은 CR+LF)로 나타내면 다음과 같습니다.

```
$ hexdump euckr.txt
0000000 ec 95 88 eb 85 95 ed 95 98 ec 84 b8 ec 9a 94 0a
0000010
```

만약 UTF-8(줄바꿈은 LF)로 나타내면 다음과 같습니다.

```
$ hexdump utf8.txt
0000000 be c8 b3 e7 c7 cf bc bc bf e4
0000010
```

같은 글자가 들어있어도 전혀 다른 데이터가 만들어지는 것을 알 수 있습니다. 텍스트 데이터라도 열어 봤을 때 문자가 깨져 읽을 수 없다면 이런 이유 때문입니다[4].

그래서 HTML은 <meta charset="문자 코드 이름"> 태그처럼 데이터 내부에 문자 인코딩을 지정해서 문자 깨짐을 막습니다.

최근에는 텍스트 데이터를 기반으로 하는 데이터는 모두 UTF-8로 인코딩돼 있습니다. 이는 HTML5 표준에서 UTF-8을 사용하는 것을 권장하기 때문입니다. 하지만 한국에서는 아직도 EUC_KR을 사용하는 경우가 많습니다. 따라서 프로그램을 만들 때 문자 코드(문자 인코딩)를 주의하기 바랍니다.

XML 사용하기

XML은 텍스트 데이터를 기반으로 하는 형식입니다. 범용적인 형식으로 널리 사용되고 있습니다. 많은 웹 API가 XML 형식을 활용합니다.

원래 XML(Extensible Markup Language)이란 특정 목적에 따라 데이터를 태그로 감싸 마크업하는 범용적인 형식이었습니다. XML 표준은 웹 표준을 제정하는 W3C에 의해 만들어졌습니다.

XML은 데이터를 계층 구조로 표현할 수 있다는 것이 특징입니다. 어떤 데이터 아래에 서브 데이터를 추가할 수 있으며, 그러한 서브 데이터 아래에 또 다른 서브 데이터를 추가할 수 있습니다. 이러한 계층 구조는 태그로 표현하게 됩니다.

다음 코드는 XML의 기본적인 구조를 나타낸 것입니다.

4 (옮긴이) 인터넷에서 "한글 깨짐" 또는 "뷁어"로 검색하면 예를 살펴볼 수 있습니다. 이와 더불어 "占쏙옙"도 참고해보기 바랍니다. 모두 인코딩으로 인해 발생하는 문제입니다.

```
<요소 속성="속성값">내용</요소>
```

데이터의 내용을 원하는 <요소> 태그로 감싸 마크업합니다. 아무것이나 원하는 요소 이름을 사용하면 됩니다. 또한 하나의 요소에는 속성을 사용해 여러 값을 추가로 지정할 수 있습니다.

```
<product id="S001" price="45000">SD 카드</product>
```

그리고 이러한 요소는 다른 요소를 그룹으로 묶을 수 있습니다. 이렇게 하면 요소들이 계층 구조를 갖게 됩니다.

```
<products type="전자제품">
  <product id="S001" price="45000">SD 카드</product>
  <product id="S002" price="32000">마우스</product>
</products>
```

이러한 그룹을 또 다른 태그로 묶을 수 있습니다. 이렇게 태그를 계층 구조로 만들 수 있으므로 XML은 복잡한 데이터도 표현할 수 있습니다.

파이썬으로 XML 분석하기 – 날씨 분류하기

이전에 스크레이핑에서 소개했던 BeautifulSoup를 이용하면 XML을 분석할 수 있습니다. BeautifulSoup와 관련된 내용은 이미 이전에 살펴봤으므로 자세한 설명은 생략하고, 예제 하나만 살펴보고 넘어가겠습니다.

일단 이전에 사용했던 기상청의 데이터입니다.

> **기상청 전국 날씨**
> http://www.kma.go.kr/weather/forecast/mid-term-rss3.jsp?stnId=108

이 페이지에 공개돼 있는 XML 형식의 데이터를 읽고, 현재 어떤 날씨인 지역이 어디인지 분류하는 프로그램을 만들어봅시다.

그럼 일단 XML을 웹 브라우저에 출력해봅시다.

```
▼<rss version="2.0">
  ▼<channel>
      <title>기상청 육상 중기예보</title>
    ▼<link>
        http://www.kma.go.kr/weather/forecast/mid-term_01.jsp
      </link>
      <description>기상청 날씨 웹서비스</description>
      <language>ko</language>
      <generator>기상청</generator>
      <pubDate>2019년 11월 12일 (화)요일 06:00</pubDate>
    ▼<item>
        <author>기상청</author>
        <category>육상중기예보</category>
        <title>전국 육상 중기예보 - 2019년 11월 12일 (화)요일 06:00 발표</title>
      ▼<link>
          http://www.kma.go.kr/weather/forecast/mid-term_01.jsp
        </link>
      ▼<guid>
          http://www.kma.go.kr/weather/forecast/mid-term_01.jsp
        </guid>
      ▼<description>
        ▼<header>
            <title>전국 육상중기예보</title>
            <tm>201911120600</tm>
          ▼<wf>
            ▼<![CDATA[
                기압골의 영향으로 15~16일은 중부지방, 17일은 전국에 비가 오겠습니다.<br />그 밖의 날은 고기압의 가장자리에 들어 가
                끔 구름이 많겠습니다.<br />기온은 평년(최저기온: -4~8℃, 최고기온: 9~16℃)보다 15일과 19~20일은 낮겠으나, 그 밖의 날
                은 비슷하거나 조금 높겠습니다. <br />강수량은 평년(1~3mm)과 비슷하거나 조금 많겠습니다.
              ]]>
            </wf>
          </header>
        ▼<body>
          ▼<location wl_ver="3">
              <province>서울 · 인천 · 경기도</province>
              <city>서울</city>
            ▼<data>
                <mode>A02</mode>
                <tmEf>2019-11-15 00:00</tmEf>
                <wf>구름많음</wf>
                <tmn>-1</tmn>
                <tmx>9</tmx>
                <reliability/>
                <rnSt>30</rnSt>
              </data>
            ▼<data>
                <mode>A02</mode>
                <tmEf>2019-11-15 12:00</tmEf>
                <wf>구름많고 비</wf>
```


기상청의 전국 날씨 XML

이러한 XML 데이터를 내려받아 현재 날씨를 분석하고 분류하는 프로그램은 다음과 같습니다.

file: ch3/xml-forecast.py

```
from bs4 import BeautifulSoup
import urllib.request as req
import os.path

# XML 다운로드 --- (※1)
url = "http://www.kma.go.kr/weather/forecast/mid-term-rss3.jsp?stnId=108"
savename = "forecast.xml"
if not os.path.exists(savename):
    req.urlretrieve(url, savename)
```

```
# BeautifulSoup로 분석하기 --- (※2)
xml = open(savename, "r", encoding="utf-8").read()
soup = BeautifulSoup(xml, 'html.parser')

# 각 지역 확인하기 --- (※3)
info = {}
for location in soup.find_all("location"):
    name = location.find('city').string
    weather = location.find('wf').string
    if not (weather in info):
        info[weather] = []
    info[weather].append(name)

# 각 지역의 날씨를 구분해서 출력하기
for weather in info.keys():
    print("+", weather)
    for name in info[weather]:
        print("| - ", name)
```

명령줄에서 실행해보면 다음과 같습니다. 날씨에 따라 지역이 분류되어 출력됩니다.

```
$ python3 xml-forecast.py
+ 구름많음
| - 서울
| - 인천
| - 수원
| - 파주
| - 춘천
| - 원주
…생략…
| - 울산
| - 창원
+ 맑음
| - 제주
| - 서귀포
```

그럼 프로그램을 확인해봅시다. 프로그램의 (※1)에서는 XML 파일을 내려받습니다. 프로그램을 실행할 때마다 XML 파일을 내려받으면 서버에 부하를 줄 수 있으므로 `request.urlretrieve()`를 사용해 처음 실행할 때 로컬 파일로 데이터를 저장하고, 두 번째 이후 실행할 때는 저장한 데이터를 읽어 사용하게 했습니다.

프로그램의 (※2)에서는 파일에서 XML을 읽어 들이고 BeautifulSoup로 XML을 분석했습니다.

그리고 (※3)에서는 BeautifulSoup를 사용할 때 주의할 것이 있습니다. 사실 현재 예제에서는 큰 문제가 없지만 BeautifulSoup의 `html.parser`는 HTML을 분석하기 위한 목적으로 만들어졌다는 것입니다. 따라서 XML 데이터의 태그가 대문자라고 해도 소문자로 변환해버립니다. 따라서 요소에 접근할 때는 반드시 태그 이름을 소문자로 입력해서 사용해야 합니다. 이어서 `find()`, `find_all()` 메서드 등을 활용해 원하는 요소를 추가적으로 선택합니다.

BeautifulSoup의 두 번째 매개변수를 사용하면 어떤 분석 엔진을 사용할지 지정할 수 있습니다. "`html.parser`"가 아니라 XML 분석 엔진으로 제공되는 "`lxml`"을 사용해도 되는데, 사실 태그가 소문자로 변환되는 것은 마찬가지라서 똑같이 주의해야 합니다[5].

JSON 사용하기

JSON(JavaScript Object Notation)도 텍스트 데이터를 기반으로 하는 가벼운 데이터 형식입니다. JSON은 자바스크립트에서 사용하는 객체 표기 방법을 기반으로 합니다. JSON은 자바스크립트 전용 데이터 형식은 아닙니다. 다양한 소프트웨어와 프로그래밍 언어끼리 데이터를 교환할 때 사용합니다. 인터넷 표준 문서 RFC4627로 표준이 만들어져 있습니다. MIME 타입은 "application/json"이며 확장자는 ".json"입니다.

JSON은 구조가 단순하다는 것이 장점입니다. 그래서 수많은 프로그래밍 언어에서 인코딩/디코딩 표준으로 JSON을 제공합니다. 파이썬 표준 모듈에도 json이 포함돼 있습니다. 따라서 많은 웹 API들이 JSON 형식으로 데이터를 제공합니다.

5 (옮긴이) 원래 XML 데이터는 대소문자를 구분하도록 규정돼 있습니다. lxml 엔진이 표준을 어기고 만들어진 것이므로 주의해야 합니다.

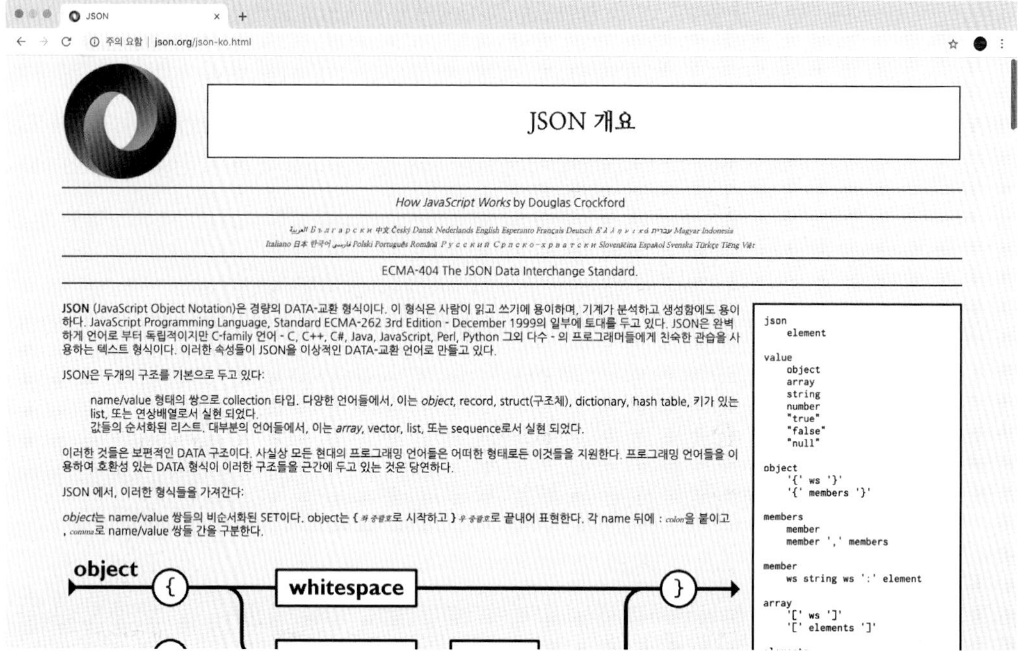

JSON 웹 사이트

> **JSON 소개 페이지**
> http://json.org/

JSON의 구조

JSON에서는 숫자, 문자열, 불(true|false), 배열, 객체, null이라는 6가지 종류의 데이터를 사용할 수 있습니다. 각각의 표현 방법은 다음과 같습니다.

자료형	표현 방법	사용 예
숫자	숫자	30
문자열	큰 따옴표로 감싸 표현	"str"
불	true 또는 false	true
배열	[n1, n2, n3, …]	[1, 2, 10, 500]
객체	{ "key":value, "key":value, …}	{ "org":50, "com":10 }
null	null	null

JSON 규칙은 이처럼 굉장히 단순하지만 배열 안에 객체를 넣거나 객체 안에 배열을 넣는 방법 등으로 복잡한 데이터를 표현할 수 있습니다.

파이썬으로 JSON 분석하기

파이썬에서 JSON을 다루는 것은 굉장히 간단합니다. JSON의 배열(Array)은 파이썬의 리스트(list)와 같으며, JSON의 객체(Object)는 파이썬의 딕셔너리(dict)와 같기 때문입니다.

이전에도 JSON을 살펴봤으므로 추가적인 설명은 생략하고, 프로그램을 하나 살펴보겠습니다. 일단 데이터는 https://api.github.com/repositories입니다. 깃허브(GitHub)는 Git을 사용하는 프로젝트를 지원하는 웹 호스팅 서비스로서 오픈소스 코드 저장소로 굉장히 유명합니다. 해당 URL로 들어가면 최근 프로젝트들을 볼 수 있습니다.


```
[
  {
    "id": 1,
    "name": "grit",
    "full_name": "mojombo/grit",
    "owner": {
      "login": "mojombo",
      "id": 1,
      "avatar_url": "https://avatars3.githubusercontent.com/u/1?v=3",
      "gravatar_id": "",
      "url": "https://api.github.com/users/mojombo",
      "html_url": "https://github.com/mojombo",
      "followers_url": "https://api.github.com/users/mojombo/followers",
      "following_url": "https://api.github.com/users/mojombo/following{/other_user}",
      "gists_url": "https://api.github.com/users/mojombo/gists{/gist_id}",
      "starred_url": "https://api.github.com/users/mojombo/starred{/owner}{/repo}",
      "subscriptions_url": "https://api.github.com/users/mojombo/subscriptions",
      "organizations_url": "https://api.github.com/users/mojombo/orgs",
      "repos_url": "https://api.github.com/users/mojombo/repos",
      "events_url": "https://api.github.com/users/mojombo/events{/privacy}",
      "received_events_url": "https://api.github.com/users/mojombo/received_events",
      "type": "User",
      "site_admin": false
    },
    "private": false,
    "html_url": "https://github.com/mojombo/grit",
```


데이터 확인

내용이 굉장히 많으므로 직접 웹 브라우저의 주소창에 URL을 입력해서 확인해보세요. 이를 활용해 무작위로 리포지토리의 이름과 소유자를 추출해서 출력해봅시다.

file: ch3/json-github.py

```
import urllib.request as req
import os.path, random
import json

# JSON 데이터 내려받기 --- (※1)
url = "https://api.github.com/repositories"
savename = "repo.json"
if not os.path.exists(savename):
    req.urlretrieve(url, savename)

# JSON 파일 분석하기 --- (※2)
items = json.load(open(savename, "r", encoding="utf-8"))
# 또는
# s = open(savename, "r", encoding="utf-8").read()
# items = json.loads(s)

# 출력하기 --- (※3)
for item in items:
    print(item["name"] + " - " + item["owner"]["login"])
```

명령줄에서 실행해봅시다.

```
$ python3 json-github.py
grit - mojombo
merb-core - wycats
rubinius - rubinius
god - mojombo
jsawesome - vanpelt
jspec - wycats
exception_logger - defunkt
ambition - defunkt
restful-authentication - technoweenie
attachment_fu - technoweenie
bong - topfunky
microsis - Caged
s3 - anotherjesse
…생략…
```

프로그램을 살펴봅시다. 프로그램의 (※1)에서는 JSON 데이터를 웹 API에서 내려받습니다. 이어서 (※2)에서는 json 모듈의 load() 함수를 사용해 JSON 문자열을 읽어 들입니다. (※3)에서는 출력합니다.

이전에 언급했던 것처럼 JSON 데이터를 다루는 기능은 파이썬이 표준적으로 지원합니다. 따라서 간단하게 사용할 수 있습니다.

json.load() 함수의 매개변수에는 open() 함수의 리턴값인 파일 포인터를 지정합니다. 그리고 json.loads() 함수의 매개변수에는 JSON 형식의 문자열을 지정합니다. 두 가지에 차이가 있으므로 주의해 주세요.

JSON 형식으로 출력하기

또한 파이썬에서 생성한 데이터를 JSON 형식으로 출력하는 기능도 있습니다. JSON 형식으로 출력할 때는 json.dumps() 함수를 사용합니다. 간단한 예를 살펴봅시다.

file: ch3/json-out.py

```
import json
price = {
    "date": "2017-05-10",
    "price": {
        "Apple": 80,
        "Orange": 55,
        "Banana": 40
    }}
s = json.dumps(price)
print(s)
```

명령줄에서 실행하면 다음과 같이 출력됩니다.

```
$ python3 json-out.py
{"price": {"Orange": 55, "Apple": 80, "Banana": 40}, "date": "2017-05-10"}
```

프로그램은 굉장히 간단합니다. json.dumps() 함수를 사용하기만 하면 됩니다. 자세히 보면 파이썬의 딕셔너리(dict)와 리스트(list)의 작성 방법이 JSON과 같습니다.

YAML 사용하기

YAML은 들여쓰기를 사용해 계층 구조를 표현하는 것이 특징인 데이터 형식입니다. 텍스트 데이터이므로 텍스트 에디터를 사용해 편집할 수 있습니다. XML보다 간단하며 JSON과 거의 비슷합니다.

YAML은 JSON 대용으로도 사용되며, 애플리케이션 설정 파일을 작성할 때 많이 사용됩니다. 대표적으로 웹 프레임워크 Ruby on Rails(루비)와 Symfony(PHP)의 설정 파일 형식으로 사용되고 있습니다.

루비/파이썬/PHP 등을 포함한 여러 프로그래밍 언어에서 YAML 형식을 다루기 위한 라이브러리가 제공됩니다. YAML은 공백 문자로 들여쓰기를 활용해 계층 구조를 나타낸다는 점에서 파이썬과 비슷하다고 할 수 있습니다.

파이썬에서 YAML을 다루려면 PyYAML이라는 모듈을 설치해야 합니다. 다음과 같이 `pip` 명령어를 사용해 설치합니다.

```
$ pip3 install pyyaml
```

파이썬에서 YAML 읽기

그럼 일단 YAML 데이터를 읽는 방법을 살펴보겠습니다. 그럼 과일의 이름과 가격 등의 목록을 YAML 형식의 문자열로 작성하고, PyYAML로 분석한 뒤 화면에 출력해봅시다.

file: ch3/yaml-test.py

```
import yaml

# YAML 정의하기 ---- (※1)
yaml_str = """
Date: 2017-03-10
PriceList:
    -
        item_id: 1000
        name: Banana
        color: yellow
        price: 800
    -
        item_id: 1001
        name: Orange
        color: orange
        price: 1400
```

```
    -
        item_id: 1002
        name: Apple
        color: red
        price: 2400
"""

# YAML 분석하기 --- (※2)
data = yaml.safe_load(yaml_str)

# 이름과 가격 출력하기 --- (※3)
for item in data['PriceList']:
    print(item["name"], item["price"])
```

명령줄에서 실행해봅시다.

```
$ python3 yaml-test.py
Banana 800
Orange 1400
Apple 2400
```

프로그램을 확인해봅시다. 프로그램의 (※1)에서는 YAML 문자열을 정의합니다. YAML 데이터 형식과 관련된 자세한 내용은 이후에 설명하겠습니다. (※2)에서는 YAML 문자열 데이터를 분석하고, 파이썬의 데이터로 변환합니다. (※3)에서는 분석 결과를 화면에 출력했습니다.

파이썬에서 YAML 쓰기

이처럼 yaml.safe_load() 함수를 사용하면 문자열 YAML 데이터를 파이썬 데이터로 변환할 수 있습니다. 반대로 파이썬 데이터를 YAML로 출력하고 싶을 때는 dump() 함수를 사용합니다.

file: ch3/yaml-io.py

```
import yaml

# 파이썬 데이터를 YAML 데이터로 출력하기
customer = [
    { "name": "InSeong", "age": "24", "gender": "man" },
    { "name": "Akatsuki", "age": "22", "gender": "woman" },
    { "name": "Harin", "age": "23", "gender": "man" },
    { "name": "Yuu", "age": "31", "gender": "woman" }
```

```
]

# 파이썬 데이터를 YAML 데이터로 변환하기
yaml_str = yaml.dump(customer)
print(yaml_str)
print("--- --- ---")

# YAML 데이터를 파이썬 데이터로 변환하기
data = yaml.safe_load(yaml_str)

# 이름 출력하기
for p in data:
    print(p["name"])
```

명령줄에서 실행해봅시다.

```
$ python3 yaml-io.py
- {age: '24', gender: man, name: InSeong}
- {age: '22', gender: woman, name: Akatsuki}
- {age: '23', gender: man, name: Harin}
- {age: '31', gender: woman, name: Yuu}

--- --- ---
InSeong
Akatsuki
Harin
Yuu
```

그럼 YAML을 읽고 쓰는 방법을 다시 정리해봅시다.

함수 이름	설명
yaml.load(str)	문자열 str(YAML)을 파이썬 데이터로 변환합니다.
yaml.dump(v)	파이썬 데이터 v를 YAML 형식으로 출력합니다.

YAML 데이터 형식 소개

파이썬으로 YAML을 읽고 쓰는 방법을 알았으니, 이제 YAML 형식이 무엇인지 자세히 알아봅시다.

YAML의 기본은 배열, 해시, 스칼라(문자열, 숫자, 불리언 등)입니다. 배열을 나타낼 때는 각 행의 앞에 하이픈(-)을 붙입니다. 하이픈 뒤에는 공백이 필요합니다.

```
- banana
- kiwi
- mango
```

이때 공백에 들여쓰기가 있으면 중첩 배열을 표현할 수 있습니다. 다만 들여쓰기 바로 앞은 다음과 같이 빈 요소여야 합니다.

```
- Yellow
-
  - Banana
  - Orange
- Red
-
  - Apple
  - Strawberry
```

이어서 해시 표현 방법을 소개하겠습니다. 해시는 자바스크립트의 객체와 같은 것입니다. "<키>: <값>" 형태로 사용합니다.

```
name: Gurum
age:  4
color: brown
```

이때도 들여쓰기를 이용하면 계층 구조를 표현할 수 있습니다.

```
name: Gurum
property:
  age: 4
  color: brown
```

그리고 배열과 해시를 조합하면 복잡한 데이터를 표현할 수 있습니다.

```
- name: Gurum
  color: brown
  age: 4
  favorites:
    - Banana
    - Orange
```

```
- name: Mike
  color: white
  age: 8
  favorites:
    - Orange
    - Candy
- name: Kuro
  color: black
  age: 3
  favorites:
    - Banana
    - Mango
```

또한 YAML은 플로우 스타일[6]이 제공되며, 이를 이용하면 배열을 [n1, n2, n3]로 표현할 수 있고, 해시를 `{ key1: value1, key2: value 2 … }`로 표현할 수 있습니다. 다만 쉼표(,)와 콜론(:) 위에는 반드시 공백이 있어야 합니다.

```
- name: Taro
  favorites: ["Banana", "Miso soup"]
- name: Mike
  favorites: ["Orange", "Candy"]
- name: Kuro
  favorites: ["Banana", "Mango"]
```

YAML에서는 주석을 작성할 수도 있습니다. 주석은 "#"으로 시작합니다.

```
# YAML에는 주석을 사용할 수 있습니다.
# 따뜻한 지역의 과일...!
- Banana
- Mango
```

또한 여러 줄 문자열을 지정할 수도 있습니다.

```
multi-line: |
  I like Banana.
  I like Mango.
  I like Orange.
```

6 (옮긴이) 한 줄에 표현하는 것을 플로우 스타일(Flow Style)이라고 부릅니다.

YAML은 앵커와 별칭(Alias) 기능도 제공합니다. "&<이름>" 형태로 변수를 선언하고, "*<이름>" 형태로 참조하는 것입니다. 이때 "&<이름>"을 앵커라고 부르고, "*<이름>"을 별칭이라고 부릅니다.

그럼 구체적인 예를 살펴봅시다. 다음 YAML 데이터는 일단 색을 변수로 정의하고, 이를 이후 부분에서 색 데이터로 사용하고 있습니다.

```
# 색을 정의합니다.
color_define:
  - &color1 "#FF0000"
  - &color2 "#00FF00"
  - &color3 "#00FFFF"

# 색 설정
frame_color:
  title: *color1
  logo: *color2

article_color:
  title: *color2
  back: *color3
```

예를 들어, 위의 "frame_color.title"은 앵커 "color1"을 참조합니다. 따라서 "#FF0000"을 지정하는 것과 같은 의미입니다. 다양하게 활용할 수 있는 편리한 기능입니다.

물론 이러한 별칭은 PyYAML에서도 사용할 수 있습니다.

file: ch3/yaml-alias.py

```
import yaml

# 문자열로 YAML을 정의합니다.
yaml_str = """
# 정의
color_def:
  - &color1 "#FF0000"
  - &color2 "#00FF00"
  - &color3 "#0000FF"

# 별칭 테스트
color:
  title: *color1
```

```
  body: *color2
  link: *color3
"""

# YAML 데이터 분석하기
data = yaml.safe_load(yaml_str)

# 별칭이 전개됐는지 테스트하기
print("title=", data["color"]["title"])
print("body=", data["color"]["body"])
print("link=", data["color"]["link"])
```

명령줄에서 실행해봅시다.

```
$ python3 yaml-alias.py
title= #FF0000
body= #00FF00
link= #0000FF
```

CSV/TSV 사용하기

이어서 텍스트 데이터 파일 형식으로도 긴 역사를 가지고 있는 CSV/TSV에 대해 살펴보겠습니다. CSV/TSV는 웹에서 굉장히 많이 사용되며, 필자는 XML보다도 많이 사용되고 있다고 생각합니다. 그 이유는 CSV/TSV가 구조가 굉장히 단순하고 엑셀로 쉽게 만들 수 있으며, 수많은 데이터베이스와 데이터 도구 등에서 CSV 형식을 지원하고 있기 때문입니다.

CSV(Comma-Separated Values) 파일은 각 필드를 쉼표로 구분합니다. 기본적으로 텍스트 파일이므로 텍스트 에디터를 사용해 간편하게 수정할 수 있습니다.

다양한 스프레드시트 소프트웨어, 전화번호부, 데이터베이스 등이 데이터 교환에 CSV 파일을 사용하고 있습니다. CSV 데이터의 사양을 정의한 RFC4180이라는 규약이 있지만, CSV 파일은 애플리케이션마다 약간 다르게 구현한 경우가 있어서 옮길 때 데이터가 깨질 수도 있습니다.

CSV와 비슷하지만 쉼표가 아닌 탭으로 필드를 구분하는 TSV(Tab-Separated Values), 공백으로 필드를 구분하는 SSV(Space-Separated Values) 등도 많이 사용되고 있습니다. 참고로 구분 기호만 다르고 형식이 거의 차이가 없기 때문에 CSV 형식이라고 말할 때 문맥에 따라 TSV와 SSV 등을 모두 포함하는 경우도 있습니다.

그럼 CSV 파일의 구조를 살펴봅시다. CSV 파일은 1개 이상의 레코드로 구성되며, 레코드는 줄바꿈(CRLF, U+00D와 U+000A)으로 구분됩니다.

```
레코드1
레코드2
레코드3
...
```

그리고 레코드들은 같은 구성을 가지며, 각 레코드는 1개 이상의 필드로 구성됩니다. 이때 각 필드는 쉼표(,)로 구분됩니다. 참고로 첫 번째 레코드는 헤더로 사용할 수 있습니다.

```
ID,이름,가격
1000,비누,300
1001,장갑,150
1002,마스크,230
```

또한 각 필드를 큰따옴표(")로 둘러싸도 됩니다(둘러싸도 되고, 둘러싸지 않아도 됩니다).

```
"1000","비누","300"
"1001","장갑","150"
"1002"," 마스크 ","230"
```

다만 필드 내부에 큰따옴표, 쉼표, 줄바꿈이 있을 때는 반드시 큰따옴표로 둘러싸야 합니다. 그리고 큰따옴표를 이스케이프할 때는 두 번 사용해서 "aa""bb"처럼 적습니다.

```
"상품 번호","상품 이름","가격"
"1101","특별 할인
비누 반값","150"
"1102"," 언제나 3배 더 ""맛있는"" 물","300"
```

이처럼 형식이 단순하다는 것이 CSV/TSV 파일의 장점입니다. 하지만 마이크로소프트 엑셀에서는 CSV 형식으로 출력(export)할 때 한국어라면 EUC-KR, 일본어라면 Shift-JIS처럼 각 국가의 언어 코드로 출력합니다. 따라서 사용할 때 인코딩이 꼬일 수 있으므로 주의해야 합니다.

파이썬에서 단순한 CSV 파일 읽기

그럼 파이썬으로 CSV 파일을 읽어봅시다. 단순한 데이터를 다룰 때는 줄바꿈과 쉼표로만 구분하면 됩니다. 따라서 별도의 모듈을 사용할 필요도 없습니다. 다만 이전에 언급했던 이유로 문자 코드 인코딩에 주의해야 합니다.

간단하게 다음과 같은 CSV 파일을 읽어봅시다. 이 파일의 인코딩(문자 코드)을 EUC-KR, 줄바꿈 코드를 CRLF로 설정하고 "list-euckr"라는 이름으로 저장합니다(또는 엑셀에서 테이블을 만들고 CSV 형식으로 저장합니다)[7].

```
ID,이름,가격
1000,비누,300
1001,장갑,150
1002,마스크,230
```

이러한 CSV 파일을 분석해서 상품 이름과 가격을 출력하는 프로그램은 다음과 같습니다.

file: ch3/csv-read.py

```
import codecs

# EUC_KR로 저장된 CSV 파일 읽기
filename = "list-euckr.csv"
csv = codecs.open(filename, "r", "euc_kr").read()

# CSV을 파이썬 리스트로 변환하기
data = []
rows = csv.split("\r\n")
for row in rows:
    if row == "": continue
    cells = row.split(",")
    data.append(cells)

# 결과 출력하기
for c in data:
    print(c[1], c[2])
```

명령줄에서 실행하면 다음과 같습니다.

7 (옮긴이) 엑셀 최신 버전에는 "CSV UTF-8"이 따로 있습니다. 하지만 국내 기업에서 제공하는 CSV 파일은 대부분 EUC-KR입니다. 예를 들어, 교보문고에서 제공하는 도서 목록도 모두 EUC-KR로 되어 있습니다. 따라서 EUC-KR로 작성된 CSV 파일을 읽어 들이는 방법을 연습하기 위해 "CSV"로 저장해서 연습하겠습니다.

```
$ python3 csv-read.py
이름 가격
비누 300
장갑 150
마스크 230
```

파이썬의 csv 모듈 사용하기

대부분의 CSV 파일은 이전과 같은 간단한 방법으로 분석할 수 있습니다. TSV처럼 쉼표가 아니라 탭을 사용할 때는 쉼표를 탭으로 바꾸기만 하면 됩니다.

하지만 데이터가 큰따옴표로 둘러싸인 경우 등에는 CSV 파일을 분석하는 것이 약간 힘듭니다. 파이썬에서 CSV 형식을 분석하기 위한 csv 모듈을 제공하므로 이를 사용해보겠습니다.

이전의 CSV 파일을 csv 모듈로 읽어보겠습니다.

file: ch3/csv-read2.py

```
import csv, codecs

# CSV 파일 열기
filename = "list-euckr.csv"
fp = codecs.open(filename, "r", "euc_kr")

# 한 줄씩 읽어 들이기
reader = csv.reader(fp, delimiter=",", quotechar='"')
for cells in reader:
    print(cells[1], cells[2])
```

명령줄에서 실행해봅시다.

```
$ python3 csv-read2.py
이름 가격
비누 300
장갑 150
마스크 230
```

이 프로그램은 이전과 같은 출력 결과를 보여주지만 프로그램의 구조가 꽤 다릅니다. csv 모듈의 reader를 사용해 CSV 파일을 분석했기 때문입니다.

csv.reader 객체를 생성하려면 open() 함수의 리턴 값에 있는 파일 포인터를 사용합니다. 옵션으로 delimiter(구분 문자), quotechar(어떤 기호로 데이터를 감싸고 있는지)를 지정할 수 있습니다. 따라서 TSV처럼 다른 특수 문자 형식으로 구분돼 있어도 데이터를 쉽게 읽을 수 있습니다.

그리고 데이터를 하나씩 읽을 때는 for 반복문을 사용합니다. 데이터를 한 줄 한 줄 읽어 들이는 방식이므로 큰 CSV 파일이라도 필요한 곳까지 조금씩 읽을 수 있습니다.

이어서 CSV 파일을 쓸 때는 csv.writer를 사용합니다.

file: ch3/csv-write.py

```
import csv, codecs

with codecs.open("test.csv", "w", "euc_kr") as fp:
    writer = csv.writer(fp, delimiter=",", quotechar='"')
    writer.writerow(["ID", "이름", "가격"])
    writer.writerow(["1000", "SD 카드 ", 30000])
    writer.writerow(["1001", "키보드", 21000])
    writer.writerow(["1002", "마우스", 15000])
```

이 프로그램도 명령줄에서 실행해봅시다.

```
$ python3 csv-write.py
```

실행하면 다음과 같은 CSV 파일이 생성됩니다.

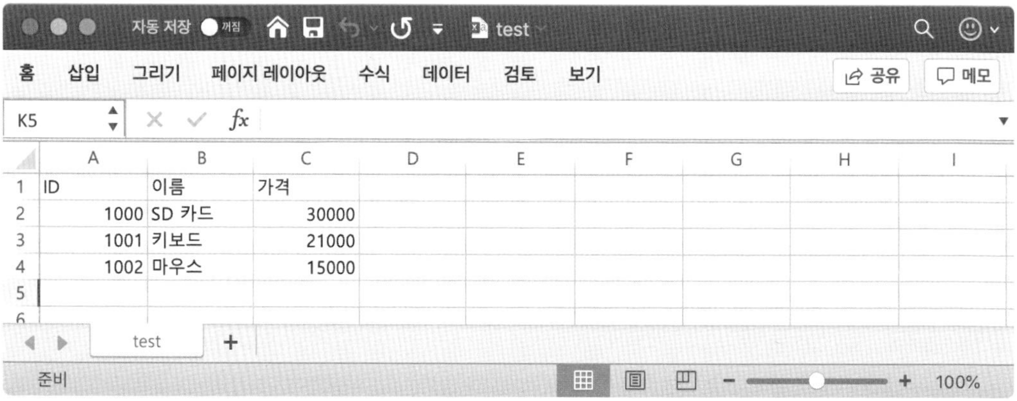

	A	B	C
1	ID	이름	가격
2	1000	SD 카드	30000
3	1001	키보드	21000
4	1002	마우스	15000

CSV 파일을 엑셀에서 열어본 상태

프로그램을 확인해봅시다. CSV로 출력할 때는 `csv.writer`를 사용합니다. `csv.writer`를 초기화할 때는 `open()` 메서드의 리턴값인 파일 포인터와 `delimiter`(구분 문자) 등을 지정합니다. 그리고 `writerow()` 메서드를 사용해 한 줄씩 데이터를 씁니다.

Pandas 사용해보기

다음 장에서 다루는 데이터 분석 라이브러리 Pandas를 이용하면 CSV 파일을 쉽게 읽고 편집할 수 있습니다.

엑셀 파일 사용하기

전 세계의 모든 회사에서 사용되는 소프트웨어가 있다면 바로 마이크로소프트 엑셀입니다. 수많은 회사나 조직에서 엑셀 형식으로 데이터를 배포하고 있습니다. 따라서 파이썬으로 데이터를 수집했을 때 엑셀 파일을 분석할 수 있어야 합니다. 이번 절에서는 엑셀 파일을 읽는 방법을 살펴보겠습니다.

openpyxl 설치해보기

파이썬에서 엑셀 파일을 읽고 쓸 때는 openpyxl이라는 라이브러리를 사용합니다. `pip` 명령어를 사용해 명령줄로 패키지를 설치합니다.

```
$ pip3 install openpyxl
```

파이썬에서 엑셀 파일 읽기

이번 절에서는 방금 설치한 openpyxl을 사용해 엑셀을 읽고 써보겠습니다.

일단 다음과 같이 엑셀 파일을 준비합니다. 국가 지표 체계(http://www.index.go.kr)에서 제공하는 자치단체 행정구역 및 인구현황 엑셀 파일입니다. 아래 페이지에서 내려받을 수 있습니다.

- http://www.index.go.kr/potal/main/EachDtlPageDetail.do?idx_cd=1041

엑셀 파일을 어디서 내려받아야 할지 찾기 힘들 수 있는데, 그럴 때는 웹 브라우저의 검색 기능으로 "엑셀"을 검색해주세요.

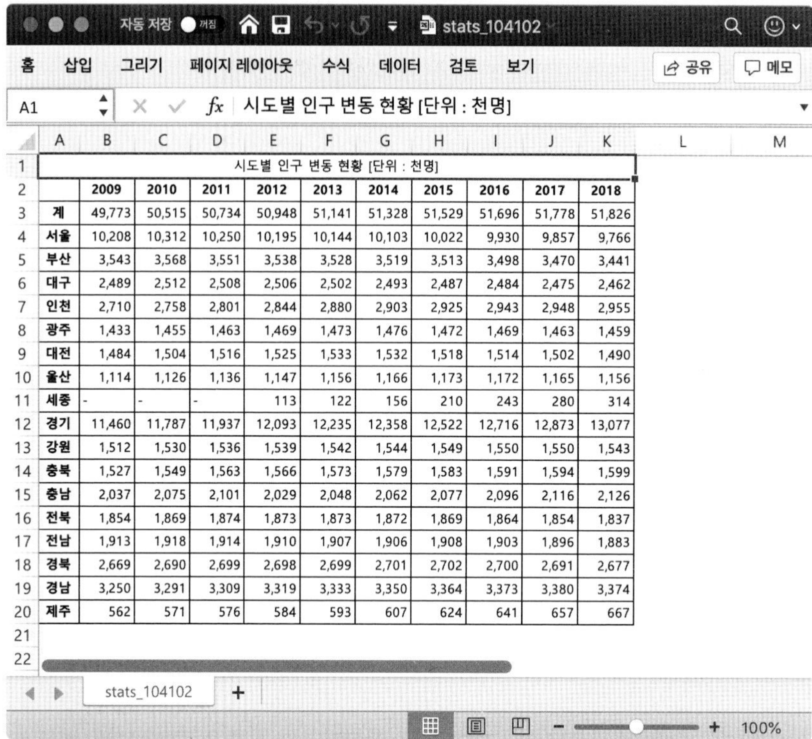

시도별 인구 변동 현황 [단위 : 천명]

	2009	2010	2011	2012	2013	2014	2015	2016	2017	2018
계	49,773	50,515	50,734	50,948	51,141	51,328	51,529	51,696	51,778	51,826
서울	10,208	10,312	10,250	10,195	10,144	10,103	10,022	9,930	9,857	9,766
부산	3,543	3,568	3,551	3,538	3,528	3,519	3,513	3,498	3,470	3,441
대구	2,489	2,512	2,508	2,506	2,502	2,493	2,487	2,484	2,475	2,462
인천	2,710	2,758	2,801	2,844	2,880	2,903	2,925	2,943	2,948	2,955
광주	1,433	1,455	1,463	1,469	1,473	1,476	1,472	1,469	1,463	1,459
대전	1,484	1,504	1,516	1,525	1,533	1,532	1,518	1,514	1,502	1,490
울산	1,114	1,126	1,136	1,147	1,156	1,166	1,173	1,172	1,165	1,156
세종	-	-	-	113	122	156	210	243	280	314
경기	11,460	11,787	11,937	12,093	12,235	12,358	12,522	12,716	12,873	13,077
강원	1,512	1,530	1,536	1,539	1,542	1,544	1,549	1,550	1,550	1,543
충북	1,527	1,549	1,563	1,566	1,573	1,579	1,583	1,591	1,594	1,599
충남	2,037	2,075	2,101	2,029	2,048	2,062	2,077	2,096	2,116	2,126
전북	1,854	1,869	1,874	1,873	1,873	1,872	1,869	1,864	1,854	1,837
전남	1,913	1,918	1,914	1,910	1,907	1,906	1,908	1,903	1,896	1,883
경북	2,669	2,690	2,699	2,698	2,699	2,701	2,702	2,700	2,691	2,677
경남	3,250	3,291	3,309	3,319	3,333	3,350	3,364	3,373	3,380	3,374
제주	562	571	576	584	593	607	624	641	657	667

자치단체 행정구역 및 인구현황

또한 국가 지표 체계의 엑셀 파일은 2010년 이전의 굉장히 오래된 형식입니다. 아쉽게도 openpyxl은 오래된 형식을 지원하지 않습니다. 따라서 엑셀에서 열고, 다른 이름으로 저장해서 사용해주세요.

다음 코드는 엑셀 파일을 읽고 2018년의 인구가 적은 순서대로 5위까지 출력합니다. 참고로 이 자료는 시간이 지나면 업데이트되어 내용이 변할 수 있습니다. 현재 2019년 11월 시점에는 2018년까지의 지표가 나와 있는데, 만약 2019, 2020년 등의 지표가 추가됐다면 다음 코드에서 굵게 표시한 부분을 적당히 변경하면 됩니다.

file: ch3/excel-read.py

```
import openpyxl

# 엑셀 파일 열기 <-- (※1)
filename = "stats_104102.xlsx" [8]
book = openpyxl.load_workbook(filename)
```

8 (옮긴이) 국가 지표 체계에서 주기적으로 파일을 새로 올리면 이름이 약간 바뀝니다. 이럴 때는 파일 이름에 맞게 수정해주세요.

```
# 맨 앞의 시트 추출하기 --- (※2)
sheet = book.worksheets[0]

# 시트의 각 행을 순서대로 추출하기 --- (※3)
data = []
for row in sheet.rows:
    data.append([
        row[0].value,
        row[10].value
    ])

# 필요없는 줄(헤더, 연도, 계) 제거하기
del data[0]
del data[1]
del data[2]

# 데이터를 인구 순서로 정렬합니다.
data = sorted(data, key=lambda x:x[1])

# 하위 5위를 출력합니다.
for i, a in enumerate(data):
    if (i >= 5): break
    print(i+1, a[0], int(a[1]))
```

명령줄에서 실행하면 다음과 같이 출력합니다.

```
$ python3 excel-read.py
1 세종 314
2 제주 667
3 울산 1156
4 광주 1459
5 대전 1490
```

현재 코드에서 핵심은 엑셀 시트에 적혀 있는 각 값을 추출하는 부분입니다. 차근차근 단계를 따라 살펴봅시다.

일단 엑셀에서는 파일을 북(book)이라고 부릅니다. 하나의 북 내부에는 여러 개의 시트(sheet)가 있습니다. 각 시트는 행(row)과 열(column)을 가진 2차원 셀(cell)로 구성됩니다.

```
엑셀 파일의 구조:
북(book) ← 여러 개의 시트(sheet)로 구성된 것
시트(sheet) ← 행(row)과 열(column)으로 구성된 2차원 셀(cell)
```

이를 염두에 두고 코드를 살펴보면 어렵지 않습니다. 프로그램의 (※1)에서는 openpyxl.load_workbook()으로 엑셀 북(파일)을 엽니다. 이어서 북 내부에 있는 시트를 추출합니다. 맨 앞에 있는 시트를 추출할 때는 book.worksheets[0]을 사용합니다(※2).

이어서 (※3)에서는 sheet.row와 for 구문을 사용해 시트의 각 행을 추출합니다. 그리고 필요한 위치를 추출하고, value 속성을 참조해서 셀 내부의 값을 추출합니다.

파이썬으로 엑셀 파일 쓰기

이번에는 엑셀 파일에 쓰는 방법을 살펴봅시다. 예로 방금 살펴본 엑셀 파일을 읽고, 각 연도의 인구 합계에서 서울을 제외한 인구를 B21부터 J21까지 쓰는 프로그램을 만들겠습니다.

이번에도 이전과 마찬가지로 시간이 지나면 2019, 2020년 등이 추가될 수 있습니다. 바뀌었다면 상황에 맞게 변경해보기 바랍니다.

file: ch3/excel-write.py

```
import openpyxl
# 엑셀 파일 열기 --- (※1)
filename = "stats_104102.xlsx"
book = openpyxl.load_workbook(filename)

# 활성화된 시트 추출하기 --- (※2)
sheet = book.active

# 서울을 제외한 인구를 구해서 쓰기 --- (※3)
for i in range(0, 10):
    total = int(sheet[str(chr(i + 66)) + "3"].value)
    seoul = int(sheet[str(chr(i + 66)) + "4"].value)
    output = total - seoul
    print("서울 제외 인구 =", output)
    # 쓰기 --- (※4)
    sheet[str(chr(i + 66)) + "21"] = output
    cell = sheet[str(chr(i + 66)) + "21"]
    # 폰트와 색상 변경해보기 --- (※5)
    cell.font = openpyxl.styles.Font(size=14,color="FF0000")
```

```
    cell.number_format = cell.number_format

# 엑셀 파일 저장하기 --- (※6)
filename = "population.xlsx"
book.save(filename)
print("ok")
```

명령줄에서 실행해봅시다.

```
$ python3 excel-write.py
서울 제외 인구 = 39565
서울 제외 인구 = 40203
서울 제외 인구 = 40484
서울 제외 인구 = 40753
서울 제외 인구 = 40997
서울 제외 인구 = 41225
서울 제외 인구 = 41507
서울 제외 인구 = 41766
서울 제외 인구 = 41921
서울 제외 인구 = 42060
ok
```

프로그램을 실행하면 “population.xlsx”라는 파일이 생성됩니다. 엑셀 파일을 열어보면 다음과 같이 총 인구가 추가돼 있습니다.

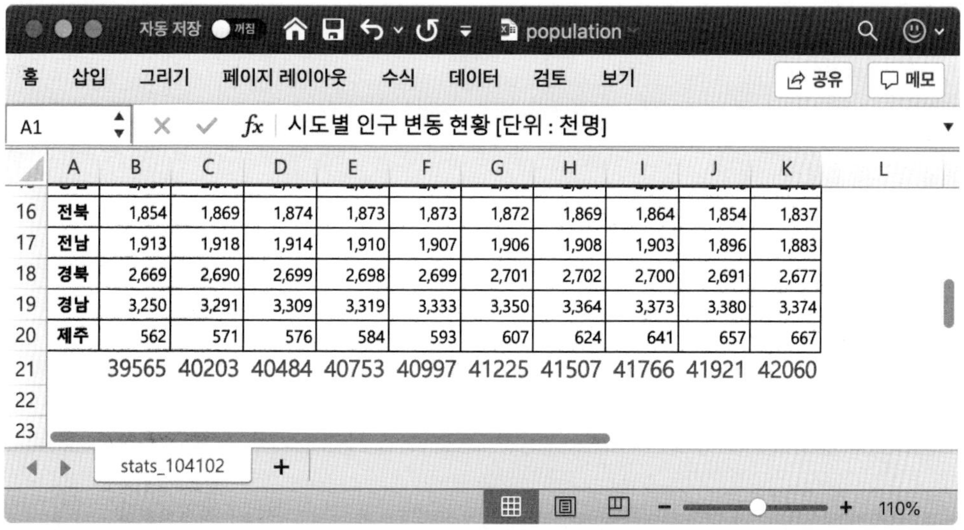

	A	B	C	D	E	F	G	H	I	J	K	L
16	전북	1,854	1,869	1,874	1,873	1,873	1,872	1,869	1,864	1,854	1,837	
17	전남	1,913	1,918	1,914	1,910	1,907	1,906	1,908	1,903	1,896	1,883	
18	경북	2,669	2,690	2,699	2,698	2,699	2,701	2,702	2,700	2,691	2,677	
19	경남	3,250	3,291	3,309	3,319	3,333	3,350	3,364	3,373	3,380	3,374	
20	제주	562	571	576	584	593	607	624	641	657	667	
21		39565	40203	40484	40753	40997	41225	41507	41766	41921	42060	
22												
23												

엑셀 파일을 출력한 상태

프로그램을 살펴봅시다. 프로그램의 (※1)에서는 load_workbook()을 사용해 북을 엽니다. (※2)에서는 활성화된 시트를 추출합니다. (※3)에서는 인구를 읽어 들여 합계를 계산합니다.

그리고 (※4)에서는 셀에 값을 씁니다. (※5)에서는 폰트와 출력 형식을 변경합니다.

마지막으로 (※6)에서는 파일을 저장합니다. book.save()를 실행하면 엑셀 2010 이후의 형식(".xlsx", "xlsm")으로 파일을 저장할 수 있습니다.

Pandas를 이용해 엑셀 파일을 읽고 쓰기

5장에서 자세히 다루는 데이터 분석 라이브러리인 Pandas를 이용하면 엑셀을 쉽게 읽고 쓸 수 있습니다. Pandas는 다음과 같은 명령어로 설치합니다. 또한 Pandas로 엑셀을 수정하려면 xlrd 모듈이 필요하므로 함께 설치합니다.

```
$ pip3 install pandas
$ pip3 install xlrd
```

그리고 Pandas를 이용해 이전의 엑셀 파일을 읽으려면 다음과 같이 프로그램을 작성합니다. 이 프로그램에서는 엑셀 파일 이름과 시트 이름을 지정하고, 엑셀 파일을 읽어 들입니다.

file: ch3/excel-read-pd.py

```
import pandas as pd

# 엑셀 파일 열기 --- (※1)
filename = "stats_104102.xlsx" # 파일 이름
sheet_name = "stats_104102" # 시트 이름
book = pd.read_excel(filename, sheet_name=sheet_name, header=1, engine='openpyxl')

# 2018년 인구로 정렬 --- (※2)
book = book.sort_values(by=2018, ascending=False)
print(book)
```

명령줄에서 실행해 봅시다.

```
$ python3 excel-read-pd.py

Unnamed: 0        2009   2010   2011   2012   2013   2014   2015   2016   2017   2018
0           계    49773  50515  50734  50948  51141  51328  51529  51696  51778  51826
9           경기  11460  11787  11937  12093  12235  12358  12522  12716  12873  13077
1           서울  10208  10312  10250  10195  10144  10103  10022  9930   9857   9766
2           부산  3543   3568   3551   3538   3528   3519   3513   3498   3470   3441
16          경남  3250   3291   3309   3319   3333   3350   3364   3373   3380   3374
4           인천  2710   2758   2801   2844   2880   2903   2925   2943   2948   2955
15          경북  2669   2690   2699   2698   2699   2701   2702   2700   2691   2677
3           대구  2489   2512   2508   2506   2502   2493   2487   2484   2475   2462
12          충남  2037   2075   2101   2029   2048   2062   2077   2096   2116   2126
14          전남  1913   1918   1914   1910   1907   1906   1908   1903   1896   1883
13          전북  1854   1869   1874   1873   1873   1872   1869   1864   1854   1837
11          충북  1527   1549   1563   1566   1573   1579   1583   1591   1594   1599
10          강원  1512   1530   1536   1539   1542   1544   1549   1550   1550   1543
6           대전  1484   1504   1516   1525   1533   1532   1518   1514   1502   1490
5           광주  1433   1455   1463   1469   1473   1476   1472   1469   1463   1459
7           울산  1114   1126   1136   1147   1156   1166   1173   1172   1165   1156
17          제주  562    571    576    584    593    607    624    641    657    667
8           세종  -      -      -      113    122    156    210    243    280    314
```

정리

이번 절에서는 텍스트 파일과 바이너리 파일을 소개했습니다. 그리고 텍스트 파일의 데이터 형식인 XML/JSON/YAML/CSV에 대해 살펴봤습니다. 그리고 웹에 데이터를 공개할 때 자주 사용되는 바이너리 기반의 엑셀 파일을 읽고 쓰는 방법도 살펴봤습니다.

- 웹에는 다양한 형식의 데이터가 공개돼 있습니다.
- 많이 사용되는 데이터 형식은 읽고 쓰기를 위한 라이브러리가 제공됩니다.
- 많이 사용되는 데이터 형식을 읽는 방법은 확실하게 알아 두는 것이 좋습니다.

3-2 데이터베이스

크롤링으로 다양한 데이터를 추출하면 그러한 데이터를 데이터베이스에 저장하는 경우가 많을 것입니다. 데이터베이스에 저장하면 조건 등을 지정해서 특정 데이터를 쉽게 추출하거나 정렬할 수 있어 편리합니다.

이번 절에서 배울 내용

- 데이터베이스
- 파이썬으로 데이터베이스를 다루는 방법

알고리즘과 툴

- SQLite
- MySQL
- TinyDB

데이터베이스

머신러닝에 사용할 목적으로 데이터를 수집할 때는 "데이터를 어떻게 모아둘까"라는 것이 굉장히 중요한 문제입니다.

규모가 그렇게 크지 않은 데이터라면 지금까지 살펴본 CSV와 JSON 형식을 사용해도 괜찮습니다. 파일로 저장하면 데이터베이스와 같은 데이터에 특화된 소프트웨어가 따로 필요하지 않으며, 쉽게 사용할 수 있습니다.

하지만 데이터의 규모가 굉장히 크거나 복잡하면 데이터베이스를 사용하는 것이 편리합니다. 데이터베이스는 대량의 데이터를 다루기 위해 특화된 소프트웨어입니다. 데이터베이스를 사용하면 다음과 같은 장점이 있습니다.

- 데이터와 관련된 모든 처리를 하나의 소프트웨어로 할 수 있습니다.
- 여러 데이터의 속성을 연관시키며 저장할 수 있습니다.
- 중복된 데이터를 허용하지 않는 등의 제약을 걸 수 있습니다.
- 데이터의 정합성을 확보할 수 있습니다.

- 여러 사람이 데이터를 함께 공유할 수 있습니다.
- 데이터에 동시 접근했을 때의 문제를 처리해줍니다.
- 대량의 데이터를 조금씩 읽어 사용할 수 있으며, 정렬 등도 쉽게 가능합니다.

축적한 데이터를 공유하거나, 동시 접근하게 되는 경우가 있다면 데이터베이스를 사용하는 것이 좋습니다. 같은 파일을 동시에 읽고 쓰게 되면 원하는 처리가 일어나지 않을 수 있습니다[9]. 데이터베이스는 배타 처리가 잘 돼 있으므로 여러 명이 동시에 데이터를 읽고 써도 큰 문제 없습니다.

머신러닝을 위한 데이터를 수집하고 테스트하는 경우 등에는 데이터 파일을 여러 프로그램에서 사용하게 됩니다. 파일을 읽고 쓰는 시점에 따라 데이터에 문제가 발생할 수 있으므로 데이터베이스를 사용하는 것이 좋습니다.

또한 웹에서 수집한 데이터는 경우에 따라 중복이 많을 수 있습니다. 따라서 데이터베이스를 사용해 중복 데이터를 저장하지 않게 하는 제약 등을 걸면 좋습니다.

데이터 저장에는 어떤 데이터베이스를 사용해야 할까?

데이터베이스에는 여러 종류가 있습니다. 자주 사용되는 데이터베이스 몇 개만 예를 들면 다음과 같습니다.

- MySQL / MariaDB
- PostgreSQL
- MongoDB(NoSQL)
- TinyDB(NoSQL)
- Microsoft SQL Server(상용)
- Oracle Database(상용)
- SQLite

각 데이터베이스에는 특징이 있어서 무엇이 좋다고 하나를 집어 말할 수는 없습니다. 이 책에서는 오픈 소스 데이터베이스로 널리 사용되는 MySQL/MariaDB, SQLite를 살펴보고, NoSQL로 TinyDB를 살펴보겠습니다.

9 (옮긴이) 상황을 예로 들어보겠습니다. A라는 사람이 파일을 읽고 수정하는 동안 B라는 사람도 파일을 읽고 수정한다고 합시다. 이때 A라는 사람이 파일을 저장한 뒤에 B라는 사람이 파일을 저장하면 A라는 사람이 수정한 내용이 모두 사라지게 됩니다. 따라서 원하는 대로 처리가 이뤄지지 않게 되는 것입니다.

데이터베이스

SQL이라는 데이터베이스 조작 언어를 어느 정도 사용할 수 있다는 것을 전제로 파이썬으로 데이터베이스를 조작하는 방법에 대해 살펴보겠습니다.

만약 SQL을 사용해본 적이 없다면 간단하게 인터넷 블로그 등으로 살펴보기 바랍니다. 그렇게까지 어려운 내용이 아닙니다. 일단 주요 데이터베이스의 구조를 설명하겠습니다.

데이터베이스 내부에는 여러 개의 테이블이 있습니다. 테이블이라는 것은 엑셀의 시트에 해당하는 것입니다. 행과 열을 가진 2차원 데이터라고 생각하면 됩니다. 행을 레코드(또는 로우)라고 부르며, 1개의 레코드에는 여러 개의 열이 있습니다. 이러한 열을 칼럼 또는 필드라고 부릅니다.

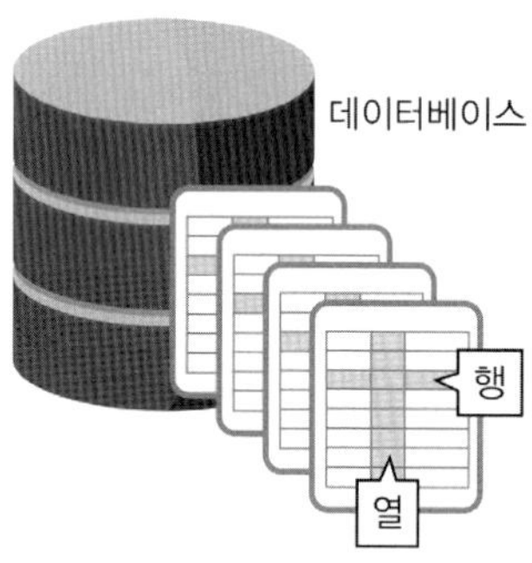

데이터베이스의 구조

이렇게만 보면 엑셀과 비슷하다는 느낌을 받을 것입니다. 하지만 엑셀과 다르게 테이블끼리 연동시킬 수 있으며, 엑셀로 다룰 수 없을 만큼 많은 데이터도 쉽게 처리할 수 있다는 것이 큰 차이입니다.

SQLite 사용하기

이전에 소개했던 데이터베이스 중에서 SQLite는 굉장히 가볍다는 것이 특징입니다.

SQLite는 다양한 곳에서 사용되는 데이터베이스입니다. 웹 브라우저 내부에서도 사용할 수 있으며, 안드로이드/iOS에서 표준으로 제공되는 데이터베이스도 SQLite입니다. 가벼우면서도 데이터베이스 조작 언어인 SQL을 사용해 데이터베이스를 처리할 수 있다는 것이 널리 사용되는 이유입니다. 동작도 굉장히 안정적이라고 할 수 있습니다.

파일 하나가 하나의 데이터베이스입니다. 또한 별도의 데이터베이스 전용 애플리케이션을 사용하지 않아도 됩니다. 파이썬으로 사용할 경우에는 sqlite3라는 표준 라이브러리를 선언하기만 하면 됩니다.

다음은 test.sqlite라는 파일 데이터베이스에 사과, 오렌지, 바나나의 이름과 가격을 넣고 추출하는 예입니다.

file: ch3/sqlite3-test.py

```
import sqlite3

# sqlite 데이터베이스 연결하기 --- (※1)
dbpath = "test.sqlite"
conn = sqlite3.connect(dbpath)

# 테이블을 생성하고 데이터 넣기 --- (※2)
cur = conn.cursor()
cur.executescript("""
/* items 테이블이 이미 있다면 제거하기 */
DROP TABLE IF EXISTS items;

/* 테이블 생성하기 */
CREATE TABLE items(
    item_id INTEGER PRIMARY KEY,
    name TEXT UNIQUE,
    price INTEGER
);

/* 데이터 넣기 */
INSERT INTO items (name, price) VALUES ('Apple', 800);
INSERT INTO items (name, price) VALUES ('Orange', 780);
INSERT INTO items (name, price) VALUES ('Banana', 430);
""")

# 위의 조작을 데이터베이스에 반영하기 --- (※3)
conn.commit()

# 데이터 추출하기 --- (※4)
cur = conn.cursor()
cur.execute("SELECT item_id,name,price FROM items")
item_list = cur.fetchall()

# 출력하기
for it in item_list:
    print(it)
```

명령줄에서 실행해봅시다.

```
$ python3 sqlite3-test.py
(1, 'Apple', 800)
(2, 'Orange', 780)
(3, 'Banana', 430)
```

프로그램을 살펴봅시다. (※1)에서는 SQLite 데이터베이스에 접속합니다. 접속할 때는 파일 경로를 지정하고 `sqlite3.connect()` 함수를 사용합니다.

(※2)에서는 테이블 생성과 데이터를 생성하는 SQL을 한번에 실행합니다. `conn.cursor()`로 데이터베이스를 조작하는 커서를 추출하고, `cur.executescript()` 메서드로 실행합니다.

만약 SQL 한 문장이라면 `execute()`로 실행할 수 있습니다. 다만 SQL을 실행해도 데이터베이스에 데이터가 곧바로 반영되는 것이 아닙니다. (※3)에서처럼 `commit()` 메서드를 실행해야 데이터베이스에 반영됩니다.

데이터를 추출할 때도 마찬가지로 커서를 추출하고 `execute()` 메서드를 실행하면 됩니다. 그리고 `fetchall()` 메서드를 실행하면 결과를 전부 추출할 수 있습니다. 만약 1개씩 추출하고 싶을 때는 `fetchone()` 메서드를 실행합니다. 화면에 출력된 데이터를 보면 알 수 있겠지만 각 행의 결과는 튜플 자료형입니다.

프로그램 하나를 더 살펴봅시다.

file: ch3/sqlite3-test2.py

```python
import sqlite3

# 데이터베이스 연결하기 --- (※1)
filepath = "test2.sqlite"
conn = sqlite3.connect(filepath)

# 테이블 생성하기 --- (※2)
cur = conn.cursor()
cur.execute("DROP TABLE IF EXISTS items")
cur.execute("""CREATE TABLE items (
    item_id INTEGER PRIMARY KEY,
    name    TEXT,
    price   INTEGER)""")
conn.commit()
```

```
# 데이터 넣기 --- (※3)
cur = conn.cursor()
cur.execute(
    "INSERT INTO items (name,price) VALUES (?,?)",
    ("Orange", 5200))
conn.commit()

# 여러 데이터 연속으로 넣기 --- (※4)
cur = conn.cursor()
data = [("Mango",7700), ("Kiwi",4000), ("Grape",8000),
    ("Peach",9400),("Persimmon",7000),("Banana", 4000)]
cur.executemany(
    "INSERT INTO items(name,price) VALUES (?,?)",
    data)
conn.commit()

# 4000-7000원 사이의 데이터 추출하기 --- (※5)
cur = conn.cursor()
price_range = (4000, 7000)
cur.execute(
    "SELECT * FROM items WHERE price>=? AND price<=?",
    price_range)
fr_list = cur.fetchall()
for fr in fr_list:
    print(fr)
```

명령줄에서 실행해봅시다.

```
$ python3 sqlite3-test2.py
(1, 'Orange', 5200)
(3, 'Kiwi', 4000)
(6, 'Persimmon', 7000)
(7, 'Banana', 4000)
```

프로그램을 살펴봅시다. 프로그램의 (※1)에서는 데이터베이스에 접속합니다. 이어서 (※2)에서는 execute() 메서드를 실행해 테이블을 생성합니다.

(※3)에서는 한 행씩 데이터를 데이터베이스에 삽입합니다. execute() 메서드를 사용하는 점은 이전과 같습니다. 하지만 SQL 내부에 삽입할 값을 "?"를 사용해 표현한 뒤, execute() 메서드의 두 번째 매개변수에서 실제 값을 지정했다는 것이 다릅니다. 이렇게 하면 "?" 부분이 뒤의 값으로 치환됩니다.

이처럼 "?"를 사용해 실제 값을 치환하면 문자열 등이 자동으로 따옴표로 감싸져 들어가게 됩니다. 만약 데이터 내부에 따옴표가 있는 경우에도 자동으로 이스케이프 문자로 변환됩니다. 이렇게 하면 보안 위협도 막을 수 있으며, 의도하지 않은 SQL이 실행되는 것을 막을 수 있습니다[10].

(※4)와 (※5)도 마찬가지로 SQL의 SELECT를 실행할 때 "?"를 사용했습니다. 참고로 튜플에 값을 1개만 넣을 때 `(400)` 형태로 쓰면 그냥 괄호로 감싼 숫자로 인식합니다. 따라서 이럴 때는 `(400,)` 형태로 써야 합니다.

MySQL 사용하기

이어서 MySQL로 데이터를 저장하는 방법을 살펴보겠습니다. MySQL은 오픈소스 데이터베이스입니다. 빠르고 사용하기 쉽다는 것이 특징이며 블로그, 위키와 같은 다양한 웹 애플리케이션의 대규모 데이터 저장에 사용되고 있습니다.

MySQL은 서버에 설치해서 사용하는 애플리케이션입니다. 파이썬으로 사용할 때도 일단 MySQL을 설치해야 사용할 수 있습니다.

Docker에서 파이썬 + MySQL 환경 준비하기

Docker 가상 환경 위에 파이썬 + MySQL 환경을 준비하겠습니다. 베이스 이미지는 Ubuntu를 사용하겠습니다.

```
# Docker에 Ubuntu 이미지 설치하기
$ docker pull ubuntu:18.04
# Ubuntu 실행하고 셸에 로그인하기
$ docker run -it ubuntu:18.04
```

셸에 로그인하고 파이썬과 MySQL을 설치합니다.

```
$ apt-get update
# 파이썬3 설치하기
$ apt-get install -y python3 python3-pip
# MySQL 설치하기
$ apt-get install -y mysql-server
```

10 (옮긴이) SQL 인젝션이라고 부르는 공격을 피할 수 있습니다.

MySQL을 설치할 때 루트 비밀번호를 무엇으로 설정할지 묻는데, 일단 "test-password"라고 입력하겠습니다[11].

또한 파이썬에서 MySQL에 접속할 때 사용할 mysqlclient를 pip 명령어로 설치해둡시다.

```
$ apt-get install -y libmysqlclient-dev
$ pip3 install mysqlclient
```

일단 환경 구축은 완료했습니다. exit로 Docker 셸에서 나온 뒤에 지금까지의 변경 내용을 ubuntu-mysql이라는 이름으로 저장하겠습니다(이와 관련된 자세한 내용은 부록의 Docker 설치 부분을 참고해주세요).

```
$ docker ps -a
* * * 컨테이너 ID가 출력됩니다.
$ docker commit <컨테이너 ID> ubuntu-mysql
```

이어서 다시 다음 명령어를 실행해 UTF-8 환경으로 Ubuntu를 실행합니다.

```
$ docker run -it -v $HOME:$HOME \
      -e LANG=ko_KR.UTF-8 \
      -e PYTHONIOENCODING=utf_8 \
      ubuntu-mysql /bin/bash
```

MySQL을 실행하고 데이터베이스 만들기

일단 MySQL을 실행할 때는 다음 명령어를 사용합니다(종료하고 싶을 때는 "service mysql stop"을 사용합니다).

```
$ service mysql start
```

이어서 MySQL에 접속해 데이터베이스를 만들어봅시다. 다음 명령어를 실행하면 MySQL에 접속되면서 비밀번호를 묻는데, 설치할 때 지정한 비밀번호인 "test-password"를 입력합니다[12].

```
$ mysql -u root -p
```

11 (옮긴이) sudo mysql_secure_installation 명령을 실행해 패스워드를 설정합니다.

12 (옮긴이) sudo mysql 명령으로도 로그인할 수 있습니다.

MySQL에 로그인되면 다음 명령어를 실행해 "test"라는 데이터베이스를 생성합니다.

```
mysql> CREATE DATABASE test;
```

파이썬으로 접속하고 데이터베이스 조작하기

그럼 파이썬에서 접속하고 데이터베이스를 조작해봅시다.

file: ch3/mysql-test.py

```
# 라이브러리 읽어 들이기 --- (※1)
import MySQLdb

# MySQL 연결하기 --- (※2)
conn = MySQLdb.connect(
    user='root',
    passwd='test-password',
    host='localhost',
    db='test')

# 커서 추출하기 --- (※3)
cur = conn.cursor()

# 테이블 생성하기 --- (※4)
cur.execute('DROP TABLE IF EXISTS items')
cur.execute('''
    CREATE TABLE items (
        item_id INTEGER PRIMARY KEY AUTO_INCREMENT,
        name TEXT,
        price INTEGER
    )
    ''')

# 데이터 추가하기 --- (※5)
data = [('Banana', 300),('Mango', 640), ('Kiwi', 280)]
for i in data:
    cur.execute("INSERT INTO items(name,price) VALUES(%s,%s)", i)

# 데이터 추출하기 --- (※6)
cur.execute("SELECT * FROM items")
for row in cur.fetchall():
    print(row)
```

명령줄에서 실행해봅시다.

```
$ python3 mysql-test.py
(1, 'Banana', 300)
(2, 'Mango', 640)
(3, 'Kiwi', 280)
```

프로그램을 확인해봅시다. 프로그램의 (※1)에서는 MySQLdb 라이브러리를 임포트합니다. 이어서 (※2)에서는 MySQL에 접속합니다. 이때 MySQL의 root 사용자로 접속합니다. 참고로 이때 당연히 MySQL이 실행돼 있어야 합니다. 실행돼 있지 않으면 접속할 수 없습니다.

프로그램의 (※3)에서는 데이터베이스를 조작하기 위한 커서 객체를 추출합니다. (※4)에서는 테이블을 생성합니다. 여러 번 실행할 수도 있으므로 `DROP TABLE`로 테이블을 제거한 뒤 `execute()` 메서드로 테이블을 생성하게 했습니다.

프로그램의 (※5)에서는 `for` 반복문으로 `INSERT` 구문을 반복해서 실행하며 데이터를 삽입합니다. SQLite에서는 SQL 내부에 "?"를 놓고 치환했는데, MySQL에서는 "%s"라고 작성한 부분이 치환됩니다.

프로그램의 (※6)에서는 `SELECT` 구문으로 데이터를 추출합니다. `fetchall()` 메서드로 모든 결과를 추출했습니다.

이처럼 MySQL 데이터베이스를 사용할 때는 별도로 MySQL 애플리케이션을 설치해야 합니다. MySQL은 대량의 데이터를 넣더라도 문제 없이 빠르게 동작하는 데이터베이스입니다. 또한 지금 살펴본 것처럼 파이썬을 이용하면 쉽게 데이터베이스에 접근하고 활용할 수 있습니다. 다루는 데이터의 양이 많을 때는 SQLite보다 MySQL 사용을 검토하는 것이 좋습니다.

TinyDB 사용하기

지금까지 살펴본 SQLite와 MySQL은 데이터 조작 언어로 SQL을 사용합니다. 이러한 데이터베이스를 관계형 데이터베이스 관리 시스템(RDBMS)라고 합니다. 많은 데이터베이스는 대부분 RDBMS를 사용합니다.

이와 반대로 NoSQL이라고 하는, RDBMS와 구분되는 데이터베이터베이스가 있습니다. 대표적인 데이터베이스로 문서형 데이터베이스인 MongoDB가 있습니다. RDBMS는 테이블을 만들 때 어떤 데이터를 저장할지 CREATE TABLE로 스키마라는 것을 정의해야 합니다. 하지만 문서형 데이터베이스는 따로 스키마를 정의하지 않아도 됩니다. 따라서 굉장히 간단하게 사용할 수 있습니다.

이번 절에서는 TinyDB라는 문서형 데이터베이스 라이브러리를 소개하겠습니다. MongoDB는 따로 설치해야 사용할 수 있지만 TinyDB는 pip으로 패키지만 설치하면 곧바로 사용할 수 있습니다.

그럼 TinyDB를 설치해봅시다.

```
$ pip3 install tinydb
```

TinyDB를 사용해 간단한 프로그램을 만들어봅시다.

file: ch3/tinydb-test.py

```
# TinyDB를 사용하기 위한 라이브러리 읽어 들이기
from tinydb import TinyDB, Query

# 데이터베이스 연결하기 --- (※1)
filepath = "test-tynydb.json"
db = TinyDB(filepath)

# 기존의 테이블이 있다면 제거하기 --- (※2)
db.drop_table('fruits')

# 테이블 생성/추출하기 --- (※3)
table = db.table('fruits')

# 테이블에 데이터 추가하기 --- (※4)
table.insert( {'name': 'Banana', 'price': 6000} )
table.insert( {'name': 'Orange', 'price': 12000} )
table.insert( {'name': 'Mango', 'price': 8400} )

# 모든 데이터를 추출해서 출력하기 --- (※5)
print(table.all())

# 특정 데이터 추출하기
# Orange 검색하기 --- (※6)
Item = Query()
res = table.search(Item.name == 'Orange')
print('Orange is ', res[0]['price'])

# 가격이 8000원 이상인 것 추출하기 --- (※7)
print("8000원 이상인 것:")
res = table.search(Item.price >= 8000)
for it in res:
    print("-", it['name'])
```

```
$ python3 tinydb-test.py
[{'name': 'Banana', 'price': 6000}, {'name': 'Orange', 'price': 12000}, {'name': 'Mango',
'price': 8400}]
Orange is 12000
8000원 이상인 것:
- Orange
- Mango
```

프로그램을 살펴봅시다. 프로그램의 (※1)에서는 TinyDB 데이터베이스에 접속했습니다. TinyDB는 데이터베이스를 하나의 파일로 다룹니다. 데이터베이스는 확장자에서도 알 수 있는 것처럼 JSON 형식의 데이터입니다.

(※2)에서는 특정 테이블의 데이터를 제거하는 `drop_table()`을 사용해 테이블을 초기화합니다. 이어서 (※3)에서는 "`fruits`" 테이블을 추출합니다. 이때 fruits 테이블의 스키마 등은 따로 정의하지 않아도 되므로 RDBMS보다 쉽게 사용할 수 있습니다. (※4)에서는 `insert()` 메서드를 사용해 데이터를 삽입합니다. 삽입할 데이터는 딕셔너리 자료형(`dict`)으로 지정합니다.

그리고 프로그램의 (※5)에서는 테이블 내부의 모든 데이터를 추출하는 `all()` 메서드를 사용합니다. (※6)은 Query를 사용해 특정 테이블을 추출합니다. 데이터 추출에는 `search()` 메서드를 사용합니다. 코드에서는 `name`이 `'Orange'`인 데이터를 검색했습니다. 검색 결과는 리스트로 리턴됩니다. 이어서 (※7)에서는 가격(`price`)이 8000원 이상인 데이터를 검색하고, 결과를 화면에 출력합니다.

이처럼 문서형 데이터베이스는 굉장히 간단하게 사용할 수 있습니다. 다만 소개한 TinyDB는 문서형 데이터베이스를 체험해보자는 의미로 살펴봤습니다. 어느 정도 규모 있는 데이터를 다룰 때는 앞에서 언급한 MongoDB를 사용하는 것이 좋습니다.

정리

이번 절에서는 파이썬으로 데이터베이스를 다루는 방법을 살펴봤습니다. RDBMS와 NoSQL의 차이를 살펴보고, 대표적인 데이터베이스로 SQLite, MySQL/MariaDB, TinyDB에 대해 살펴봤습니다.

- 웹에서 수집한 데이터를 효율적으로 저장하려면 데이터베이스를 사용하는 것이 좋습니다.
- 데이터베이스를 사용하면 동시 접근을 처리할 수 있으며, 동시에 수정해도 데이터 부정합이 발생하지 않습니다.

4장

머신러닝

지금까지 데이터를 수집하는 방법과 수집한 데이터를 다루는 방법을 살펴봤습니다. 이번 장부터는 이러한 방법으로 데이터를 수집했다고 가정하고, 본격적으로 머신러닝을 살펴보겠습니다. 일단 머신러닝이란 무엇이고 어떻게 하는지에 대해 살펴봅시다.

4-1

머신러닝이란?

머신러닝을 간단하게 설명하면 "수많은 데이터를 학습시켜 거기에 있는 패턴을 찾아내는 것"이라고 할 수 있습니다. 일단 패턴을 찾으면 그러한 패턴을 기반으로 데이터를 분류하거나 미래를 예측할 수 있습니다.

이번 절에서 배울 내용

- 머신러닝
- 머신러닝은 어떤 도움을 줄 수 있을까?

알고리즘과 툴

머신러닝 개요

머신러닝(machine learning)이란 인공지능 연구 과제 중의 하나로, 인간의 뇌가 자연스럽게 수행하는 "학습"이라는 능력을 컴퓨터로 구현하는 방법입니다.

조금 더 자세히 설명하면 어느 정도 규모가 있는 샘플 데이터를 입력으로 넣어 분석시킵니다. 그리고 이때 데이터에서 일정한 규칙을 찾아냅니다. 그리고 찾아낸 규칙을 기반으로 다른 데이터를 분류하거나 미래를 예측하는 것입니다.

예를 들어, 손글씨 문자 인식을 생각해봅시다. 일단 수많은 손글씨 문자 데이터를 입력하고, 이러한 데이터를 기반으로 일정한 규칙이 있는지 찾아냅니다.

규칙을 찾으면 새로운 손글씨 문자를 입력했을 때 해당 문자가 어떤 문자인지 예측할 수 있게 됩니다.

최근에는 이러한 머신러닝을 활용해 문자 인식, 음성 인식, 바둑 또는 장기 등의 게임 전략, 의료 진단, 로봇 개발 등이 이뤄지고 있습니다. 최근 머신러닝이 주목받고 있는 이유는 이처럼 다양한 분야에서 활용할 수 있기 때문입니다.

어떻게 특징과 규칙을 찾을까?

일반인은 "머신러닝과 딥러닝은 데이터를 넣기만 하면 알아서 분석되는 것이구나…!"처럼 무슨 마법처럼 이뤄지는 것이라 생각하는 경향이 있습니다. 하지만 당연히 마법이란 존재하지 않습니다. 머신러닝과 딥러닝은 분석을 위해 내부적으로 일반적인 프로그램과 같은 계산을 사용합니다.

그럼 어떻게 분석되는 것일까요? 어떻게 "데이터를 넣으면 알아서 분석해주는 것"처럼 보이는 것일까요? 간단하게 살펴봅시다.

머신러닝에서는 벡터라는 것이 굉장히 중요합니다. 벡터(vector)란 공간에서 크기와 방향을 가진 것을 의미합니다.

일단 간단한 문제를 풀어봅시다. 다음 그래프에는 ○와 ×가 많이 그려져 있습니다. 그런데 내부에 빈 공간이 하나 있습니다. 과연 이 공간에 ○와 × 중에 하나를 넣으라고 하면 무엇을 넣을 것인가요?

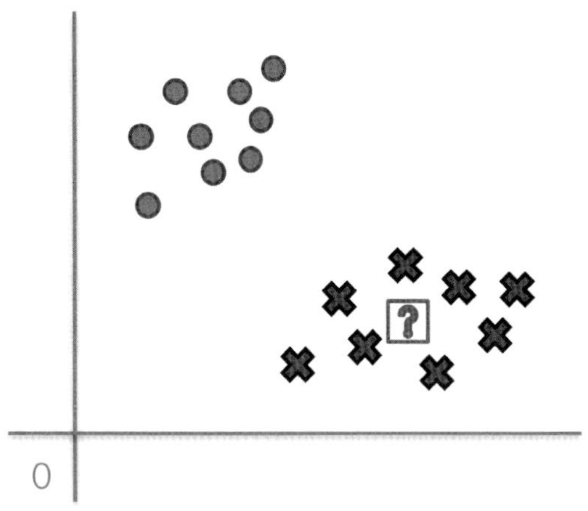

빈 공간에는 ○와 × 중에 무엇을 넣어야 할까요?

빈 공간에는 당연히 ×가 들어가야 한다고 생각했을 것입니다. 왜 그렇게 생각했나요? 무의식적으로 ○와 ×가 모여있는 위치 관계를 파악했을 것입니다. 이처럼 어떤 요소가 모여있는 것을 "특징량"이라고 부릅니다.

이러한 특징량을 기반으로 구분선을 그으면 컴퓨터도 쉽게 판단할 수 있을 것입니다. 머신러닝은 이처럼 계산을 통해 구분선을 찾아내는 것입니다. 구분선을 찾을 때는 점과 점 사이의 거리를 구합니다. 그리고 이러한 거리가 가까우면 비슷한 데이터라고 판정합니다.

특징 추출

지금까지 머신러닝을 목적으로 다양한 데이터(이미지, 텍스트, 주가 등)를 모으는 방법을 알아봤습니다. 그런데 이러한 데이터를 곧바로 머신러닝을 위한 학습기에 입력할 수는 없습니다.

머신러닝을 하려면 데이터가 어떤 특징을 가지고 있는지 찾고 벡터로 만들어야 합니다. 이 같은 변환 처리를 "특징 추출"이라고 합니다.

예를 들어, 메일을 학습기에 입력한다고 합시다. 이때 해당 텍스트에서 어떤 특징을 사용할 것인지 찾고 벡터로 변환해야 합니다. 예를 들어, 글자의 출현 빈도, 단어의 출현 빈도 등을 구해 입력해야 합니다.

일반적으로 사용되는 머신러닝 프레임워크는 범용적인 용도의 것입니다. 따라서 내가 원하는 특징을 추출해주는 기능은 없습니다. 어떤 특징을 추출할지는 프로그래머가 결정해야 합니다. 이것이 바로 머신러닝의 포인트라고 할 수 있습니다.

또한 머신러닝에서는 학습을 기반으로 분류 등을 하는 시스템을 "학습 기계"라고 부르는데, "분류/식별기(classifier)", "학습기(learner)"라고 부르는 경우도 있습니다.

회귀 분석이란?

머신러닝에서는 "회귀"라는 단어를 많이 사용합니다. 그럼 회귀 분석이란 무엇인지 간단하게 살펴봅시다.

"회귀 분석(regression analysis)"이란 통계 용어인데, Y가 연속된 값일 때 Y = f(x)와 같은 모델로 나타내는 것입니다.

회귀에서 사용되는 가장 기본적인 모델은 Y = aX + b입니다. 이를 "선형 회귀"라고 부릅니다. 중학교 수학 시간에 배워보았던 계산식이므로 기억하고 있는 독자도 있을 것입니다.

또한 이러한 모델에서 Y를 연속 측정의 종속 변수(목표 변수), X를 독립 변수(설명 변수)라고 부릅니다. X가 1차원이라면 "단순 회귀"라고 부르며, 2차원 이상이면 "다중 회귀"라고 부릅니다.

머신러닝의 종류

머신러닝에는 여러 가지 종류가 있습니다. 크게 "교사 학습", "비교사 학습", "강화 학습"으로 나눌 수 있습니다[1].

종류	설명
교사 학습	데이터와 함께 답을 입력합니다.
	다른 데이터의 답을 예측합니다.
비교사 학습	데이터는 입력하지만 답은 입력하지 않습니다.
	다른 데이터의 규칙성을 찾습니다.
강화 학습	부분적으로 답을 입력합니다.
	데이터를 기반으로 최적의 답을 찾아냅니다.

그럼 각 종류를 조금 더 자세히 살펴봅시다.

교사 학습

"교사 학습(Supervised learning)"이란 선생님(교사)이 옆에서 문제를 주고, 답을 알려주는 것과 같은 학습 방법입니다.

교사 학습은 데이터를 입력할 때 레이블(답)을 함께 입력합니다. 이전에 언급했던 글자 인식이 교사 학습의 대표적인 예입니다. "글자를 나타내는 이미지 데이터"와 함께 "해당 글자가 무엇을 나타내는지"하는 답을 함께 줘서 학습시키는 것입니다. 이렇게 학습시켜 머신러닝 모델을 구축하면 새로운 글자 이미지를 줬을 때 해당 이미지에 어떤 글자가 적혀있는지 예측할 수 있습니다.

비교사 학습

교사 학습과 반대되는 "비교사 학습(Unsupervised learning)"이 있습니다. 비교사 학습은 "최종적으로 내야하는 답"이 정해져 있지 않다는 것이 교사 학습과 다른 부분입니다. 일반적으로 사람도 제대로 알 수 없는 본질적인 구조 등을 확인할 때 사용합니다.

클러스터 분석(Cluster analysis), 주성분 분석(Principal component analysis), 벡터 양자화(Vector quantization), 자기 조직화(Self organization) 등이 비교사 학습의 예입니다.

1 (옮긴이) "지도 학습", "비지도 학습"과 "감독 학습", "비감독 학습"이라는 용어도 많이 사용합니다.

강화 학습

이 밖에 "강화 학습(Reinforcement learning)"도 있습니다. 현재 상태를 관찰해서 어떻게 대응해야 할지와 관련된 문제를 다룹니다. 강화 학습은 교사 학습과 비슷하지만 교사가 완전한 답을 제공하지 않는다는 것이 다릅니다.

강화 학습에서는 "행동의 주체"와 "환경(상황 또는 상태)"이 등장합니다. 행동의 주체는 환경을 관찰하고, 이를 기반으로 의사결정을 내려 행동합니다. 이때 환경이 변화하면서 행동의 주체가 어떤 보상을 받습니다. 이를 기반으로 행동의 주체는 더 많은 보상을 얻을 수 있는 방향으로 행동을 학습하게 됩니다.

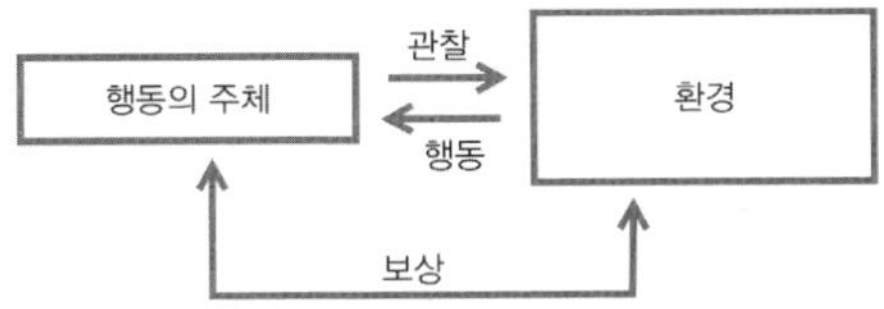

강화 학습

행동의 주체를 "고양이", 환경을 "자동으로 먹이 주는 기계"로 예를 들어보겠습니다. "고양이"는 "자동으로 사료 주는 기계"에서 사료 냄새가 난다는 것을 발견합니다. 따라서 내부에 사료가 있다는 것은 알지만 어떻게 해야 사료를 먹을 수 있는지는 모릅니다.

그래서 고양이는 기계 주변을 배회하고, 몸으로 비비고, 손으로 쳐보기도 합니다. 그렇게 여러 가지 행동을 하다 보니 스위치가 눌려 사료가 조금 나옵니다. 고양이는 행동에 의해 사료라는 보상을 얻게 된 것입니다.

고양이는 어떤 상황에 사료가 나오는지 계속 반복해서 테스트해보고, 최종적으로 붉은색 버튼을 눌렀을 때 사료가 나온다는 것을 깨닫게 됩니다.

붉은색 버튼을 누르면 먹이가 나오는 것을 학습한 것입니다. 이후에는 배가 고플 때마다 버튼을 눌러 먹이를 먹을 수 있을 것입니다. 고양이가 최선의 행동을 스스로 학습한 것입니다. 이러한 것을 컴퓨터로 구현하는 것이 강화 학습입니다.

머신러닝의 흐름

그럼 머신러닝의 과정을 살펴봅시다. 일반적으로 머신러닝은 다음과 같은 과정의 반복이라고 할 수 있습니다.

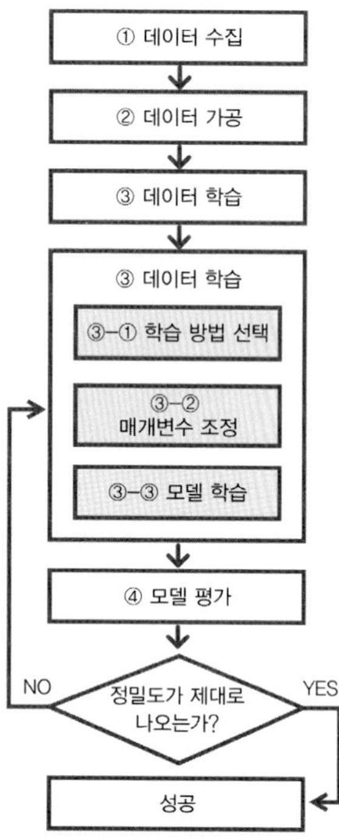

머신러닝의 과정

과정 ①에서는 데이터를 수집합니다. 사실 머신러닝에서 제일 어려운 것은 바로 데이터를 수집하는 것입니다. 이때 어느 정도 양의 데이터를 확보해야 합니다. 그리고 과정 ②에서 프로그램이 다루기 쉬운 형태로 데이터를 가공해야 합니다. 이때 머신러닝에 어떠한 특징을 활용할지, 어떤 형식으로 가공해야 할지 생각해야 합니다.

과정 ③에서는 실제로 데이터를 학습시킵니다. 일단 ③-①에서는 어떤 방법(알고리즘)을 사용해 학습을 시킬지 생각해야 합니다. 머신러닝에는 여러 가지 알고리즘이 있습니다. 상황에 따라 적절한 알고리즘을 선택해야 합니다. SVM, 랜덤포레스트, k-means 등의 알고리즘이 있습니다. 이어서 ③-②에서 데이터와 알고리즘에 맞게 매개변수를 지정합니다. ③-③에서는 ③-②에서 선택한 알고리즘을 사용해서 학습을 진행합니다.

과정 ④에서는 테스트 데이터를 활용해 어느 정도의 정밀도가 나오는지 확인합니다. 만약 원하는 결과가 나오지 않는다면 ③으로 돌아가서 매개변수를 수정하거나 알고리즘을 변경하는 방법 등을 검토하며 반복해야 합니다.

머신러닝의 응용 분야

최근 머신러닝을 응용한 프로그램들이 많이 나오고 있습니다. 머신러닝으로 무엇을 할 수 있을까요? 머신러닝으로 할 수 있는 다섯 가지를 소개하겠습니다.

클래스 분류(Classification)

특정 데이터에 레이블을 붙여 분류할 수 있습니다. 예를 들어, 스팸 메일 분류, 필기 인식, 증권 사기 등에 사용하는 경우를 의미합니다.

클러스터링 – 그룹 나누기(Clustering)

값의 유사성을 기반으로 데이터를 여러 그룹으로 나눌 수 있습니다. 예를 들어, 사용자의 취향을 그룹으로 묶어 사용자 취향에 맞는 광고를 제공하는 경우를 의미합니다.

추천(Recommendation)

특정 데이터를 기반으로 다른 데이터를 추천하는 것입니다. 예를 들어, 사용자가 인터넷 서점에서 구매한 책들을 기반으로 다른 책을 추천하는 경우를 의미합니다.

회귀(Regression)

과거의 데이터를 기반으로 미래의 데이터를 예측하는 것입니다. 판매 예측, 주가 변동 등을 예측하는 경우를 의미합니다.

차원 축소(Dimensionality Reduction)

데이터의 특성을 유지하면서 데이터의 양을 줄이는 것입니다. 어렵게 말하면 "특성을 유지한 상태로 고차원의 데이터를 저차원의 데이터로 변환하는 것"입니다. 데이터를 시각화하거나 구조를 추출해서 용량을 줄여 계산을 빠르게 하거나 메모리를 절약할 때 사용합니다[2].

2 (옮긴이) 간단하게 말해서 어떤 데이터가 있을 때 특징을 추출하는 것을 의미합니다. 예를 들어 사람의 얼굴을 분석한다고 합시다. 사람 얼굴 이미지는 용량이 꽤 되는 고차원의 데이터입니다. 이러한 이미지에서 눈의 크기, 굴곡, 코의 위치, 코의 크기, 입의 위치 등을 분석해서 숫자로 추출해내면 이를 저차원의 데이터라고 부릅니다. 이렇게 만드는 것을 차원 축소라고 부릅니다.

초과 학습(초과 적합)

"초과 학습(Overfitting)"[3]이란 훈련 전용 데이터가 학습돼 있지만 학습되지 않은 새로운 데이터에 대해 제대로 된 예측을 못하는 상태를 의미합니다. 조금 말이 어려운데요. 배운 것밖에 해결하지 못하는 상황을 의미합니다.

머신러닝과 관련된 프로그램을 만들다보면 자주 겪을 수 있는 문제입니다. 이러한 상황이 일어나는 원인은 다음과 같습니다.

```
데이터가 너무 적은 경우
모델에 비해 문제가 너무 복잡한 경우
```

데이터가 적을 경우의 근본적인 해결 방법은 데이터의 수를 늘리는 것입니다. 하지만 현실에서 수집할 수 있는 데이터의 수는 한정돼 있을 수밖에 없습니다. 그리고 모델에 비해 문제가 너무 복잡한 경우에는 다른 모델을 선택해야 할 것입니다. 이와 관련된 내용은 앞으로 프로그램을 만들어보며 살펴보겠습니다.

정리

이번 절에서는 머신러닝의 방법에 대해 간단하게 설명하고, 어떤 상황에 사용할 수 있는지 소개했습니다. 다음 장부터는 실제로 머신러닝을 수행하는 프로그램을 만들어 봅시다.

- 머신러닝이란 여러 데이터를 학습해서 패턴을 찾는 작업을 의미합니다.
- 머신러닝을 사용하면 분류, 예측, 추천 등을 할 수 있습니다.

3 (옮긴이) "과학습", "과적합"이라고 부르는 경우도 많은데, 쉽게 이해할 수 있게 "초과 학습"이라고 부르겠습니다.

4-2

머신러닝 첫걸음

그럼 머신러닝을 실제로 해봅시다.

이번 절에서 배울 내용

- scikit-learn
- 머신러닝의 흐름

알고리즘과 툴

- scikit-learn 라이브러리
- Pandas 라이브러리
- SVM 알고리즘
- Fisher의 붓꽃 데이터

머신러닝 프레임워크 scikit-learn

파이썬에서 쉽게 사용할 수 있는 머신러닝 프레임워크 "scikit-learn(사이킷 런)"을 사용해봅시다. scikit-learn은 파이썬 머신러닝 라이브러리의 정석과도 같은 라이브러리입니다.

scikit-learn은 다양한 분류기를 지원하며, 머신러닝의 결과를 검증하는 기능도 가지고 있습니다. 또한 분류, 회귀, 클러스터링, 차원 축소처럼 머신러닝에서 자주 사용되는 다양한 알고리즘을 지원합니다.

또한 머신러닝을 바로 테스트해볼 수 있게 샘플 데이터도 제공합니다.

scikit-learn은 `pip` 명령어를 사용해 패키지를 설치할 수 있습니다.

```
$ pip3 install -U scikit-learn scipy matplotlib scikit-image
```

이전 장에서도 소개했던 데이터를 읽어 들이고 분할할 때 편리하게 사용할 수 있는 Pandas도 설치합니다.

```
$ pip install pandas
```

XOR 연산 학습해보기

논리 연산 가운데 배타적 논리합(XOR)이라는 연산은 굉장히 재미있는 성질을 가지고 있습니다. 두 입력 중 하나만 참이고, 다른 한 쪽이 거짓일 때 참이 나옵니다. 이를 제외한 모두 참이거나 모두 거짓인 경우는 거짓이 나옵니다. 말로는 조금 이해하기 힘들 수 있으므로 표로 확인해봅시다. 다음 표에서 P와 Q가 입력이고, "P xor Q"가 출력(계산 결과)입니다.

논리 연산 결과

P	Q	P xor Q
0	0	0
1	0	1
0	1	1
1	1	0

이러한 XOR 연산 규칙 데이터를 기반으로 머신러닝으로 학습시킬 수 있을까요?

물론 4개밖에 없는 데이터를 학습시키고, 그러한 4개의 데이터로 결과를 예측한다는 것은 큰 의미는 없습니다. 하지만 XOR 연산을 기계가 학습할 수 있다는 점을 알 수 있고, 어떠한 흐름으로 머신러닝하게 되는지를 살펴보는 데 도움될 것입니다.

그럼 곧바로 XOR 연산을 학습하는 프로그램을 살펴봅시다.

file: ch4/xor-train.py

```
from sklearn import svm

# XOR의 계산 결과 데이터 --- (※1)
xor_data = [
    #P, Q, result
    [0, 0, 0],
    [0, 1, 1],
    [1, 0, 1],
    [1, 1, 0]
]

# 학습을 위해 데이터와 레이블 분리하기 --- (※2)
data = []
label = []
for row in xor_data:
```

```
    p = row[0]
    q = row[1]
    r = row[2]
    data.append([p, q])
    label.append(r)

# 데이터 학습시키기 --- (※3)
clf = svm.SVC()
clf.fit(data, label)

# 데이터 예측하기 --- (※4)
pre = clf.predict(data)
print(" 예측결과:", pre)

# 결과 확인하기 --- (※5)
ok = 0; total = 0
for idx, answer in enumerate(label):
    p = pre[idx]
    if p == answer: ok += 1
    total += 1
print("정답률:", ok, "/", total, "=", ok/total)
```

명령줄에서 실행해봅시다.

```
$ python3 xor-train.py
예측결과: [0 1 1 0]
정답률: 4 / 4 = 1.0
```

결과는 4개의 데이터 모두 정답입니다. 따라서 4÷4=1.0이 되어 정답률이 1.0(100%)입니다. 머신러닝으로 XOR 연산을 학습시킨 것입니다. 그럼 곧바로 프로그램을 살펴봅시다.

프로그램의 (※1)에서는 XOR 연산의 입력과 결과를 2차원 리스트로 정의합니다. 리스트 내부에 있는 리스트의 요소는 차례대로 입력 P, Q와 답을 나타냅니다.

프로그램의 (※2)에서는 입력을 "학습시키기 위한 데이터 변수"와 "정답 레이블 변수"로 나눕니다. 이렇게 나누는 이유는 scikit-learn의 머신러닝을 수행할 때 사용하는 `fit()` 메서드의 매개변수를 맞추기 위함입니다.

이어서 프로그램의 (※3)에서는 SVM이라는 알고리즘을 사용해 머신러닝을 수행합니다. SVM 객체를 만들고, `fit()` 메서드를 사용해 데이터를 학습시킵니다. `fit()` 메서드는 첫 번째 매개변수로 학습할 데이터 배열을, 두 번째 매개변수로 레이블 배열을 전달합니다. (※2)에서 입력을 분할한 이유입니다.

프로그램의 (※4)에서는 학습한 결과를 기반으로 데이터를 예측합니다. predict() 메서드에 예측하고 싶은 데이터 배열을 전달하면 데이터 수만큼 예측 결과를 리턴해줍니다.

프로그램의 (※5)에서는 예측 결과가 정답과 맞는지 확인합니다. for 반복문을 사용해 하나하나의 예측 결과가 맞는지 확인하고, 정답률을 계산했습니다.

프로그램의 흐름을 간단하게 나타내면 다음과 같습니다.

(1) 학습 기계에 데이터를 학습시킨다 – fit( ) 메서드

(2) 데이터를 넣어 예측시킨다 – predict( ) 메서드

프레임워크로 프로그램 간단하게 작성하기

scikit-learn에는 데이터와 레이블을 나누고, 정답률을 간단하게 계산해주는 기능이 있습니다. 이러한 프레임워크를 사용해 프로그램을 간단하게 다시 작성하면 다음과 같습니다.

file: ch4/xor-train2.py

```
import pandas as pd
from sklearn import svm, metrics

# XOR 연산
xor_input = [
    [0, 0, 0],
    [0, 1, 1],
    [1, 0, 1],
    [1, 1, 0]
]
# 입력을 학습 전용 데이터와 테스트 전용 데이터로 분류하기 --- (※1)
xor_df = pd.DataFrame(xor_input)
xor_data = xor_df.loc[:,0:1] # 데이터
xor_label = xor_df.loc[:,2]  # 레이블

# 데이터 학습과 예측하기 --- (※2)
clf = svm.SVC()
clf.fit(xor_data, xor_label)
pre = clf.predict(xor_data)

# 정답률 구하기 --- (※3)
ac_score = metrics.accuracy_score(xor_label, pre)
print("정답률 =", ac_score)
```

명령줄에서 프로그램을 실행해봅시다. 결과는 이전 프로그램과 같습니다.

```
$ python3 xor-train2.py
정답률 = 1.0
```

그럼 프로그램을 살펴봅시다. 프로그램이 굉장히 간단해졌는데, 프로그램의 (※1)에서는 입력된 데이터를 학습 데이터와 레이블로 나눕니다. 딱 3줄밖에 되지 않습니다. 이는 Pandas 모듈의 DataFrame 기능을 사용했기 때문입니다.

(※2)에서는 학습시키고, 예측합니다. 이전의 프로그램과 같습니다. 그리고 성공률을 구하는 (※3)도 한 줄로 줄었습니다. metrics.accuracy_score() 함수를 이용하면 정답률을 이처럼 쉽게 구할 수 있습니다. 이때 매개변수에는 실제 답과 예측 결과 배열을 전달합니다.

붓꽃의 품종 분류하기

대충 방법을 알았으니 조금 현실적인 데이터를 사용해봅시다. 이번 절에서는 외떡잎식물 백합목 붓꽃과의 여러해살이풀인 "붓꽃"을 분류해보겠습니다. 붓꽃은 150종류 이상의 품종이 있어서 일반적인 사람은 물론이고 꽃을 조금 아는 사람도 품종을 분류하기 굉장히 어렵습니다. 머신러닝을 사용해 꽃잎과 꽃받침의 크기를 기반으로 분류해봅시다.

붓꽃

붓꽃 데이터 구하기

"Fisher의 붓꽃 데이터"라는 유명한 붓꽃 분류 데이터가 인터넷에 공개돼 있습니다. 이번 절에서는 이 데이터를 기반으로 머신러닝을 수행해서 정확하게 분류할 수 있는지 확인해봅시다.

일단 붓꽃 데이터를 내려받겠습니다. Fisher의 붓꽃 데이터는 굉장히 유명해서 "iris.csv"라고 검색하면 다양한 사이트가 나오며 내려받을 수 있습니다. 이 가운데 다양한 오픈소스 프로젝트가 올라와 있는 깃허브에서 내려받겠습니다. 파이썬 라이브러리 Pandas의 테스트 데이터 중에 붓꽃 데이터가 포함돼 있습니다.

```
* GitHub > Pandas > iris.csv
[URL] https://github.com/pandas-dev/pandas/blob/master/pandas/tests/io/data/csv/iris.csv
```

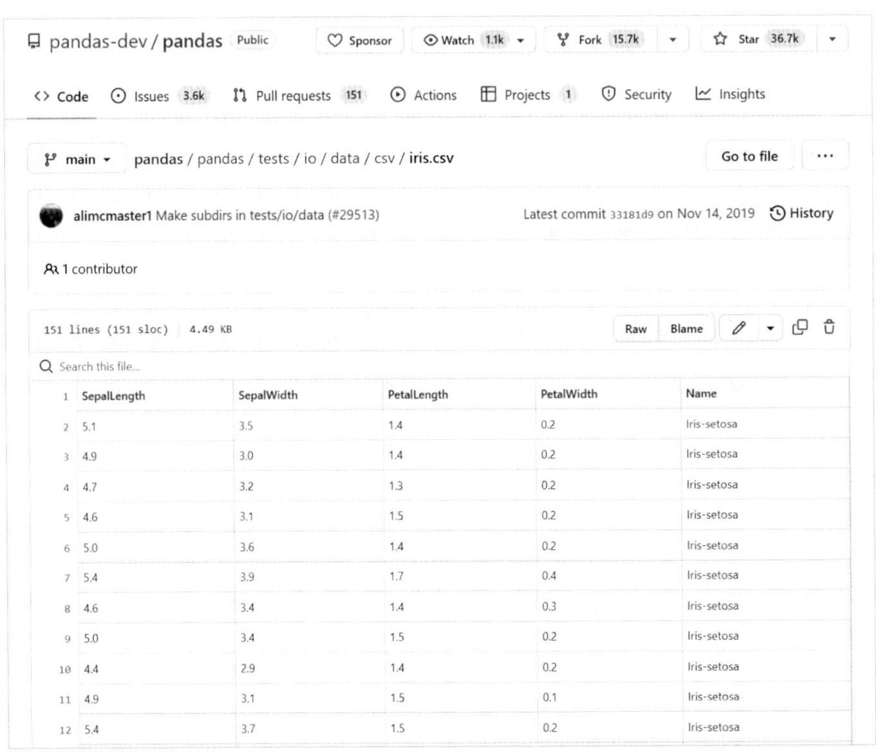

1	SepalLength	SepalWidth	PetalLength	PetalWidth	Name
2	5.1	3.5	1.4	0.2	Iris-setosa
3	4.9	3.0	1.4	0.2	Iris-setosa
4	4.7	3.2	1.3	0.2	Iris-setosa
5	4.6	3.1	1.5	0.2	Iris-setosa
6	5.0	3.6	1.4	0.2	Iris-setosa
7	5.4	3.9	1.7	0.4	Iris-setosa
8	4.6	3.4	1.4	0.3	Iris-setosa
9	5.0	3.4	1.5	0.2	Iris-setosa
10	4.4	2.9	1.4	0.2	Iris-setosa
11	4.9	3.1	1.5	0.1	Iris-setosa
12	5.4	3.7	1.5	0.2	Iris-setosa

붓꽃 데이터

위의 깃허브 페이지를 열면 테이블로 붓꽃 데이터가 나옵니다. 이를 CSV 형식으로 내려받으려면 데이터 위에 있는 [Raw] 버튼을 누릅니다. 버튼을 누르면 CSV 형식이 나올텐데, 웹 브라우저의 [파일] → [다른 이름으로 저장]으로 저장하면 됩니다. 파일 이름은 "iris.csv"로 지정합니다.

데이터를 보면 붓꽃은 "Iris-setosa", "Iris-versicolor", "Iris-virginica"라는 3가지 종류입니다. 또한 각각의 붓꽃에 대해 "SepalLength(꽃받침의 길이)", "SepalWidth(꽃받침의 폭)", "PetalLength(꽃잎의 길이)", "PetalWidth(꽃잎의 너비)" 정보가 기록돼 있습니다.

머신러닝으로 붓꽃 품종 분류하기

지금부터 만들 프로그램의 목표는 꽃잎과 꽃받침의 길이와 폭을 기반으로 붓꽃의 품종을 분류하는 것입니다. CSV 파일에는 150개의 데이터가 들어 있는데, 100개는 학습을 위해 사용하고, 50개는 테스트를 위해 사용합시다.

file: ch4/iris-train.py

```
from sklearn import svm, metrics
import random, re

# 붓꽃의 CSV 데이터 읽어 들이기 --- (※1)
csv = []
with open('iris.csv', 'r', encoding='utf-8') as fp:
    # 한 줄씩 읽어 들이기
    for line in fp:
        line = line.strip()    # 줄바꿈 제거
        cols = line.split(',') # 쉼표로 자르기
        # 문자열 데이터를 숫자로 변환하기
        fn = lambda n : float(n) if re.match(r'^[0-9\.]+$', n) else n
        cols = list(map(fn, cols))
        csv.append(cols)

# 가장 앞 줄의 헤더 제거
del csv[0]

# 데이터 셔플하기(섞기) --- (※2)
random.shuffle(csv)

# 학습 전용 데이터와 테스트 전용 데이터 분할하기(2:1 비율) --- (※3)
total_len = len(csv)
train_len = int(total_len * 2 / 3)
train_data = []
train_label = []
test_data = []
test_label = []
```

```
for i in range(total_len):
    data = csv[i][0:3]
    label = csv[i][4]
    if i < train_len:
        train_data.append(data)
        train_label.append(label)
    else:
        test_data.append(data)
        test_label.append(label)

# 데이터를 학습시키고 예측하기 --- (※4)
clf = svm.SVC()
clf.fit(train_data, train_label)
pre = clf.predict(test_data)

# 정답률 구하기 --- (※5)
ac_score = metrics.accuracy_score(test_label, pre)
print("정답률 =", ac_score)
```

이를 명령줄에서 실행해봅시다.

```
$ python3 iris-train.py
정답률 = 0.98
```

무작위로 테스트 데이터를 셔플하기(섞기) 때문에 실행할 때마다 0.96이라든지 1.0이라든지 등으로 정답률이 계속 다르게 나옵니다만 큰 차이 없이 높은 확률로 품종을 구분할 수 있으므로 분류에 성공했다고 말할 수 있습니다.

그럼 프로그램을 확인해봅시다. 프로그램의 (※1)에서는 붓꽃 CSV 데이터를 읽어 들입니다. 한 줄씩 읽어 들이고, 각 행을 쉼표로 분할합니다. 이때 각 셀의 데이터는 문자열로 돼 있으므로 숫자로 변환해야 합니다.

정규 표현식을 사용해 해당 셀의 내용이 숫자인지 확인하고, 숫자라면 float()을 사용해 실수로 변환합니다. 파이썬에 익숙하지 않은 독자라면 읽기 힘들겠지만 lambda로 익명 함수를 정의하고, 리스트에 처리를 적용하는 map() 함수를 사용해 리스트 내부의 모든 값을 변환합니다. 문자열에서 숫자로 변환하는 lambda에서는 삼항 연산자를 사용하고 있습니다. 삼항 연산자는 다음과 같은 형태로 사용합니다.

```
[서식] 파이썬의 삼항 연산자
(값) = (True일 때의 값) if (조건) else (False일 때의 값)
```

프로그램의 (※2)에서는 random 모듈의 shuffle()을 사용해 리스트를 셔플합니다. 그리고 (※3)에서는 150개의 데이터를 학습 전용 100개, 테스트 전용 50개로 분할합니다.

프로그램의 (※4)에서는 이전과 마찬가지로 SVC 알고리즘을 사용해 데이터를 학습하고, 테스트 전용 데이터를 사용해 분류해봅시다. 마지막으로 분류 결과를 기반으로 정답률을 구합니다.

이처럼 훈련 전용 데이터와 테스트 전용 데이터를 나누는 방법은 원하는 방법을 사용하면 됩니다. 어쨌거나 훈련 전용 데이터를 기반으로 테스트해서 정답률이 높아도 그 밖의 데이터를 기반으로 예측했을 때 정답률이 제대로 나오지 않는다면 의미가 없습니다. 따라서 훈련에 사용하지 않은 데이터(테스트 전용 데이터)를 활용해야 학습이 제대로 됐는지 확인할 수 있습니다.

훈련 전용 데이터와 테스트 전용 데이터로 분할하는 메서드

이전의 붓꽃 데이터를 학습할 때처럼 훈련 전용 데이터와 테스트 전용 데이터로 분할하는 것은 굉장히 귀찮은 작업입니다. 그래서 scikit-learn은 이러한 작업을 대신하는 메서드를 제공합니다. 바로 model_selection 모듈의 train_test_split() 메서드입니다.

그럼 이를 이용해 프로그램을 다시 작성해봅시다.

file: ch4/iris-train2.py

```
import pandas as pd
from sklearn import svm, metrics
from sklearn.model_selection import train_test_split

# 붓꽃의 CSV 데이터 읽어 들이기 --- (※1)
csv = pd.read_csv('iris.csv')

# 필요한 열 추출하기 --- (※2)
csv_data = csv[["SepalLength","SepalWidth","PetalLength","PetalWidth"]]
csv_label = csv["Name"]

# 학습 전용 데이터와 테스트 전용 데이터로 나누기 --- (※3)
train_data, test_data, train_label, test_label = \
     train_test_split(csv_data, csv_label)

# 데이터 학습시키고 예측하기 --- (※4)
clf = svm.SVC()
clf.fit(train_data, train_label)
pre = clf.predict(test_data)
```

```
# 정답률 구하기 --- (※5)
ac_score = metrics.accuracy_score(test_label, pre)
print("정답률 =", ac_score)
```

프로그램이 굉장히 간단해졌습니다. 그럼 한 번 확인해봅시다. 프로그램의 (※1)에서는 Pandas를 사용해 CSV 파일을 읽어 들입니다. 이어서 (※2)에서는 CSV를 열 이름으로 분할합니다. 현재 CSV에는 가장 앞 행에 열 이름이 지정돼 있습니다. 이 이름을 사용해 원하는 열을 분할하는 것입니다.

프로그램의 (※3)에서는 train_test_split() 메서드를 사용해 훈련 전용 데이터와 학습 전용 데이터를 분할합니다. 한 줄만으로 분류할 수 있으므로 굉장히 편리하답니다. 이어서 프로그램의 (※4)에서는 학습과 예측을 수행하고, (※5)에서는 정답률을 구합니다.

정리

이번 절에서는 XOR 연산과 붓꽃 품종 분류를 통해 머신러닝을 수행하는 기본적인 방법을 알아봤습니다. 프로그램들을 보면 그렇게까지 어려운 것이 아니라는 사실을 알 수 있을 것입니다.

- 머신러닝을 이용하면 데이터를 분류할 수 있습니다.
- 교사 학습을 할 때는 데이터와 정답 레이블을 지정해야 합니다.
- 훈련 전용 데이터와 테스트 전용 데이터를 분할하거나, 정답률을 계산하는 것처럼 자주 사용하는 기능에 대해서는 편리한 메서드가 제공됩니다.

4-3

이미지 내부의 문자 인식

머신러닝을 이용하면 이미지 내부의 문자를 인식할 수 있습니다. 많은 이미지 데이터를 학습해서 아직 접하지 않은 이미지 데이터가 입력됐을 때 무엇을 나타내는지 판별하는 것입니다. 교사 학습의 일종인데, 이번 절에서는 이런 것을 어떻게 머신러닝으로 인식하는지 살펴보겠습니다.

이번 절에서 배울 내용

- 이미지 내부의 문자 인식
- MNIST 데이터를 이용한 손글씨 숫자 인식

알고리즘과 툴

- MNIST 손글씨 숫자 데이터
- scikit-learn 라이브러리
- SVM 알고리즘

손글씨 숫자 인식하기

그럼 간단한 이미지 내부의 문자 인식 예로 손글씨 숫자 인식을 해보겠습니다.

sikit-learn의 샘플 데이터에는 손글씨 샘플이 들어 있습니다. 따라서 이를 활용하면 바로 손글씨를 인식할 수 있습니다.

하지만 이 책은 실제로 데이터를 수집하고, 가공하고, 머신러닝을 수행하는 방법을 알아보는 것을 목표로 하고 있으므로 하나하나 직접 해보겠습니다.

MNIST – 손글씨 숫자 데이터

일단 데이터를 수집해봅시다. 손글씨 숫자 데이터로 MNIST에서 공개하고 있는 데이터를 사용하겠습니다. 머신러닝 연습에 자주 사용되는 손글씨 데이터인데, 학습 전용으로 6만 개, 테스트 전용으로 1만 개의 손글씨 숫자 데이터가 공개돼 있습니다.

THE MNIST DATABASE of handwritten digits
http://yann.lecun.com/exdb/mnist/

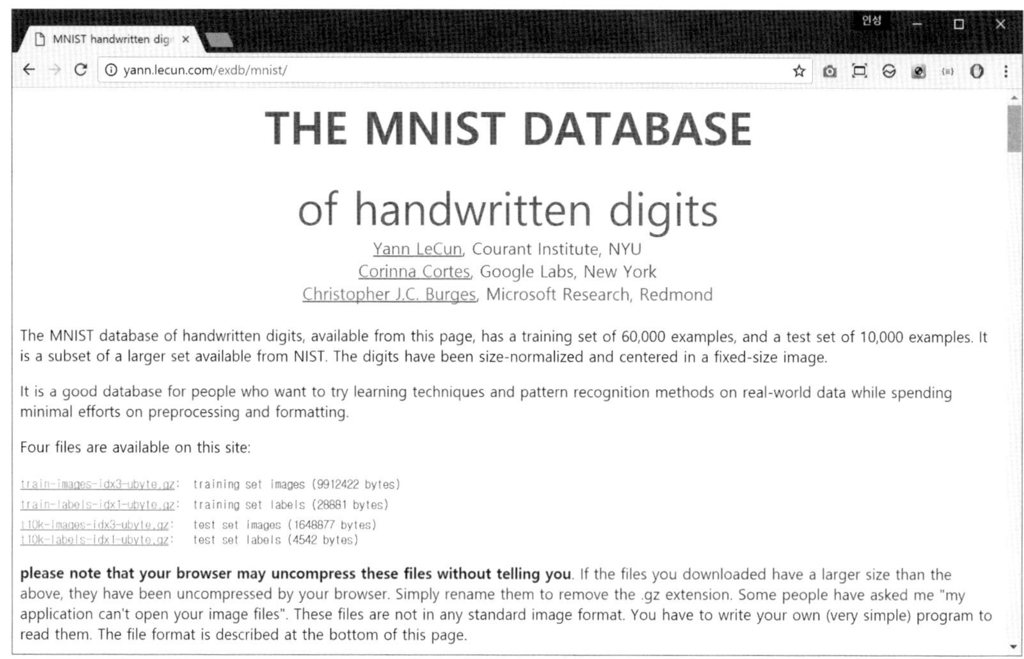

MNIST 웹 사이트

공개돼 있는 숫자의 예

위의 웹 사이트에서 GZ 형식(GZip 형식)으로 압축된 4개의 데이터 파일을 내려받을 수 있습니다. 이 파일은 다음과 같은 데이터로 구성돼 있습니다.

파일 이름	설명
train-images-idx3-ubyte.gz	학습 전용 이미지 데이터
train-labels-idx1-ubyte.gz	학습 전용 레이블 데이터
t10k-images-idx3-ubyte.gz	테스트 전용 이미지 데이터
t10k-labels-idx1-ubyte.gz	테스트 전용 레이블 데이터

그럼 연습으로 이러한 4개의 파일을 내려받고 GZip 압축을 해제하는 프로그램을 만들어봅시다[4].

file: ch4/mnist-download.py

```
import urllib.request as req
import gzip, os, os.path

savepath = "./mnist"
baseurl = "http://yann.lecun.com/exdb/mnist"
files = [
    "train-images-idx3-ubyte.gz",
    "train-labels-idx1-ubyte.gz",
    "t10k-images-idx3-ubyte.gz",
    "t10k-labels-idx1-ubyte.gz"]

# 다운로드
if not os.path.exists(savepath): os.mkdir(savepath)
for f in files:
    url = baseurl + "/" + f
    loc = savepath + "/" + f
    print("download:", url)
    if not os.path.exists(loc):
        req.urlretrieve(url, loc)

# GZip 압축 해제
for f in files:
    gz_file = savepath + "/" + f
    raw_file = savepath + "/" + f.replace(".gz", "")
    print("gzip:", f)
    with gzip.open(gz_file, "rb") as fp:
        body = fp.read()
        with open(raw_file, "wb") as w:
            w.write(body)
print("ok")
```

4 (엮은이) 데이터셋을 내려받을 수 있는 주소가 변경되었습니다. 수정한 코드는 https://wikibook.co.kr/pyml-rev/의 예제 코드 링크를 참조하세요.

명령줄에서 실행해봅시다.

```
$ python3 mnist-download.py
download: http://yann.lecun.com/exdb/mnist/train-images-idx3-ubyte.gz
download: http://yann.lecun.com/exdb/mnist/train-labels-idx1-ubyte.gz
download: http://yann.lecun.com/exdb/mnist/t10k-images-idx3-ubyte.gz
download: http://yann.lecun.com/exdb/mnist/t10k-labels-idx1-ubyte.gz
gzip: train-images-idx3-ubyte.gz
gzip: train-labels-idx1-ubyte.gz
gzip: t10k-images-idx3-ubyte.gz
gzip: t10k-labels-idx1-ubyte.gz
ok
```

이러한 4개의 파일에 수많은 손글씨 이미지가 들어있을 것입니다. 그런데 ".gz"로 압축돼 있는 파일을 해제하면 각각 파일 하나밖에 없습니다. MNIST 데이터 세트의 데이터는 자체적인 데이터베이스 형식이기 때문입니다. 따라서 해당 데이터베이스 형식을 분석해야 이미지 같은 데이터를 뽑아낼 수 있습니다.

이 데이터베이스는 다음과 같은 구조로 돼 있습니다(이전에 언급한 웹 사이트에 나옵니다).

TRAINING SET LABEL FILE (train-labels-idx1-ubyte):

[offset]	[type]	[value]	[description]
0000	32bit integer	0x00000801	매직 넘버(MSB first)
0004	32bit integer	40000	레이블 아이템의 수
0008	unsigned byte	??	첫 번째 데이터 레이블(0에서 9 사이의 숫자)
0009	unsigned byte	??	두 번째 데이터 레이블(0에서 9 사이의 숫자)
...	...	??	

TRAINING SET IMAGE FILE(train-images-idx3-ubyte):

[offset]	[type]	[value]	[description]
0000	32bit integer	0x00000803	매직 넘버(MSB first)
0004	32bit integer	60000	이미지 아이템의 수
0008	32bit integer	28	이미지 픽셀 행 수
0012	32bit integer	28	이미지 픽셀 열 수
0016	unsigned byte	??	이미지 데이터(0, 0)
0017	unsigned byte	??	이미지 데이터(0, 1)
...	...	??	...

이미지 데이터는 각 픽셀을 그레이스케일 256단계로 나타내며, 왼쪽 위부터 오른쪽 아래로 차례차례 픽셀이 나열된 형태입니다. 이때 0은 기본 배경색(흰색)이고, 1~255가 실제 손글씨가 적힌 부분을 나타냅니다. 숫자가 클수록 짙은 부분을 나타냅니다.

따라서 일단 파이썬으로 바이너리 데이터를 분석하고, 바이너리 데이터는 다루기 힘들므로 CSV 파일로 변환하겠습니다. 그렇게 어렵지 않으므로 걱정하지 마세요. 어쨌거나 최종적으로 다음과 같은 CSV 파일을 만들겠습니다.

```
<레이블>, <28x28의 픽셀 데이터, …>
5, 0,0,0,0,0,0,0,30,80,100,120,0,0,0,0,0,...
```

변환 프로그램은 다음과 같습니다.

file: ch4/mnist-tocsv.py

```
import struct

def to_csv(name, maxdata):
    # 레이블 파일과 이미지 파일 열기
    lbl_f = open("./mnist/"+name+"-labels-idx1-ubyte", "rb")
    img_f = open("./mnist/"+name+"-images-idx3-ubyte", "rb")
    csv_f = open("./mnist/"+name+".csv", "w", encoding="utf-8")
    # 헤더 정보 읽기 --- (※1)
    mag, lbl_count = struct.unpack(">II", lbl_f.read(8))
    mag, img_count = struct.unpack(">II", img_f.read(8))
    rows, cols = struct.unpack(">II", img_f.read(8))
    pixels = rows * cols
    # 이미지 데이터를 읽고 CSV로 저장하기 --- (※2)
    for idx in range(lbl_count):
        if idx > maxdata: break
        label = struct.unpack("B", lbl_f.read(1))[0]
        bdata = img_f.read(pixels)
        sdata = list(map(lambda n: str(n), bdata))
        csv_f.write(str(label)+",")
        csv_f.write(",".join(sdata)+"\r\n")

        # 잘 저장됐는지 이미지 파일로 저장해서 테스트하기 -- (※3)
        if idx < 10:
            s = "P2 28 28 255\n"
            s += " ".join(sdata)
            iname = "./mnist/{0}-{1}-{2}.pgm".format(name,idx,label)
```

```
            with open(iname, "w", encoding="utf-8") as f:
                f.write(s)
    csv_f.close()
    lbl_f.close()
    img_f.close()

# 결과를 파일로 출력하기 --- (※4)
to_csv("train", 1000)
to_csv("t10k", 500)
```

실행하려면 명령줄에서 다음과 같이 입력합니다.

```
$ python3 mnist-tocsv.py
```

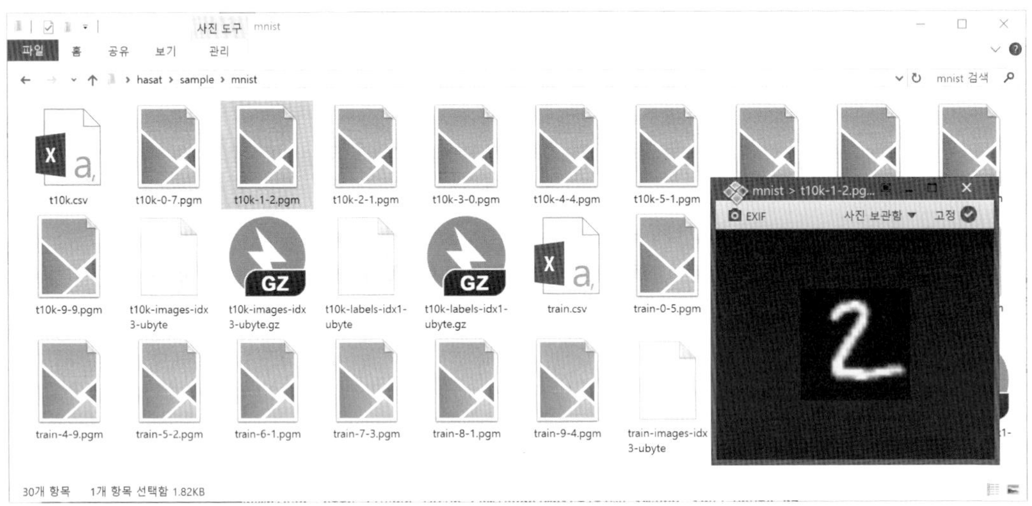

MNIST 이미지 테스트

프로그램을 실행하면 "train.csv"와 "t10k.csv"라는 2개의 CSV 파일이 출력됩니다. 또한 정말로 제대로 된 데이터를 출력하는지 확인할 수 있게 앞의 10개를 이미지 파일로 저장했습니다.

파이썬으로 바이너리 처리를 하기 위해 struct 모듈을 사용했습니다. 여기서 포인트는 파일을 open()으로 열 때 "r"이 아니라, 바이너리 파일 열기를 나타내는 "br"을 사용했다는 것입니다. 또한 원하는 바이너리 수만큼 읽어 들이고, 정수로 변환할 때는 struct.unpack()을 사용합니다.

그럼 간단하게 프로그램을 확인해봅시다. MNIST 데이터베이스 파일은 6만 개의 이미지 정보가 저장된 "*-images-idx3-ubyte"와 해당 이미지에 어떤 숫자가 적혀있는지를 나타내는 "*-labels-idx1-

ubyte"가 세트로 구성됩니다. 이 프로그램은 2개의 파일에서 하나씩 이미지와 숫자를 꺼내서 CSV 파일로 출력합니다.

프로그램의 (※1)에서는 헤더 정보를 읽어 들입니다. 데이터는 리틀 엔디안으로 저장돼 있습니다. struct 모듈로 리틀 엔디안 데이터를 읽어 들일 때는 ">"라는 기호를 지정합니다. 그리고 각 파일에서 매직 넘버를 나타내는 32비트(4바이트)와 이미지 개수를 나타내는 32비트(4바이트) 정수를 읽어 들입니다. 이미지 데이터베이스에서는 이어서 8바이트에 이미지의 크기 정보가 들어 있습니다.

프로그램의 (※2)에서는 이미지 개수만큼 반복해서 데이터를 읽어 들입니다. 다만 6만 개의 이미지 데이터를 처리하는 데는 시간이 너무 오래 걸리므로 일단 학습 전용 데이터로 1000개, 테스트 데이터로 500개를 CSV에 출력했습니다. 개수 지정은 (※4)에서 하고 있습니다. 또한 (※3)에서는 PGM 형식으로 이미지 데이터를 저장했습니다. PGM 형식의 파일은 글자 파일로 이미지를 나타낼 수 있습니다. 간단하게 이미지를 생성하고자 활용했습니다.

이미지 데이터 학습시키기

그럼 지금까지 설명한 과정으로 얻은 이미지 데이터를 사용해 머신러닝을 시켜봅시다. 일단 이미지 데이터를 어떻게 입력해야 좋을지 생각해야 합니다. 손글씨 숫자 데이터를 어떻게 벡터로 변환할 수 있을까요? 이미지를 벡터로 변환하는 방법은 이후에 다양하게 소개하겠습니다. 일단은 이미지 픽셀 데이터를 그대로 벡터로 넣는 방법을 사용해봅시다.

다음은 이미지 픽셀 데이터를 24x24(576)의 벡터로 그대로 넣어 학습시키는 프로그램입니다. 이 프로그램은 다음과 같은 형태로 동작합니다.

(1) CSV 파일에서 학습 데이터와 테스트 데이터를 읽습니다.

(2) 학습 데이터를 사용해 이미지 픽셀을 학습시킵니다.

(3) 테스트 데이터를 활용해 예측합니다.

(4) 예측 결과와 답을 비교해서 정답률을 구합니다.

file: ch4/mnist-train.py

```
from sklearn import model_selection, svm, metrics

# CSV 파일을 읽어 들이고 가공하기 --- (※1)
def load_csv(fname):
    labels = []
    images = []
```

```
    with open(fname, "r") as f:
        for line in f:
            cols = line.split(",")
            if len(cols) < 2: continue
            labels.append(int(cols.pop(0)))
            vals = list(map(lambda n: int(n) / 256, cols))
            images.append(vals)
    return {"labels":labels, "images":images}

data = load_csv("./mnist/train.csv")
test = load_csv("./mnist/t10k.csv")

# 학습하기 --- (※2)
clf = svm.SVC()
clf.fit(data["images"], data["labels"])

# 예측하기 --- (※3)
predict = clf.predict(test["images"])

# 결과 확인하기 --- (※4)
ac_score = metrics.accuracy_score(test["labels"], predict)
cl_report = metrics.classification_report(test["labels"], predict)
print("정답률 =", ac_score)
print("리포트 =")
print(cl_report)
```

그럼 명령줄에서 실행해봅시다.

```
$ python3 mnist-train.py
정답률 = 0.788423153693
리포트 =
             precision    recall  f1-score   support

          0       0.87      0.93      0.90        42
          1       0.81      1.00      0.89        67
          2       0.84      0.69      0.76        55
          3       0.87      0.57      0.68        46
          4       0.76      0.75      0.75        55
          5       0.63      0.80      0.71        50
          6       0.97      0.67      0.79        43
          7       0.74      0.86      0.79        49
          8       0.91      0.72      0.81        40
```

```
         9       0.71      0.81      0.76        54

avg / total       0.80      0.79      0.79       501
```

정답률이 0.786(78.6%)입니다. 1000개만 학습시킨 결과로는 나름 괜찮다고 할 수 있습니다.

프로그램을 살펴봅시다. 프로그램의 (※1)에서는 CSV 파일을 읽어 들이고, 레이블과 이미지 데이터를 배열로 만듭니다. 이때 이미지 데이터의 각 픽셀은 0부터 255까지의 정수인데, 이를 256으로 나누기 때문에 0 이상이고 1 미만인 실수 벡터가 됩니다.

프로그램의 (※2)에서는 scikit-learn의 SVM(SVC) 알고리즘을 사용합니다. `fit()` 메서드로 학습을 하고, (※3)의 `predict()` 메서드로 예측합니다. 이어서 프로그램의 (※4)에서는 예측 결과와 실제 정답 레이블을 비교해서 정답률을 화면에 출력합니다.

6만 개의 모든 데이터 학습시키기

앞서 1000개의 데이터를 학습시키고, 500개의 데이터로 테스트했는데, 이번에는 6만 개의 모든 데이터를 사용해봅시다. 이전의 CSV 생성 프로그램 "mnist-tocsv.py"에서 (※4)의 "train" 옆의 매개변수를 99999 등으로 설정해 모든 데이터를 CSV 파일로 출력합니다. 프로그램 실행이 끝나기까지는 시간이 꽤 오래 걸립니다.

이를 활용해 학습시키고 테스트하면 이전의 0.786이었던 정답률이 0.94까지 오릅니다.

```
$ python3 mnist-train.py
정답률 = 0.946107784431
리포트 =
             precision    recall  f1-score   support

          0       0.91      0.98      0.94        42
          1       1.00      1.00      1.00        67
          2       0.96      0.95      0.95        55
          3       0.91      0.87      0.89        46
          4       0.98      0.98      0.98        55
          5       0.90      0.92      0.91        50
          6       0.98      0.93      0.95        43
          7       0.92      0.94      0.93        49
          8       0.93      0.97      0.95        40
          9       0.94      0.91      0.92        54

avg / total       0.95      0.95      0.95       501
```

정리

이번 절에서는 MNIST 손글씨 데이터를 사용해 머신러닝을 해봤습니다. MNIST에서 제공된 데이터를 사용했는데도 머신러닝을 위한 데이터 손질이 약간 어렵다고 느낀 독자도 있을 것입니다. 그리고 대량의 데이터를 다룰 때는 처리 시간이 꽤 걸린다고 느낄 수 있었을 것입니다. 이번 절에서는 머신러닝의 순서만 살펴봤기 때문에 머신러닝 자체에 대해 배운 것이 없다고 생각할 수 있습니다. 계속해서 조금 더 자세히 살펴봅시다.

- 손글씨 데이터 "MNIST"는 머신러닝 예제로 유명합니다.
- 대량의 데이터를 처리하는 데는 시간이 걸리므로 일단 조금만 가지고 테스트하는 것도 좋습니다.
- 머신러닝의 결과를 확인하려면 훈련 데이터로 사용하지 않은 테스트 데이터를 사용해야 합니다.

4-4 외국어 문장 판별하기

웹에서 추출한 데이터가 한국어가 아닌 경우가 굉장히 많을 것입니다. 연습으로 머신러닝을 활용하는 간단한 예로 외국어 글자를 읽어 들이고 어떤 언어인지 판정하는 프로그램을 만들어봅시다.

이번 절에서 배울 내용

- 해당 글자가 어떤 언어인지 판정하기
- 알파벳의 출현 횟수 확인하기
- 데이터를 그래프로 그리는 방법

알고리즘과 툴

- scikit-learn 라이브러리
- Pandas/matplotlib 라이브러리
- SVM 알고리즘

외국어 판정

웹에서 찾은 문서의 글자가 영어인지 한국어인지 어떻게 판별할 수 있을까요? 영어 문장은 알파벳으로 구성돼 있을 것이고, 한국어 문장은 한국어로 구성돼 있을 것이므로 이를 확인하면 영어인지 한국어인지 구분할 수 있을 것입니다.

그런데 알파벳을 사용하는 언어는 굉장히 많습니다. 프랑스어, 타갈로그어[5], 인도네시아어 등이 모두 알파벳을 사용합니다. 따라서 알파벳을 사용한다고 해서 영어라고 말할 수는 없습니다.

이번 절에서는 알파벳을 사용하는 자연 언어가 어떤 나라의 말인지 판정하는 프로그램을 만들어보겠습니다.

5 (옮긴이) 필리핀에서 사용하는 언어 중 하나입니다.

판정 방법

이번 장의 앞에서 언급했던 것처럼 글자를 곧바로 학습기에 넣을 수는 없습니다. 글자 데이터를 나타내는 벡터로 변경해서 사용해야 합니다. 그럼 어떻게 데이터를 벡터로 변경해야 좋을까요?

언어가 다르면 알파벳의 출현 빈도가 다르다는 것은 언어학적으로 알려진 사실입니다. 언어마다 자주 사용하는 표현과 단어가 다르기 때문에 출현 빈도가 달라지는 것입니다. 따라서 이를 활용해 "a"부터 "z"까지의 출현 빈도를 확인하고 이를 특징으로 사용해보겠습니다.

샘플 데이터 수집

그럼 각 언어별로 풍부한 데이터가 있는 위키피디아의 글자를 사용해봅시다. 무작위로 기사를 추출하고, 각 언어의 식별자를 나누어 저장합니다. 영어(en), 프랑스어(fr), 인도네시아어(id), 타갈로그어(tl)를 사용해 테스트해보겠습니다.

이 책과 함께 제공되는 파일의 "ch4/lang.zip"에 샘플 데이터를 넣어 뒀습니다. 압축을 풀면 lang이라는 폴더에 있습니다. 학습 데이터가 20개, 테스트 데이터가 8개입니다. 사실 절대적인 데이터 양이 조금 부족하지만 작게 테스트하는 용도로 사용하겠습니다.

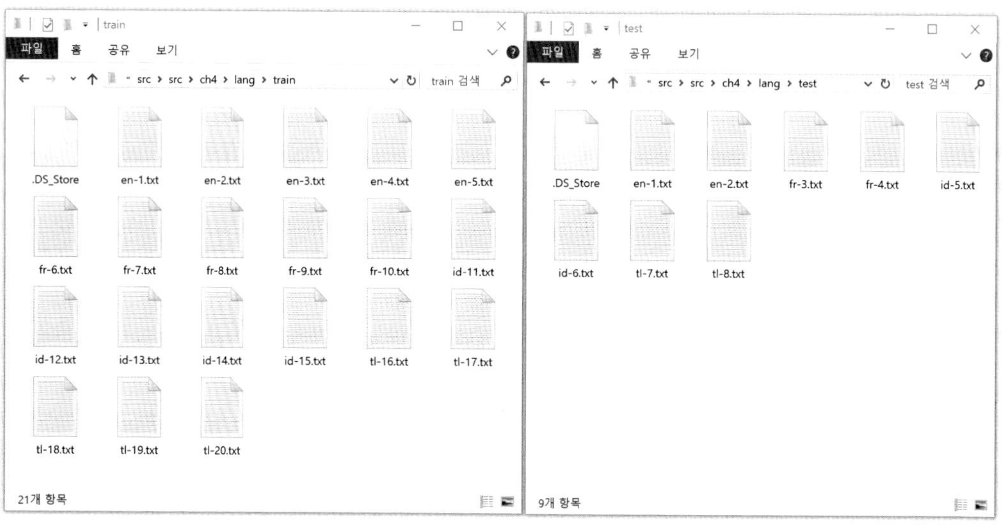

샘플 텍스트 파일 준비

언어 판별 프로그램

그럼 텍스트를 학습시켜봅시다. 이번에도 이전과 마찬가지로 pip으로 간단하게 설치할 수 있는 머신러닝 프레임워크 "scikit-learn"을 사용하겠습니다. 이전에 수집한 텍스트 파일을 학습시켜봅시다.

file: ch4/lang-train.py

```
from sklearn import svm, metrics
import glob, os.path, re, json

# 텍스트를 읽어 들이고 출현 빈도 조사하기 --- (※1)
def check_freq(fname):
    name = os.path.basename(fname)
    lang = re.match(r'^[a-z]{2,}', name).group()
    with open(fname, "r", encoding="utf-8") as f:
        text = f.read()
    text = text.lower() # 소문자 변환
    # 숫자 세기 변수(cnt) 초기화하기
    cnt = [0 for n in range(0, 26)]
    code_a = ord("a")
    code_z = ord("z")
    # 알파벳 출현 횟수 구하기 --- (※2)
    for ch in text:
        n = ord(ch)
        if code_a <= n <= code_z: # a~z 사이에 있을 때
            cnt[n - code_a] += 1
    # 정규화하기 --- (※3)
    total = sum(cnt)
    freq = list(map(lambda n: n / total, cnt))
    return (freq, lang)

# 각 파일 처리하기
def load_files(path):
    freqs = []
    labels = []
    file_list = glob.glob(path)
    for fname in file_list:
        r = check_freq(fname)
        freqs.append(r[0])
        labels.append(r[1])
    return {"freqs":freqs, "labels":labels}
```

```
data = load_files("./lang/train/*.txt")
test = load_files("./lang/test/*.txt")

# 이후를 대비해서 JSON으로 결과 저장하기
with open("./lang/freq.json", "w", encoding="utf-8") as fp:
    json.dump([data, test], fp)

# 학습하기 --- (※4)
clf = svm.SVC()
clf.fit(data["freqs"], data["labels"])

# 예측하기 --- (※5)
predict = clf.predict(test["freqs"])

# 결과 테스트하기 --- (※6)
ac_score = metrics.accuracy_score(test["labels"], predict)
cl_report = metrics.classification_report(test["labels"], predict)
print("정답률 =", ac_score)
print("리포트 =")
print(cl_report)
```

명령줄에서 실행해봅시다.

```
$ python3 lang-train.py
정답률 = 0.875
리포트 =
             precision    recall  f1-score   support

         en       0.67      1.00      0.80         2
         fr       1.00      1.00      1.00         2
         id       1.00      0.50      0.67         2
         tl       1.00      1.00      1.00         2

avg / total       0.92      0.88      0.87         8
```

프로그램을 실행해보면 정답률이 0.875(88%)로 나옵니다. 각 언어를 5개의 파일(4개의 언어이므로 전체 20개)만 학습한 것치고는 괜찮은 성과라고 할 수 있습니다. 따라서 언어에 따라 알파벳 출현 빈도가 다르다는 것도 확실한 사실이라는 것을 알 수 있습니다.

어쨌거나 추가적으로 결과를 잘못 판정한 파일은 인도네시아어(id) 하나입니다. 잘못 판정한 문서를 열어보면 윈도우와 관련된 내용인데, "Windows", "OS", "Microsoft" 등의 영어가 굉장히 많이 등장하므로 어느 정도 잘못 인식하는 것이 당연하다고 생각될 수 있습니다.

그럼 프로그램의 동작을 확인해봅시다. 프로그램의 (※1)에서는 텍스트 파일을 읽어 들이고, 알파벳의 출현 빈도를 조사합니다. 파일 이름 앞의 두 문자가 언어 코드이므로 이를 기반으로 언어 ID를 추출하고, 텍스트 파일을 열어 모두 소문자로 변환합니다. (※2)에서는 a부터 z까지의 알파벳이 몇 번씩 출현하는지 조사합니다. 출현 횟수를 조사할 때는 글자를 하나씩 꺼내서 문자 코드로 고친 뒤, 해당 문자 코드를 기반으로 배열의 특정 위치에 있는 숫자를 하나씩 증가시키는 방법을 사용하고 있습니다. 어쨌거나 현재 예제에서는 알파벳 이외의 글자는 무시합니다. 따라서 프랑스어의 악센트 기호가 붙은 알파벳 등은 세지 않습니다. 그리고 프로그램의 (※3)에서는 알파벳의 출현 횟수를 글자 수의 합계로 나누어 출현 횟수를 출현 빈도로 변환합니다. 출현 횟수를 출현 빈도로 변환하는 이유는 간단합니다. 각 텍스트 파일에 있는 문자 수가 다르므로 출현 횟수를 비교하면 동일한 규칙이 적용되지 않기 때문입니다. 따라서 모두 규칙을 통일하는 것인데, 이를 정규화라고 부릅니다. "정규화(normalize)"란 데이터를 일정한 규칙을 기반으로 변형해서 쉽게 사용할 수 있게 하는 것입니다.

프로그램의 (※4)에서는 SVM(SVC) 알고리즘으로 학습합니다. (※5)에서는 테스트 전용 데이터를 사용해 예측합니다. 마지막으로 (※6)에서는 예측한 결과를 기반으로 어느 정도 올바른 답을 내는지 출력합니다.

데이터마다의 분포를 그래프로 확인하기

수집한 자료가 많지 않아도 언어별로 알파벳 빈도가 다르므로 어느 정도 분류할 수 있다는 것을 알아냈습니다. 그럼 어느 정도로 알파벳 빈도가 다른지 시각적으로 확인해봅시다.

여기서는 Matplotlib, numpy, pandas를 사용할 텐데, Anaconda를 설치한 환경이라면 이미 설치돼 있겠지만 만약 설치돼 있지 않다면 다음 명령어로 설치해주세요.

```
$ pip install matplotlib, numpy, pandas
```

그럼 각 언어의 알파벳 출현 빈도를 그래프로 확인해봅시다.

file: ch4/lang-plot.py

```
import matplotlib.pyplot as plt
import pandas as pd
import json
```

```
# 알파벳 출현 빈도 데이터 읽어 들이기 --- (※1)
with open("./lang/freq.json", "r", encoding="utf-8") as fp:
    freq = json.load(fp)

# 언어마다 계산하기 --- (※2)
lang_dic = {}
for i, lbl in enumerate(freq[0]["labels"]):
    fq = freq[0]["freqs"][i]
    if not (lbl in lang_dic):
        lang_dic[lbl] = fq
        continue
    for idx, v in enumerate(fq):
        lang_dic[lbl][idx] = (lang_dic[lbl][idx] + v) / 2

# Pandas의 DataFrame에 데이터 넣기 --- (※3)
asclist = [[chr(n) for n in range(97,97+26)]]
df = pd.DataFrame(lang_dic, index=asclist)

# 그래프 그리기 --- (※4)
plt.style.use('ggplot')
df.plot(kind="bar", subplots=True, ylim=(0,0.15))
plt.savefig("lang-plot.png")
```

명령줄에서 실행해봅시다.

```
$ python3 lang-plot.py
```

참고로 Docker처럼 GUI 없는 환경에서 실행하면 다음과 같은 오류가 발생할 수 있습니다. 이는 matplotlib 때문에 발생하는 문제입니다.

```
_tkinter.TclError: no display name and no $DISPLAY environment variable
```

이때 다음과 같이 실행하면 오류가 발생하지 않습니다.

```
$ export MPLBACKEND="agg"
$ python3 lang-plot.py
```

실행하면 "lang-plot.png"라는 PNG 파일이 생성됩니다. 이 파일을 열어보면 다음과 같습니다.

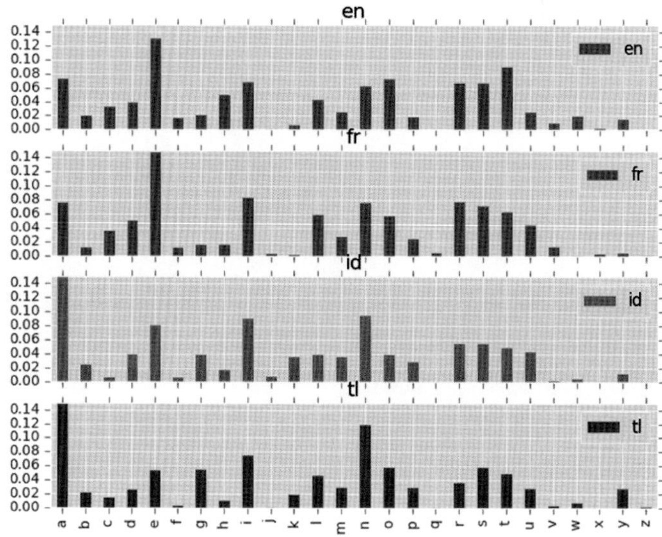

각 언어에서의 알파벳 출현 빈도를 그래프로 나타낸 것

그래프로 각 알파벳의 출현 빈도를 시각적으로 확인하면 각 언어별로 빈도가 다르다는 것을 확실히 알 수 있습니다.

그럼 프로그램을 살펴봅시다. 현재 예제에서는 그래프를 그리기 위해 2개의 모듈을 사용했습니다.

```
import matplotlib.pyplot as plt
import pandas as pd
```

mataplotlib은 수학 계산 전용 라이브러리 NumPy와 함께 사용하는 그래프 그리기 라이브러리입니다. 다양한 종류의 그래프를 그릴 수 있습니다. 그리고 pandas는 데이터 분석을 해주는 라이브러리입니다. pandas와 matplotlib을 함께 사용하면 간단하게 데이터를 시각화할 수 있습니다.

프로그램의 (※1)에서는 이전의 텍스트 파일로 만든 알파벳 출현 빈도 데이터(JSON 형식)를 읽어 들입니다. 그리고 (※2)에서는 그래프로 그릴 수 있게 각 언어의 알파벳 출현 빈도를 집계합니다. 그리고 (※3)에서는 데이터를 그리기 위해 pandas의 `DataFrame`에 딕셔너리 자료형(`dict`) 데이터를 넣습니다. 이때 `index`로 레이블을 나타내는 알파벳을 함께 지정했습니다. 그리고 (※4)에서 그래프를 실제로 그립니다.

다시 한 번 데이터를 그리고 있는 (※3)과 (※4)에 주목해봅시다. (※3)에서 pandas의 `DataFrame`에 데이터를 넣기만 했을 뿐인데, (※4)에서처럼 `plot()` 메서드를 호출하기만 하면 곧바로 그래프가 그려집니다.

또한 plot() 메서드의 kind를 변경하면 다양한 종류의 그래프를 그릴 수 있습니다. 프로그램의 (※4)를 다음과 같이 수정하고 실행해봅시다.

```
# 그래프 그리기 --- (※4)
plt.style.use('ggplot')
df.plot(kind="line")
plt.show()
```

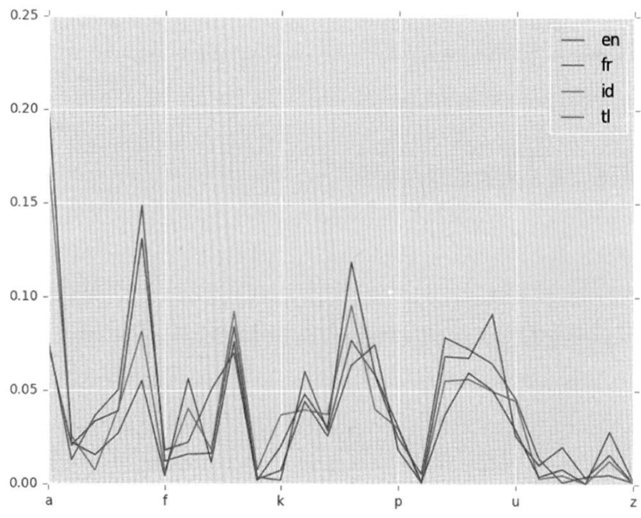

꺾은선 그래프로 그린 상태

매개변수를 변경했을 뿐인데 전혀 다른 그래프가 그려졌습니다.

웹 인터페이스 추가하기

언어 판별 프로그램을 만들었으니 웹 인터페이스를 추가해 손쉽게 언어를 판정할 수 있게 해봅시다.

학습한 매개변수를 저장하는 프로그램

인터페이스를 추가해서 여러 번 언어를 판별하는 프로그램을 만들 때 프로그램을 실행할 때마다 새로 데이터를 학습시키는 것은 쓸데없는 일입니다. 따라서 학습시킨 매개변수를 저장하고 활용하는 방법부터 살펴봅시다.

일단 다음은 학습한 매개변수를 저장하는 프로그램입니다.[6]

file: ch4/lang-train-save.py

```
from sklearn import svm
from sklearn.externals import joblib
import json

# 각 언어의 출현 빈도 데이터(JSON) 읽어 들이기
with open("./lang/freq.json", "r", encoding="utf-8") as fp:
    d = json.load(fp)
    data = d[0]

# 데이터 학습하기
clf = svm.SVC()
clf.fit(data["freqs"], data["labels"])

# 학습 데이터 저장하기
joblib.dump(clf, "./lang/freq.pkl")
print("ok")
```

프로그램을 실행하려면 명령줄에서 다음과 같이 입력합니다.

```
$ python3 lang-train-save.py
ok
```

입력하면 대상 폴더에 "lang/freq.pkl"과 관련된 데이터가 저장됩니다.

```
$ ls lang/freq.pkl*
lang/freq.pkl
```

웹에서 사용할 수 있는 언어 판별 애플리케이션

파이썬은 손쉽게 웹 애플리케이션을 만들 수 있는 기능이 있습니다. 그럼 50줄 정도의 간단한 프로그램으로 언어를 판별하는 웹 애플리케이션을 만들어봅시다.

file: ch4/cgi-bin/lang-Webapp.py

```
#!/usr/bin/env python3
import cgi, os.path
from sklearn.externals import joblib
```

6 (옮긴이) 매개변수 파일(freq.pkl)을 생성할 때 사용한 사이킷런 버전과 웹 서버를 실행할 때 사용하는 사이킷런 버전이 일치하지 않으면 오류가 발생할 수 있으므로, 매개변수 파일을 생성해서 복사하는 과정을 건너뛰지 말고 수행하는 것이 좋습니다. 또한 joblib을 임포트하는 구문이 import joblib으로 변경되었습니다. 수정한 코드는 https://wikibook.co.kr/pyml-rev/의 예제 코드 링크를 참조하세요.

```
# 학습 데이터 읽어 들이기
pklfile = os.path.dirname(__file__) + "/freq.pkl"
clf = joblib.load(pklfile)

# 텍스트 입력 양식 출력하기
def show_form(text, msg=""):
    print("Content-Type: text/html; charset=utf-8")
    print("")
    print("""
        <html><body><form>
        <textarea name="text" rows="8" cols="40">{0}</textarea>
        <p><input type="submit" value="판정"></p>
        <p>{1}</p>
        </form></body></html>
    """.format(cgi.escape(text), msg))

# 판정하기
def detect_lang(text):
    # 알파벳 출현 빈도 구하기
    text = text.lower()
    code_a, code_z = (ord("a"), ord("z"))
    cnt = [0 for i in range(26)]
    for ch in text:
        n = ord(ch) - code_a
        if 0 <= n < 26: cnt[n] += 1
    total = sum(cnt)
    if total == 0: return "입력이 없습니다"
    freq = list(map(lambda n: n/total, cnt))
    # 언어 예측하기
    res = clf.predict([freq])
    # 언어 코드를 한국어로 변환하기
    lang_dic = {"en":"영어","fr":"프랑스어",
        "id":"인도네시아어", "tl":"타갈로그어"}
    return lang_dic[res[0]]

# 입력 양식의 값 읽어 들이기
form = cgi.FieldStorage()
text = form.getvalue("text", default="")
msg = ""
if text != "":
    lang = detect_lang(text)
    msg = "판정 결과:" + lang
```

```
# 입력 양식 출력
show_form(text, msg)
```

그럼 파이썬에 내장돼 있는 간단한 웹 서버를 사용해 프로그램을 실행해봅시다. 파이썬에 내장돼 있는 파이썬 프로그램을 〈cgi-bin〉 폴더 내부에 배치해야 하므로 다음과 같은 구조로 폴더를 구성해주세요. 이어서 "cgi-bin" 폴더에 이전에 저장한 freq.pkl 학습 데이터를 넣어주세요.

```
+ <root>
|—+ <cgi-bin>
|  |-- lang-Webapp.py
```

위의 〈root〉라고 지정한 폴더에서 다음 명령어를 실행하면 웹 서버가 8080번 포트에서 실행됩니다.

```
$ python3 -m http.server --cgi 8080
```

Docker에서 python을 사용하고 있다면 다음과 같이 포트 포워드 옵션을 가진 p를 붙여서 컨테이너를 실행해야 합니다. 이는 "-p 〈호스트 포트〉:〈컨테이너 포트〉" 형태를 나타냅니다. 예를 들어 mlearn이라는 이미지를 실행한다면 다음과 같이 Docker를 실행합니다.

```
$ docker run -it \
  -v $HOME:$HOME \
  -p 8080:8080 mlearn
```

Vagrant를 사용하는 경우, Vagrantfile에 다음과 같이 추가하고, "vagrant reload" 명령어를 사용해서 가상 머신을 다시 실행해주세요.

```
    ...생략...
    config.vm.network "forwarded_port", guest: 8080, host: 8080, host_ip:"127.0.0.1"
    ...생략...
end
```

컨테이너가 실행되면 파이썬 스크립트가 저장돼 있는 폴더로 이동한 뒤, 이전의 명령어로 서버를 실행해주세요[7].

웹 브라우저에서 다음 URL에 접근해봅시다.

7 (옮긴이) 만약 윈도우에서 파일을 작성하고, 컨테이너로 파일을 넘긴 뒤 실행하면 문제가 발생할 수 있습니다. 이러한 경우에는 "apt-get install dos2unix"를 설치하고, "dos2unix lang-Webapp.py"로 윈도우 형식을 유닉스 형식으로 바꿔서 사용해주세요. 또한 권한 문제 때문에 실행되지 않을 수 있습니다. "chmod -x lang-Webapp.py"로 권한을 주세요.

```
http://localhost:8080/cgi-bin/lang-Webapp.py
```

적당한 영어와 인도네시아어 텍스트를 웹에서 복사해서 판정해봅시다.

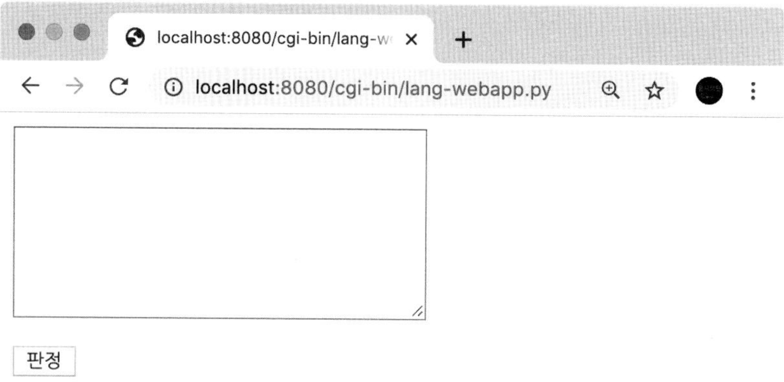

언어 판별 애플리케이션에 접속한 상태

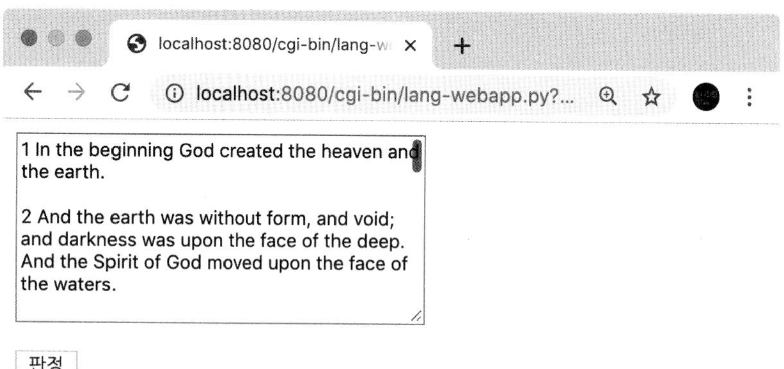

영어 문장이라고 판정한 상태

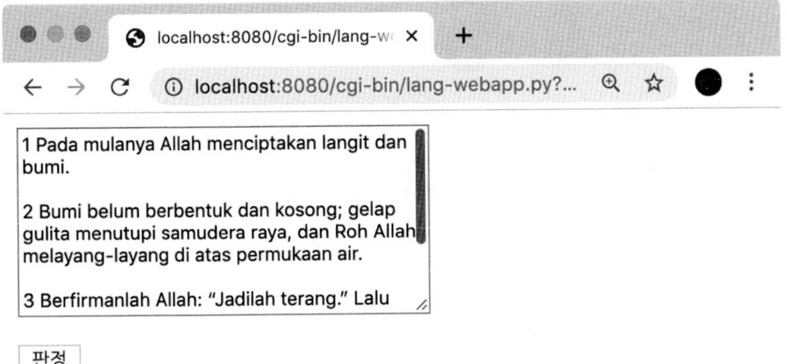

인도네시아어 문장이라고 판정한 상태

위의 그림은 성경의 내용을 넣어본 것입니다. 참고로 성경은 가장 많은 언어로 번역되고 있는 책입니다. 인터넷에서 쉽게 언어별로 데이터를 얻을 수 있으므로 텍스트 처리 시 샘플 데이터로 많이 사용합니다. 짧은 문장을 넣을 때는 잘못 판정되는 경우도 많은데, 긴 문장을 넣으면 제대로 판정되는 모습을 볼 수 있습니다.

현재 예제에서는 20개(392KB) 정도의 텍스트 파일만 학습시켰는데도 꽤나 정확하게 나옵니다. 정밀도를 더 올리려면 더 많은 텍스트를 학습시키면 됩니다.

정리

이번 절에서는 알파벳의 출현 빈도를 기반으로 외국어를 판별하는 프로그램을 만들어 봤는데, 알파벳의 출현 빈도를 그래프로 표시하는 방법과 웹 애플리케이션에서 활용하는 방법을 살펴봤습니다.

- Pandas/matplotlib을 사용하면 간단하게 그래프를 그릴 수 있습니다.
- 데이터를 그래프로 시각화하면 데이터의 특징과 경향 등을 파악할 수 있습니다.
- 머신러닝의 학습 결과를 파일로 저장하면 웹 애플리케이션 등에서 활용할 수 있습니다.

4-5

서포트 벡터 머신(SVM)

이전 절까지의 실제 프로그램으로 머신러닝을 수행하는 순서를 살펴봤습니다. 어려운 이야기를 되도록 하지 않아서 왜 그렇게 되는지 잘 모르는 부분도 있을 것이라 생각합니다. 이번 절에서는 SVM 알고리즘에 대해 조금 더 자세히 살펴보겠습니다.

이번 절에서 배울 내용

- SVM
- BMI 계산식을 사용하지 않고 비만 판정하기

알고리즘과 툴

- SVM 알고리즘

SVM이란?

SVM(Support Vector Machine)이란 머신러닝 방법 중 하나입니다. SVM은 다양한 연구가 활발하게 진행되어 굉장히 높은 인식 성능을 발휘하는 방법입니다. SVM은 선을 구성하는 매개변수를 조정해서 요소들을 구분하는 선을 찾고, 이를 기반으로 패턴을 인식하는 방법입니다.

예를 들어, A와 B라는 두 가지 패턴이 있을 때 A와 B라는 패턴을 구분하는 방법을 찾는 것이 패턴 인식의 목표입니다. 이를 위해 A와 B를 벡터로 나타내서 평면 위에 올리고 구분선을 그리게 됩니다. 이때 패턴의 경계가 되는 것을 "식별 평면"이라고 합니다.

구분선을 확실하게 정할 수 있으면 이후에 새로운 패턴이 나타났을 때도 쉽게 분류할 수 있을 것입니다.

예를 하나 살펴보면 쉽게 이해할 수 있을 것입니다. 다음 그래프를 살펴봅시다.

이 그래프에는 "●"과 "■"이라는 두 가지 종류의 데이터가 있습니다. 그리고 다음 그림과 같이 이러한 두 종류의 데이터를 나눌 수 있는 적당한 구분선을 긋는다고 생각합시다. 여러 가지 구분선이 나올 수 있을 것입니다.

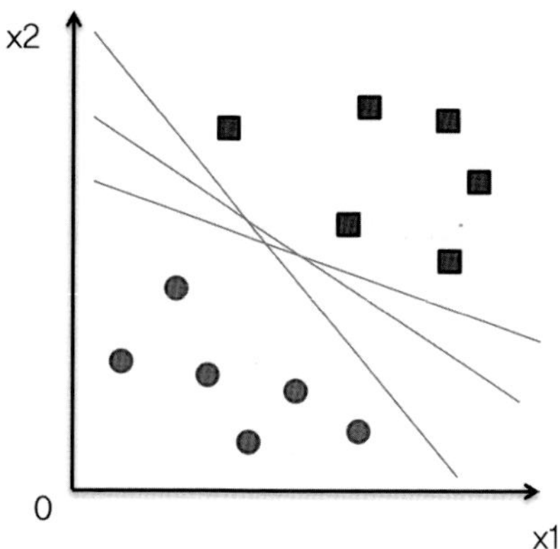

데이터를 구분하는 구분선[8]은 여러 개의 후보가 있음

여러 개의 구분선이 나올 수 있는데, 그냥 생각해봐도 ●와 ■의 정확히 중간을 지나는 선이 가장 좋을 것입니다. 중간을 지나는 선을 결정할 때는 다음과 같이 식별 평면에서 패턴들과의 거리(마진)를 최대로 만드는 것이 가장 좋은 결과입니다.

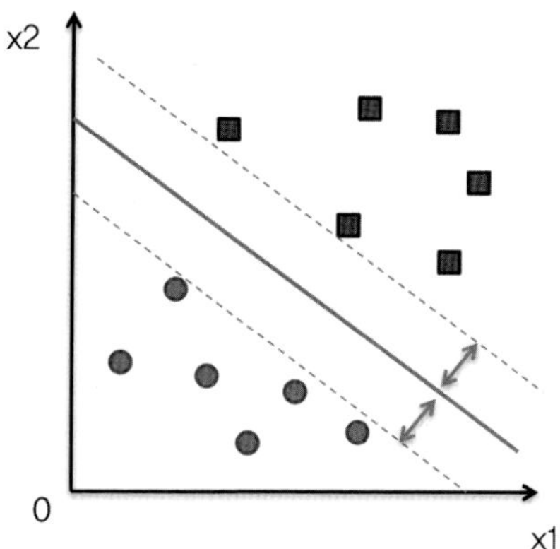

마진을 최대화할 수 있는 가장 좋은 결과 구하기

이것이 SVM의 특징인 "마진 최대화"라는 방침입니다. 그리고 SVM을 이용하면 알 수 없는 패턴도 제대로 분류할 확률이 굉장히 높습니다. 이를 학습 이론에서는 "일반화 능력[9]"이라고 부릅니다.

8 (옮긴이) 경계선이라는 말로도 많이 부릅니다.

9 (옮긴이) 범화 능력(汎化能力)이라고도 부릅니다.

SVM을 실제로 사용해보기

그럼 SVM을 사용해 간단한 예제를 만들어봅시다. 일단 무작위로 2만 명의 키와 몸무게 데이터를 만들겠습니다. 이어서 비만도 계산에 사용되는 BMI를 활용해 저체중, 정상, 비만 레이블을 붙이겠습니다. 그리고 이렇게 만들어진 데이터를 SVM으로 학습시켜보고, 비만을 정확하게 맞출 수 있는지 테스트해보겠습니다.

“컴퓨터가 비만이라는 것을 학습할 수 있을까?”라는 명제를 머신러닝으로 하는 것입니다. 참고로 BMI 계산식은 다음과 같습니다. BMI가 18.5 이상, 25 미만일 때 표준 몸무게입니다.

```
<BMI> = <몸무게(kg)> ÷ <키(m)> × <키(m)>
```

그럼 일단 무작위로 2만 명의 데이터를 만들어봅시다. “키(cm)”, “몸무게(kg)”, “저체중(thin), 정상(normal), 비만(fat) 레이블”을 활용해 3개의 칼럼을 갖는 CSV 파일을 만들겠습니다.

file: ch4/bmi-create.py

```
import random

# BMI를 계산해서 레이블을 리턴하는 함수
def calc_bmi(h, w):
    bmi = w / (h/100) ** 2
    if bmi < 18.5: return "thin"
    if bmi < 25: return "normal"
    return "fat"

# 출력 파일 준비하기
fp = open("bmi.csv","w",encoding="utf-8")
fp.write("height,weight,label\r\n")

# 무작위로 데이터 생성하기
cnt = {"thin":0, "normal":0, "fat":0}
for i in range(20000):
    h = random.randint(120,200)
    w = random.randint(35, 80)
    label = calc_bmi(h, w)
    cnt[label] += 1
    fp.write("{0},{1},{2}\r\n".format(h, w, label))
fp.close()
print("ok,", cnt)
```

명령줄에서 실행해봅시다.

```
$ python3 bmi-create.py
ok, {'fat': 7380, 'normal': 6020, 'thin': 6600}
```

무작위로 생성하므로 실행할 때마다 결과가 다를 수 있지만 "bmi.csv"라는 샘플 데이터가 생성될 것입니다.

그럼 SVM에 데이터를 넣어 올바른 레이블을 붙일 수 있는지 확인해봅시다. 데이터를 읽고, 학습시키고, 테스트한다라는 흐름은 지금까지와 같습니다.

file: ch4/bmi-test.py

```
from sklearn import svm, metrics
from sklearn.model_selection import train_test_split
import matplotlib.pyplot as plt
import pandas as pd

# 키와 몸무게 데이터 읽어 들이기 --- (※1)
tbl = pd.read_csv("bmi.csv")

# 칼럼(열)을 자르고 정규화하기 --- (※2)
label = tbl["label"]
w = tbl["weight"] / 100 # 최대 100kg라고 가정
h = tbl["height"] / 200 # 최대 200cm라고 가정
wh = pd.concat([w, h], axis=1)

# 학습 전용 데이터와 테스트 전용 데이터로 나누기 --- (※3)
data_train, data_test, label_train, label_test = \
    train_test_split(wh, label)

# 데이터 학습하기 --- (※4)
clf = svm.SVC()
clf.fit(data_train, label_train)

# 데이터 예측하기 --- (※5)
predict = clf.predict(data_test)

# 결과 테스트하기 --- (※6)
ac_score = metrics.accuracy_score(label_test, predict)
cl_report = metrics.classification_report(label_test, predict)
```

```
print("정답률 =", ac_score)
print("리포트 =\n", cl_report)
```

이를 명령줄에서 실행해봅시다.

```
$ python3 bmi-test.py
정답률 = 0.9872
리포트 =
             precision    recall  f1-score   support

        fat       1.00      0.99      0.99      1804
     normal       0.97      0.99      0.98      1577
       thin       0.99      0.99      0.99      1619

avg / total       0.99      0.99      0.99      5000
```

역시 SVM입니다. 2만 개의 데이터를 0.9872(약 99%)의 정밀도로 분류하는 데 성공했습니다. 이처럼 BMI 공식을 모르는 상황에서도 키, 몸무게, 레이블만 있으면 머신러닝으로 저체중(thin), 정상(normal), 비만(fat)을 구분할 수 있습니다.

그럼 프로그램을 확인해봅시다. 프로그램의 (※1)에서는 Pandas를 사용해 CSV 파일을 읽어 들입니다. Pandas를 이용하면 배열 데이터를 쉽게 다룰 수 있으므로 사용해봤습니다. (※2)에서는 칼럼을 자르는 처리를 하고 있습니다. CSV 파일의 첫 로우(헤더 로우)에 적힌 이름을 기반으로 필요한 칼럼을 추출합니다. 이어서 각 칼럼을 0부터 1의 범위로 정규화하고, 몸무게와 키가 적힌 칼럼을 변수 `wh`에 넣고, `thin/normal/fat` 레이블이 적힌 칼럼을 변수 `label`에 넣었습니다.

프로그램의 (※3)에서는 데이터 학습 전용 데이터와 테스트 전용 데이터를 나누고, (※4)에서 학습 전용 데이터를 사용해 학습시킵니다.

프로그램의 (※5)에서는 학습한 내용을 기반으로 테스트 데이터를 예측합니다. 그리고 (※6)에서 맞는지 결과를 검증합니다.

여기서 주목했으면 하는 부분이 있다면 (※2)에서 데이터를 정규화하는 부분입니다. Pandas를 이용하면 `for` 구문으로 하나하나 데이터를 처리할 필요 없이 이와 같은 형태로 배열 전체의 요소에 연산을 걸 수 있습니다.

데이터 분포 확인하기

데이터가 어떻게 분포돼 있는지 산포도(scatter)를 그리면 다음과 같습니다. BMI 계산식을 기반으로 만든 데이터이므로 당연하다면 당연하지만 데이터가 예쁘게 분포돼 있습니다. 이처럼 데이터가 확실히 나눠져 있으면 SVM을 활용해 정확하게 분류할 수 있습니다.

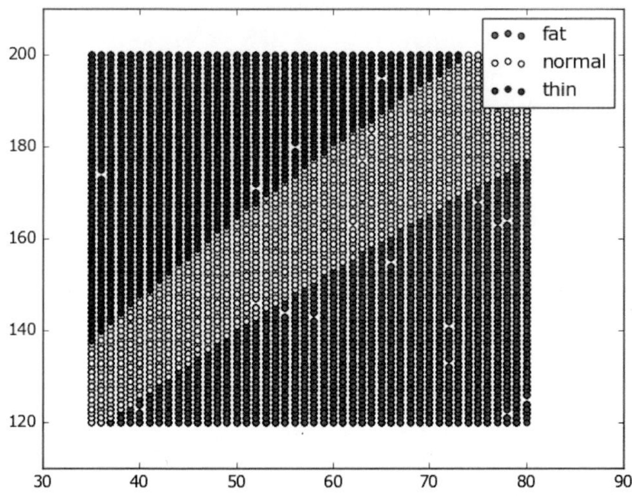

데이터 분포를 그림으로 그린 상태

이 그래프를 그리는 프로그램은 다음과 같습니다.

file: ch4/bmi-plot.py

```
import matplotlib.pyplot as plt
import pandas as pd

# Pandas로 CSV 파일 읽어 들이기
tbl = pd.read_csv("bmi.csv", index_col=2)

# 그래프 그리기 시작
fig = plt.figure()
ax = fig.add_subplot(1, 1, 1)

# 서브 플롯 전용 - 지정한 레이블을 임의의 색으로 칠하기
def scatter(lbl, color):
    b = tbl.loc[lbl]
    ax.scatter(b["weight"],b["height"], c=color, label=lbl)
```

```
scatter("fat",    "red")
scatter("normal", "yellow")
scatter("thin",   "purple")

ax.legend()
plt.savefig("bmi-test.png")
# plt.show()
```

Pandas를 이용해 CSV 파일을 읽어 들이고, 산포도를 그립니다. 또한 서브 플롯을 사용해 색을 구분했습니다.

SVM의 종류

scikit-learn에서는 세 가지 종류의 SVM을 지원합니다. SVC/NuSVC/LinearSVC입니다. 모두 여러 개의 레이블 분류에 사용합니다. SV[M]이 아니라 SV[C]인 것은 Classification(분류)의 앞 글자를 사용했기 때문입니다.

SVC와 NuSVC는 표준적으로 구현된 SVM입니다. 오류 처리 방법이 약간 다르지만 수학적으로는 같습니다. LinearSVC는 선형 커널 특화된 SVM으로 계산이 빠르며, 다양한 옵션을 가지고 있습니다.

이전의 "bmi-test.py"에서는 svm.SVC 알고리즘을 사용했습니다. 이를 `svm.LinearSVC`로 변경하려면 소스코드에서 데이터를 학습하는 부분(※4)을 다음과 같이 수정합니다.

```
# 데이터 학습하기 --- (※4)
clf = svm.LinearSVC()
clf.fit(data_train, label_train)
```

이처럼 간단하게 알고리즘을 변경할 수 있습니다. SVC와 LinearSVC의 실행 속도를 비교해봅시다. 정답률이 약간 떨어지지만 필자의 PC(CPU 1.3GHz / 메모리 8GB)에서 보면 실행 시간이 크게 줄어드는 것을 확인할 수 있습니다.

알고리즘	실행 시간	정답률
SVC	4.212초	0.9968
LinearSVC	1.493초	0.9394

정리

이번 절에서는 SVM의 구조와 SVM을 사용해 비만도를 판정하는 방법, 여러 알고리즘을 선택하는 방법을 살펴봤습니다.

- SVM은 마진 최대화 등의 기술을 사용해 분류 문제를 해결할 때 사용합니다.
- scikit-learn을 이용하면 학습 알고리즘을 쉽게 변경할 수 있습니다.
- SVM에는 SVC/LinearSVC 등의 다양한 알고리즘이 있고 각각의 특징이 다릅니다.

4-6 랜덤 포레스트

머신러닝에서 자주 사용되는 알고리즘으로 "랜덤 포레스트"라는 것이 있습니다. 이는 학습 전용 데이터를 샘플링해서 여러 개의 의사결정 트리를 만들고, 만들어진 의사결정 트리를 기반으로 다수결로 결과를 결정하는 방법입니다.

이번 절에서 배울 내용

- 랜덤 포레스트의 구조
- 머신러닝에서 랜덤 포레스트 사용해보기

알고리즘과 툴

- "랜덤 포레스트" 알고리즘

랜덤 포레스트란?

랜덤 포레스트(Random Forest, Randomized Trees)는 2001년에 레오 브라이만(Leo Breiman)이 제안한 머신러닝 알고리즘입니다. 집단 학습을 기반으로 고정밀 분류, 회귀, 클러스터링 등을 구현하는 것입니다.

학습 전용 데이터를 기반으로 다수의 의사결정 트리를 만들고, 만들어진 의사결정 트리를 기반으로 다수결로 결과를 유도하므로 높은 정밀도를 자랑합니다. 학습 데이터를 무작위로 샘플링해서 만들어진 다수의 의사결정 트리를 사용하기 때문에 랜덤 포레스트라는 이름이 붙은 것입니다.

"의사결정 트리"라는 것은 트리 구조를 하고 있는 그래프인데, 예측과 분류를 수행하는 알고리즘 자체를 의사결정 트리라고 부르기도 합니다. 일반적으로 부정확한 학습 방법이라 약학습 방법으로 분류되지만 집단 학습을 하면 정밀도를 굉장히 높일 수 있습니다.

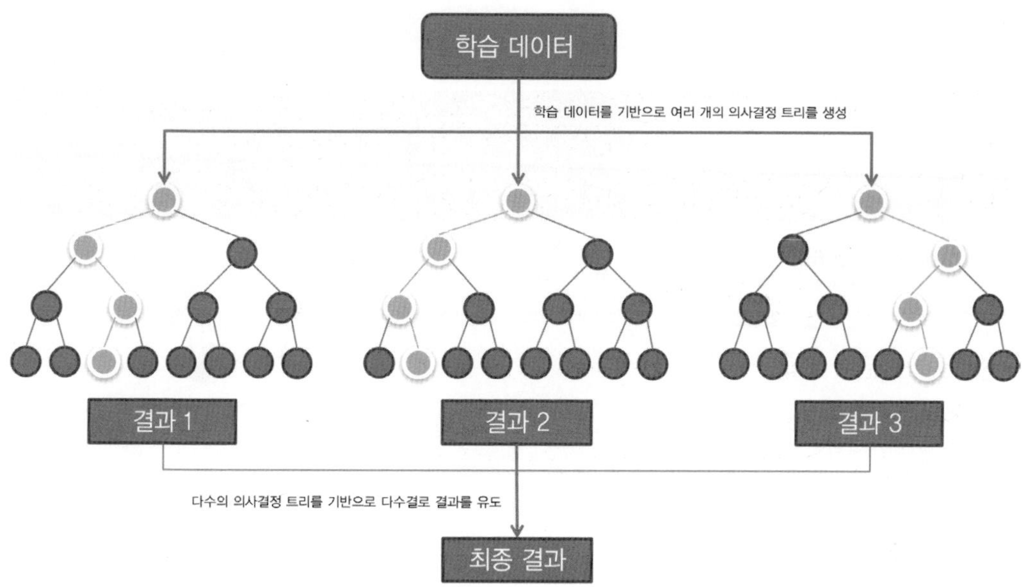

랜덤 포레스트의 구조

랜덤 포레스트 사용하기

그럼 이번 절에서는 UCI 머신러닝 레포지토리에 공개돼 있는 독버섯과 관련된 데이터를 사용해 머신러닝을 해봅시다.

```
UCI 머신러닝 레포지토리 > 버섯과 관련된 데이터
https://archive.ics.uci.edu/ml/datasets/Mushroom
```

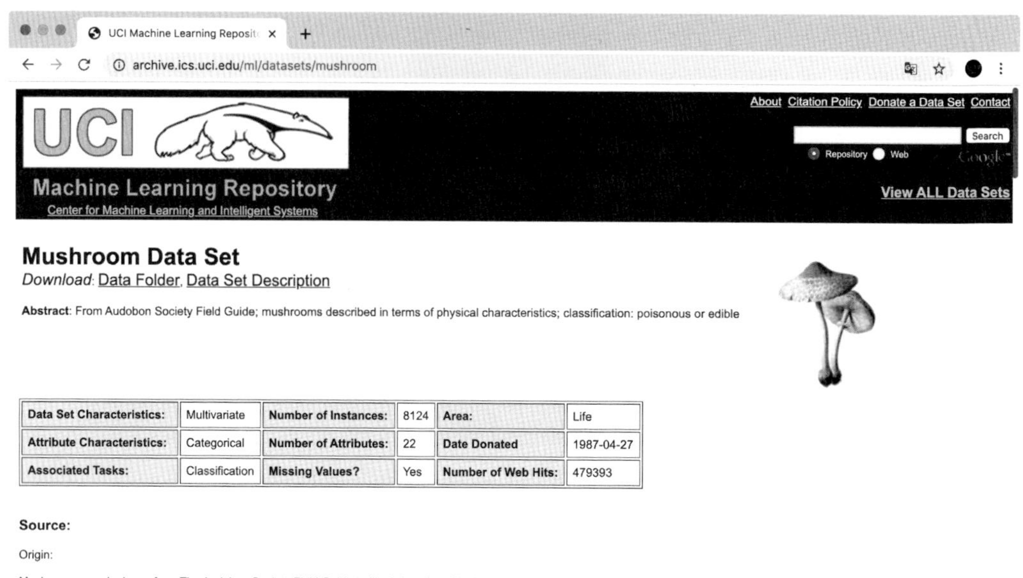

UCI의 버섯 관련 데이터 배포 사이트

이는 8,124종류의 버섯의 특징과 독이 있는지가 적혀 있는 데이터 세트입니다. 이 데이터 세트는 버섯의 특징을 기반으로 독의 유무를 판정하기 위한 것입니다.

그럼 일단 버섯 데이터 세트를 내려받고 데이터 형식을 확인해봅시다. REPL(또는 명령줄)에서 다음 스크립트를 실행해 데이터를 로컬에 저장합니다.

file: ch4/mushroom-download.py

```
import urllib.request as req
local= "mushroom.csv"
url = "https://archive.ics.uci.edu/ml/machine-learning-databases/mushroom/agaricus-lepiota.data"
req.urlretrieve(url, local)
print("ok")
```

프로그램을 실행하면 버섯 데이터가 "mushroom.csv"라는 파일로 저장됩니다. 내려받은 데이터를 보면 다음과 같은 CSV 파일입니다.

```
p,x,s,n,t,p,f,c,n,k,e,e,s,s,w,w,p,w,o,p,k,s,u
e,x,s,y,t,a,f,c,b,k,e,c,s,s,w,w,p,w,o,p,n,n,g
e,b,s,w,t,l,f,c,b,n,e,c,s,s,w,w,p,w,o,p,n,n,m
p,x,y,w,t,p,f,c,n,n,e,e,s,s,w,w,p,w,o,p,k,s,u
e,x,s,g,f,n,f,w,b,k,t,e,s,s,w,w,p,w,o,e,n,a,g
e,x,y,y,t,a,f,c,b,n,e,c,s,s,w,w,p,w,o,p,k,n,g
e,b,s,w,t,a,f,c,b,g,e,c,s,s,w,w,p,w,o,p,k,n,m
...
```

일반적인 사람이라면 무슨 말인지 이해하기 힘들 것입니다. 하나하나 살펴봅시다. 일단 CSV 파일이므로 한줄한줄이 데이터입니다. 따라서 한 줄이 버섯 한 종류를 나타냅니다. 그리고 쉼표로 구분돼 있는 열은 23개인데, 23개의 특징이 알파벳으로 기록돼 있는 것입니다. 예를 들어, 가장 왼쪽의 열은 독의 유무입니다. 독이 있으면 "p(poisonous), 식용이면 "e(edible)"입니다.

두 번째 열은 버섯의 머리 모양입니다. 벨 형태라면 "b", 원뿔 형태라면 "c", 볼록한 형태라면 "x", 평평한 형태라면 "f", 혹 형태라면 "k", 오목한 형태라면 "s"입니다. 네 번째 열은 버섯의 머리 색입니다. 갈색이라면 "n", 황갈색이라면 "b", 연한 갈색이라면 "c", 회색이라면 "g", 녹색이라면 "r", 분홍색이라면 "p", 보라색이라면 "u", 붉은색이라면 "e", 흰색이라면 "w", 노란색이라면 "y"입니다. 이러한 설명은 UCI 사이트에서 확인할 수 있습니다.

머신러닝을 할 때는 이를 어떻게 숫자로 변환하는지가 문제입니다. 일단 각각의 기호가 한 글자라는 것에 주목해서 각 기호를 문자 코드로 변환해서 활용하겠습니다.

다음은 랜덤 포레스트를 사용해 버섯을 분류하는 프로그램입니다[10].

file: ch4/mushroom-train.py

```
import pandas as pd
from sklearn.ensemble import RandomForestClassifier
from sklearn import metrics
from sklearn.model_selection import train_test_split

# 데이터 읽어 들이기--- (※1)
mr = pd.read_csv("mushroom.csv", header=None)

# 데이터 내부의 기호를 숫자로 변환하기--- (※2)
label = []
data = []
attr_list = []
```

10 (엮은이) for 문에 사용한 .ix는 .loc로 바뀌었습니다. 수정한 코드는 https://wikibook.co.kr/pyml-rev/의 예제 코드 링크를 참조하세요.

```
for row_index, row in mr.iterrows():
    label.append(row.ix[0])
    row_data = []
    for v in row.ix[1:]:
        row_data.append(ord(v))
    data.append(row_data)

# 학습 전용과 테스트 전용 데이터로 나누기 --- (※3)
data_train, data_test, label_train, label_test = \
    train_test_split(data, label)

# 데이터 학습시키기 --- (※4)
clf = RandomForestClassifier()
clf.fit(data_train, label_train)

# 데이터 예측하기 --- (※5)
predict = clf.predict(data_test)

# 결과 테스트하기 --- (※6)
ac_score = metrics.accuracy_score(label_test, predict)
cl_report = metrics.classification_report(label_test, predict)
print("정답률 =", ac_score)
print("리포트 =\n", cl_report)
```

버섯이 잘 분류됐을까요? 명령줄에서 실행해봅시다.

```
$ python3 mushroom-train.py
정답률 = 1.0
리포트 =
             precision    recall  f1-score   support
          e       1.00      1.00      1.00      1079
          p       1.00      1.00      1.00       952
avg / total       1.00      1.00      1.00      2031
```

버섯을 분류한 상태

제대로 분류됐습니다. 게다가 정답률이 1.0(100%)입니다.

그럼 곧바로 프로그램을 살펴봅시다. 프로그램의 (※1)에서는 CSV 파일에서 데이터를 읽어 들입니다. 이때도 Pandas를 이용했습니다.

이전에 언급했던 것처럼 CSV 데이터에서 읽은 데이터는 버섯의 특징을 글자로 나타낸 것이므로 글자를 숫자로 변환해야 합니다. 그래서 (※2)에서 문자를 문자 코드로 변환했습니다.

그리고 프로그램의 (※3)에서는 데이터를 학습 전용 데이터와 테스트 전용 데이터로 나눴습니다. (※4)에서는 데이터 학습을 하고, (※5)에서는 테스트 데이터로 테스트합니다. 마지막으로 (※6)에서 정답률을 계산합니다.

이전에 SVM을 사용한 머신러닝 프로그램과 비교해보세요. 프로그램의 (※3) 이후 부분은 거의 같습니다. 다른 부분이라면 (※4)에서 SVM이 아니라 랜덤 포레스트(RandomForestClassifier)를 사용했다는 것입니다.

데이터를 숫자로 변경할 때 주의할 사항

방금 살펴본 예에서는 버섯의 특징을 한 글자로 나타낼 수 있어서 문자 코드로 변환하기 좋았습니다. 그런데 일반적으로 데이터를 숫자로 변경할 때는 주의해야 할 것이 있습니다.

예를 들어, 다음과 같이 데이터에 숫자를 할당했다고 합시다.

```
빨강=1, 파랑=2, 초록=3, 흰색=4
```

이때 숫자가 연속돼 있다고 생각하면 파랑(2)의 2배가 흰색(4)입니다. 그리고 빨강(1)과 파랑(2)은 값이 가깝습니다. 하지만 실제로 이러한 숫자는 그냥 순서대로 할당한 것이므로 아무런 관련성이 없습니다. 따라서 값이 분류를 위한 "분류 변수"인지, 연속된 "연속 변수"인지를 꼭 생각해야 합니다.

각각의 데이터가 상관없다는 것을 나타내기 위해서는 매개변수를 다음과 같은 배열로 나타냅니다.

```
빨강 = 1 0 0 0
파랑 = 0 1 0 0
초록 = 0 0 1 0
흰색 = 0 0 0 1
```

데이터의 용량은 늘어나지만 색끼리 전혀 관련성이 없다면 이렇게 다루는 것이 좋습니다.

이러한 방법으로 버섯의 분류를 변경하고 머신러닝을 수행하는 프로그램은 다음과 같습니다. 물론 이전의 방법으로도 1.0의 정밀도가 나오고 있지만 참고하기 바랍니다.

file: ch4/mushroom-train2.py

```
import pandas as pd
from sklearn.ensemble import RandomForestClassifier
from sklearn import metrics
from sklearn.model_selection import train_test_split

# 데이터 읽어 들이기
mr = pd.read_csv("mushroom.csv", header=None)

# 데이터 내부의 분류 변수 전개하기
label = []
data = []
attr_list = []
for row_index, row in mr.iterrows():
    label.append(row.ix[0])
    exdata = []
    for col, v in enumerate(row.ix[1:]):
        if row_index == 0:
            attr = {"dic": {}, "cnt":0}
            attr_list.append(attr)
        else:
            attr = attr_list[col]
        # 버섯의 특징 기호를 배열로 나타내기
        d = [0,0,0,0,0,0,0,0,0,0,0,0]
        if v in attr["dic"]:
            idx = attr["dic"][v]
        else:
            idx = attr["cnt"]
            attr["dic"][v] = idx
            attr["cnt"] += 1
        d[idx] = 1
        exdata += d
    data.append(exdata)

# 학습 전용 데이터와 테스트 전용 데이터로 나누기
data_train, data_test, label_train, label_test = \
    train_test_split(data, label)

# 데이터 학습시키기
clf = RandomForestClassifier()
clf.fit(data_train, label_train)
```

```
# 데이터 예측하기
predict = clf.predict(data_test)

# 결과 테스트하기
ac_score = metrics.accuracy_score(label_test, predict)
print("정답률 =", ac_score)
```

명령줄에서 실행해봅시다. 당연히 1.0(100%)의 정답률을 보여줍니다.

```
$ python3 mushroom-train2.py
정답률 = 1.0
```

이 프로그램에서는 버섯의 특징을 나타내는 매개변수의 종류가 최대 12개라는 것을 사용했습니다. 그래서 하나의 값을 12개의 요소를 가지는 배열로 표현했습니다. 이때 딕셔너리 자료형(dict)을 사용해 특정 기호를 특정 위치에 배치하게 했습니다.

정리

랜덤 포레스트는 처리가 빠르고, 분류 정밀도도 높다는 장점이 있습니다. 그래서 머신러닝에서 많이 사용되는 알고리즘입니다. scikit-learn을 사용할 때는 알고리즘의 이름을 원하는 대로 변경하기만 하면 사용할 수 있습니다.

- 랜덤 포레스트는 머신러닝에서 자주 사용되는 알고리즘입니다.
- scikit-learn으로 랜덤 포레스트를 사용할 수 있습니다.
- 데이터를 숫자로 변경할 때는 분류 변수인지 연속 변수인지를 생각해야 합니다.

4-7

데이터를 검증하는 방법

학습한 데이터의 결과가 신뢰할 만한 것인지 어떻게 확인할 수 있을까요? 이번 절에서는 모델의 타당성을 검증하는 크로스 밸리데이션에 대해 살펴보겠습니다.

이번 절에서 배울 내용

- 크로스 밸리데이션
- 그리드 서치

알고리즘과 툴

- 크로스 밸리데이션
- 그리드 서치

크로스 밸리데이션

머신러닝 모델의 타당성을 검증하는 방법 중의 하나로 "크로스 밸리데이션(Cross-validation)"이라는 것이 있습니다. 한국어로는 "교차 검증"이라고 부릅니다.

크로스 밸리데이션이란 특정 데이터를 훈련 전용 데이터와 테스트 전용 데이터로 분할한 뒤 훈련 데이터를 활용해 학습하고, 테스트 데이터로 테스트해서 학습의 타당성을 검증하는 방법입니다. 지금까지 계속 사용했던 방법도 크로스 밸리데이션이라고 할 수 있습니다.

크로스 밸리데이션에는 여러 가지 방법이 있는데, K 분할 교차 검증(K-fold cross validation)은 다음과 같이 합니다.

예로 집합 X를 3개로 분할해 A/B/C로 만드는 경우를 생각해봅시다.

(1) 집합 X를 A, B, C로 분할합니다.

(2) A를 테스트 전용 데이터, 나머지 B/C를 훈련 전용 데이터로 사용해 분류 정밀도 s1을 구합니다.

(3) B를 테스트 전용 데이터, 나머지 A/C를 훈련 전용 데이터로 사용해 분류 정밀도 s2를 구합니다.

(4) C를 테스트 전용 데이터, 나머지 A/B를 훈련 전용 데이터로 사용해 분류 정밀도 s3를 구합니다.

(5) 분류 정밀도 s1, s2, s3의 평균을 구해 최종적인 분류 정밀도를 구합니다.

위의 예처럼 3개로 분할하는 방법을 3-fold cross validation이라고 부릅니다.

크로스 밸리데이션 사용해보기

그럼 크로스 밸리데이션을 실제로 해봅시다. 이전에 사용했던 붓꽃 데이터(iris.csv)를 사용하겠습니다.

file: ch4/cross-iris.py

```
from sklearn import svm, metrics
import random, re

# 붓꽃의 CSV 파일 읽어 들이기 --- (※1)
lines = open('iris.csv', 'r', encoding='utf-8').read().split("\n")
f_tonum = lambda n : float(n) if re.match(r'^[0-9\.]+$', n) else n
f_cols  = lambda li: list(map(f_tonum,li.strip().split(',')))
csv = list(map(f_cols, lines))
del csv[0] # 헤더 제거하기
random.shuffle(csv) # 데이터 섞기

# 데이터를 K개로 분할하기 --- (※2)
K = 5
csvk = [ [] for i in range(K) ]
for i in range(len(csv)):
    csvk[i % K].append(csv[i])

# 리스트를 훈련 전용 데이터와 테스트 전용 데이터로 분할하는 함수
def split_data_label(rows):
    data = []; label = []
    for row in rows:
        data.append(row[0:4])
        label.append(row[4])
    return (data, label)

# 정답률 구하기 --- (※3)
def calc_score(test, train):
    test_f, test_l = split_data_label(test)
    train_f, train_l = split_data_label(train)
    # 학습시키고 정답률 구하기
    clf = svm.SVC()
    clf.fit(train_f, train_l)
    pre = clf.predict(test_f)
    return metrics.accuracy_score(test_l, pre)
```

```
# K개로 분할해서 정답률 구하기 --- (※4)
score_list = []
for testc in csvk:
    # testc 이외의 데이터를 훈련 전용 데이터로 사용하기
    trainc = []
    for i in csvk:
        if i != testc: trainc += i
    sc = calc_score(testc, trainc)
    score_list.append(sc)
print("각각의 정답률 =", score_list)
print("평균 정답률 =", sum(score_list) / len(score_list))
```

명령줄에서 실행해봅시다. 이번 예제에서는 데이터를 5개로 분할해서 테스트해봤습니다.

```
$ python3 cross-iris.py
각각의 정답률 = [0.9000000000000002, 0.9666666666666667, 0.9666666666666667, 1.0,
0.9666666666666667]
평균 정답률 = 0.96
```

그럼 프로그램을 살펴봅시다. (※1)에서는 CSV 파일을 읽어 들입니다. CSV 파일을 읽어 들이고, 각 셀의 값을 변환하는 처리에 map과 lambda를 사용했습니다.

이어서 (※2)에서는 데이터를 K개 만큼 분할합니다. K=5로 지정했으므로 리스트를 5개로 분할하게 됩니다.

프로그램의 (※3)에서는 테스트 전용 데이터와 훈련 전용 데이터를 매개변수로 전달하면 이를 기반으로 정답률을 구하는 calc_score() 함수를 정의했습니다. 이 함수는 (※4)에서 호출하는데, K개로 분할한 데이터에 반복을 적용해서 하나하나 테스트합니다. 마지막으로 정답률 평균을 구하고 출력합니다.

scikit-learn의 크로스 밸리데이션 사용해보기

그럼 이번에는 scikit-learn에서 제공하는 크로스 밸리데이션 메서드를 사용해봅시다. 위의 프로그램을 수정하면 다음과 같습니다.

file: ch4/cross-iris2.py

```
import pandas as pd
from sklearn import svm, metrics, model_selection
import random, re
```

```
# 붓꽃의 CSV 데이터 읽어 들이기 --- (※1)
csv = pd.read_csv('iris.csv')

# 리스트를 훈련 전용 데이터와 테스트 전용 데이터로 분할하기 --- (※2)
data = csv[["SepalLength","SepalWidth","PetalLength","PetalWidth"]]
label = csv["Name"]

# 크로스 밸리데이션하기 --- (※3)
clf = svm.SVC()
scores = model_selection.cross_val_score(clf, data, label, cv=5)
print("각각의 정답률 =", scores)
print("평균 정답률 =", scores.mean())
```

이전에 만들었던 프로그램과 비교해보세요.

라이브러리를 사용했을 때 프로그램이 굉장히 간단해졌다는 것을 알 수 있습니다. 그럼 명령줄에서 실행해봅시다.

```
$ python3 cross-iris2.py
각각의 정답률 = [ 0.96666667 1. 0.9666666  0.96666667 1. ]
평균 정답률 = 0.98
```

프로그램을 살펴봅시다. (※1)에서는 Pandas를 사용해 CSV 파일을 읽어 들입니다. (※2)에서는 무작위로 열을 추출합니다. Pandas를 사용하기 때문에 CSV 헤더의 열 이름만 지정하면 되므로 굉장히 간단합니다.

그리고 프로그램에서 가장 중요한 부분은 바로 크로스 밸리데이션을 하는 (※3)입니다. 크로스 밸리데이션을 할 때는 `model_selection.cross_val_score()` 메서드를 사용합니다. 첫 번째 매개변수에 학습 평가기 객체, 두 번째 매개변수에 훈련 전용 데이터, 세 번째 매개변수에 정답 레이블을 지정합니다. cv라는 이름이 붙어있는 매개변수는 몇 개로 분할할 것인지를 나타냅니다. 현재 예제에서는 cv를 5로 지정했으므로 5개로 분할됩니다. 크로스 밸리데이션의 결과는 배열(numpy.ndarray)로 리턴되므로 평균을 쉽게 계산해서 출력할 수 있습니다.

그리드 서치

지금까지 scikit-learn의 학습기 알고리즘을 여러 가지 중에 선택할 수 있다고 소개했습니다.

각 알고리즘에는 여러 개의 매개변수를 지정할 수 있습니다. 적절한 매개변수를 지정하면 정답률이 굉장히 올라갑니다. 따라서 매개변수 튜닝은 굉장히 중요한 작업입니다.

어떤 매개변수가 적절한지 자동으로 조사하는 방법이 있습니다. 바로 "그리드 서치"라고 불리는 방법입니다. 각 매개변수를 적당한 범위 내부에서 변경하면서 가장 성능이 좋을 때의 값을 찾는 방법입니다.

scikit-learn에서는 그리드 서치를 위한 `GridSearchCV()` 메서드가 제공됩니다. 그럼 이 메서드를 사용해 매개변수 튜닝을 해봅시다.

그리드 서치의 예로 이전에 살펴본 MNIST 손글씨 인식 프로그램을 사용해봅시다. 여기서는 데이터를 1000개만 가지고 테스트해볼 텐데, 일단 매개변수 튜닝을 하지 않았을 경우의 정답률은 0.786(78.6%)입니다. 과연 매개변수 튜닝을 했을 때는 정답률이 어느 정도 오를까요?

어쨌거나 다음은 그리드 서치를 사용한 프로그램입니다[11].

file: ch4/grid-mnist.py

```
import pandas as pd
from sklearn import model_selection, svm, metrics
from sklearn.grid_search import GridSearchCV

# MNIST 학습 데이터 읽어 들이기 --- (※1)
train_csv = pd.read_csv("./mnist/train.csv")
test_csv  = pd.read_csv("./mnist/t10k.csv")

# 필요한 열 추출하기 --- (※2)
train_label = train_csv.ix[:, 0]
train_data  = train_csv.ix[:, 1:577]
test_label  = test_csv.ix[:, 0]
test_data   = test_csv.ix[:, 1:577]
print("학습 데이터의 수 =", len(train_label))

# 그리드 서치 매개변수 설정 --- (※3)
params = [
    {"C": [1,10,100,1000], "kernel":["linear"]},
    {"C": [1,10,100,1000], "kernel":["rbf"], "gamma":[0.001, 0.0001]}
]

# 그리드 서치 수행 --- (※4)
clf = GridSearchCV( svm.SVC(), params, n_jobs=-1 )
clf.fit(train_data, train_label)
print("학습기 =", clf.best_estimator_)
```

11 (옮긴이) `GridSearchCV`는 `sklearn.model_selection`으로 이동했습니다. 수정한 코드는 https://wikibook.co.kr/pyml-rev/의 예제 코드 링크를 참조하세요.

```
# 테스트 데이터 확인하기 --- (※5)
pre = clf.predict(test_data)
ac_score = metrics.accuracy_score(pre, test_label)
print("정답률 =",ac_score)
```

명령줄에서 실행해봅시다.

```
$ python3 grid-mnist.py
학습 데이터의 수 = 1000
학습기 = SVC(C=1, cache_size=200, class_weight=None, coef0=0.0,
  decision_function_shape=None, degree=3, gamma='auto', kernel='linear',
  max_iter=-1, probability=False, random_state=None, shrinking=True,
  tol=0.001, verbose=False)
정답률 = 0.866
```

0.786에서 0.866으로 정답률이 개선됐습니다. 1000개의 데이터만 사용했는데도 이 정도의 정답률이 나오는 것은 꽤 많이 좋아진 것입니다. 매개변수 튜닝이 얼마나 중요한 것인지 느낄 수 있을 것입니다. 이처럼 그리드 서치를 이용하면 정답률과 함께 최적의 매개변수 값을 확인할 수 있습니다.

그럼 프로그램을 살펴봅시다. 프로그램의 (※1)에서는 Pandas를 사용해 MNIST 손글씨 데이터를 읽어 들입니다. 이어서 (※2)에서는 필요한 열을 추출합니다.

프로그램의 (※3)에서는 그리드 서치의 매개변수 후보를 지정합니다. 테스트 전용 리스트를 만들었습니다. 이어서 (※4)에서 실제로 그리드 서치를 수행합니다. n_jobs로 병렬 계산할 프로세스 수를 지정할 수 있습니다. 현재 예제에서는 -1을 지정했는데, 이렇게 지정하면 자동으로 코어의 수에 맞게 프로세스 수를 정해줍니다.

이처럼 그리드 서치를 이용하면 최적의 매개변수를 확인할 수 있습니다. 다만 프로그램을 직접 실행해 보면 알 수 있겠지만 처리하는 데 시간이 꽤 오래 걸립니다. 이는 어쩔 수 없는 일입니다.

정리

이번 절에서는 크로스 밸리데이션에 대해 소개했습니다. 크로스 밸리데이션의 기본적인 구조와 실제로 사용하는 방법을 다뤘는데, K 분할 교차 검증(K-fold cross validation)을 이용하면 K번의 정답률의 평균을 구할 수 있으므로 더욱 신뢰성 있는 값을 도출할 수 있습니다.

- 크로스 밸리데이션을 이용하면 머신러닝 모델의 타당성을 검증할 수 있습니다.
- 그리드 서치를 이용하면 더 좋은 매개변수를 자동으로 찾을 수 있습니다.

5장

딥러닝

머신러닝에 대해 배웠으므로 이제 딥러닝을 살펴보겠습니다. 이번 장에서는 TensorFlow를 이용해 딥러닝을 합니다. 또한 TensorFlow와 함께 사용하면 편리한 각종 라이브러리를 살펴봅니다.

5-1

딥러닝 개요

딥러닝(Deep Learing)이란 여러 층을 가진 신경망(Neural Network)을 사용해 머신러닝을 수행하는 것을 의미합니다. 딥러닝은 머신러닝의 한 종류라고 할 수 있습니다. 최근 딥러닝이 굉장히 크게 주목받고 있는데, 무엇 때문에 주목받고 있는 것일까요? 이번 절에서는 딥러닝이 무엇인지 살펴봅시다.

이번 절에서 배울 내용

- 딥러닝
- 딥러닝의 기본적인 구조

알고리즘과 툴

- 신경망
- 딥러닝
- TensorFlow

딥러닝

딥러닝은 머신러닝의 한 종류입니다. 전혀 다른 것이 아닙니다. 오히려 지금까지 배웠던 것에서 다른 몇 가지를 추가해 활용한다는 정도로 생각하는 것이 좋을 것입니다. 어쨌거나 최근 딥러닝이 굉장히 많은 주목을 받고 있습니다. 왜 그럴까요?

딥러닝이 주목받기 시작한 때는 2012년에 개최된 이미지 인식 대회 "ILSVRC(ImageNet Large Scale Visual Recognition Competition)"라고 말합니다. 이 대회는 2010년부터 매년 개최되고 있으며, 다양한 대규모 영상 인식/분류 소프트웨어들이 나오는 대회입니다.

ImageNet에서 공개한 비행기, 피아노 등의 다양한 이미지 데이터를 학습시키고, 이를 기반으로 새로운 사진을 보여줬을 때 어느 정도의 정밀도로 사진을 인식할 수 있는지로 경쟁하는 대회입니다.

2012년에 캐나다 토론토 대학의 제프리 힌튼 교수가 이끈 팀이 딥러닝을 사용해 2등과 굉장한 점수 차이를 두고 1등을 해서 딥러닝이 본격적인 주목을 받게 됐습니다. 2013년에는 상위권의 팀이 대부분 딥러닝을 사용했으며, 2014년에는 구글이 딥러닝을 활용해 우승했습니다.

불과 몇 년 만에 딥러닝 덕분에 물체 인식 분야의 인식력이 압도적으로 발전했습니다.

이어서 딥러닝은 이미지 인식, 음성 인식 분야뿐 아니라 자연 언어 처리 등의 다양한 분야에 활용되며 큰 성과를 내고 있습니다. 그만큼 딥러닝이라는 것 자체가 굉장히 큰 성능을 보여준다는 뜻입니다.

사실 딥러닝의 개념은 1980년대부터 있었지만 현대에 와서 컴퓨터의 성능이 좋아지고 비즈니스적으로 크게 성공하면서 지금과 같이 주목받게 된 것입니다.

기존의 이미지 인식과 딥러닝을 이용한 이미지 인식의 차이

그럼 지금까지의 이미지 인식과 딥러닝을 이용한 이미지 인식은 무엇이 다른 것일까요?

가장 큰 차이점은 "특징량 추출"입니다. 기존 방법에서는 사람이 이미지 내부에 있는 특징을 하나하나 지정해야 했습니다. 하지만 딥러닝에서는 학습 데이터에서 기계가 자동으로 특징을 추출한다는 점이 다릅니다. 지금까지는 인간이 하나하나 가르쳐야 했지만 딥러닝을 이용하면 기계가 자동으로 특징을 학습할 수 있다는 것입니다.

예를 들어, 사과와 포도를 판별하는 경우를 예로 들겠습니다. 지금까지는 사람이 직접 "색에 주목해서 살펴봐!"라고 직접적으로 특징을 지정했습니다. 하지만 딥러닝을 사용해 대량의 데이터를 학습시키면 이러한 특징을 기계가 직접 찾아냅니다. 이때 특징이 색이 될 수도 있고, 모양이 될 수도 있습니다.

신경망

지금까지 설명한 신경망(뉴럴 네트워크)은 인간의 신경망을 본따 만든 네트워크 구조를 의미합니다. 컴퓨터에게 학습 능력을 갖게 해서 여러 가지 문제를 해결하기 위한 접근 방법이라고 할 수 있습니다.

인간의 뇌에는 수많은 신경 세포(뉴런)가 있습니다. 하나의 뉴런은 다른 뉴런에게서 신호를 받고, 다른 뉴런에게 신호를 전달하는 역할밖에 없습니다. 뇌는 이러한 신호의 흐름을 기반으로 다양한 정보를 만들어냅니다. 이를 컴퓨터로 구현한 것이 바로 신경망입니다.

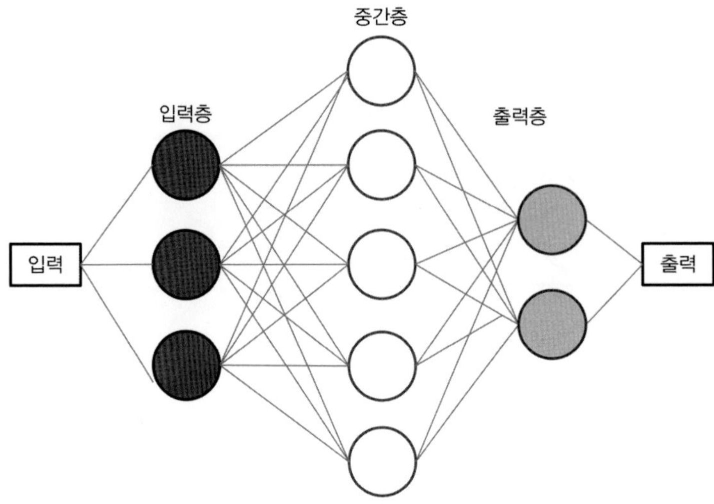

신경망

신경망은 여러 뉴런이 연결돼 있는 구조를 가지고 있는 망(네트워크)입니다. 위의 그림에서 입력층에 학습시키고 싶은 데이터를 입력합니다. 입력하면 데이터들이 입력층, 중간층(은폐층), 출력층을 지나며 처리가 일어나고 최종적인 결과가 출력됩니다. 이때 뉴런을 본따 만든 유닛(위의 그림에서 각각의 원)은 여러 입력을 받지만 이러한 입력에 따라 하나의 다른 유닛으로만 출력을 보냅니다.

이러한 신경망을 3개 이상 중첩하면 "깊은 신경망(Deep Neural Network: DNN)"이라고 부르는데, 이를 활용한 기계 학습을 딥러닝이라고 부릅니다. 딥러닝은 대량의 데이터를 입력해서 학습시킵니다. 학습이란 이러한 뉴런의 접속 가중치를 조정하는 것을 의미합니다.

퍼셉트론

신경망을 이해하려면 퍼셉트론(Perceptron)이란 인공 뉴런을 알아야 합니다. 퍼셉트론은 프랑크 로젠블라트(Frank Rosenblatt)가 1957년에 고안한 것으로, 비교적 단순한 구조를 가지고 있지만 현재 기계 학습의 기초가 되는 중요한 개념입니다.

일단 입력층과 출력층만으로 구성된 다음과 같은 단순 퍼셉트론(Simple Perceptron)에 대해 생각해봅시다.

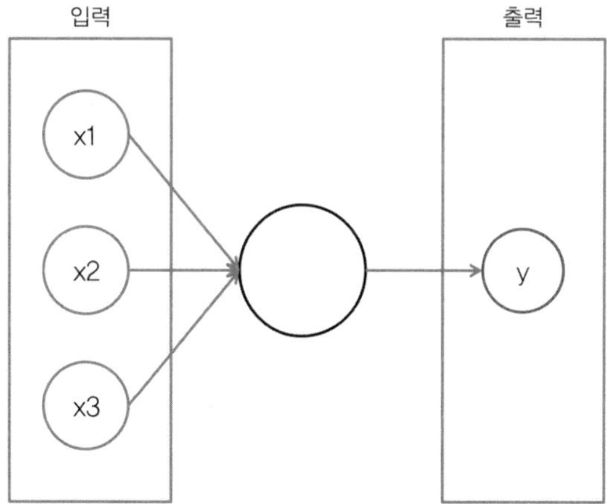

단순한 퍼셉트론

현재 그림에서 퍼셉트론은 x1, x2, x3라는 3개의 입력을 가지고, y라는 출력을 가지고 있습니다. 각 입력에는 0 또는 1을 입력하기로 했으며, 출력에서는 0 또는 1의 출력이 나옵니다. 그럼 어떻게 입력을 기반으로 출력을 정해야 할까요?

쉬운 예로 새로운 스마트폰을 구매해야 할지에 대해 살펴봅시다. 새로운 스마트폰을 구매하겠다고 할 때는 출력 y에 1, 구매하지 않겠다고 할 때는 출력 y에 0이 들어갑니다. 입력은 새로운 스마트폰을 사도 좋을지와 관련된 요인들을 줍니다.

- 이번 달의 수입이 충분한가?(x1)
- 최신 기능을 가지고 있는가?(x2)
- 기존의 스마트폰에 문제가 있는가?(x3)

이러한 조건이 대충 절반 이상(2개) 만족한다는 이유로 스마트폰을 구입해도 될까요?

조금 더 생각해봅시다. 어떤 사람이 엄청난 부자라면 첫 번째 조건(x1)의 수입과 관련된 조건은 의미 없을 것입니다. 또한 수입이 적더라도 현재 스마트폰이 고장 나서 세 번째 조건(x3)이 정말로 중요해지는 경우도 있을 것입니다. 따라서 단순히 "몇 개의 조건을 만족한다"라는 것만으로는 최종적인 판단을 할 수 없습니다. 그래서 퍼셉트론은 각 입력에 대해 가중치(W)라는 매개변수를 도입했습니다.

입력 x1, x2, x3에 대한 가중치를 W1, W2, W3라고 했을 때 부자라면 (W1=1, W2=8, W3=3)처럼 가중치를 설정할 것입니다. 지금 사용하는 스마트폰에 문제가 생긴 사람이라면 (W1=3, W2=2, W3=8)처럼 가중치를 설정할 것입니다. 또한 정기적으로 최신 스마트폰을 구입하는 사람이라면 (W1=3, W2=6, W3=5)처럼 설정돼 있을 수 있습니다.

이를 기반으로 구입할지 검토하는 역치(선택의 기준이 되는 값)를 b라고 하면 다음과 같이 코드로 나타낼 수 있을 것입니다.

```
if (x1 * W1) + (x2 * W2) + (x3 * W3) > b:
  # 구매
else:
  # 구매하지 않음
```

이러한 형태에서 가중치와 역치를 변경하면 의사결정을 상황에 맞게 내릴 수 있을 것입니다. 퍼셉트론에 여러 가지 정보를 고려해서 가중치를 변경하다 보면 어떤 정도의 가중치가 좋은 결정을 내리는지 알 수 있을 것입니다. 이처럼 퍼셉트론 하나만으로도 나름의 좋은 결정을 만들어 낼 수 있습니다. 따라서 이러한 퍼셉트론을 여러 개 조합하면 더 복잡한 것들을 판단할 수 있게 됩니다.

퍼셉트론을 대충 이해했다면 이전의 신경망 그림을 살펴봅시다. 퍼셉트론이 여러 개 조합돼 있는 구조입니다. 따라서 복잡한 판단을 할 수 있습니다.

처음에 언급했던 것처럼 딥러닝은 머신러닝의 한 분야입니다. 따라서 기본적인 방법은 모두 같습니다. 지금까지의 교사 학습처럼 모델을 훈련하기 위한 데이터와 레이블을 넣어 모델을 학습시키면 됩니다. 그럼 다음 절부터 TensorFlow를 사용해 실제로 딥러닝을 해보겠습니다.

정리

이번 절에서는 간단하게 딥러닝이 무엇인지 살펴봤습니다.

- 딥러닝은 머신러닝의 일종입니다.
- 딥러닝으로 인해 이미지 인식의 정밀도가 굉장히 향상됐습니다.
- 신경망은 사람의 두뇌를 모방해서 만든 것입니다.

5-2 TensorFlow 설치하기

TensorFlow는 구글이 오픈소스로 공개한 머신러닝 라이브러리입니다. 딥러닝을 비롯해 다양한 머신러닝에 사용되고 있습니다. 일단 TensorFlow의 기본적인 사용법을 살펴봅시다.

이번 절에서 배울 내용

- TensorFlow
- TensorFlow 설치
- 간단한 계산 방법

알고리즘과 툴

- TensorFlow

TensorFlow

TensorFlow(텐서 플로우)는 대규모 숫자 계산을 해주는 라이브러리입니다. 머신러닝과 딥러닝에 많이 사용되고 있어서 그러한 것을 목적으로 하는 도구라고 생각하는 경우가 많은데, 실제로는 다양한 숫자 계산을 할 수 있는 범용적인 라이브러리입니다.

이름 앞에 붙어 있는 Tensor(텐서)는 다차원 행렬 계산을 의미합니다. 따라서 다차원 행렬 계산을 흐르게 한다는 의미입니다.

라이선스는 상업적인 용도로 사용할 수 있는 오픈소스(Apache 2.0)입니다. 따라서 기업, 개인, 연구기관을 불문하고 모든 곳에서 자유롭게 사용할 수 있습니다. 필자가 책을 집필하는 시점에서 가장 인기 있는 머신러닝 라이브러리입니다. 자료가 굉장히 많다는 것이 특징입니다.

TensorFlow 자체는 C++로 만들어진 라이브러리입니다. 다만 파이썬을 사용해서 호출할 때 오버헤드가 거의 없는 구조로 설계돼 있습니다. 앞으로 배우겠지만 간단하게 말해서 TensorFlow는 일단 계산식을 모두 만들어 놓고, 데이터를 하나하나 넣으며 실행하는 구조입니다.

또한 TensorFlow는 숫자 계산을 해주는 범용적인 라이브러리지만 영상 처리 라이브러리도 일부 있습니다. 다만 이미지 처리와 음향 처리 등을 할 때는 추가적으로 이미지 처리에 특화된 OpenCV 라이브러리 등과 함께 사용합니다.

TensorFlow 웹 사이트

TensorFlow 웹 사이트
[URL] https://www.tensorflow.org/

설치 방법

이번 절에서는 Ubuntu Linux(vagrant 또는 Docker) 이미지로 설치하는 방법과 Ubuntu/Unix에 곧바로 TensorFlow를 설치하는 방법을 살펴보겠습니다.

Ubunt(리눅스)에 설치하기

가상 환경 또는 호스트 PC에 Ubuntu를 설치하는 방법을 소개하겠습니다. 일단 부록을 참고해서 Ubuntu에 파이썬(Anaconda)을 설치합니다.

그리고 명령줄에서 다음 명령어를 실행합니다.

```
# pip 업데이트
$ sudo pip install -U pip
# Tensorflow(CPU 버전) 설치
$ pip install -U tensorflow
# 추가 라이브러리
$ pip install -U h5py graphviz pydot
```

macOS에 설치하기

macOS에서도 Ubuntu와 마찬가지로 pyenv와 anaconda를 설치하면 됩니다. 일단 macOS 패키지 매니저인 Homebrew를 설치합시다.

```
/bin/bash -c "$(curl -fsSL https://raw.githubusercontent.com/Homebrew/install/HEAD/install.sh)"
```

안내에 따라 Xcode와 Command Line Tools도 설치해주세요. 이어서 pyenv와 Anaconda를 설치합니다.

```
# pyenv 설치
$ brew update
$ brew install pyenv
# pyenv 경로 설정
$ echo 'eval "$(pyenv init -)"' >> ~/.bash_profile
$ exec $SHELL -l
# Python3 설치
$ pyenv install anaconda3-5.2.0
# Python3 활성화
$ pyenv global anaconda3-5.2.0
$ pyenv rehash
# pip 명령어 설치
$ easy_install pip
```

마지막으로 TensorFlow를 설치합니다.

```
# pip 업데이트
$ pip install -U pip
# Tensorflow(CPU 버전) 설치
$ pip install -U tensorflow
# 추가 라이브러리
$ pip install -U h5py graphviz pydot
```

설치가 제대로 됐는지 확인하기

설치가 완료되면 TensorFlow가 제대로 설치됐는지 확인해봅시다. 파이썬 대화 환경인 REPL을 사용해봅시다.

```
# REPL 실행하기
$ python3
```

"〉〉〉"라고 표시된 부분에 소스코드를 입력합니다. 다음 코드는 설치된 TensorFlow의 버전을 화면에 출력합니다.

```
>>> import tensorflow as tf
>>> tf.__version__
```

첫 번째 줄에서 오류가 발생하면 TensorFlow가 제대로 설치되지 않은 것입니다. 다시 설치하기 바랍니다.

TensorFlow로 간단한 계산해보기

그럼 TensorFlow로 간단한 계산을 해봅시다. 다음은 TensorFlow를 사용해 간단한 덧셈을 하는 프로그램입니다[1].

1 (엮은이) 텐서플로 2.X 코드는 https://wikibook.co.kr/pyml-rev/의 예제 코드 링크를 참고하세요.

file: ch5/calc1.py

```
# TensorFlow 추출하기 --- (※1)
import tensorflow as tf

# 상수 정의 --- (※2)
a = tf.constant(1234)
b = tf.constant(5000)

# 계산 정의 --- (※3)
add_op = a + b

# 세션 시작하기 --- (※4)
sess = tf.Session()
res = sess.run(add_op) # 식 평가하기
print(res)
```

명령줄에서 실행해봅시다.

```
$ python3 calc1.py
6234
```

그럼 프로그램을 확인해봅시다. 프로그램의 (※1)에서는 TensorFlow를 읽어 들입니다. TensorFlow의 좋은 점이라고 할 수 있는데, TensorFlow를 사용할 때는 별도의 계산 서버를 따로 실행할 필요 없이 파이썬 프로세스 내부에서 곧바로 실행할 수 있습니다. 다만 프로세스를 실행해야 하므로 프로그램 실행에 시간이 약간 걸립니다.

프로그램의 (※2)에서는 TensorFlow 내부에 상수를 정의합니다. 변수 a에는 1234, b에는 5000이라는 값을 정의했습니다. 이어서 (※3)에서 덧셈하는 계산을 정의합니다. 중요한 점은 이때는 TensorFlow는 덧셈을 하는 것이 아니라 덧셈이라는 계산을 정의할 뿐이라는 것입니다. 변수 add_op에 대입되는 것은 덧셈 결과로 나오는 상수가 아니라 데이터 플로 그래프라는 객체입니다.

그리고 프로그램의 (※4)에서는 TensorFlow로 계산을 실행하기 위한 세션을 실행합니다. 세션을 시작하려면 데이터 플로 그래프를 run() 메서드의 매개변수로 전달합니다. 이렇게 하면 계산이 시작됩니다.

간단한 프로그램이지만 계산 처리를 "그래프"라는 객체로 구축하고, 이러한 그래프를 실행하는 TensorFlow의 흐름을 기억하기 바랍니다.[2]

2 (옮긴이) TensorFlow 2.X는 즉시 실행(eager) 방식을 기본으로 하여, 그래프를 생성하지 않아도 텐서를 만들고 값을 계산할 수 있습니다.

간단한 계산

중요한 내용이니 간단한 계산을 하나 더 해보겠습니다.

file: ch5/calc2.py

```
# TensorFlow 읽어 들이기 --- (※1)
import tensorflow as tf

# 상수 정의하기 --- (※2)
a = tf.constant(2)
b = tf.constant(3)
c = tf.constant(4)

# 연산 정의하기 --- (※3)
calc1_op = a + b * c
calc2_op = (a + b) * c

# 세션 시작하기 --- (※4)
sess = tf.Session()
res1 = sess.run(calc1_op) # 식 평가하기
print(res1)
res2 = sess.run(calc2_op) # 식 평가하기
print(res2)
```

명령줄에서 실행해봅시다.

```
$ python3 calc2.py
14
20
```

계산식이 조금 복잡해졌지만 프로그램 자체는 거의 같습니다. (※1)에서 TensorFlow 모듈을 읽어 들이고, (※2)에서 상수를 정의하고, (※3)에서 계산식을 정의하고, (※4)에서 세션을 시작하고 `run()` 메서드로 계산을 했습니다.

정리

이번 절에서는 TensorFlow를 설치하고 간단한 계산을 하는 방법을 소개했습니다. 이처럼 TensorFlow를 사용하면 계산과 그래프를 정의하고, 이후에 계산을 한 번에 실행하는 형태로 사용합니다.

- ➔ TensorFlow는 상업적 사용이 가능한 라이선스로 배포되고 있습니다.
- ➔ TensorFlow는 pip 명령어로 설치합니다.

5-3

Jupyter Notebook

이전 절에서 TensorFlow를 설치했습니다. 이번 절에서는 TensorFlow를 사용하다가 문제가 발생했을 때 사용할 수 있는 Jupyter Notebook에 대해 살펴보겠습니다. Jupyter Notebook은 웹 브라우저에서 사용하는 대화형 파이썬 환경입니다.

이번 절에서 배울 내용

- Jupyter Notebook
- 시각적으로 머신러닝 살펴보기

알고리즘과 툴

- Jupyter Notebook

Jupyter Notebook 설치하고 실행하기

pip 명령어를 사용해 Jupyter Notebook을 설치합니다.

```
$ pip3 install --upgrade pip
$ pip3 install jupyter
```

설치가 완료되면 Jupyter Notebook을 실행해봅시다. 명령줄에서 다음 명령어를 입력하면 실행됩니다.

```
$ jupyter notebook
```

웹 브라우저가 자동으로 열리고 Jupyter Notebook이 나옵니다. 만약 웹 브라우저가 자동으로 실행되지 않으면 웹 브라우저를 열고 콘솔에 출력되는 주소인 "localhost:8888"에 접근해주세요[3].

3 (옮긴이) 도커에서 사용할 때는 "-p 8888:8888" 옵션을 추가해야 합니다. 또한 도커에서 실행할 때는 "jupyter-notebook --allow-root --ip 0.0.0.0 --no-browser"로 실행해주세요. 이어서 명령어 실행 후 나오는 URL을 윈도우의 웹 브라우저에서 들어가주세요.

Jupyter Notebook이 실행된 상태

Vagrant/VirtualBox에서 Ubuntu를 실행하고 있을 경우 Vagrantfile에 다음과 같이 입력하고, "vagrant reload"로 다시 실행합니다.

```
  ...생략...
  config.vm.network "private_network", ip: "192.168.33.33"
  ...생략...
end
```

이후에 다음 명령어를 실행해 IP 제한을 무효화하고, Jupyter Notebook을 실행합니다.

```
$ jupyter notebook --ip=* --no-browser
```

이후에 웹 브라우저를 실행하고, "http://192.168.33.33:8888/?token=xxx"에 들어갑니다. 이때 명령행에 출력된 URL의 "?token=xxx" 부분을 복사해서 사용해주세요.

새 노트 만들기

Jupyter Notebook은 노트 내부에서 프로그램 또는 도큐먼트를 만들 수 있습니다. 일단 새로운 노트를 생성하겠습니다. 화면 오른쪽에 있는 "New"라는 버튼을 클릭하고, "Python3"를 선택합니다. 이렇게 하면 새 노트가 만들어집니다.

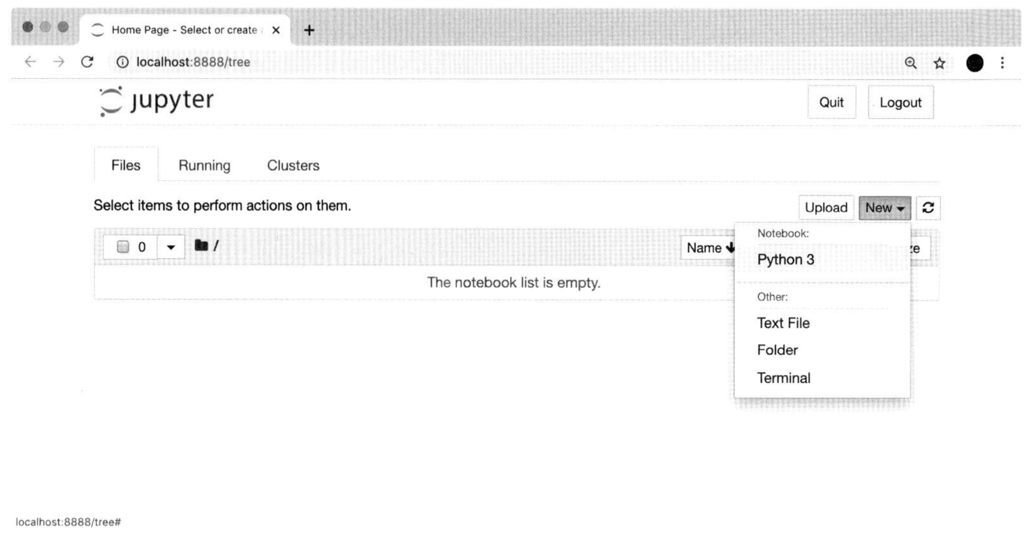

새 노트 만들기

새로운 노트가 만들어지면 In[]이라는 레이블과 함께 텍스트 상자가 나옵니다. 여기에 파이썬 코드를 입력하고 위에 있는 실행 버튼을 클릭(또는 화면 위의 메뉴에서 [Cell] → [Run Cells]를 클릭)합니다.

이렇게 하면 파이썬 대화 환경(REPL)과 마찬가지로 소스코드가 실행되고, Out에 실행 결과가 출력됩니다. 일단 간단하게 변수 val에 1500을 대입하고, val을 출력해 보겠습니다.

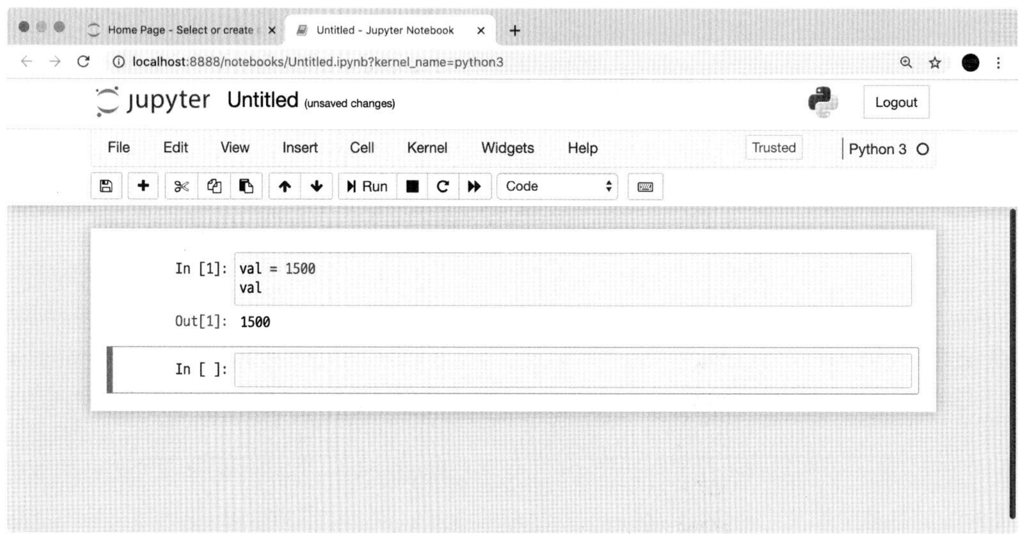

대화 환경 REPL처럼 사용하면 됩니다.

다시 In[]이라는 레이블이 출력되며, 소스코드를 입력하는 텍스트 상자가 나옵니다. 이전에 이어서 계속 소스코드를 입력할 수 있습니다. Jupyter에서는 이러한 하나하나의 입력을 셀(Cell)이라는 단위로 표현합니다.

주석과 문서 입력하기

Jupyter Notebook은 프로그램을 대화 환경으로 실행해주는 것뿐만 아니라 주석 또는 문서를 프로그램 사이에 삽입하는 기능도 제공합니다. 머신러닝과 관련된 것을 실행할 때 중간중간에 메모, 깨달은 것, 아이디어 등을 적을 수 있습니다.

주석은 마크다운(Markdown) 형식으로 작성할 수 있습니다. In[]이 출력됐을 때 화면 위의 메뉴에서 [Cell] → [Cell Type] → [Markdown]을 클릭합니다.

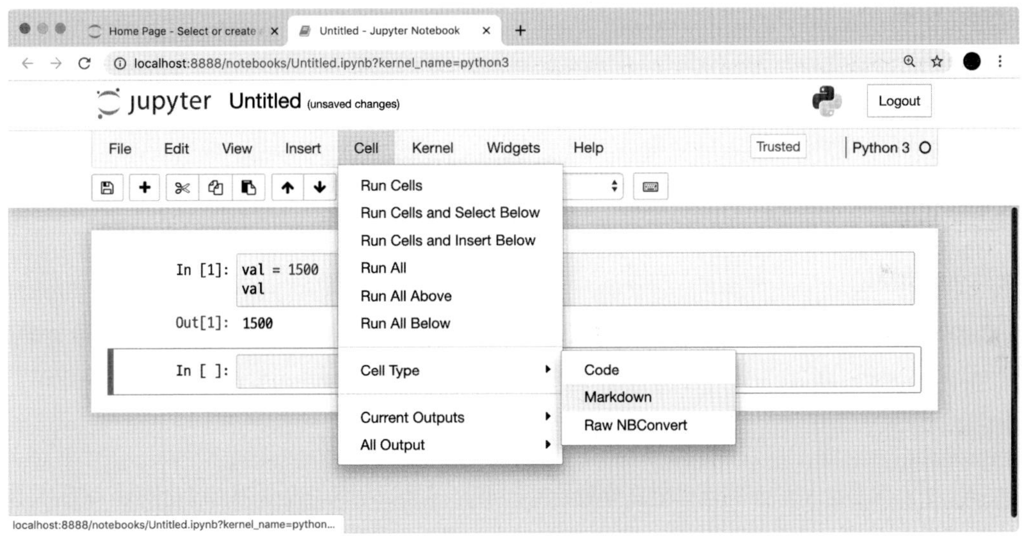

노트 타입 변경하기

주석을 입력할 때 다음과 같이 "#" 또는 "-"으로 시작하는 구문은 색상 하이라이트가 적용됩니다.

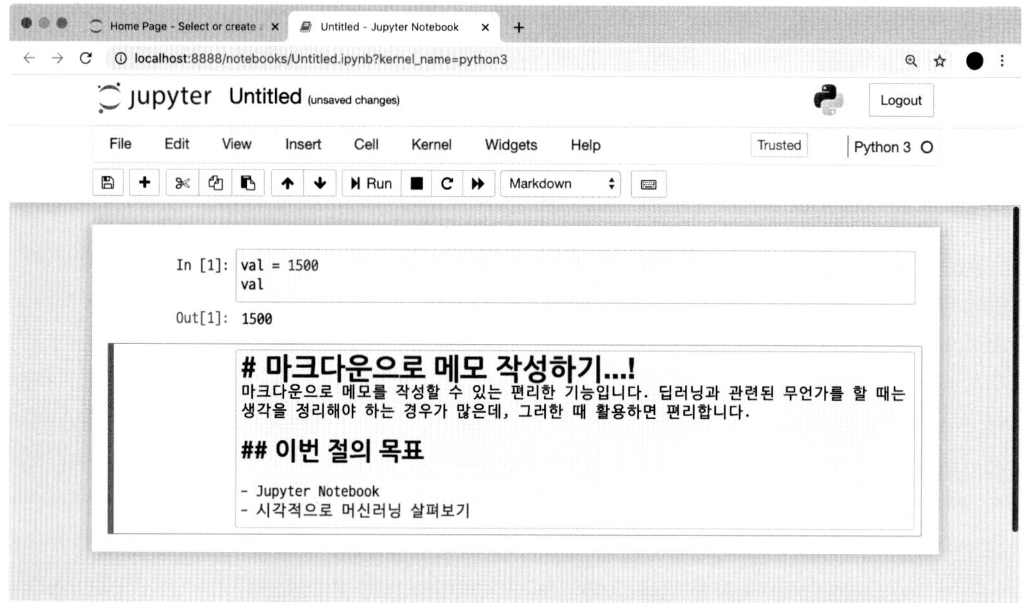

마크다운으로 메모 적기

주석 아래에 셀을 추가하려면 화면 위의 메뉴에서 [Insert] → [Insert Cell Below]를 클릭합니다.

노트 저장하기

노트를 저장하려면 화면 위의 저장 버튼(플로피 디스크 모양의 아이콘)을 클릭하거나 메뉴에서 [File] → [Save and Checkpoint]를 클릭합니다. 파일 이름을 변경하려면 화면 위의 Untitled를 클릭하거나, 메뉴에서 [File] → [Rename…]을 클릭합니다.

노트의 저장 버튼을 누르면 체크 포인트가 만들어집니다. 체크 포인트가 만들어지면 언제나 해당 시점으로 복원할 수 있습니다. 버전 관리가 된다고 생각하면 쉽게 이해할 수 있을 것입니다.

원하는 복원 시점으로 돌리고 싶을 때는 메뉴에서 [File] → [Revert to Checkpoint] → [〈복원하고 싶은 시점〉]을 클릭합니다.

출력이 제대로 되지 않는 경우

파이썬 대화 환경보다 Jupyter가 편리한 점이라면 이미 실행된 내용을 변경하고 다시 실행할 수 있다는 것입니다. In[〈숫자〉] 부분의 텍스트 상자를 수정하고 실행 버튼을 다시 누르면 소스코드가 다시 실행되며 결과를 출력합니다. 다만 여러 번 이러한 과정을 반복하다 보면 출력이 이상하게 나오는 경우가 있습니다.

이럴 때는 메뉴에서 [Kernel] → [Restart]를 클릭해서 파이썬 대화 실행 엔진을 다시 실행해주세요.

파이썬 이외의 언어 지원

이 책과는 관계 없는 내용이지만 Jupyter는 파이썬 뿐만 아니라 루비, 루아, 자바스크립트 같은 다른 언어 실행 환경으로도 사용할 수 있습니다. 이 책에서 자세히 다루지는 않지만 인터넷에서 "jupyter ruby"처럼 뒤에 해당 프로그래밍 언어를 붙여 검색하면 관련 내용을 찾을 수 있을 것입니다.

데이터 시각화

Jupyter Notebook에서는 matplotlib를 이용해 데이터 시각화 결과를 인라인 출력으로 곧바로 확인할 수 있습니다.

matplotlib 출력을 인라인으로 확인하려면 일단 다음과 같은 코드를 셀에 입력해야 합니다.

```
%matplotlib inline
import matplotlib.pyplot as plt
```

예를 들어, 숫자 연산 라이브러리 numpy를 사용해 적당한 그래프를 그려보겠습니다. 다음을 셀에 입력하고 실행 버튼을 누릅니다.

```
import numpy as np
x = np.arange(-20, 20, 0.1)
y = np.sin(x)
plt.plot(x, y)
```

4줄의 코드만으로 사인 파형 그래프를 그려봤습니다.

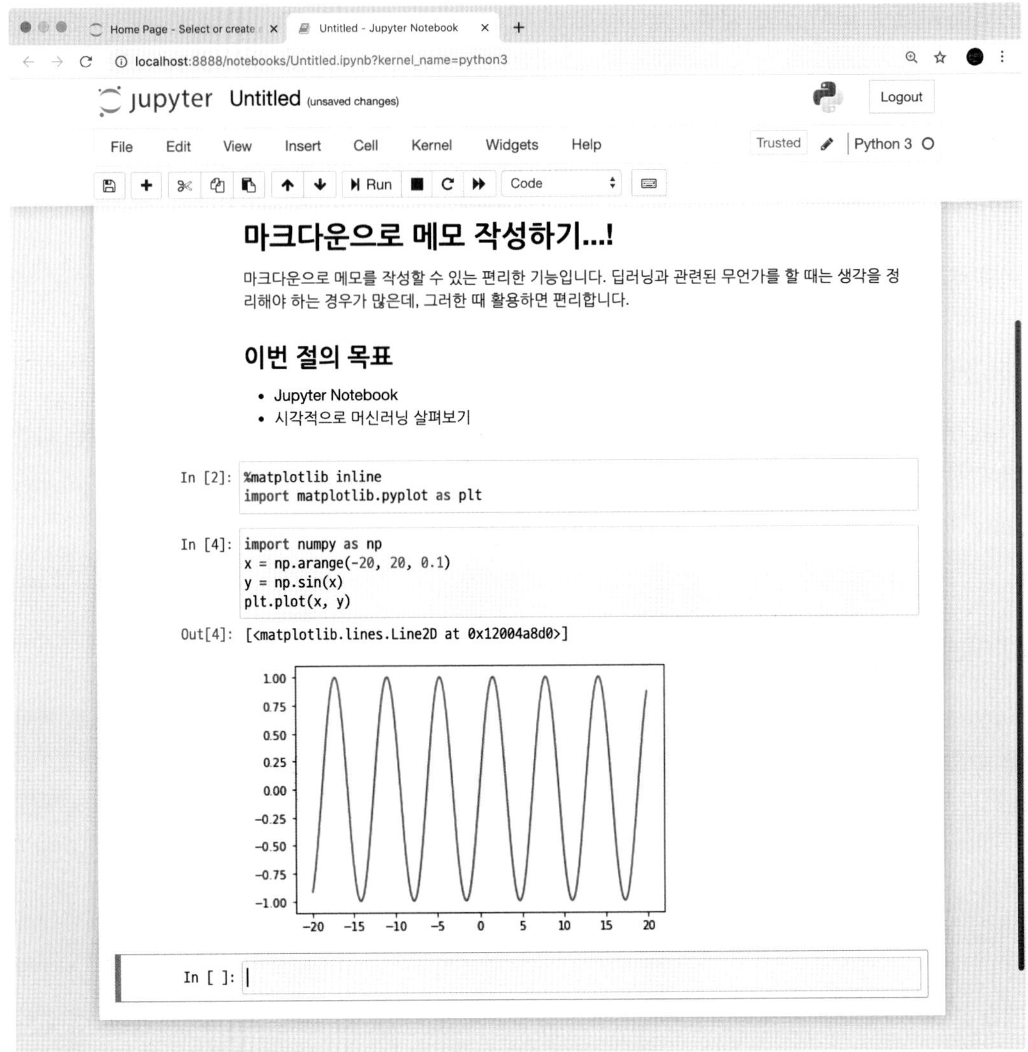

matplotlib 이미지를 인라인으로 출력한 상태

다음은 4장에서 살펴본 BMI 그래프를 Jupyter Notebook에서 출력한 예입니다. Jupyter Notebook을 이용하면 프로그램의 결과를 이처럼 쉽게 볼 수 있습니다.

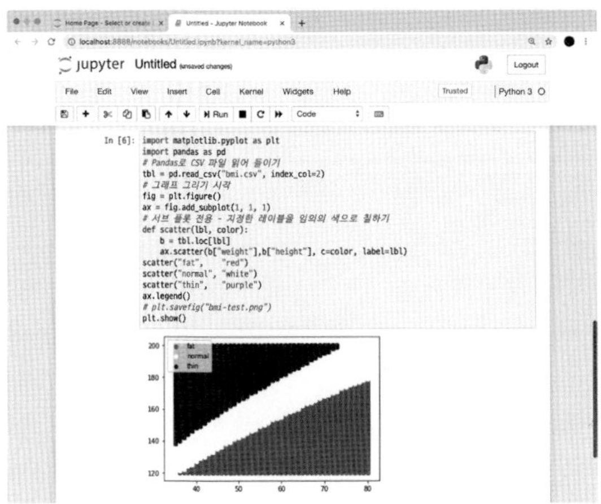

파이썬 경로

Jupyter Notebook은 Jupyter를 실행한 경로를 작업 폴더로 사용합니다. 따라서 데이터 파일을 읽고 싶을 때는 해당 데이터 파일이 있는 폴더에서 Jupyter Notebook을 실행하는 것이 편리합니다.

TensorFlow와 함께 사용하기

그럼 Jupyter Notebook을 TensorFlow와 함께 사용해봅시다. 특별한 선언을 따로 하지 않아도 됩니다. 이전 절에서 살펴본 것처럼 `import tensorflow`라고 작성하기만 하면 됩니다. 새로운 노트를 만들면 그때그때 자주 사용하는 라이브러리를 일단 임포트하고 사용하면 편리합니다.

```
%matplotlib inline
import matplotlib.pyplot as plt
import numpy as np
import pandas as pd
import tensorflow as tf
```

다음은 TensorFlow에서 변수 `v`를 선언하고, 여기에 `100 + 50`을 대입하고, 변수 `v`를 출력하는 간단한 프로그램입니다. Jupyter에 다음을 입력하고 실행해봅시다.

```
# a + b 연산
a = tf.constant(100)
b = tf.constant(50)
add_op = a + b
# 변수 v 선언하기
v = tf.Variable(0)
# 변수 v에 add_op의 결과 대입하기
let_op = tf.assign(v, add_op)

# 세션 시작하기
sess = tf.Session()
# 변수 초기화하기
sess.run(tf.global_variables_initializer())
# let_op 실행하기
sess.run(let_op)
# 출력하기
print(sess.run(v))
```

Jupyter Notebook에서 계속 이어서 실행해봅시다.

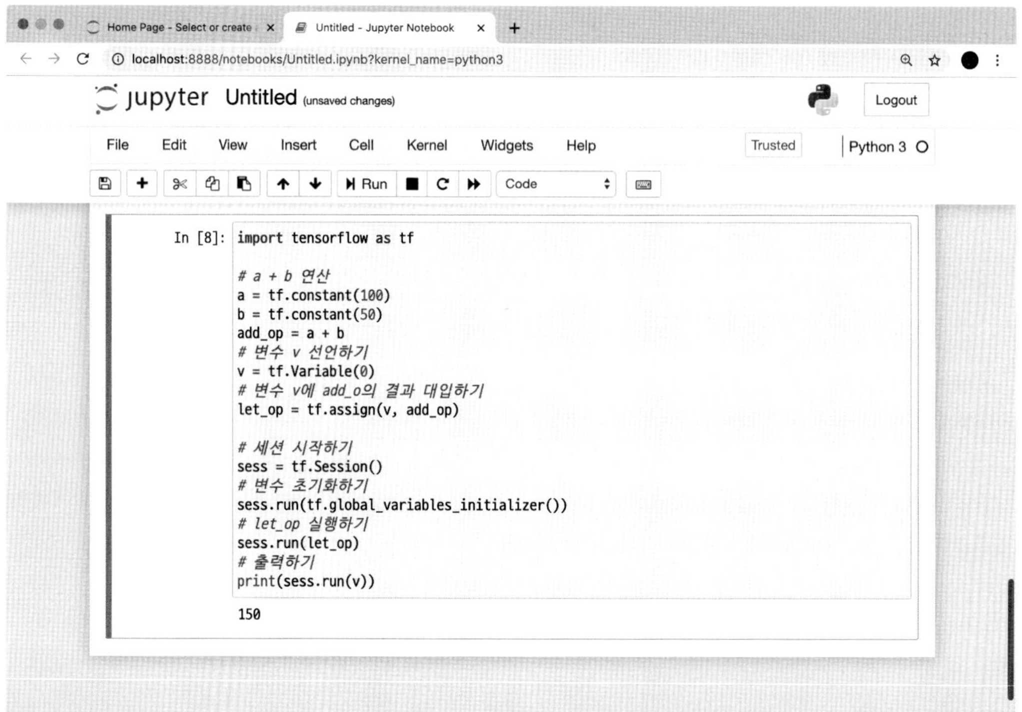

TensorFlow 계산을 실행한 상태

정리

간단하게 Jupyter Notebook의 사용법을 살펴봤습니다. 머신러닝에서 명령줄을 반복해서 실행하는 것이 귀찮거나 생각을 문서로 정리하면서 조금씩 실행해보고 싶을 때 사용하면 편리합니다. 소스코드의 색상 하이라이트와 버전 관리 등도 지원하므로 다양한 상황에 사용할 수 있을 것입니다. 꼭 활용해보기 바랍니다.

- Jupyter Notebook을 이용하면 대화하는 형태로 파이썬 프로그램을 실행할 수 있습니다.
- Jupyter Notebook과 matplotlib을 이용하면 인라인으로 그래프를 출력할 수 있습니다.
- 시행착오하는 과정을 리포트로 남기거나 할 때 Jupyter Notebook을 사용하면 편리합니다.

5-4

TensorFlow 기본

지금까지 TensorFlow와 Jupyter Notebook을 설치하고 사용하는 방법을 간단하게 살펴봤습니다.
그럼 이번 절부터는 본격적으로 TensorFlow로 머신러닝을 해봅시다.

이번 절에서 배울 내용

- TensorFlow의 기본
- TensorFlow로 머신러닝 해보기

알고리즘과 툴

- TensorFlow
- 소프트 맥스 회귀

TensorFlow 기본

이전에 TensorFlow는 기본적인 연산을 정의하고, 정의한 데이터 플로우 그래프를 세션으로 실행한다는 간단한 2단계 구성이라고 소개했습니다.

TensorFlow에서 변수를 표현하는 방법

앞에서는 TensorFlow를 설치하고 상수식을 연산하는 예를 간단하게 소개했습니다. 이번에는 변수를 표현하는 방법을 살펴보겠습니다.

file: ch5/var.py

```
import tensorflow as tf

# 상수 정의하기 --- (※1)
a = tf.constant(120, name="a")
b = tf.constant(130, name="b")
c = tf.constant(140, name="c")
# 변수 정의하기 --- (※2)
```

```
v = tf.Variable(0, name="v")

# 데이터 플로우 그래프 정의하기 --- (※3)
calc_op = a + b + c
assign_op = tf.assign(v, calc_op)

# 세션 실행하기 --- (※4)
sess = tf.Session()
sess.run(assign_op)

# v의 내용 출력하기 --- (※5)
print( sess.run(v) )
```

명령줄에서 실행해봅시다.

```
$ python3 var.py
390
```

그럼 프로그램을 살펴봅시다.

프로그램의 (※1)에서는 상수 a/b/c를 선언했습니다. 이름을 붙인 매개변수를 사용하면 상수와 변수에 별칭을 붙일 수 있습니다. (※2)에서는 변수 v를 선언하고, 초깃값으로 0을 넣었습니다. 프로그램의 (※3)에서는 a + b + c를 연산하고 변수 v에 대입했습니다.

그리고 프로그램의 (※4)에서는 세션을 만들고 처리 내용을 수행했습니다. (※5)에서는 변수 v의 내용을 출력했습니다.

이처럼 TensorFlow에서는 변수에 값을 대입하는 것도 데이터 플로우 그래프로 표현합니다. 실제 머신러닝을 할 때는 학습할 매개변수를 이처럼 변수에 저장해서 사용합니다.

TensorFlow의 플레이스홀더

이어서 플레이스홀더 기능을 살펴보겠습니다. 플레이스홀더는 템플릿처럼 값을 넣을 공간을 만들어두는 기능입니다. 지금까지 살펴본 TensorFlow 코드에서는 일단 데이터 플로우 그래프를 만들고, 그것을 실행하는 구조였습니다. 플레이스홀더를 이용하면 데이터 플로우 그래프를 구축할 때는 값을 넣지 않고 값을 담을 수 있는 그릇(플레이스홀더)만 만들어두고, 이후에 세션을 실행할 때 그릇에 값을 넣고 실행할 수 있습니다.

플레이스홀더는 데이터베이스 프로그래밍에서도 사용됩니다. SQL 문장에 임시로 "?"라는 값을 넣고, 이후에 데이터베이스를 조작할 때 "?"를 실제 숫자 또는 문자열로 치환하는데, 이러한 "?"도 플레이스홀더라고 할 수 있습니다.

그럼 실제로 플레이스홀더를 사용해봅시다. 다음은 리스트 a에 지정한 각 요소에 2를 곱하고 출력하는 프로그램입니다.

file: ch5/placeholder1.py

```
import tensorflow as tf

# 플레이스홀더 정의하기 --- (※1)
a = tf.placeholder(tf.int32, [3]) # 정수 자료형 3개를 가진 배열

# 배열을 모든 값을 2배하는 연산 정의하기 --- (※2)
b = tf.constant(2);
x2_op = a * b;

# 세션 시작하기 --- (※3)
sess = tf.Session()

# 플레이스홀더에 값을 넣고 실행하기 --- (※4)
r1 = sess.run(x2_op, feed_dict={ a:[1, 2, 3] })
print(r1)
r2 = sess.run(x2_op, feed_dict={ a:[10, 20, 10] })
print(r2)
```

명령줄에서 실행해봅시다.

```
$ python3 placeholder1.py
[2 4 6]
[20 40 20]
```

프로그램을 확인해봅시다.

프로그램의 (※1)에서는 플레이스홀더를 선언했습니다. `tf.int32`로 선언했는데, 따라서 해당 코드는 32비트 정수 형태로 요소가 3개 있는 배열을 선언한 것입니다. (※2)에서는 상수 2와 플레이스홀더 a를 곱하는 연산을 선언했습니다.

프로그램의 (※3)에서는 세션을 시작하고, (※4)에서는 플레이스홀더에 파이썬 리스트를 전달했습니다. 이렇게 하면 a 부분에 `[1, 2, 3]`, `[10, 20, 10]`이 들어가서 실행됩니다.

위의 프로그램에서는 플레이스홀더를 선언할 때 정수 자료형으로 요소가 3개 있는 배열을 지정했습니다. 그런데 요소의 개수가 고정돼 있으면 불편할 수 있습니다. 원하는 크기의 배열을 사용하고 싶을 때는 None을 지정합니다. 다음 코드를 예로 살펴봅시다.

file: ch5/placeholder2.py

```
import tensorflow as tf

# 플레이스홀더 정의하기 --- (※1)
a = tf.placeholder(tf.int32, [None]) # 배열의 크기를 None으로 지정

# 배열의 모든 값을 10배하는 연산 정의하기
b = tf.constant(10);
x10_op = a * b;

# 세션 시작하기
sess = tf.Session()

# 플레이스홀더에 값을 넣어 실행하기 --- (※2)
r1 = sess.run(x10_op, feed_dict={a: [1,2,3,4,5]})
print(r1)
r2 = sess.run(x10_op, feed_dict={a: [10,20]})
print(r2)
```

명령줄에서 실행해봅시다.

```
$ python3 placeholder2.py
[10 20 30 40 50]
[100 200]
```

이 프로그램에서 주목해야 할 부분은 플레이스홀더를 선언하는 (※1)과 세션을 실행할 때 실제로 값을 전달하는 (※2)입니다. 플레이스홀더 선언에서 배열의 크기를 None으로 지정했으므로 원하는 크기의 배열을 지정해 연산할 수 있는 것입니다.

머신러닝 해보기

그럼 머신러닝에 활용해봅시다. 이전 장에서 살펴본 SVM으로 BMI를 구하고, 비만도를 판정하는 예입니다. 키와 몸무게 데이터를 입력하면 "저체중", "정상", "비만"이라고 판단하는 프로그램입니다.

이전 장에서 만든 키, 몸무게, 비만도 판정이라는 3개의 필드를 가진 CSV 파일(bmi.csv)을 읽고 TensorFlow를 활용해 학습시켰습니다.

일단 프로그램 전체를 확인해봅시다.

file: ch5/bmi.py

```
import pandas as pd
import numpy as np
import tensorflow as tf

# 키, 몸무게, 레이블이 적힌 CSV 파일 읽어 들이기 --- (※1)
csv = pd.read_csv("bmi.csv")
# 데이터 정규화 --- (※2)
csv["height"] = csv["height"] / 200
csv["weight"] = csv["weight"] / 100
# 레이블을 배열로 변환하기 --- (※3)
# - thin=(1,0,0) / normal=(0,1,0) / fat=(0,0,1)
bclass = {"thin": [1,0,0], "normal": [0,1,0], "fat": [0,0,1]}
csv["label_pat"] = csv["label"].apply(lambda x : np.array(bclass[x]))

# 테스트를 위한 데이터 분류 --- (※4)
test_csv = csv[15000:20000]
test_pat = test_csv[["weight","height"]]
test_ans = list(test_csv["label_pat"])

# 데이터 플로우 그래프 구축하기 --- (※5)
# 플레이스홀더 선언하기
x  = tf.placeholder(tf.float32, [None, 2]) # 키와 몸무게 데이터 넣기
y_ = tf.placeholder(tf.float32, [None, 3]) # 정답 레이블 넣기

# 변수 선언하기 --- (※6)
W = tf.Variable(tf.zeros([2, 3])); # 가중치
b = tf.Variable(tf.zeros([3])); # 바이어스
# 소프트맥스 회귀 정의하기 --- (※7)
y = tf.nn.softmax(tf.matmul(x, W) + b)

# 모델 훈련하기 --- (※8)
cross_entropy = -tf.reduce_sum(y_ * tf.log(y))
optimizer = tf.train.GradientDescentOptimizer(0.01)
train = optimizer.minimize(cross_entropy)
```

```
# 정답률 구하기
predict = tf.equal(tf.argmax(y, 1), tf.argmax(y_,1))
accuracy = tf.reduce_mean(tf.cast(predict, tf.float32))

# 세션 시작하기
sess = tf.Session()
sess.run(tf.tf.global_variables_initializer()) # 변수 초기화하기
# 학습시키기
for step in range(3500):
    i = (step * 100) % 14000
    rows = csv[1 + i : 1 + i + 100]
    x_pat = rows[["weight","height"]]
    y_ans = list(rows["label_pat"])
    fd = {x: x_pat, y_: y_ans}
    sess.run(train, feed_dict=fd)
    if step % 500 == 0:
        cre = sess.run(cross_entropy, feed_dict=fd)
        acc = sess.run(accuracy, feed_dict={x: test_pat, y_: test_ans})
        print("step=", step, "cre=", cre, "acc=", acc)

# 최종적인 정답률 구하기
acc = sess.run(accuracy, feed_dict={x: test_pat, y_: test_ans})
print("정답률 =", acc)
```

명령줄에서 실행해봅시다. 100개씩 3,500번 학습시켰습니다. 중간중간 학습 상태를 출력하게 했습니다.

```
$ python3 bmi.py
step= 0 cre= 108.663 acc= 0.3242
step= 500 cre= 57.5887 acc= 0.8904
step= 1000 cre= 45.0209 acc= 0.898
step= 1500 cre= 41.6543 acc= 0.9566
step= 2000 cre= 34.664 acc= 0.943
step= 2500 cre= 34.287 acc= 0.9674
step= 3000 cre= 26.8808 acc= 0.9726
정답률 = 0.9712
```

굉장히 간단한 모델을 사용했는데도 0.971(97%)의 정답률을 냈습니다.

그럼 프로그램을 살펴봅시다. 프로그램의 (※1)에서는 CSV 파일을 읽었습니다. Pandas를 사용하므로 굉장히 간단하게 CSV 파일을 읽을 수 있습니다. (※2)에서는 데이터를 정규화합니다. 데이터를 0 이

상, 1 미만으로 지정하는데, 키의 최댓값은 200cm, 몸무게의 최댓값은 100kg으로 정규화했습니다. (※3)에서는 저체중(thin), 정상(normal), 비만(fat) 레이블을 `[1, 0, 0]`, `[0, 1, 0]`, `[0, 0, 1]` 형태로 변환했습니다.

프로그램의 (※4)에서는 테스트 전용 데이터를 준비합니다. 현재 CSV 파일에는 2만 개의 데이터가 있으므로 뒤에 있는 5000개의 데이터를 테스트 데이터로 사용하게 했습니다.

그리고 프로그램의 (※5)부터는 TensorFlow를 위한 데이터 플로우 그래프를 구축합니다. 일단 TensorFlow 공식 튜토리얼에 소개돼 있는 "소프트맥스 회귀"라는 방법으로 그래프를 만들었습니다.

이 알고리즘은 다음과 같은 계산식으로 나타낼 수 있습니다. 입력 x가 있을 때 어떻게 분류하는 것이 좋을지를 나타내는 계산입니다.

$$softmax(x) = \frac{\exp x}{\sum_j \exp x_j}$$
$$y = softmax(Wx + b)$$

이 계산을 TensorFlow에서는 다음과 같이 표현합니다.

```
y = tf.nn.softmax(tf.matmul(x, W) + b)
```

이는 프로그램의 (※7)에 작성돼 있습니다. `x`가 입력, `W`가 가중치, `b`가 바이어스를 나타냅니다. 가중치 `W`와 바이어스 `b`는 TensorFlow 변수로 선언했으며, 프로그램의 (※6)에서 `0`으로 초기화했습니다. 이 변수는 모델을 학습하면서 자동으로 조정됩니다.

이어서 프로그램의 (※8)을 살펴봅시다. 이 부분에서는 데이터를 학습하는 모델을 훈련합니다. 데이터를 학습할 때는 오차 함수를 활용했습니다.

오차 함수는 교차 엔트로피(cross entropy)를 사용했습니다. 이는 2개의 확률 분포 사이에 정의되는 척도인데, 교차 엔트로피 값이 작을수록 정확한 값을 냅니다. 예상 레이블을 y, 정답 레이블을 y'라고 했을 때 다음과 같은 함수로 오차를 계산합니다.

$$crossentropy(y) = -\sum_i y' \log y_i$$

이를 TensorFlow 프로그램으로 나타내면 다음과 같습니다.

```
cross_entropy = -tf.reduce_sum( y_ * tf.log(y) )
```

계산식 자체가 굉장히 어렵다고 생각할 수 있는데, 일단 어떤 형태로 TensorFlow를 사용하는지만 이해했다면 충분합니다.

오차 함수가 최소가 되게 학습하는 프로그램은 다음과 같이 작성합니다. 0.01은 학습 계수인데, 경사하강법(Steepest descent method)을 사용했습니다. 다음과 같은 두 줄을 사용하면 TensorFlow가 가중치 W와 바이어스 b의 값을 자동으로 변경해줍니다.

```
optimizer = tf.train.GradientDescentOptimizer(0.01)
train = optimizer.minimize(cross_entropy)
```

정리

이번 절에서는 간단하게 TensorFlow의 기본적인 사용법을 소개했습니다. 사실 "간단하게"라고 말해도 갑자기 어려운 계산식이 나와서 이해되지 않는 부분도 있었을 것입니다. 그럼에도 어렵게 느껴진다고 포기하지 말기 바랍니다. 다음 절에서 TensorFlow를 시각화하는 방법을 소개하겠습니다. 계산식이 잘 이해되지 않아도 시각화하면 쉽게 이해할 수 있을 것입니다.

- TensorFlow는 오픈소스 머신러닝 라이브러리입니다.
- TensorFlow를 이용하면 딥러닝도 할 수 있습니다.
- 세부적인 내용은 어렵지만 활용하는 것은 그다지 어렵지 않습니다.

5-5

TensorBoard로 시각화하기

TensorFlow의 특징 중 하나는 데이터의 흐름을 시각화할 수 있다는 것입니다. TensorFlow를 시각화하는 도구가 이번 절에서 다루는 "TensorBoard"입니다. TensorBoard를 이용해 TensorFlow의 동작을 시각적으로 확인하는 방법을 살펴봅시다.

이번 절에서 배울 내용

- TensorBoard
- 알고리즘을 시각화해보기

알고리즘과 툴

- TensorFlow
- TensorBoard

TensorBoard의 사용법

이전 절에서 TensorFlow로 간단한 머신러닝을 해봤습니다. 복잡한 계산식이 나와서 어렵다고 느낀 사람이 있을지도 모르겠네요. 걱정하지 마세요. TensorFlow에는 데이터의 흐름을 시각화하는 TensorBoard라는 도구가 있습니다. 이를 이용하면 식을 잘 모르는 사람도 시각적으로 쉽게 이해할 수 있습니다.

곱셈하는 코드를 시각화해보기

TensorBoard를 사용하려면 로그 데이터를 저장할 폴더를 준비하고, 프로그램에 출력 전용 코드를 한 줄 추가해야 합니다.

그럼 다음과 같이 간단한 곱셈 연산을 하는 프로그램을 만들어봅시다.

file: ch5/tb-mul.py

```
import tensorflow as tf

# 데이터 플로우 그래프 구축하기 --- (※1)
a = tf.constant(20, name="a")
```

```
b = tf.constant(30, name="b")
mul_op = a * b

# 세션 생성하기 --- (※2)
sess = tf.Session()

# TensorBoard 사용하기 --- (※3)
tw = tf.summary.FileWriter("log_dir", graph=sess.graph)

# 세션 실행하기 --- (※4)
print(sess.run(mul_op))
```

그럼 명령줄에서 실행해봅시다. 실행하면 곱셈 연산의 결과가 출력됩니다. 실행한 폴더 내부에 만들었던 log_dir이라는 이름의 폴더 내부에 데이터가 출력돼 있을 것입니다.

```
# 폴더 만들기
$ mkdir log_dir
# 프로그램 실행하기
$ python3 tb-mul.py
600
```

그럼 TensorBoard를 확인해봅시다. 명령줄에서 다음과 같이 실행합니다.

```
$ tensorboard --logdir=log_dir
Starting TensorBoard b'28' on port 6006
```

출력을 보면 포트 번호 6006에 뭔가가 실행되고 있다고 나옵니다. 그럼 "localhost:6006"에 접근해서 확인해봅시다. 현재 단계에서는 EVENTS와 IMAGES 등이 없으므로 화면 상부에 있는 "GRAPHS"를 클릭합니다. 다음과 같이 데이터 플로우 그래프를 시각적으로 확인할 수 있습니다(가상 환경으로 Vagrant/VirtualBox를 사용하고 있을 경우 Jupyter Notebook을 설치할 때처럼 "192.168.33.33:6006"에 접근해주세요[4]).

4 (옮긴이) 도커를 사용하고 있다면 -p 6006:6006 옵션을 지정해 실행해주세요.

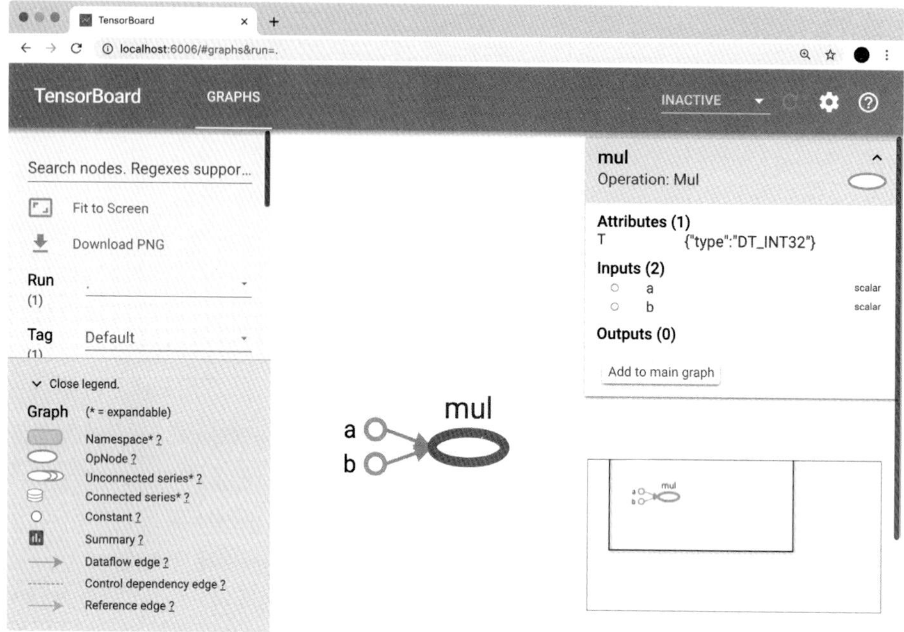

TensorBoard의 데이터 플로우 그래프

프로그램을 확인해봅시다. 프로그램의 (※1)에서는 데이터 플로우 그래프를 구축합니다. 여기서는 상수 a와 b를 선언하고, 그것을 기반으로 곱셈 연산을 수행하는 그래프를 만들었습니다.

이어서 (※2)에서는 세션을 시작합니다. 그리고 (※3)에서 TensorBoard를 출력하기 위한 `SummaryWriter()`를 생성합니다. (※4)에서는 세션을 실행합니다.

중요한 것은 세션을 시작한 후에 `SummaryWriter()`를 생성하고, 세션 그래프 설정을 한다는 것입니다[5].

변수를 사용하는 경우

그럼 조금 더 복잡한 그래프를 만들고, TensorBoard를 확인해봅시다. 이번에는 변수를 사용하는 예입니다.

5 (옮긴이) `tf.train.SummaryWriter`는 `tf.summary.FileWriter`로 변경되었습니다.

file: ch5/tb-add.py

```
import tensorflow as tf

# 상수와 변수 선언하기 --- (※1)
a = tf.constant(100, name="a")
b = tf.constant(200, name="b")
c = tf.constant(300, name="c")
v = tf.Variable(0, name="v")

# 곱셈을 수행하는 그래프 정의하기 --- (※2)
calc_op = a + b * c
assign_op = tf.assign(v, calc_op)

# 세션 생성하기 --- (※3)
sess = tf.Session()

# TensorBoard 사용하기 --- (※4)
tw = tf.train.SummaryWriter("log_dir", graph=sess.graph)

# 세션 실행하기  --- (※5)
sess.run(assign_op)
print(sess.run(v))
```

명령줄에서 실행해봅시다. 실행하면 곱셈 연산의 결과가 출력됩니다. 실행한 폴더 내부에 만들었던 log_dir이라는 이름의 폴더 내부에 데이터가 출력돼 있을 것입니다.

```
# 로그 폴더 내부의 파일 제거하기
$ rm log_dir/*
# 프로그램 실행하기
$ python3 tb-add.py
60100
# TensorBoard 출력하기
$ tensorboard --logdir=log_dir
```

실행하면 포트 번호 6006에 뭔가가 실행되고 있다고 나옵니다. 그럼 "localhost:6006"에 접근해서 확인해봅시다.

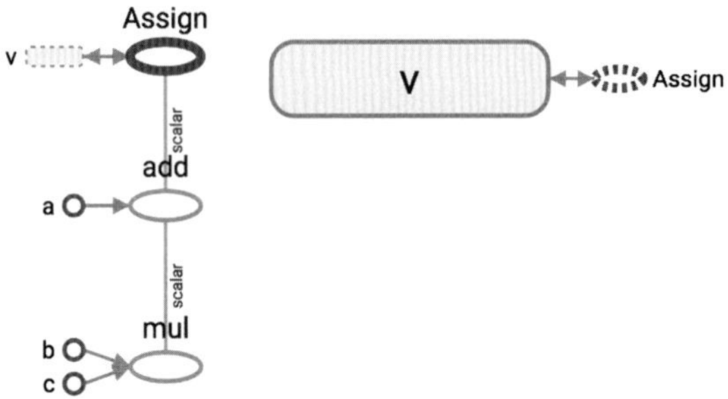

TensorBoard의 데이터 플로우 그래프

프로그램을 살펴봅시다. 프로그램의 (※1)과 (※2)에서 데이터 플로우 그래프를 구축합니다. (※1)에서는 상수와 변수를 선언하고, (※2)에서는 덧셈과 곱셈을 해서 변수 v에 대입하는 그래프를 정의합니다.

그리고 (※3)에서 세션을 시작하고, (※4)에서 TensorBoard를 출력하기 위한 `SummaryWriter()`를 생성합니다. (※5)에서 실제로 그래프를 실행해봅시다.

이번에 포인트가 되는 부분은 프로그램의 (※2)입니다. 어쨌거나 멋있게 계산식이 시각화됩니다. 그래프를 보는 방법을 추가로 설명하면 계산 처리는 노드의 아래부터 차례대로 진행됩니다. 따라서 기본적으로 아래에서 위로 살펴보면 됩니다.

머신러닝을 수행하는 프로그램을 TensorBoard에 출력하기

그럼 이전 절에서 살펴본 BMI에 대한 머신러닝을 수행하는 프로그램을 TensorBoard로 출력해봅시다. 이전 절에서 만든 프로그램에 다음과 같은 한 줄을 추가합니다.

```
tw = tf.train.SummaryWriter("log_dir", graph=sess.graph)
```

명령줄에서 실행해봅시다.

```
$ rm log_dir/*
$ python3 tb-bmi.py
$ tensorboard --logdir=log_dir
```

웹 브라우저에서 “localhost:6006”에 접근해봅시다.

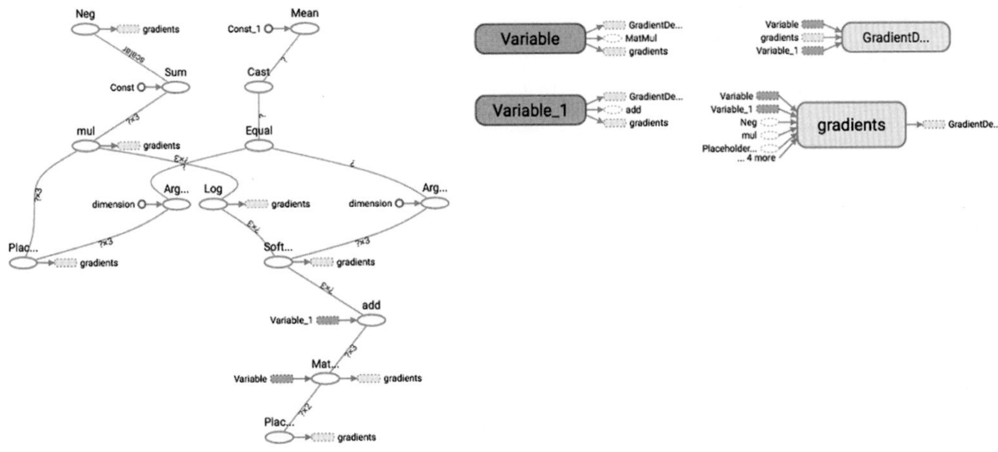

TensorBoard로 BMI를 계산하는 그래프

그런데 굉장히 이해하기 어려운 그림이 출력됩니다. 이를 정리해서 보기 쉽게 만들어 봅시다.

TensorBoard를 보기 쉽게 정리하기

TensorBoard의 처리를 보기 쉽게 정리할 수 있게 TensorFlow에서는 상수, 변수, 플레이스홀더에 name 속성으로 이름을 붙일 수 있게 돼 있습니다.

```
# 플레이스홀더로 이름 붙이기
x  = tf.placeholder(tf.float32, [None, 2], name="x")
y_ = tf.placeholder(tf.float32, [None, 3], name="y_")

# 변수에 이름 붙이기
W = tf.Variable(tf.zeros([2, 3]), name="W"); # 가중치
b = tf.Variable(tf.zeros([3]), name="b"); # 바이어스
```

또한 tb.name_scope() 메서드를 이용하면 처리를 스코프 단위로 분할할 수 있습니다.

```
# interface 부분을 스코프로 묶기
with tf.name_scope('interface') as scope:
    W = tf.Variable(tf.zeros([2, 3]), name="W"); # 가중치
    b = tf.Variable(tf.zeros([3]), name="b"); # 바이어스
    # 소프트맥스 회귀 정의
    with tf.name_scope('softmax') as scope:
        y = tf.nn.softmax(tf.matmul(x, W) + b)
```

```
# loss 계산을 스코프로 묶기
with tf.name_scope('loss') as scope:
    cross_entropy = -tf.reduce_sum(y_ * tf.log(y))

# training 계산을 스코프로 묶기
with tf.name_scope('training') as scope:
    optimizer = tf.train.GradientDescentOptimizer(0.01)
    train = optimizer.minimize(cross_entropy)

# accuracy 계산을 스코프로 묶기
with tf.name_scope('accuracy') as scope:
    predict = tf.equal(tf.argmax(y, 1), tf.argmax(y_,1))
    accuracy = tf.reduce_mean(tf.cast(predict, tf.float32))
```

이렇게 만든 코드를 "tb-bmi2.py"라는 이름으로 저장하고, 명령줄에서 실행해봅시다.

```
# 이전 결과 제거하기
$ rm log_dir/*
# 프로그램 실행하기
$ python3 tb-bmi2.py
# TesorBoard 실행하기
$ tensorboard --logdir=log_dir
```

그럼 이전과 마찬가지로 웹 브라우저로 "localhost:6006"에 접근해봅시다.

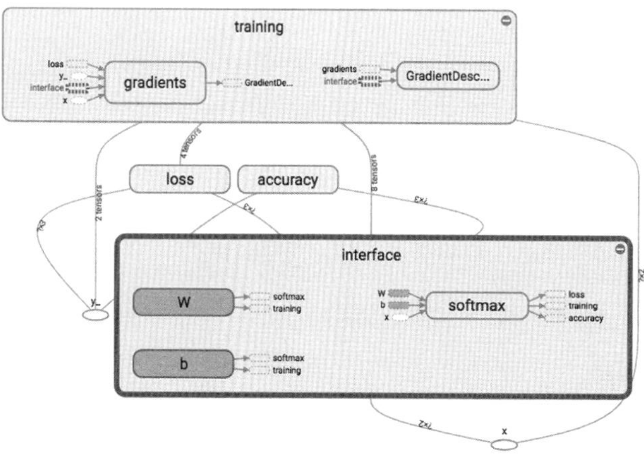

보기 쉽게 TensorBoard에 출력한 소프트맥스 회귀 학습

이번에는 굉장히 알기 쉬운 이미지가 만들어졌습니다. 회색으로 둘러싸인 테두리 부분을 더블클릭하면 열고 닫을 수 있습니다.

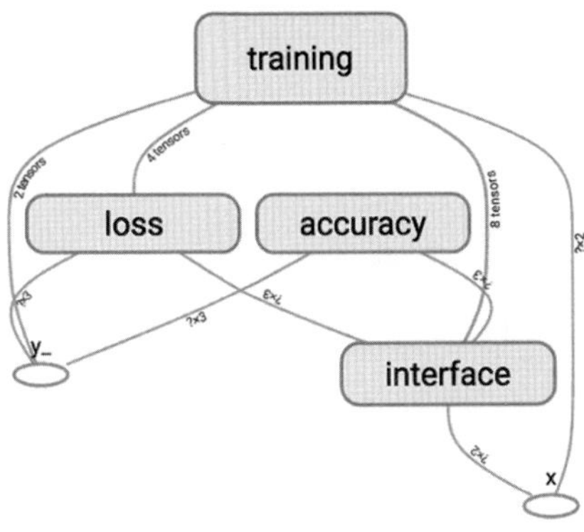

모든 테두리를 닫은 상태

x와 y_이 플레이스홀더이며, 훈련 전용 데이터 입력 부분입니다. x가 몸무게와 키의 배열이고, y_이 x의 정답 레이블 배열입니다.

"interface" 부분을 더블클릭해서 자세한 내용을 살펴봅시다. 이때 내부에 있는 "softmax" 부분도 열어주세요. 소프트 맥스 회귀 계산식을 포함해 가중치 W와 바이어스 b가 나타납니다. 각 요소가 어떻게 계산되는지 쉽게 이해할 수 있습니다.

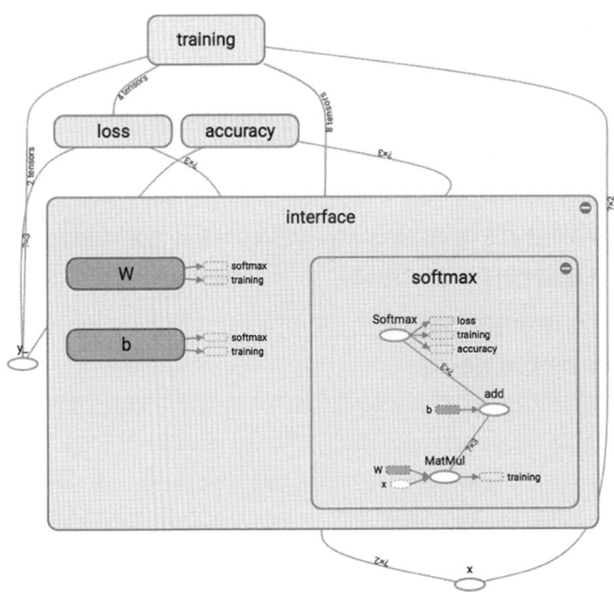

interface와 softmax를 연 상태

이어서 "training" 부분을 열어봅시다. 이 부분이 프로그램의 핵심이라고 할 수 있습니다. 이것만 보고 어떻게 훈련이 이뤄지는지 제대로 알 수는 없지만 변수 W와 b가 관여해서 학습이 이뤄진다는 것을 대충 감을 잡을 수 있을 것입니다.

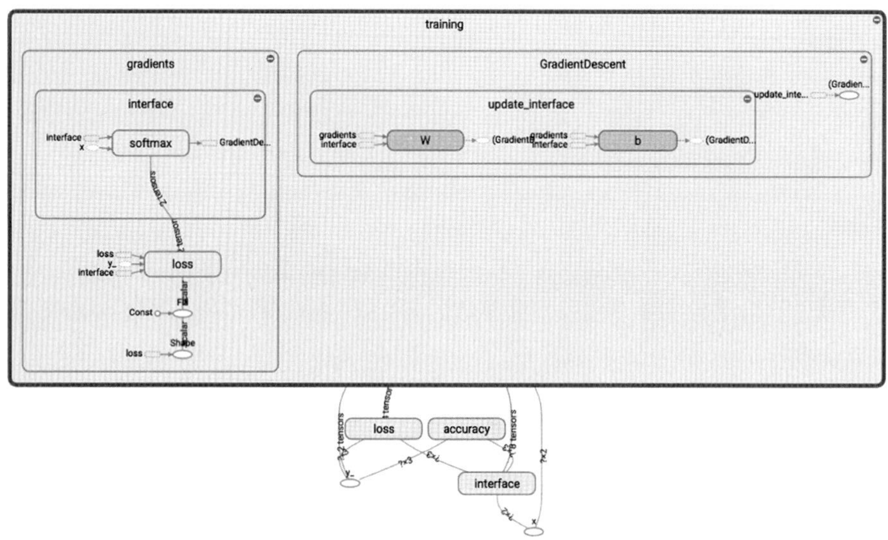

training을 열은 상태

정리

TensorBoard를 이용하면 프로그램을 시각적으로 이해할 수 있습니다. 계산식을 보고 처리를 이해할 수 있는 사람이라면 쓸데 없는 기능이라고 생각할 수 있겠지만 문과 출신의 개발자와 계산식에 공포증이 있는 사람에게는 좋은 기능이라고 할 수 있습니다. 계산식을 봐도 이해가 잘 되지 않는 독자라면 각 처리 과정을 하나하나 보면서 이해할 수 있을 때까지 살펴보기 바랍니다. 살펴보다 보면 머신러닝의 구조를 조금씩 깨달을 수 있을 것입니다.

➔ TensorFlow는 머신러닝을 위한 그래프를 만든 뒤 데이터를 입력합니다.

➔ TensorBoard를 사용하면 그래프를 시각적으로 확인할 수 있습니다.

5-6

TensorBoard로 딥러닝하기

지금까지 TensorFlow와 관련된 기본적인 내용을 살펴봤습니다. 그럼 본격적으로 신경망의 층들을 만들고 결합해서 딥러닝을 수행해봅시다.

이번 절에서 배울 내용

- 딥러닝의 구조
- 딥러닝 실습

알고리즘과 툴

- TensorFlow
- 딥러닝

딥러닝의 구조

딥러닝은 신경망을 여러 층 결합한 것입니다. 이번 절에서는 이미지 처리에 높은 성능을 발휘하는 "합성곱 신경망"에 대해 살펴보겠습니다.

합성곱 신경망(Convolutional Neural Network: CNN)이란 입력층과 출력층 사이의 중간층(은폐층)에 합성곱층과 풀링층을 배치한 것입니다. 이미지 인식에서는 이미지를 흐리게 만들거나 경계를 강조하는 작업을 하는데, 이러한 조작을 신경망으로 하는 것입니다. 합성곱층과 풀링층에서는 해상도를 낮추거나 샘플링하는 처리를 계속 반복합니다.

이번 절에서 만들 "합성곱 신경망"은 입력층과 출력층 사이에 "합성곱층"과 "풀링층"을 2개씩 넣고, 전결합층을 넣어 구성할 것입니다. 이는 TensorFlow의 딥러닝 튜토리얼에 나오는 것과 같은 구성이랍니다.

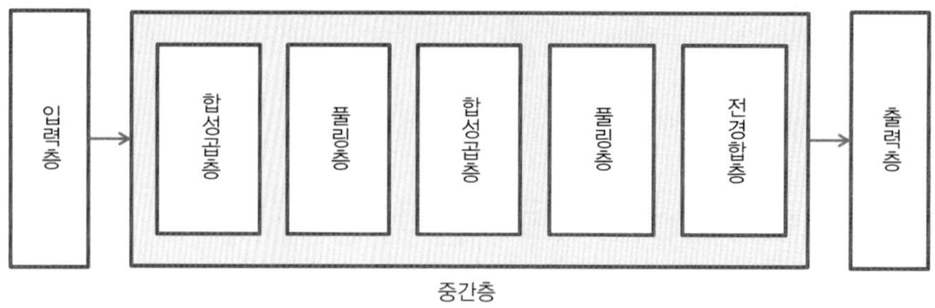

합성곱 신경망

각각의 층이 무엇을 하는 것인지 살펴봅시다.

합성곱층

합성곱층은 이미지의 특징을 추출할 때 사용합니다. 입력 x의 일부분을 잘라내고, 가중치 필터 W를 적용해 특징 맵 c를 만들어낼 때 사용합니다. 구체적으로 이야기하면 입력 x의 일부분을 조금씩 자르면서 평활화와 윤곽선 검출 처리를 하며, 특징 맵 c를 추출하는 것입니다.

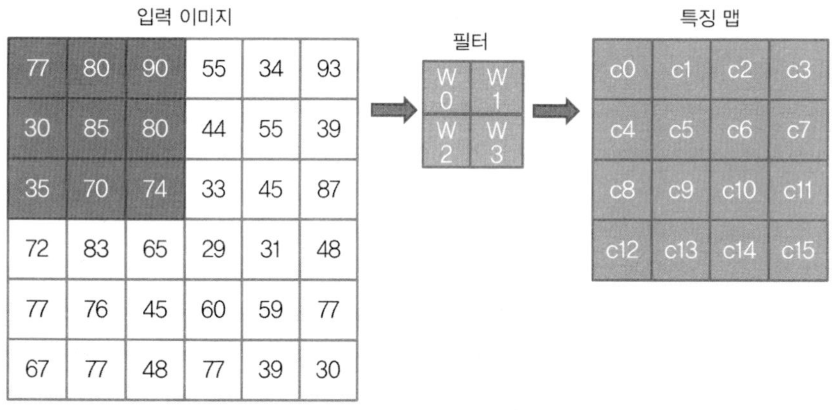

합성곱

구체적인 설명이라고 했는데 설명이 부족한 것 같으므로 역자가 추가로 설명하겠습니다. 일단 조금씩 자른다는 의미부터 살펴봐야 하는데, 3x3 픽셀만큼 분석하면서 나간다는 뜻입니다. 일단 처음 왼쪽 위에 있는 3x3 픽셀을 추출하고, 필터를 적용한 뒤, 특징 맵을 만듭니다. 다음과 같은 영역으로 c0에 값을 구합니다.

77	80	90	55	34	93
30	85	80	44	55	39
35	70	74	33	45	87
72	83	65	29	31	48
77	76	45	60	59	77
67	77	48	77	39	30

이어서 오른쪽으로 한 칸씩 이동합니다. 마찬가지로 필터를 적용하고 특징 맵을 만듭니다. 다음 부분으로 특징 맵의 c1이 구해집니다.

77	80	90	55	34	93
30	85	80	44	55	39
35	70	74	33	45	87
72	83	65	29	31	48
77	76	45	60	59	77
67	77	48	77	39	30

또 오른쪽으로 한 칸씩 이동합니다. 다음 부분으로 특징 맵의 c2가 구해집니다.

77	80	90	55	34	93
30	85	80	44	55	39
35	70	74	33	45	87
72	83	65	29	31	48
77	76	45	60	59	77
67	77	48	77	39	30

이러한 과정을 계속 반복해서 특징 맵을 만드는 것입니다. 따라서 합성곱층의 역할은 "주변의 값과 필터를 사용해 중앙에 있는 값을 변화시키는 것"이라고 생각하면 됩니다. 이때 다양한 필터를 적용할 수 있는데, 본문에서는 평활화와 윤곽선 검출을 예로 들었습니다.

사진과 관련된 취미를 가지고 있다면 두 가지 모두 들어봤을 것입니다. 평활화(Equalization)란 명암의 분포가 균일하지 못한 이미지에 적용해 분포를 균일하게 만들어주는 것을 의미합니다. 윤곽선 검출(Edge Detection)이란 이미지 내부에 있는 대상들의 윤곽만 추출해내는 것을 의미합니다.

풀링층

풀링층은 합성곱층으로 얻은 특징맵 c를 축소하는 층입니다. 특징을 유지한 상태로 축소하므로 위치 변경으로 인한 결과 변화를 막아 줍니다. 직선을 인식할 때 직선이 아주 미세하게 흐트러져 있어도 직선이라고 인식할 수 있게 해줍니다.

축소 방법에는 각 특징의 최댓값을 사용하는 최대 풀링(max pooling)과 평균값을 사용하는 평균 풀링(average pooling)이 있습니다.

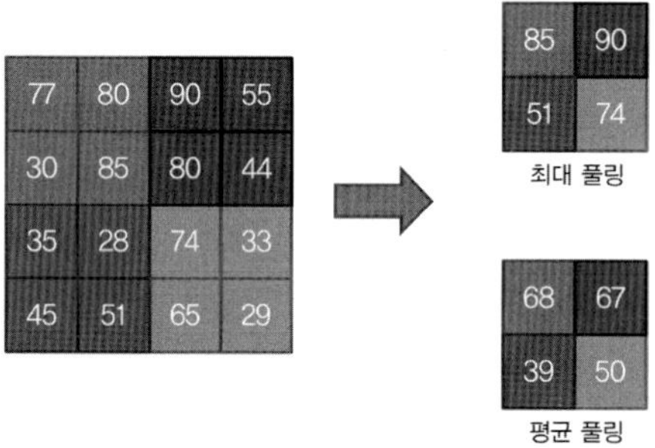

풀링

전결합층

전결합층은 각 층의 유닛을 결합합니다. 합성곱층과 풀링층의 결과인 2차원 특징맵을 1차원으로 전개하는 역할을 합니다. 이때 활성화 함수 등을 함께 사용해 특징을 더 강조합니다.

딥러닝 해보기 – MNIST 손글씨 데이터

조금 어렵지만 딥러닝에 대해 조금은 이해했을 것입니다. 그럼 실제로 프로그램을 확인해봅시다. 이번 절에서는 딥러닝을 쉽게 이해할 수 있게 4장에서 만든 MNIST 손글씨 데이터 분류 프로그램을 딥러닝으로 구현해봅시다.

4장에서는 연습으로 직접 MNIST 데이터를 내려받고 분석했는데, TensorFlow에는 그러한 작업을 쉽게 만들어주는 기능이 있습니다. TensorFlow로 MNIST 손글씨 데이터를 내려받을 때는 다음과 같은 두 줄의 코드만 작성하면 됩니다. 이 프로그램을 실행하면 mnist라는 폴더에 데이터베이스를 내려받습니다[6].

6 (옮긴이) `tensorflow.examples.tutorials.mnist`는 텐서플로 2.0에서 삭제되었습니다. 이 코드는 텐서플로 1.X에서만 실행됩니다.

```
from tensorflow.examples.tutorials.mnist import input_data
mnist = input_data.read_data_sets("mnist/", one_hot=True)
```

추출한 mnist 객체가 어떤 구조로 돼 있는지 간단하게 살펴보겠습니다. REPL 환경으로 파이썬을 실행해 확인해봅시다.

```
$ python3
Python 3.5.1 (v3.5.1:37a07cee5969, Dec  5 2015, 21:12:44)
[GCC 4.2.1 (Apple Inc. build 5666) (dot 3)] on darwin
Type "help", "copyright", "credits" or "license" for more information.
>>> from tensorflow.examples.tutorials.mnist import input_data
>>> mnist = input_data.read_data_sets("mnist/", one_hot=True)
Extracting mnist/train-images-idx3-ubyte.gz
...
>>> # 훈련 전용 데이터의 이미지
>>> mnist.train.images
array([[ 0.,  0.,  0., ...,  0.,  0.,  0.],
       [ 0.,  0.,  0., ...,  0.,  0.,  0.],
       [ 0.,  0.,  0., ...,  0.,  0.,  0.],
       ...,
       [ 0.,  0.,  0., ...,  0.,  0.,  0.],
       [ 0.,  0.,  0., ...,  0.,  0.,  0.],
       [ 0.,  0.,  0., ...,  0.,  0.,  0.]], dtype=float32)
>>> len(mnist.train.images)
55000
>>> # 훈련 전용 데이터의 레이블 목록
>>> mnist.train.labels
array([[ 0.,  0.,  0., ...,  1.,  0.,  0.],
       [ 0.,  0.,  0., ...,  0.,  0.,  0.],
       [ 0.,  0.,  0., ...,  0.,  0.,  0.],
       ...,
       [ 0.,  0.,  0., ...,  0.,  0.,  0.],
       [ 0.,  0.,  0., ...,  0.,  0.,  0.],
       [ 0.,  0.,  0., ...,  0.,  1.,  0.]])
>>> len(mnist.train.labels)
55000
```

mnist.train에 훈련 데이터, mnist.test에 테스트 데이터가 들어있습니다. 각 객체에는 이미지 데이터 images, 레이블 데이터 labels가 속성으로 들어있습니다.

여기서 주목해야 할 것은 이미지 데이터가 어떤 숫자를 나타내는지가 적힌 레이블 데이터입니다. 이전에 본 MNIST 데이터에서 레이블 데이터는 0부터 9 사이의 숫자였습니다. 그런데 이번에는 숫자가 아니라 배열입니다.

```
>>> # 첫 번째 레이블 데이터 확인
>>> len(mnist.train.labels[0])
10
>>> mnist.train.labels[0] # --- 7
array([ 0.,  0.,  0.,  0.,  0.,  0.,  0.,  1.,  0.,  0.])
>>> mnist.train.labels[1] # --- 3
array([ 0.,  0.,  0.,  1.,  0.,  0.,  0.,  0.,  0.,  0.])
>>> mnist.train.labels[2] # --- 4
array([ 0.,  0.,  0.,  0.,  1.,  0.,  0.,  0.,  0.,  0.])
>>> mnist.train.labels[3] # --- 6
array([ 0.,  0.,  0.,  0.,  0.,  0.,  1.,  0.,  0.,  0.])
```

감이 좋은 사람이라면 위의 결과를 보고 배열로 어떻게 숫자를 나타내는지 알 수 있을 것입니다. 배열 요소 중에 "1."이 담긴 요소의 인덱스가 바로 숫자입니다. [0]번째 레이블은 7을 나타내고 있는데, 마찬가지로 [1]번째 레이블은 3, [2]번째 레이블은 4, [3]번째 레이블은 6을 나타냅니다.

그럼 이를 사용해 딥러닝을 수행하는 프로그램을 만들어봅시다.

file: ch5/mnist-deep.py

```
import tensorflow as tf
from tensorflow.examples.tutorials.mnist import input_data

# MNIST 손글씨 이미지 데이터 읽어 들이기 --- (※1)
mnist = input_data.read_data_sets("mnist/", one_hot=True)

pixels = 28 * 28 # 28x28 픽셀
nums = 10 # 0-9 사이의 카테고리

# 플레이스홀더 정의하기 --- (※2)
x  = tf.placeholder(tf.float32, shape=(None, pixels), name="x") # 이미지 데이터
y_ = tf.placeholder(tf.float32, shape=(None, nums), name="y_")  # 정답 레이블

# 가중치와 바이어스를 초기화하는 함수 --- (※3)
def weight_variable(name, shape):
    W_init = tf.truncated_normal(shape, stddev=0.1)
```

```
    W = tf.Variable(W_init, name="W_"+name)
    return W

def bias_variable(name, size):
    b_init = tf.constant(0.1, shape=[size])
    b = tf.Variable(b_init, name="b_"+name)
    return b

# 합성곱 계층을 만드는 함수 --- (※4)
def conv2d(x, W):
    return tf.nn.conv2d(x, W, strides=[1,1,1,1], padding='SAME')

# 최대 풀링층을 만드는 함수 --- (※5)
def max_pool(x):
    return tf.nn.max_pool(x, ksize=[1,2,2,1],
        strides=[1,2,2,1], padding='SAME')

# 합성곱층1 --- (※6)
with tf.name_scope('conv1') as scope:
    W_conv1 = weight_variable('conv1', [5, 5, 1, 32])
    b_conv1 = bias_variable('conv1', 32)
    x_image = tf.reshape(x, [-1, 28, 28, 1])
    h_conv1 = tf.nn.relu(conv2d(x_image, W_conv1) + b_conv1)

# 풀링층1 ---- (※7)
with tf.name_scope('pool1') as scope:
    h_pool1 = max_pool(h_conv1)

# 합성곱층2 --- (※8)
with tf.name_scope('conv2') as scope:
    W_conv2 = weight_variable('conv2', [5, 5, 32, 64])
    b_conv2 = bias_variable('conv2', 64)
    h_conv2 = tf.nn.relu(conv2d(h_pool1, W_conv2) + b_conv2)

# 풀링층2 --- (※9)
with tf.name_scope('pool2') as scope:
    h_pool2 = max_pool(h_conv2)

# 전결합층 --- (※10)
with tf.name_scope('fully_connected') as scope:
    n = 7 * 7 * 64
    W_fc = weight_variable('fc', [n, 1024])
```

```
    b_fc = bias_variable('fc', 1024)
    h_pool2_flat = tf.reshape(h_pool2, [-1, n])
    h_fc = tf.nn.relu(tf.matmul(h_pool2_flat, W_fc) + b_fc)

# 드롭아웃(과잉 적합 막기) --- (※11)
with tf.name_scope('dropout') as scope:
    keep_prob = tf.placeholder(tf.float32)
    h_fc_drop = tf.nn.dropout(h_fc, keep_prob)

# 출력층 --- (※12)
with tf.name_scope('readout') as scope:
    W_fc2 = weight_variable('fc2', [1024, 10])
    b_fc2 = bias_variable('fc2', 10)
    y_conv = tf.nn.softmax(tf.matmul(h_fc_drop, W_fc2) + b_fc2)

# 모델 학습시키기 --- (※13)
with tf.name_scope('loss') as scope:
    cross_entoropy = -tf.reduce_sum(y_ * tf.log(y_conv))
with tf.name_scope('training') as scope:
    optimizer = tf.train.AdamOptimizer(1e-4)
    train_step = optimizer.minimize(cross_entoropy)

# 모델 평가하기 --- (※14)
with tf.name_scope('predict') as scope:
    predict_step = tf.equal(tf.argmax(y_conv, 1), tf.argmax(y_, 1))
    accuracy_step = tf.reduce_mean(tf.cast(predict_step, tf.float32))

# feed_dict 설정하기 --- (※15)
def set_feed(images, labels, prob):
    return {x: images, y_: labels, keep_prob: prob}

# 세션 시작하기 --- (※16)
with tf.Session() as sess:
    sess.run(tf.tf.global_variables_initializer())
    # TensorBoard 준비하기
    tw = tf.train.SummaryWriter('log_dir', graph=sess.graph)
    # 테스트 전용 피드 만들기
    test_fd = set_feed(mnist.test.images, mnist.test.labels, 1)
    # 학습 시작하기 ---- (※17)
    for step in range(10000):
        batch = mnist.train.next_batch(50)
        fd = set_feed(batch[0], batch[1], 0.5)
```

```
        _, loss = sess.run([train_step, cross_entoropy], feed_dict=fd)
        if step % 100 == 0:
            acc = sess.run(accuracy_step, feed_dict=test_fd)
            print("step=", step, "loss=", loss, "acc=", acc)
    # 최종적인 결과 출력하기
    acc = sess.run(accuracy_step, feed_dict=test_fd)
    print("정답률 =", acc)
```

프로그램을 명령줄에서 실행해봅시다. 프로그램을 처음 실행할 때는 인터넷에서 MNIST 데이터를 내려받습니다. 데이터를 내려받는 데도 시간이 걸리고, 프로그램 처리에도 시간이 꽤 걸립니다. 필자가 사용하고 있는 Macbook Air(CPU: 1.3GHz / 메모리: 8GB)에서는 결과를 내는 데 1시간 이상이 걸렸습니다.

```
$ python3 mnist-deep.py
Extracting mnist/train-images-idx3-ubyte.gz
Extracting mnist/train-labels-idx1-ubyte.gz
Extracting mnist/t10k-images-idx3-ubyte.gz
Extracting mnist/t10k-labels-idx1-ubyte.gz
step= 0 loss= 710.538 acc= 0.0923
step= 100 loss= 67.8615 acc= 0.8274
step= 200 loss= 21.8038 acc= 0.9045
…생략…
```

참고로 Tensorflow 1.10.1에서 실행하면 MNIST 데이터를 읽어 들이는 `tensorflow.examples.tutorials.mnist` 모듈은 앞으로 없어질 것이라는(deprecated) 경고가 출력됩니다. TensorFlow를 어떻게 사용하는지 간단하게 맛보기 위한 예제일 뿐이므로 그냥 지나가도 괜찮습니다. 만약 이후에 이 코드가 실행되지 않는데, 실행해보고 싶다면 이 책에서 사용하는 TensorFlow 버전을 설치하고 실행해보기 바랍니다.

TensorBoard에서 프로그램 그래프를 보면 다음과 같습니다.

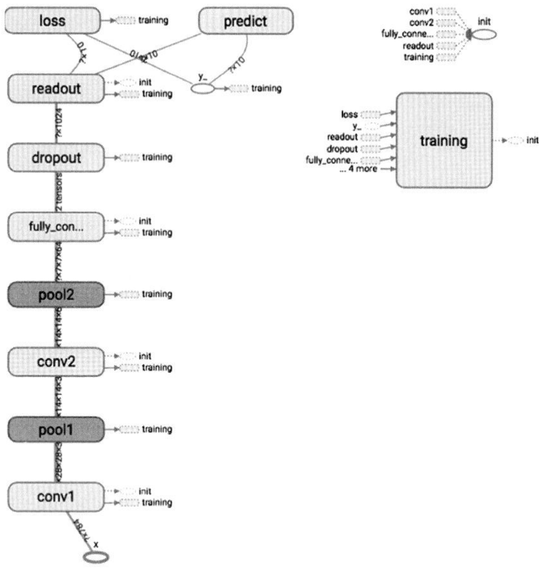

합성곱 신경망을 TensorBoard로 출력한 상태

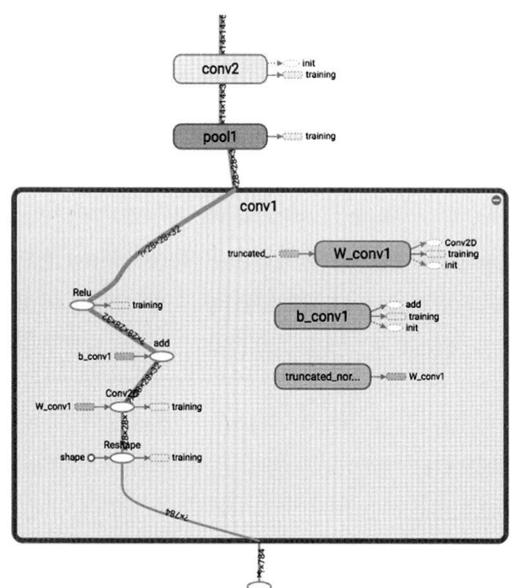

합성곱 층의 그래프

그럼 결과를 확인하기 전에 프로그램의 각 부분을 확인해봅시다.

프로그램의 (※1)에서는 MNIST 손글씨 데이터를 읽어 들입니다. (※2)에서는 플레이스홀더를 정의합니다. x는 이미지 데이터 배열을 넣을 곳이고, y_은 정답 레이블을 넣을 곳입니다.

참고로 현재 프로그램은 여러 층을 중첩한 딥러닝을 수행하므로 가중치와 바이어스를 위해 여러 변수를 사용했습니다. 그래서 프로그램의 (※3)에서 간단하게 가중치와 바이어스 변수를 정의하기 위한 함수를 만들었습니다.

그리고 프로그램의 (※4)에서는 합성곱을 수행하는 tf.nn.conv2d() 함수를, (※5)에서는 최대 풀링을 하는 tf.nn.max_pool() 함수를 간단하게 호출할 수 있게 함수를 정의했습니다.

프로그램의 (※6)에서는 합성곱층1(conv1)을 지정했습니다. 여기서는 5x5 필터로 입력 채널1, 출력 채널32를 지정합니다. 입력이 1인 이유는 흑백 이미지이기 때문입니다. 그리고 이러한 것을 합성곱하는 함수 tf.nn.conv2d()의 첫 번째 매개변수에 지정했습니다. 활성화 함수 ReLU를 사용했는데, ReLu는 입력이 0 이하라면 0, 입력이 0 이상이라면 해당 값을 출력하는 함수입니다. 그리고 (※7)에서는 최대 풀링 처리를 합니다.

이어서 (※8)에서는 합성곱층2를 정의합니다. 5x5의 필터로 입력32, 출력64 채널을 지정합니다. (※9)에서는 풀링층2를 정의하고, (※10)에서는 전결합층을 정의합니다. 이러한 전결합층에 이르기까지 2x2의 풀링을 두 번 통과하므로 이미지의 크기는 28÷2÷2가 되어 7x7이 됩니다.

(※11)에서는 과잉 적합을 피하기 위해 드롭아웃 처리를 하고, (※12)의 출력층에서는 소프트맥스 회귀를 사용합니다.

이 이후의 내용은 이전 절의 프로그램과 거의 같습니다. (※13)에서는 교차 엔트로피의 값이 최소가 되도록 최적화합니다. 이때 이전과 다르게 tf.train.AdamOptimizer() 함수를 사용했는데, Adam은 확률적 경사 강하법(Stochastic Gradient Descent)을 의미합니다. 확률적 경사 강하법은 무작위로 초기화한 매개변수를 손실 함수가 작아지도록 지속적으로 반복해서 변경하는 것입니다.

프로그램의 (※14)에서는 모델을 평가하고 정답률을 구합니다. (※15)는 이미지와 레이블을 플레이스홀더에 넣어주는 함수입니다.

(※16)에서는 세션을 시작합니다. 변수를 초기화하고, 테스트 전용 피드를 준비해서 (※17)에서 모델 훈련을 시작합니다. 현재 예제에서는 50개의 이미지는 1만번 훈련시켰습니다. 그럼 결과를 살펴봅시다.

```
…생략…
step= 9500 loss= 0.695657 acc= 0.9912
step= 9600 loss= 0.166342 acc= 0.9901
step= 9700 loss= 0.584369 acc= 0.9911
step= 9800 loss= 0.0347878 acc= 0.9904
step= 9900 loss= 0.547079 acc= 0.9916
정답률 = 0.9911
```

정밀도가 0.991(99%)입니다. 딥러닝의 위력을 어느 정도 실감할 수 있겠죠?

정리

지금까지 TensorFlow를 사용해 딥러닝하는 방법을 소개했습니다. 100줄도 안 되는 프로그램으로 손글씨 판정의 정밀도를 99%까지 높였습니다. TensorFlow와 딥러닝이 어떤 느낌인지 실감할 수 있었을 것입니다.

- 딥러닝을 이용하면 높은 정밀도를 낼 수 있습니다.
- 이번 절에서는 MNIST 예제를 합성곱 신경망(CNN)으로 풀어봤습니다.
- CNN는 여러 개의 층을 중첩해서 높은 정밀도를 만들어냅니다.

5-7 Keras로 다양한 딥러닝 해보기

이전 절까지 TansorFlow를 이용해 딥러닝을 해봤습니다. 이전 절까지 TensorFlow를 사용해 합성곱 뉴럴 네트워크를 작성하고 딥러닝을 해봤습니다. 그렇게 복잡한 코드를 사용하지는 않았습니다. 그럼 이번에는 Keras를 사용해봅시다.

이번 절에서 배울 내용

- Keras
- Keras 사용해보기

알고리즘과 툴

- TensorFlow(고급 계산 프레임워크)
- Keras(TensorFlow의 래퍼)

Keras

지금까지 TensorFlow를 이용한 딥러닝을 살펴봤습니다.

그런데 TensorFlow로 작성된 프로그램은 어렵습니다. 또한 이전 장에서 scikit-learn 라이브러리로 머신러닝을 살펴볼 때 "조금 더 쉽게 딥러닝을 할 수 있을 텐데"라고 생각한 독자도 있을 것입니다. 따라서 이제 Keras를 살펴보겠습니다. Keras는 머신러닝 라이브러리 Theano와 TensorFlow를 래핑(Wrapping)한 라이브러리입니다.

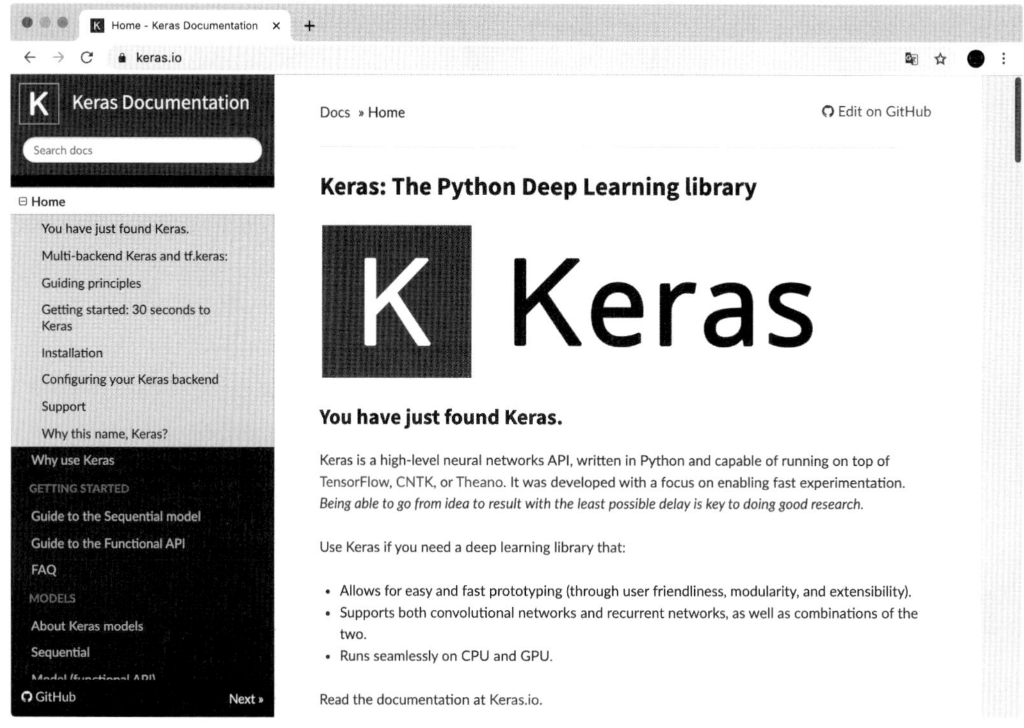

Keras 웹 사이트

```
Keras 웹 사이트
https://keras.io/
```

Keras는 백엔드로 TensorFlow와 Theano 등을 사용하며, 다양한 알고리즘으로 머신러닝 프로그램을 만들 수 있게 해줍니다. Keras를 이용하면 귀찮은 처리 내용을 따로 작성하지 않아도 됩니다. 따라서 머신러닝과 관련된 부분에만 집중해서 프로그램을 만들 수 있습니다. 또한 Keras로 작성한 프로그램은 별도의 수정 없이 TensorFlow와 Theano를 바꿔 사용할 수 있습니다.

Keras로 MNIST 테스트해보기

그럼 Keras를 사용해 MNIST 손글씨 숫자를 분류해봅시다. 다음은 Keras로 MNIST 손글씨 숫자를 분류하는 프로그램입니다. TensorFlow 프로그램에 비해 굉장히 깔끔합니다.

file: ch5/keras-mnist.py

```
from keras.datasets import mnist
from keras.models import Sequential
from keras.layers.core import Dense, Dropout, Activation
from keras.optimizers import Adam
from keras.utils import np_utils

# MNIST 데이터 읽어 들이기 --- (※1)
(X_train, y_train), (X_test, y_test) = mnist.load_data()

# 데이터를 float32 자료형으로 변환하고 정규화하기 --- (※2)
X_train = X_train.reshape(60000, 784).astype('float32')
X_test  = X_test.reshape(10000, 784).astype('float')
X_train /= 255
X_test  /= 255

# 레이블 데이터를 0-9까지의 카테고리를 나타내는 배열로 변환하기 --- (※2a)
y_train = np_utils.to_categorical(y_train, 10)
y_test  = np_utils.to_categorical(y_test, 10)

# 모델 구조 정의하기 --- (※3)
model = Sequential()
model.add(Dense(512, input_shape=(784,)))
model.add(Activation('relu'))
model.add(Dropout(0.2))
model.add(Dense(512))
model.add(Activation('relu'))
model.add(Dropout(0.2))
model.add(Dense(10))
model.add(Activation('softmax'))

# 모델 구축하기 --- (※4)
model.compile(
    loss='categorical_crossentropy',
    optimizer=Adam(),
    metrics=['accuracy'])

# 데이터 훈련하기 --- (※5)
hist = model.fit(X_train, y_train)

# 테스트 데이터로 평가하기 --- (※6)
```

```
score = model.evaluate(X_test, y_test, verbose=1)
print('loss=', score[0])
print('accuracy=', score[1])
```

명령줄에서 실행해봅시다.

```
$ python3 keras-mnist.py
```

프로그램을 실행하면 "Using TensorFlow backend"라고 출력되며, 백엔드에서 TensorFlow를 사용하고 있는 것이 출력됩니다. 이어서 MNIST 손글씨 데이터가 자동적으로 다운됩니다. Keras에도 MNIST 등의 데이터 세트를 자동으로 읽어 들이는 기능이 있습니다. 그리고 프로그램이 정상적으로 실행되면 다음과 같이 학습하는 모습이 명령줄에 출력됩니다.

```
Epoch 1/10
60000/60000 [==============================]
 - 38s - loss: 0.2153 - acc: 0.9342
Epoch 2/10
60000/60000 [==============================]
 - 38s - loss: 0.1044 - acc: 0.9664
Epoch 3/10
60000/60000 [==============================]
 - 40s - loss: 0.0802 - acc: 0.9757
Epoch 4/10
60000/60000 [==============================]
 - 39s - loss: 0.0663 - acc: 0.9797
Epoch 5/10
60000/60000 [==============================]
 - 40s - loss: 0.0596 - acc: 0.9815
Epoch 6/10
60000/60000 [==============================]
 - 40s - loss: 0.0525 - acc: 0.9835
Epoch 7/10
60000/60000 [==============================]
 - 38s - loss: 0.0434 - acc: 0.9864
Epoch 8/10
60000/60000 [==============================]
 - 38s - loss: 0.0418 - acc: 0.9871
Epoch 9/10
60000/60000 [==============================]
```

```
 - 39s - loss: 0.0404 - acc: 0.9872
Epoch 10/10
60000/60000 [==============================]
 - 40s - loss: 0.0381 - acc: 0.9883
 9984/10000 [============================>.]
 - ETA: 0s
loss= 0.0757219377177
accuracy= 0.9827
```

짧은 시간이지만 0.9827(98%)의 정답률이 나옵니다. 그럼 프로그램을 살펴봅시다.

프로그램의 (※1)에서는 MNIST 데이터를 읽어 들입니다. MNIST 데이터는 훈련 데이터(6만 개), 테스트 데이터(1만 개)로 구분되어 배포되고 있습니다. 따라서 이런 구조에 따라 데이터를 읽어 들입니다.

그리고 프로그램의 (※2)에서는 데이터를 `float32` 자료형으로 변환하고, 각 픽셀 데이터를 0부터 1 사이로 정규화합니다. MNIST 데이터에서는 각 픽셀의 색 농도가 0부터 255까지의 8비트로 표현되기 때문입니다.

원래 (※2a)의 레이블 데이터는 0부터 9 사이의 숫자로 기록돼 있는데, 이를 이전 절처럼 10차원 배열 데이터로 변환합니다. TensorFlow를 활용한 MNIST 데이터 예제에서는 처음부터 10차원으로 변환했지만 Keras에서는 따로 변환하지 않습니다. 물론 `np_utils.to_cateforical()` 메서드를 이용하면 굉장히 간단하게 레이블을 10차원 배열로 변환할 수 있습니다. 많이 사용하는 메서드이므로 기억해주세요.

Keras가 편리하다는 것을 한눈에 볼 수 있는 부분은 바로 (※3)입니다. 모델을 정의하는 부분인데, 시퀀셜(직선적)로 딥러닝의 각 층을 `add()` 메서드로 추가합니다. TensorFlow의 코드와 비교했을 때 굉장히 간단하다는 것을 알 수 있을 것입니다. 활성화 함수와 Dropout도 `add()` 메서드로 간단하게 추가할 수 있습니다.

프로그램의 (※4)에서는 `compile()` 메서드로 모델을 구축합니다. 이때 `loss`로 최적화 함수를 지정할 수 있습니다.

프로그램의 (※5)에서는 `fit()` 메서드로 모델에 데이터를 학습시킵니다. 4장에서 살펴본 scikit-learn과 거의 비슷합니다.

마지막으로 (※6)에서는 테스트 데이터를 이용해 훈련한 데이터의 정답률을 구합니다.

Keras로 비만도 판정해보기

이번에는 Keras를 사용해 BMI 계산을 딥러닝으로 해봅시다. 이미 여러 번 해보고 있는데, 이번에는 Keras가 제공하는 샘플 데이터가 아니라 우리가 준비한 샘플 데이터로 제대로 결과가 나오는지 확인해 봅시다.

다음 코드는 비만도 판정 데이터가 담긴 CSV 파일 "bmi.csv"를 읽어 들이고, Keras로 딥러닝이 제대로 되는지 테스트합니다.

file: ch5/keras-bmi.py

```
from keras.models import Sequential
from keras.layers.core import Dense, Dropout, Activation
from keras.callbacks import EarlyStopping
import pandas as pd, numpy as np

# BMI 데이터를 읽어 들이고 정규화하기 --- (※1)
csv = pd.read_csv("bmi.csv")
# 몸무게와 키 데이터
csv["weight"] /= 100
csv["height"] /= 200
X = csv[["weight", "height"]] # --- (※1a)
# 레이블
bclass = {"thin":[1,0,0], "normal":[0,1,0], "fat":[0,0,1]}
y = np.empty((20000,3))
for i, v in enumerate(csv["label"]):
    y[i] = bclass[v]

# 훈련 전용 데이터와 테스트 전용 데이터로 나누기 --- (※2)
X_train, y_train = X[1:15001], y[1:15001]
X_test,  y_test  = X[15001:20001], y[15001:20001]

# 모델 구조 정의하기 --- (※3)
model = Sequential()
model.add(Dense(512, input_shape=(2,)))
model.add(Activation('relu'))
model.add(Dropout(0.1))

model.add(Dense(512))
model.add(Activation('relu'))
model.add(Dropout(0.1))
```

```
model.add(Dense(3))
model.add(Activation('softmax'))

# 모델 구축하기 --- (※4)
model.compile(
    loss='categorical_crossentropy',
    optimizer="rmsprop",
    metrics=['accuracy'])

# 데이터 훈련하기 --- (※5)
hist = model.fit(
    X_train, y_train,
    batch_size=100,
    epochs=20,
    validation_split=0.1,
    callbacks=[EarlyStopping(monitor='val_loss', patience=2)],
    verbose=1)

# 테스트 데이터로 평가하기 --- (※6)
score = model.evaluate(X_test, y_test)
print('loss=', score[0])
print('accuracy=', score[1])
```

명령줄에서 실행해봅시다.

```
$ python3 keras-bmi.py
Using TensorFlow backend.
Train on 13500 samples, validate on 1500 samples
Epoch 1/20
13500/13500 [==============================] - 2s
 - loss: 0.5173 - acc: 0.7887 - val_loss: 0.3797 - val_acc: 0.8047
Epoch 2/20
13500/13500 [==============================] - 2s
 - loss: 0.2455 - acc: 0.9054 - val_loss: 0.1919 - val_acc: 0.9167
Epoch 3/20
13500/13500 [==============================] - 2s
 - loss: 0.1922 - acc: 0.9216 - val_loss: 0.1984 - val_acc: 0.8980
…생략…
13500/13500 [==============================] - 2s
 - loss: 0.1051 - acc: 0.9550 - val_loss: 0.0467 - val_acc: 0.9967
4960/4999 [============================>.] - ETA: 0s
loss= 0.0491473536046
accuracy= 0.99199839968
```

0.991(99%)의 확률로 비만도를 제대로 판정합니다.

프로그램의 구조 자체는 이전과 같지만 그래도 하나하나 살펴봅시다. CSV 파일을 읽어 들이고, Keras에 전달하는 부분에 주목하기 바랍니다.

프로그램의 (※1)에서는 CSV 파일을 읽어 들입니다. Pandas를 이용해 CSV 파일을 읽어 들였습니다.

여기서 중요한 것은 Keras로 머신러닝을 수행할 때 Numpy 배열 데이터(numpy.ndarray 자료형)를 전달해야 한다는 것입니다. Pandas 배열 데이터를 그대로 사용할 수 없으므로 Numpy 데이터로 변환해야 합니다. 어렵게 들릴 수 있지만 굉장히 간단한 작업입니다. 프로그램의 (※1a)를 자세히 살펴봅시다. Pandas의 read_csv()로 파일을 읽으면 DataFrame 자료형을 리턴합니다. 여기서 필요한 데이터를 추출하려면 다음과 같은 코드를 사용합니다.

```
# Pandas로 CSV 파일을 읽어 들이고 원하는 열을 추출하는 방법
csv = pd.read_csv("<파일 이름>.csv")
X = csv[["<열 이름1>", "<열 이름 2>"]]
```

BMI가 담긴 CSV 파일을 읽어 들이는 경우 이를 정규화하는 작업이 필요하므로 몸무게와 키 데이터를 각각 적당한 값으로 나누어 0부터 1 사이로 정규화합니다. 그리고 레이블이 문자열이므로 카테고리를 나타내는 3차원 데이터로 변환합니다.

프로그램의 (※2)에서는 데이터를 훈련 데이터와 테스트 데이터로 분할합니다.

프로그램의 (※3)에서는 모델 구조를 정의합니다. 이 부분은 이전과 거의 같습니다. (※4)에서는 모델을 구축하고, (※5)에서 실제로 데이터를 전달해 모델을 훈련합니다. 이때 몇 가지 옵션을 매개변수로 지정하고 있습니다.

처음 프로그램을 만들었을 때 정확도가 제대로 나오지 않아서 옵션을 조정해서 정확도가 어느 정도 나오게 튜닝한 것입니다. 현재 예제에서는 배치 크기(batch_size)와 학습 횟수(np_epoch)를 지정했습니다.

배치 크기라는 것은 무엇일까요? 머신러닝을 수행할 때는 굉장히 많은 양의 데이터를 사용합니다. 따라서 뭔가를 하나 수정하려 할 때 모든 데이터를 다시 처리하는 것은 굉장히 쓸데없는 낭비입니다. 그래서 훈련 데이터를 여러 개의 작은 배치로 나누어 매개변수를 수정합니다. 이때의 작은 배치 크기를 "미니 배치 크기(mini batch size)" 또는 "배치 크기(batch size)"라고 부릅니다.

`callback` 매개변수를 지정한 것은 데이터를 감시하기 위해서입니다. `EarlyStopping`을 지정하면 데이터의 정밀도에 문제가 발생했을 때 훈련을 중지하게 됩니다. 따라서 의미 없는 데이터로 인해 시간이 낭비되는 것을 막아줍니다.

프로그램의 (※6)에서는 테스트 데이터를 사용해 모델을 평가해서 정답률을 출력합니다.

정리

어떤가요? 이처럼 Keras를 이용하면 이전 장에서 살펴본 내용의 복잡한 모델 구조를 간단하게 만들 수 있습니다. TensorFlow가 너무 어렵게 느껴져도 Keras라면 쉽게 사용할 수 있을 것입니다.

➔ Keras를 이용하면 머신러닝 모델을 간단하게 작성할 수 있습니다.

➔ Keras를 이용하면 scikit-learn과 거의 같은 API로 쉽게 학습하고 예측할 수 있습니다.

5-8

Pandas/NumPy 다루기

이전 절까지 TansorFlow와 Keras를 사용해 딥러닝을 해봤습니다. 실제로 스스로 준비한 데이터를 기반으로 학습시킬 때는 어떤 자료형으로 머신러닝 라이브러리에게 데이터를 전달해야 할지가 중요합니다. 이번 절에서는 Pandas와 Numpy라는 라이브러리를 활용하는 방법을 살펴보겠습니다.

이번 절에서 배울 내용

- Pandas
- Numpy

알고리즘과 툴

- Pandas 라이브러리
- Numpy 라이브러리

Pandas/NumPy

Pandas/NumPy는 고급 데이터 분석과 수치 계산 등의 기능을 제공하는 확장 모듈입니다. NumPy는 수치 계산을 효율적으로 하기 위한 모듈로서, 다차원 배열과 고수준의 수학 함수를 제공합니다. Pandas는 데이터 분석 기능을 제공하는 라이브러리로서, CSV 파일 등의 데이터를 읽고 원하는 데이터 형식으로 변환해줍니다. 이러한 두 라이브러리는 C 언어로 작성돼 있으므로 파이썬으로 만들어진 라이브러리보다 처리 속도가 빠릅니다.

Pandas/Numpy를 사용하려면

Pandas/Numpy는 파이썬 표준 모듈이 아니므로 따로 설치해야 합니다. `pip` 명령어로 설치하면 되는데, Anaconda를 사용한다면 기본적으로 설치돼 있습니다. 따라서 아마 현재까지 내용을 진행한 독자라면 이미 설치돼 있을 것입니다. Anaconda 설치와 관련된 내용은 이번 장의 2절을 참고해주세요.

Pandas/Numpy를 사용하려면 다음과 같이 `import` 구문으로 모듈을 읽어 들입니다. Pandas/Numpy는 자주 사용하므로 pd/np 같은 별칭을 붙여 사용하는 것이 일반적입니다.

```
import pandas as pd
import numpy as np
```

DataFrame

Pandas에서 사용하는 기본 데이터는 데이터프레임(DataFrame)입니다. 데이터프레임을 정의할 때는 2차원 리스트를 매개변수로 전달합니다.

file: ch5/pd-test-df.py

```
import pandas as pd

a = pd.DataFrame([
    [10,20,30],
    [40,50,60],
    [70,80,90]
])

print(a)
```

명령줄에서 실행해봅시다. 실제 데이터 외에도 열과 행을 의미하는 테이블 레이블이 함께 출력됩니다.

```
$ python3 pd-test-df.py
    0   1   2
0  10  20  30
1  40  50  60
2  70  80  90
```

1차원 데이터는 시리즈(Series)를 사용해 다룹니다.

file: ch5/pd-test-s.py

```
import pandas as pd, numpy as np
s = pd.Series([1.0, 3.0, 5.0, 7.0, 9.0])
print(s)
```

명령줄에서 실행해보면 인덱스 번호가 함께 출력되는 것을 확인할 수 있습니다. 게다가 자료형도 함께 출력됩니다.

```
$ python3 pd-test-s.py
0    1.0
1    3.0
2    5.0
3    7.0
4    9.0
dtype: float64
```

원하는 데이터 추출하기

또한 1차원 리스트가 들어있는 딕셔너리 자료형의 데이터가 있을 때 키로 원하는 열의 데이터를 추출할 수 있습니다.

file: ch5/pd-test-key.py

```
import pandas as pd
# 키, 몸무게, 유형 데이터프레임 생성하기
tbl = pd.DataFrame({
    "weight": [ 80.0, 70.4, 65.5, 45.9, 51.2 ],
    "height": [ 170,  180,  155,  143,  154  ],
    "type":   [ "f", "n", "n", "t", "t"]
})

# 몸무게 목록 추출하기
print("몸무게 목록")
print(tbl["weight"])

# 몸무게와 키 목록 추출하기
print("몸무게와 키 목록")
print(tbl[["weight","height"]])
```

명령줄에서 실행해봅시다.

```
$ python3 pd-test-key.py
몸무게 목록
0    80.0
1    70.4
2    65.5
3    45.9
4    51.2
```

```
Name: weight, dtype: float64
몸무게와 키 목록
   weight  height
0    80.0     170
1    70.4     180
2    65.5     155
3    45.9     143
4    51.2     154
```

또한 원하는 위치의 값을 추출할 때는 파이썬 리스트처럼 슬라이스를 사용합니다.

file: ch5/pd-test-slice.py

```
import pandas as pd
# 키, 몸무게, 유형 데이터프레임 생성하기
tbl = pd.DataFrame({
    "weight": [ 80.0, 70.4, 65.5, 45.9, 51.2, 72.5 ],
    "height": [ 170,  180,  155,  143,  154,  160  ],
    "type":   [ "f",  "n",  "n",  "t",  "t",  "f"  ]
})

# (0부터 세었을 때) 2~3번째 데이터 출력
print("tbl[2:4]\n", tbl[2:4])

# (0부터 세었을 때) 3번째 이후의 데이터 출력하기
print("tbl[3:]\n",tbl[3:])
```

명령줄에서 실행해보면 예상 그대로 출력되는 것을 알 수 있습니다. 레이블이 출력된다는 것을 제외하면 파이썬의 리스트와 같습니다.

```
$ python3 pd-test-slice.py
tbl[2:4]
    weight  height  type
2     65.5     155     n
3     45.9     143     t
tbl[3:]
    weight  height  type
3     45.9     143     t
4     51.2     154     t
5     72.5     160     f
```

원하는 조건의 값을 추출할 수도 있습니다.

file: ch5/pd-test-filter.py

```
import pandas as pd
# 키, 몸무게, 유형 데이터프레임 생성하기
tbl = pd.DataFrame({
    "weight": [ 80.0, 70.4, 65.5, 45.9, 51.2, 72.5 ],
    "height": [ 170,  180,  155,  143,  154,  160  ],
    "gender": [ "f",  "m",  "m",  "f",  "f",  "m"  ]
})

print("--- height가 160 이상인 것")
print(tbl[tbl.height >= 160])
print("--- gender가 m 인 것")
print(tbl[tbl.gender == "m"])
```

명령줄에서 실행해 결과를 확인해봅시다. 변수 이름 뒤에 꺾은 괄호를 사용해 "<객체>[<칼럼 이름> <비교 연산자> <값>]" 형태로 지정하면 원하는 값을 가진 데이터를 추출할 수 있습니다. 다음은 height(키)가 160cm 이상, gender(성별)가 "m"(남자)인 것을 추출하고 출력한 예입니다.

```
$ python3 pd-test-filter.py
--- height가 160 이상인 것
   weight  height  gender
0    80.0     170       f
1    70.4     180       m
5    72.5     160       m
--- gender가 m 인 것
   weight  height  gender
1    70.4     180       m
2    65.5     155       m
5    72.5     160       m
```

정렬과 반전

정렬도 굉장히 간단합니다.

file: ch5/pd-test-sort.py

```
import pandas as pd
# 키, 몸무게, 유형 데이터프레임 생성하기
tbl = pd.DataFrame({
```

```
    "weight": [ 80.0, 70.4, 65.5, 45.9, 51.2, 72.5 ],
    "height": [ 170,  180,  155,  143,  154,  160  ],
    "gender": [ "f",  "m",  "m",  "f",  "f",  "m"  ]
})

print("--- 키로 정렬")
print(tbl.sort_values(by="height"))

print("--- 몸무게로 정렬")
print(tbl.sort_values(by="weight", ascending=False))
```

명령줄에서 실행해봅시다.

```
$ python3 pd-test-sort.py
--- 키로 정렬
   weight  height  gender
3    45.9     143       f
4    51.2     154       f
2    65.5     155       m
5    72.5     160       m
0    80.0     170       f
1    70.4     180       m
--- 몸무게로 정렬
   weight  height  gender
0    80.0     170       f
5    72.5     160       m
1    70.4     180       m
2    65.5     155       m
4    51.2     154       f
3    45.9     143       f
```

이어서 행과 열을 반전해봅시다. 굉장히 간단합니다.

file: ch5/pd-test-rot.py

```
import pandas as pd
tbl = pd.DataFrame([
    ["A", "B", "C"],
    ["D", "E", "F"],
    ["G", "H", "I"]
])
print(tbl)
```

```
print("---")
print(tbl.T)
```

명령줄에서 실행해봅시다.

```
$ python3 pd-test-rot.py
   0  1  2
0  A  B  C
1  D  E  F
2  G  H  I
---
   0  1  2
0  A  D  G
1  B  E  H
2  C  F  I
```

데이터 조작

이어서 데이터를 변경하는 조작에 대해 살펴보겠습니다. NumPy를 이용하면 여러 데이터에 한꺼번에 조작을 가할 수 있습니다.

file: ch5/np-test-calc.py

```
import numpy as np

# 10개의 float32 자료형 데이터 생성
v = np.zeros(10, dtype=np.float32)
print(v)

# 연속된 10개의 uint64 자료형 데이터 생성
v = np.arange(10, dtype=np.uint64)
print(v)

# v 값을 3배하기
v *= 3
print(v)

# v의 평균 구하기
print(v.mean())
```

명령줄에서 실행해봅시다.

```
$ python3 np-test-calc.py
[ 0.  0.  0.  0.  0.  0.  0.  0.  0.  0.]
[0 1 2 3 4 5 6 7 8 9]
[ 0  3  6  9 12 15 18 21 24 27]
13.5
```

Pandas의 DataFrame으로도 같은 처리를 할 수 있습니다. BMI 프로그램(ch4/bmi-test.py와 ch5/bmi.py)에서도 몸무게를 정규화하기 위해 한꺼번에 데이터를 변경했는데, 다시 해당 내용을 살펴봅시다.

file: ch5/pd-test-norm.py

```
import pandas as pd
# 키, 체중, 유형 데이터프레임 생성하기
tbl = pd.DataFrame({
    "weight": [ 80.0, 70.4, 65.5, 45.9, 51.2, 72.5 ],
    "height": [ 170,  180,  155,  143,  154,  160  ],
    "gender": [ "f",  "m",  "m",  "f",  "f",  "m"  ]
})

# 키와 몸무게 정규화하기
tbl["weight"] /= 100
tbl["height"] /= 200
print(tbl)
```

키와 몸무게의 최댓값을 200과 100으로 적당하게 결정한 뒤, 데이터를 나누면 데이터를 0과 1 사이의 값으로 만들 수 있습니다.

```
$ python3 pd-test-norm.py
   weight  height gender
0   0.800   0.850      f
1   0.704   0.900      m
2   0.655   0.775      m
3   0.459   0.715      f
4   0.512   0.770      f
5   0.725   0.800      m
```

다만 이 같은 방법은 키가 200 이상, 몸무게가 100 이상인 경우가 있다면 제대로 정규화하지 못합니다. 따라서 조금 더 정확하게 만든다면 다음과 같은 방법을 사용합니다. 키와 몸무게의 최솟값과 최댓값을 구한 뒤에 다음과 같은 계산식으로 데이터를 정규화하는 것입니다.

프로그램에서 이를 구현하면 다음과 같습니다.

file: ch5/pd-test-norm2.py

```
import pandas as pd

# 키, 체중, 유형 데이터프레임 생성하기
tbl = pd.DataFrame({
    "weight": [ 80.0, 70.4, 65.5, 45.9, 51.2, 72.5 ],
    "height": [ 170,  180,  155,  143,  154,  160  ],
    "gender": [ "f",  "m",  "m",  "f",  "f",  "m"  ]
})

# 키와 몸무게 정규화하기
# 최댓값과 최솟값 구하기
def norm(tbl, key):
    c = tbl[key]
    v_max = c.max()
    v_min = c.min()
    print(key, "=", v_min, "-", v_max)
    tbl[key] = (c - v_min) / (v_max - v_min)
norm(tbl, "weight")
norm(tbl, "height")
print(tbl)
```

명령줄에서 실행해봅시다.

```
$ python3 pd-test-norm2.py
weight = 45.9 - 80.0
height = 143 - 180
     weight    height  gender
0  1.000000  0.729730       f
1  0.718475  1.000000       m
2  0.574780  0.324324       m
3  0.000000  0.000000       f
4  0.155425  0.297297       f
5  0.780059  0.459459       m
```

NumPy로 변환하기

머신러닝 라이브러리에 따라 Pandas의 DataFrame을 지원하지 않은 경우가 있습니다. 이럴 때는 NumPy 형식으로 변환해야 합니다. values를 참조하기만 하면 NumPy의 ndarray 자료형의 배열을 구할 수 있습니다.

```
n = tbl.values
print(n)
```

Pandas/Numpy 정리

머신러닝에서 자주 사용하는 Pandas와 NumPy의 사용법을 간단하게 살펴봤습니다. 이 밖에도 굉장히 많은 기능이 있으므로 매뉴얼을 직접 살펴보기 바랍니다.

```
NumPy 매뉴얼
[URL] http://docs.scipy.org/doc/numpy/
-----
Pandas 매뉴얼
[URL] http://pandas.pydata.org/pandas-docs/stable/
```

정리

데이터를 간단하고 효율적으로 처리하려면 Pandas와 Numpy를 사용하는 것이 좋습니다.
이 책에서도 굉장히 많이 사용하고 있습니다. CSV 형식의 파일을 조작할 때 Pandas를 계속해서 사용할 것입니다. 두 가지 모듈 모두 편리한 모듈이므로 익숙해지면 좋을 것입니다.

- Numpy를 이용하면 행렬 연산을 간단하게 할 수 있습니다.
- Pandas를 이용하면 데이터 읽어 들이기와 정규화를 간단하게 할 수 있습니다.
- 웹에서 데이터를 다운로드합니다(1, 2장).

6장

텍스트 분석과 챗봇 만들기

이번 장에서는 머신러닝을 사용한 텍스트 분석을 살펴보겠습니다. 한국어를 어떻게 분석할 수 있는지, 텍스트 카테고리 분류, 유사도 분류 등을 살펴보고 자동으로 텍스트를 생성하는 방법을 살펴봅니다. 그리고 마지막에는 사람과 대화할 수 있는 간단한 챗봇을 만들어보겠습니다.

6-1

한국어 분석(형태소 분석)

한국어 문장을 분석할 때 가장 문제가 되는 것은 단어를 구분하는 것입니다. 영어의 경우 공백으로 잘라 쉽게 단어를 나눌 수 있지만 한국어에는 조사가 붙어있으므로 단순히 공백으로 잘라서는 단어를 구분할 수 없습니다. 따라서 이번 절에서는 한국어 문장이 있을 때 이를 분석해서 형태소라는 최소 단위로 분석하는 "형태소 분석"에 대해 살펴보겠습니다.

이번 절에서 배울 내용

- 형태소 분석

알고리즘과 툴

- KoNLPy

형태소 분석

형태소 분석(Morphological Analysis)은 자연 언어의 문장을 "형태소"라는 의미를 갖는 최소 단위로 분할하고, 품사를 판별하는 작업입니다. 형태소 분석은 기계 번역, 텍스트 마이닝 등의 여러 분야에서 활용되고 있습니다.

영어 형태소 분석은 사실 크게 어렵지 않습니다. 형태소마다 띄어쓰기를 해서 문장을 구성하는 것이 기본이기 때문입니다. 예외로 it's, don't 등이 있는데요. 이러한 것은 특정 단어를 it is, do not으로 변형하면 되므로 크게 문제되지 않습니다.

하지만 아시아 계열의 언어 분석에는 나름의 노력이 필요합니다. 대표적으로 문법 규칙에 의한 방법과 확률적 언어 모델을 사용하는 방법이 있는데, 최근에는 확률적 언어 모델을 사용한 형태소 분석이 많아져서 정밀도가 높아졌습니다. 어쨌거나 두 가지 모두 품사 사전과 문법 사전을 기반으로 대조하면서 형태소를 분석합니다.

한국어 형태소 분석 라이브러리

수많은 형태소 분석 라이브러리가 오픈소스로 배포되고 있습니다. 그리고 파이썬에서도 사용할 수 있습니다. 이러한 라이브러리를 이용하면 직접 사전을 준비하고, 형태소 분석 알고리즘을 구현하지 않아도 형태소 분석을 할 수 있습니다.

이 책에서는 파이썬 한국어 형태소 분석 라이브러리 KoNLPy(http://konlpy.org/ko/latest/)를 살펴보겠습니다. KoNLPy를 이용하면 한나눔, 꼬꼬마, Komoran, MeCab, 트위터 등의 형태소 분석기를 쉽게 사용할 수 있습니다. 이 중에서 트위터 형태소 분석기를 사용해보겠습니다.

KoNLPy의 트위터 형태소 분석기

KoNLPy는 5가지 종류의 형태소 분석기를 활용할 수 있는데, 이 중에서 트위터 형태소 분석기를 사용해보겠습니다. KoNLPy는 대부분 사용법이 비슷하므로 트위터 형태소 분석기 사용법만 알아도 다른 형태소 분석기도 사용할 수 있을 것입니다.

일단 다음 명령어로 설치합니다. 사실 설치할 때 다양한 문제가 발생할 수 있는데, 자세한 사항은 http://konlpy.org/ko/latest/install/을 참고하기 바랍니다. 참고로 다음 첫 번째 명령어를 실행하는데 시간이 조금 오래 걸립니다. 실행하고 잠시 커피라도 한 잔 하고 오기 바랍니다.

```
# 자바 등등 설치
$ apt-get install g++ openjdk-8-jdk python-dev python3-dev
# KoNLPy 설치
$ pip install konlpy
```

그럼 간단하게 형태소 분석을 해봅시다.

file: ch06/konlpy-basic.py

```
from konlpy.tag import Okt
okt = Okt()
malist = okt.pos("아버지 가방에 들어가신다.", norm=True, stem=True)
print(malist)
```

프로그램을 명령줄에서 실행해봅시다. 참고로 이때 jpype와 관련된 오류가 발생하면 “`pip install jpype1`” 명령어를 실행해 jpype를 설치해주세요.

```
$ python konlpy-basic.py
[('아버지', 'Noun'), ('가방', 'Noun'), ('에', 'Josa'), ('들어가다', 'Verb'), ('.', 'Punctuation')]
```

사용법은 이처럼 굉장히 간단합니다. `Okt()` 메서드로 `Okt` 객체를 생성하고, `pos()` 메서드에 형태소 분석을 수행할 문장을 지정하기만 하면 됩니다. 이때 두 가지 옵션을 지정했는데, 사실 지정하지 않아도 실행은 됩니다. `norm` 옵션을 지정하면 "그래욬ㅋㅋ?"처럼 작성했을 경우 "그래요"처럼 변환해주며, `stem` 옵션을 지정하면 "그렇다"라고 원형을 찾아줍니다.

참고로 KoNLPy의 5가지 형태소 분석기 중에 "아버지가방에들어가신다"를 제대로 분석할 수 있는 분석기는 Kkma와 Okt밖에 없습니다. 그리고 Okt가 품사를 쉽게 읽을 수 있어서 이 책에서는 Okt 형태소 분석기를 사용합니다(Kkma의 경우는 NNG, JKM, VV, EPH, EFN처럼 품사가 나와서 초보자가 무엇을 의미하는지 알기 힘듭니다).

어쨌거나 이와 관련된 더 자세한 내용은 http://konlpy.org/ko/latest/api/konlpy.tag/를 참고해주세요.

출현 빈도 분석

그럼 머신러닝에 형태소 분석을 적용하기 전에 간단한 예를 살펴봅시다. 박경리의 "토지"를 사용해볼텐데 국립국어원 언어 정보 나눔터에서 "토지"를 검색해서 내려받습니다. 8개의 파일(1, 2, 3, 4, 5, 7, 12, 16권)이 있는데, 아무 것이나 사용해도 됩니다[1].

```
국립국어원 언어 정보 나눔터 말뭉치 데이터베이스
https://ithub.korean.go.kr/user/total/database/corpusManager.do
```

일단 파일을 열어보면 조금 특이한 형태를 볼 수 있습니다. 이를 말뭉치 파일(Corpus File)이라고 부르는데, `tei.2` > `text` > `body` > `text` 안에 글이 있는 것을 확인할 수 있습니다. 모두 추출해보겠습니다.

이를 활용해 다음과 같은 프로그램을 만들어봅시다.

1 (옮긴이) 언어정보나눔터 누리집(http://ithub.korean.go.kr)의 서비스가 2021년 6월말 종료되었습니다.

file: ch6/toji_count.py

```
import codecs
from bs4 import BeautifulSoup
from konlpy.tag import Okt

# utf-16 인코딩으로 파일을 열고 글자를 출력하기 --- (※1)
fp = codecs.open("BEXX0003.txt", "r", encoding="utf-16")
soup = BeautifulSoup(fp, "html.parser")
body = soup.select_one("body > text")
text = body.getText()

# 텍스트를 한 줄씩 처리하기 --- (※2)
okt = Okt()
word_dic = {}
lines = text.split("\n")
for line in lines:
    malist = okt.pos(line)
    for word in malist:
        if word[1] == "Noun": #  명사 확인하기 --- (※3)
            if not (word[0] in word_dic):
                word_dic[word[0]] = 0
            word_dic[word[0]] += 1 # 카운트하기

# 많이 사용된 명사 출력하기 --- (※4)
keys = sorted(word_dic.items(), key=lambda x:x[1], reverse=True)
for word, count in keys[:50]:
    print("{0}({1}) ".format(word, count), end="")
print()
```

그럼 프로그램을 명령줄에서 실행해 봅시다.

```
$ python toji_count.py
것(628) 그(519) 말(377) 안(304) 소리(198) 길(194) 용이(193) 눈(187) 내(178) 놈(176) 사람(167) 치수
(160) 평산(160) 얼굴(156) 와(150) 못(149) 일(145) 거(145) 댁(141) 때(139) 수(138) 이(138) 강청댁
(137) 서방(125) 나(124) 서희(119) 일이(117) 더(116) 어디(112) 봉순(112) 마을(111) 최(110) 머(110)
년(107) 만(107) 집(105) 제(104) 김(99) 칠성(97) 니(97) 구천이(96) 날(94) 생각(93) 뒤(91) 두(90) 아
이(88) 믄(88) 하나(84) 월(83) 참판(82)
```

재미있는 결과가 나왔습니다. 참고로 여기서 "용이", "평산", "강청댁" 등은 등장 인물 이름입니다. 어쨌거나 프로그램을 살펴봅시다.

프로그램의 (※1)에서는 파일을 읽고 BeautifulSoup로 `body > text`에 있는 글자를 모두 추출합니다. 이때 `text`를 출력해보면 줄바꿈이 들어있습니다. 이를 활용해 프로그램의 (※2)에서 반복문으로 한 줄 한 줄 분석합니다. 프로그램의 (※3)을 보면 조건문이 있는데, 이 조건으로 명사만 확인합니다.

마지막으로 프로그램의 (※4)에서는 많이 사용된 명사 50개를 출력합니다.

굉장히 간단한 코드지만 재미있는 결과를 만들어냈습니다. 국립국어원에 다양한 자료가 있으므로 토지 외의 것들도 활용해보기 바랍니다.

정리

이번 절에서는 형태소 분석과 형태소 분석 라이브러리를 살펴봤습니다. 형태소 분석이 무엇이고 어떻게 사용하는지와 관련된 내용을 꼭 기억해주세요. 이어지는 절부터는 형태소 분석과 머신러닝을 조합하겠습니다.

- 한국어 분석에는 “형태소 분석”이 빠질 수 없습니다.
- 파이썬에서 KoNLPy를 사용하면 한국어 형태소 분석을 할 수 있습니다.

6-2

Word2Vec으로 문장을 벡터로 변환하기

단어의 의미를 벡터로 표현하는 "Word2Vec"을 이용하면 연관된 단어를 추출하거나 단어와 단어의 유사도를 확인할 수 있습니다. 또한 의미를 선형 계산할 수 있어서 "왕자 − 남성 + 여성 = 공주" 등의 계산도 할 수 있습니다. 그럼 "Word2Vec"의 사용법을 재미있게 살펴봅시다.

이번 절에서 배울 내용

- Word2Vec
- Word2Vec 사용해보기

알고리즘과 툴

- Word2Vec

Word2Vec

"Word2Vec"은 문장 내부의 단어를 벡터로 변환하는 도구입니다. 단어의 연결을 기반으로 단어의 연관성을 벡터로 만들어줍니다. 이름 그대로 단어를 벡터로 표현해주는 것입니다. 이를 활용하면 단어의 의미를 파악할 수 있습니다.

단어를 벡터로 만들면 단어와 단어의 유사도를 쉽게 확인할 수 있습니다. 예를 들어, 다음 그림은 Word2Vec으로 글을 읽게 하고 단어를 2차원 그래프에 그린 것입니다. 이런 그림으로 보면 "아버지"와 "어머니"는 "사랑"과 가깝다는 것을 알 수 있습니다. 또한 "인생"과 "개", "고양이"는 멀리 있다는 것을 알 수 있습니다.

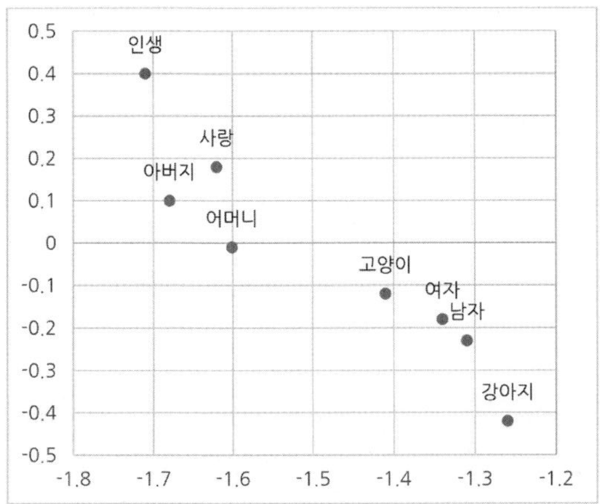

Word2Vec은 어구를 벡터로 변환하는 도구입니다.

또한 Word2Vec을 이용하면 의미를 선형으로 계산할 수 있습니다. 예를 들어, "아빠 – 남자 + 여자"라는 계산을 하면 "엄마"가 나옵니다. 또한 "왕자 – 남성 + 여성"를 계산하면 "공주" 등이 나옵니다.

Gensim 설치

Word2Vec을 구현하는 도구는 굉장히 많습니다. 이 중에서 실행 속도가 빠르고 파이썬으로 실행할 수 있는 "Gensim" 라이브러리를 사용해봅시다. Gensim은 자연 언어 처리를 위한 라이브러리입니다. 글자 처리를 위해 여러 가지 기능을 가지고 있는데, 이 가운데 Word2Vec 기능도 있습니다.

```
Gensim
[URL] https://radimrehurek.com/gensim/
```

Gensim 웹 사이트

Gensim 설치는 pip 명령어로 합니다.

```
$ pip3 install gensim
```

Gensim은 라이브러리일 뿐입니다. 따라서 Gensim을 설치했다고 곧바로 단어를 더하고 빼는 처리를 할 수 있는 것이 아닙니다. 말뭉치(Corpus)라고 불리는 단어 사전을 만들려면 데이터를 준비하고 학습시켜야 합니다.

이러한 말뭉치를 만드는 데는 인터넷에 무료로 공개돼 있는 텍스트 데이터를 많이 활용합니다. 대표적인 예로 위키피디아, 국립국어원 데이터가 있습니다. 다음 URL에 있는 것들도 참고해보세요.

- http://konlpy.org/ko/latest/references/#corpora

이번 절에서는 일단 국립국어원에서 제공하는 "토지"로 간단한 사용법을 알아보고, 위키피디아를 사용하는 방법을 살펴봅시다.

Gensim의 Word2Vec으로 "토지"를 읽어보기

일단 책 한 권을 사용해 Gensim의 Word2Vec 사용법을 간단하게 알아봅시다. 이전 절에서 사용했던 "토지"를 계속 사용하겠습니다. 다음 코드는 koNLPy의 Okt 형태소 분석기로 형태소를 나누고, Word2Vec으로 읽어 들이는 예제입니다.

file: ch6/word2vec-toji.py

```
import codecs
from bs4 import BeautifulSoup
from konlpy.tag import Okt
from gensim.models import word2vec

# utf-16 인코딩으로 파일을 열고 글자를 출력하기 --- (※1)
fp = codecs.open("BEXX0003.txt", "r", encoding="utf-16")
soup = BeautifulSoup(fp, "html.parser")
body = soup.select_one("body > text")
text = body.getText()

# 텍스트를 한 줄씩 처리하기 --- (※2)
okt = Okt()
results = []
lines = text.split("\n")
for line in lines:
    # 형태소 분석하기 --- (※3)
    # 단어의 기본형 사용
    malist = okt.pos(line, norm=True, stem=True)
    r = []
    for word in malist:
        # 어미/조사/구두점 등은 대상에서 제외
        if not word[1] in ["Josa", "Eomi", "Punctuation"]:
            r.append(word[0])
    rl = (" ".join(r)).strip()
    results.append(rl)
    print(rl)

# 파일로 출력하기  --- (※4)
gubun_file = 'toji.gubun'
with open(gubun_file, 'w', encoding='utf-8') as fp:
    fp.write("\n".join(results))

# Word2Vec 모델 만들기 --- (※5)
```

```
data = word2vec.LineSentence(gubun_file)
model = word2vec.Word2Vec(data,
    vector_size=200, window=10, hs=1, min_count=2, sg=1)
model.save("toji.model")
print("ok")
```

이를 명령줄에서 실행해봅시다[2]. 실행하면 "toji.model"이라는 모델 파일이 생성됩니다.

```
$ python3 word2vec.py
… (생략) …
제 편 어둠 발 소리 서다 년 한가위 까치 들 울타리 안 감나무 와 아침 인사 하다 전 무색 옷 댕기 꼬리
늘 아이 들 송편 입 물 마을 길 쏘다 어른 들 해 중천 좀 기울다 무렵 래야 차례 치르다 하다 성묘 하다
하다 이웃 끼리 음식 나누다 보다 한나절 넘다 때 타작 마당 사람 들
… (생략) …
ok
```

어쨌거나 프로그램을 실행하면 학습에 사용할 텍스트가 출력됩니다. 이처럼 공백으로 구분된 텍스트 파일을 Word2Vec에 전달하게 됩니다. 또한 이때 어미, 조사, 구두점 등은 전부 제외시켰으며, 동사와 형용사는 기본형만 학습하게 만들었습니다.

그럼 프로그램을 확인해봅시다. 프로그램의 (※1)에서는 텍스트 파일을 읽어 들입니다.

이어서 (※2)에서는 파일을 한 줄 한 줄 읽어 들이게 해서 (※3)에서 형태소 분석합니다. 이때 어미, 조사, 구분점을 분석 대상에서 제외합니다. (※4)에서는 이를 "toji.gubun"라는 이름의 파일로 저장했습니다.

프로그램의 (※5)에서는 Word2Vec으로 파일을 읽어 들이고, Word2Vec으로 모델을 생성해서 "toji.model"이라는 이름으로 저장합니다. 조금 더 자세히 살펴보겠습니다. `LineSentence()` 함수로 텍스트를 읽어 들입니다. `Word2Vec()` 메서드로 매개변수를 전달해서 실행하면 모델이 만들어집니다. 생성한 모델은 `save()` 메서드로 파일로 저장합니다.

"토지" 모델 살펴보기

파이썬의 대화 환경(REPL)에서 Word2Vec 모델을 읽어 들이고 간단하게 살펴봅시다. 일단 Word2Vec으로 이전에 저장한 "토지"를 읽어 들여봅시다. 이전 장에서 사용했던 Jupyter Notebook을 사용해 살

2 (옮긴이) 현재 koNLPy에서 사용하는 Okt 형태소 분석기의 버전 문제로 "…"를 "Foreign(외국어)"으로 인식해버립니다. 따라서 미리 "…" 기호를 replace() 메서드로 전부 제거하는 등의 방법을 활용하면 조금 더 정확한 결과를 낼 수 있습니다.

펴보면 더 편리합니다. 일단 간단하게 살펴보겠습니다.

```
>>> from gensim.models import word2vec
>>> model = word2vec.Word2Vec.load("toji.model")
```

모델을 읽어 들이면 여러 단어를 추출해볼 수 있습니다. 일단 "땅"을 읽어봅시다.

```
>>> model.wv.most_similar(positive=["땅"])
[('구멍', 0.8641394376754761), ('꾼', 0.843765914440155), ('바꾸다', 0.8432906866073608), ('이슬', 0.8416030406951904), ('베', 0.8349120616912842), ('작정', 0.8330029845237732), ('조상', 0.8320674300193787), ('삼', 0.8320064544677734), ('백산', 0.8289090394973755), ('풍요', 0.8286736011505127)]
```

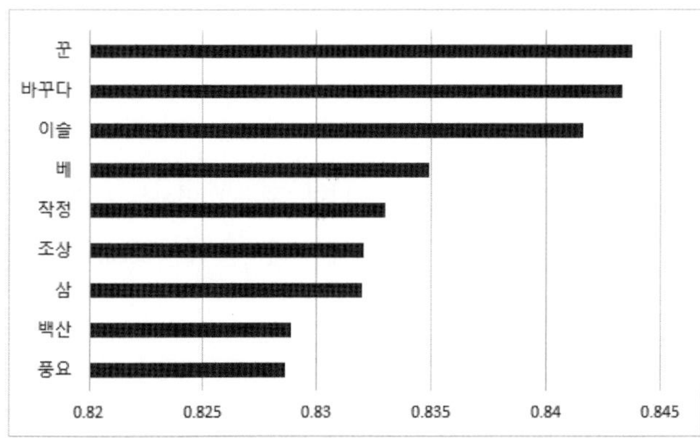

땅과 가까운 단어를 출력한 상태

"토지"라는 책에서 "땅"과 가까운 단어로 "꾼", "바꾸다", "이슬", "베", "작정", "조상", "삼", "백산", "풍요" 등이 나왔습니다.

이처럼 유사한 단어를 확인할 때는 most_similar() 메서드를 사용합니다. 이 메서드는 positive와 negative라는 매개변수를 붙여 호출할 수 있습니다. 다만 현재 토지의 1권 정도만을 읽어 들인 것으로는 데이터가 굉장히 적어서 원하는 결과가 나오기 힘들 수 있습니다.

어쨌거나 이번에는 "집"이라는 단어로 한 번 더 테스트해봅시다.

```
>>> model.most_similar(positive=["집"])
[('남정', 0.8548921346664429), ('구석', 0.851862907409668), ('막딸', 0.8335264921188354), ('시집', 0.8146613836288452), ('가다', 0.8132809400558472), ('귀가', 0.798557698726654), ('중얼거리다', 0.7975324392318726), ('도', 0.7972042560577393), ('개눈', 0.7958052158355713), ('배', 0.7938390970230103)]
```

그럼 이제 본격적으로 큰 규모의 데이터를 사용해 Word2Vec을 테스트해봅시다.

위키피디아 한국어 버전을 사전으로 사용해보기

토지를 사용해 간단하게 Word2Vec의 사용법을 알아봤는데, 사실 소설 한두 권으로는 데이터가 부족합니다.

조금 더 많은 데이터로 Word2Vec을 테스트해봅시다. 이번 절에서는 위키피디아(한국어)의 내용을 사용해봅시다. 용량이 꽤 크므로 시간이 꽤 걸리는 예제가 될 것입니다. 역자의 경우 위키피디아(한국어) 내용을 받는 것부터 모델을 생성하는 데까지 10시간 정도 걸렸습니다.

위키피디아(한국어)의 내용은 다음 URL에서 내려받을 수 있습니다.

```
위키피디아(한국어판) 데이터 다운로드
[URL] https://dumps.wikimedia.org/kowiki/latest/
```

위의 페이지에서 kowiki-latest-pages-articles.xml.bz2를 내려받습니다. 책을 번역하는 시점을 기준으로 463MB입니다. 다운로드가 완료되면 압축을 해제합시다. 명령줄에서 해제할 때는 `bzip2` 명령어를 사용합니다.

```
$ bzip2 -d kowiki-latest-pages-articles.xml.bz2
```

이어서 루비로 만들어진 "wp2txt"라는 도구를 사용하겠습니다. 이 도구는 위키피디아 전체 데이터(XML)를 텍스트로 변환해줍니다. Docker 환경에서 wp2txt를 사용하려면 다음과 같은 명령어를 실행해 Ruby 2.0을 설치해야 합니다(macOS 등에는 Ruby 2.0이 내장돼 있으므로 다음 명령어를 실행하지 않아도 됩니다).

3 (옮긴이) 설치가 실패하는 경우에는 "apt-get install build-essential"과 "apt-get install -y libssl-dev libreadline-dev zlib1g-dev" 명령어를 실행해 설치해주세요.

```
# Ubuntu 환경에 Ruby 설치하기
$ apt-get install -y git
$ git clone https://github.com/sstephenson/rbenv.git ~/.rbenv
$ git clone https://github.com/sstephenson/ruby-build.git ~/.rbenv/plugins/ruby-build
$ echo 'export PATH="$HOME/.rbenv/bin:$PATH"' >> ~/.bash_profile
$ echo 'eval "$(rbenv init -)"' >> ~/.bash_profile
$ source ~/.bash_profile
# Ruby2.4.1 설치하기
$ rbenv install 2.4.1[3]
$ rbenv global 2.4.1
```

그리고 다음 명령어를 실행합니다.

```
# wp2txt 설치하기
$ gem install wp2txt
```

wp2txt로 다음 명령어를 실행해 XML을 텍스트 파일로 변환합니다. 시간이 꽤 걸립니다. 역자의 도커 컨테이너에서는 45분 정도 걸렸습니다. 책과 함께 제공되는 예제를 사용해주세요.

```
$ wp2txt --input-file ./kowiki-latest-pages-articles.xml
```

wp2txt로 변환하면 텍스트가 여러 개의 파일로 분할되어 저장됩니다. 이러한 파일들을 하나의 파일로 합치겠습니다. 다음 명령어를 실행하면 거대한 텍스트 파일 "wiki.txt"(1GB)가 생성됩니다.

```
$ cat kowiki-latest-pages-articles-* > wiki.txt
```

파일의 규모가 크기 때문에 프로그램을 작게 분할해서 만들겠습니다. 일단 이전과 같은 프로그램으로 사용된 단어를 추출하겠습니다. 이전과 같은 예제이므로 설명은 생략합니다.

file: ch6/wiki-wakati.py

```
import codecs
from bs4 import BeautifulSoup
from konlpy.tag import Okt
from gensim.models import word2vec

# 파일 열기
readFp = codecs.open("wiki.txt", "r", encoding="utf-8")
gubun_file = "wiki.gubun"
```

```
writeFp = open(gubun_file, "w", encoding="utf-8")

# 형태소 분석 --- (※2)
okt = Okt()
i = 0
# 텍스트를 한 줄씩 처리하기
while True:
    line = readFp.readline()
    if not line: break
    if i % 20000 == 0:
        print("current - " + str(i))
    i += 1
    # 형태소 분석
    malist = okt.pos(line, norm=True, stem=True)
    # 필요한 어구만 대상으로 하기
    r = []
    for word in malist:
        # 어미/조사/구두점 등은 대상에서 제외
        if not word[1] in ["Josa", "Eomi", "Punctuation"]:
            writeFp.write(word[0] + " ")
writeFp.close()
```

프로그램을 실행하면 "wiki.gubun"가 생성됩니다. 시간이 정말 오래 걸립니다. 역자의 경우는 돌리고 자고 일어났습니다. 마찬가지로 기다리기 힘들다면 책과 함께 제공되는 예제를 내려받아 사용해주세요.

이어서 다음과 같은 파이썬 프로그램을 실행합니다.

file: ch6/wiki-mkdic.py

```
from gensim.models import word2vec
data = word2vec.Text8Corpus("wiki.gubun")
model = word2vec.Word2Vec(data, size=100)
model.save("wiki.model")
print("ok")
```

프로그램을 다음과 같이 실행하면 "wiki.model"과 추가적인 파일(23MB + 139MB + 139MB ≒ 300MB)들을 기반으로 모델 파일을 생성합니다.

```
$ python3 wiki-mkdic.py
```

위키피디아 데이터로 놀아보기

지금까지의 과정으로 위키피디아 모델 파일을 생성했습니다. 그럼 이러한 파일을 활용해 조금 놀아봅시다. 일단 REPL에서 모델을 읽어보겠습니다.

```
$ python3
...
>>> from gensim.models import word2vec
>>> model = word2vec.Word2Vec.load('wiki.model')
```

일단 "Python"과 "파이썬"의 유사어를 조사해봅시다.

```
>>> model.most_similar(positive=["Python", "파이썬"])
[('Perl', 0.9213457107543945), ('Java', 0.906911313533783), ('Tcl', 0.905478835105896),
('MATLAB', 0.8736516237258911), ('Lisp', 0.869271457195282), ('자바스크립트',
0.8669256567955017), ('하스켈', 0.8633924126625061), ('JSP', 0.8586523532867432), ('IDL',
0.8562408685684204), ('CLI', 0.8507612943649292)]
```

"Python"과 "파이썬"의 유사어를 검색하면 비슷한 프로그래밍 언어가 나옵니다.

결과를 보면 "Perl", "Java", "Tcl", "MATLAB", "Lisp", "자바스크립트", "하스켈" 등의 프로그래밍 언어들이 나오는 것을 확인할 수 있습니다.

그럼 이번 절의 앞부분에서 이야기했던 "아빠 - 남성 + 여성"을 계산해봅시다 "엄마"가 나오는 것을 확인할 수 있습니다.

```
>>> model.most_similar(positive=["아빠", "여성"], negative=["남성"])[0]
('엄마', 0.8517739772796631)
```

함께 이야기했던 "왕자 - 남성 + 여성"을 계산해봅시다. 다음과 같이 공주, 왕녀, 여왕, 왕비 등이 나오는 것을 확인할 수 있습니다.

```
>>> model.most_similar(positive=["왕자", "여성"], negative=["남성"])[0:5]
[('공주', 0.6969224810600281), ('왕녀', 0.6862017512321472), ('대왕', 0.5988191366195679), ('여
왕', 0.5952666997909546), ('왕비', 0.5941129326820374)]
```

그럼 "한국"에서 "서울"에 해당하는 곳은 "일본"에서 어디일까요? 다음과 같은 식으로 찾아낼 수 있습니다. "한국"의 수도는 "서울"이고, "일본"의 수도는 "도쿄"이므로 "도쿄"를 출력합니다.

```
>>> model.most_similar(positive=["서울", "일본"], negative=["한국"])[0:5]
[('도쿄', 0.6773518323898315), ('교토', 0.6354459524154663), ('오사카', 0.6219913363456726), ('서
울특별시', 0.5624314546585083), ('후쿠오카', 0.55680251121521)]
```

마찬가지로 "중국"의 수도도 찾을 수 있습니다.

```
>>> model.most_similar(positive=["서울", "중국"], negative=["한국"])
[('베이징', 0.6821848750114441), ('북경', 0.648127019405365), ('절강성', 0.6373119354248047), ('
상하이', 0.6292018890380859), ('봉천', 0.620449960231781), ('산동성', 0.613395094871521), ('
', 0.6115887761116028), ('광동성', 0.6005773544311523), ('충칭', 0.5980311632156372), ('산동',
0.5958592891693115)]
```

비슷하게 다음과 같은 사용도 가능합니다. "오른쪽"과 "왼쪽"이라는 반대되는 개념을 넣고, 한쪽에 "남자"를 넣으면 남자에 반대되는 개념이라고 할 수 있는 "여자"가 나오게 됩니다.

```
>>> model.most_similar(positive=["오른쪽", "남자"], negative=["왼쪽"])[0]
('여자', 0.7413994073867798)
```

서울에서 맛집으로 유명한 지역은 어디일까요? "서울"과 "맛집"을 함께 검색해보면 됩니다. "강남", "인사동", "연희동", "압구정동" 등이 나오는 것을 볼 수 있습니다.

```
>>> model.most_similar(positive=["서울", "맛집"])[0:5]
[('강남', 0.6851245164871216), ('인사동', 0.640274167060852), ('서울특별시', 0.6207906603813171),
('연희동', 0.6170412302017212), ('압구정동', 0.6069210767745972)]
```

그럼 실제로 벡터 데이터가 어떻게 돼 있는지 확인해봅시다. 각 단어는 다음과 같이 100차원 벡터 데이터로 표현됩니다. 이전에 Word2Vec() 메서드를 사용할 때 size를 100으로 지정했기 때문입니다. 참고로 벡터는 무조건 크게 설정한다고 좋은 것이 아닙니다. 벡터를 크게 만들 때는 그만큼 입력하는 텍스트 파일도 커야 합니다.

```
>>> model["고양이"]
array([ -1.15421736e+00,  1.47453928e+00, -7.97333241e-01,
       -5.59004545e-01, -6.63074493e-01,  9.27821093e-04,
        3.60925913e+00, -1.52357721e+00,  2.06334496e+00,
…생략…
       -2.05667090e+00, -1.67801344e+00, -8.93902421e-01,
       -5.99076569e-01,  9.46080744e-01, -5.66576421e-01,
        8.88289034e-01], dtype=float32)
>>> len(model["고양이"])
100
>>> len(model["강아지"])
100
```

한국어는 어떤 의미를 표현하는 단어가 굉장히 많습니다. 예를 들어, 영어의 red를 "붉은색", "빨간색", "적색" 등으로 다양하게 표현합니다. 그래서 언어를 선형으로 분해하는 데 굉장히 많은 정보가 필요합니다. 그래서 생각보다 원하는 만큼 결과가 나오지 않을 수 있습니다.

그리고 사실 model 파일이 300MB밖에 나오지 않았다는 것은 기반 데이터가 엄청나게 적었다는 의미입니다. 우리나라는 위키피디아가 제대로 활성화되지 않아서 데이터가 적습니다. 국내에서 활발한 나무위키, 리브레위키 등을 활용해보기 바랍니다. 굉장히 많은 데이터를 확보할 수 있을 것입니다. 다만 토르 브라우저를 설치하는 등의 별도의 작업이 필요하고, 다운로드 시간이 너무 오래 걸리고, 무슨 위험한 말이 튀어나올지 모르므로 이 책에서는 위키피디아의 데이터를 사용했습니다.

인터넷에는 위키 외에도 다양한 자료들이 많습니다. 신문사의 기사를 1년 정도만 모아도 굉장히 큰 양이 되며, 트위터 등을 긁어 활용하면 최근 트렌드 분석에도 활용할 수 있습니다.

정리

이번 절에서는 위키피디아의 데이터를 사용해 Word2Vec을 사용하는 방법을 알아봤습니다. 언어를 선형으로 나타낼 수 있다는 것은 그 자체로도 재미있지만 단어를 벡터로 표현할 수 있으므로 머신러닝, 딥러닝, 자연 언어 처리에서 굉장히 큰 의미를 갖습니다.

- Word2Vec을 이용하면 특정 단어의 유의어, 반의어를 추출할 수 있습니다.
- Word2Vec을 이용하면 단어를 선형으로 나타낼 수 있습니다.
- 대량의 데이터를 Word2Vec에 활용하면 자연 언어 처리에 활용할 수 있습니다.

6-3

베이즈 정리로 텍스트 분류하기

스팸 메일과 스팸 메일이 아닌 것을 구분하거나 문장의 내용을 보고 카테고리를 분류하는 것과 같은 텍스트 분류는 자주 사용됩니다. 이번 절에서는 이 같은 텍스트 분류를 살펴보겠습니다.

이번 절에서 배울 내용

- 형태소 분석

알고리즘과 툴

- koNLPy

텍스트 분류

텍스트 분류에는 여러 가지 방법이 사용됩니다.

자주 사용되는 방법으로는 베이즈 정리를 이용한 텍스트 분류 방법인 "베이지안 필터(Bayesian filter)"가 있습니다. 학습을 많이 시키면 시킬수록 필터의 분류 능력이 오른다는 특징이 있습니다. 그래서 메일 서비스에서 스팸 메일을 구분하거나 커뮤니티 사이트에서 스팸 글을 구분할 때 많이 사용됩니다. 또한 문장의 카테고리 분류에도 많이 사용됩니다.

머신러닝은 "교사 학습", "비교사 학습", "강화 학습"이라는 3가지 종류가 있다고 설명했는데, 베이지안 필터는 이 중에서 "교사 학습"에 해당합니다.

원래 머신러닝 이전에는 키워드를 지정하는 방법으로 스팸 메일을 구분했습니다. 사용자가 하나하나 키워드를 지정해야 했고, 그로 인해 스팸 메일이 아닌데 스팸 메일로 판정하는 경우도 많았습니다. 하지만 베이지안 필터가 등장한 이후로는 데이터를 학습시켜 자동으로 스팸 메일을 분류할 수 있게 됐습니다. 따라서 사용자가 따로 키워드 지정을 하지 않아도 스팸 메일을 분류하게 됐습니다.

베이즈 정리

필터를 직접 구현하기 전에 베이지안 필터의 기반이 되는 "베이즈 정리"에 대해 살펴봅시다.

베이즈 정리(Bayes' theorem)는 "조건부 확률"과 관련된 이론으로, 토머스 베이즈에 의해 정립된 이론입니다. 이해하기가 조금 힘들 수 있는 이론이므로 천천히 살펴봅시다. 일단 베이즈 정리는 다음과 같습니다.

$$P(B|A) = \frac{P(A|B)P(B)}{P(A)}$$

P(A)란 A가 일어날 확률

P(B)란 B가 일어날 확률(사전 확률)

P(A|B)란 B가 일어난 후에 A가 일어날 확률(조건부 확률, 사후 확률)

P(B|A)란 A가 일어난 후에 B가 일어날 확률(조건부 확률, 사전 확률)

조건부 확률

참고로 조건부 확률이란 〈어떤 A라는 사건이 일어났다는 조건〉에서 〈다른 사건 B가 일어날 확률〉을 나타냅니다. 기호로는 P(B|A)로 나타냅니다. 예를 들면 다음과 같은 것입니다.

```
비가 내릴 확률: P(<비>)
교통 사고가 발생할 확률: P(<교통 사고>)
```

이때 "비가 내리는 날에 교통 사고가 발생할 확률"은 "P(〈교통 사고〉|〈비〉)"로 나타냅니다. 이것이 바로 조건부 확률입니다.

결합 확률[4]과 곱셈 법칙

베이즈 정리의 공식만 보면 굉장히 어려운 공식 같지만 실제로는 확률의 기본인 곱셈 정리를 응용한 것에 불과합니다.

일단 예를 들어 정육면체 주사위를 두 번 던져서 "첫 번째가 3", "두 번째가 짝수"가 될 확률을 생각해봅시다.

4 (옮긴이) 결합 확률이라는 말이 조금 어려운데, "동시에 일어날 확률"을 의미합니다.

주사위가 정육면체이므로 특정 숫자가 나올 확률은 1/6입니다. 그리고 홀수/짝수가 나올 확률은 3/6=1/2입니다. 따라서 첫 번째에 3이 나올 확률은 1/6, 두 번째에 짝수가 나올 확률은 1/6의 1/2인 1/12입니다. 한마디로 동시에(또는 연속적으로) 2가지 사건이 발생할 때는 두 사건의 확률을 곱하면 됩니다. 식으로 나타내면 다음과 같습니다.

$$\frac{1}{6} \times \frac{1}{2} = \frac{1}{12}$$

베이즈 정리

그럼 이제 어떤 문방구의 매출을 예측하는 경우를 생각해봅시다. 이 문방구에서 잘 팔리는 제품은 공책과 사인펜입니다. 특정 주의 "전체 손님", "공책을 구입한 손님", "사인펜을 구입한 손님", "두 가지를 모두 구입한 손님"을 세어보니 다음과 같았습니다.

```
전체 손님 수: 100
공책을 구입한 손님 수: 50
사인펜을 구입한 손님 수: 20
두 가지를 모두 구입한 손님: 10
```

이러한 데이터를 기반으로 다음 손님이 구입할 물건은 무엇인지 예측해봅시다.

일단 (A) 노트와 (B) 사인펜을 동시에 구입할 확률을 생각해봅시다. (A) 노트를 구입한 사람(50명) 중에서 이어서 (B) 사인펜을 구입할 손님(10명)의 결합 확률을 구해보면 다음과 같습니다.

$$\frac{50}{100} \times \frac{10}{50} = \frac{500}{5000} = \frac{1}{10}$$

이를 조금 일반화해봅시다. 〈노트를 구입하는 사건〉을 사건A, 〈사인펜을 구입하는 사건〉을 사건B라고 합니다. 따라서 사인펜을 구입할 확률은 P(B)가 되겠죠?

어쨌거나 이때 (B) 사인펜을 구입하는 조건에서 (A) 노트를 구입할 확률은 조건부 확률이므로 P(A|B)로 나타냅니다. 결합 확률은 이 둘을 곱하면 되는 것이므로 식으로 다음과 같이 나타낼 수 있습니다.

$$\text{B와 A의 결합 확률} = P(A|B) \times P(B)$$

반대로 (B) 사인펜을 구입하고 (A) 노트를 구입할 확률도 생각해봅시다. A와 B의 결합 확률이므로 다음과 같이 나타낼 수 있습니다.

$$\frac{20}{100} \times \frac{10}{20} = \frac{200}{2000} = \frac{1}{10}$$

이전과 같습니다. 따라서 "B와 A의 결합 확률"은 "A와 B의 결합 확률"과 같다는 것을 알 수 있습니다.

$$P(B|A) \times P(A) = P(A|B) \times P(B)$$

이를 변형하면 이번 절의 앞에서 소개했던 베이즈 정리가 나오게 됩니다.

나이브 베이즈 분류

그럼 베이지안 필터를 살펴봅시다. 베이지안 필터는 나이브 베이즈 분류(Naïve Bayes classifier)라는 알고리즘을 사용합니다. 나이브 베이즈 분류는 베이즈 정리를 사용한 분류 방법이라고 할 수 있습니다. 이를 간단하게 살펴보겠습니다.

베이즈 정리는 A라는 사건이 B에 속하는지를 판단할 때 사용합니다. 텍스트 분류를 예로 들면 A를 입력 텍스트, B를 카테고리 판정 결과라고 할 수 있습니다. 조금 더 구체적인 예로는 이메일 스팸 필터에 사용한다면 A가 받은 메일이고, B가 스팸 메일 판정 결과입니다.

어떤 문장을 카테고리 분류할 때 나이브 베이즈 분류는 텍스트 내부에서의 단어 출현 비율을 조사합니다. 그리고 이를 기반으로 해당 텍스트를 어떤 카테고리로 분류하는 것이 적합한지 알아봅니다.

실제로 판정을 할 때 P(B|A)는 1개의 확률이 아니라 여러 개의 카테고리 중에 어떤 카테고리에 속할 확률이 가장 큰지를 나타내는 정보입니다. 따라서 베이즈 정리의 분모에 있는 P(A)는 입력 텍스트가 주어질 확률입니다. 다만 어떤 카테고리를 판정하든 같은 입력 텍스트가 주어지는 것이므로 같은 값으로 생각하면 되므로 따로 고려하지 않아도 됩니다. 이러한 경우 나이브 베이즈 분류 공식은 다음과 같이 단순하게 나타낼 수 있습니다.

$$P(B|A) = P(B) \times P(A|B)$$

이때 P(B)는 각 카테고리로 분류될 확률을 나타냅니다. 전체 문서에서 해당 카테고리의 문서가 나올 확률이라고 생각하면 됩니다.

이어서 P(A|B)를 생각해봅시다. 입력 텍스트 A는 단어들의 집합이라고 할 수 있습니다. 그래서 텍스트를 단어들로 분리합니다. 집합이므로 순서에는 큰 의미가 없습니다. 따라서 단어가 문서의 어떤 위치

에 있다는 정보 등은 고려하지 않아도 됩니다. 가방 안에 단어들을 그냥 넣어서 사용하는 것과 같다고 해서 이러한 텍스트 표현(순서를 고려하지 않고 단어로만 표현하는 것)을 "BoW = bag-of-word(단어가 담긴 가방)"이라고 부릅니다.

입력 텍스트 A를 각 단어(aN)의 집합이라고 할 때, P(A|B)는 다음과 같은 식으로 나타낼 수 있습니다.

$$P(A \mid B) = P(a_{a1} \mid B)P(_{a2} \mid B)P(a_{a3} \mid B)...P(a_{xN} \mid B))$$

P(aN | B)의 확률은 단어가 카테고리에 속할 확률입니다. 어떤 카테고리에 해당 단어가 출현할 확률을 구하면 되는데, 이는 다음과 같이 구할 수 있습니다.

〈단순한 출현율〉 = 〈단어의 출현 횟수〉 / 〈카테고리 전체 단어 수〉

입력 텍스트를 학습시킬 때 출현한 단어가 카테고리에 분류된 횟수를 기억하면 좋을 것입니다. 그리고 카테고리 분류를 실제로 할 때는 P(B) · P(A|B)를 카테고리별로 계산하면 됩니다.

베이지안 필터 사용해보기

지금까지의 설명으로 대충 나이브 베이즈 분류에 대해 이해했을 것입니다. 그럼 실제로 간단한 베이지안 필터를 파이썬 프로그램으로 구현해봅시다.

일단 베이지안 필터를 구현한 `BayesianFilter` 클래스를 살펴봅시다.

file: ch6/bayes.py

```
import math, sys
from konlpy.tag import Okt

class BayesianFilter:
    """ 베이지안 필터 """
    def __init__(self):
        self.words = set() # 출현한 단어 기록
        self.word_dict = {} # 카테고리마다의 출현 횟수 기록
        self.category_dict = {} # 카테고리 출현 횟수 기록

    # 형태소 분석하기 --- (※1)
    def split(self, text):
        results = []
        okt = Okt()
```

```
        # 단어의 기본형 사용
        malist = okt.pos(text, norm=True, stem=True)
        for word in malist:
            # 어미/조사/구두점 등은 대상에서 제외
            if not word[1] in ["Josa", "Eomi", "Punctuation"]:
                results.append(word[0])
        return results

    # 단어와 카테고리의 출현 횟수 세기 --- (※2)
    def inc_word(self, word, category):
        # 단어를 카테고리에 추가하기
        if not category in self.word_dict:
            self.word_dict[category] = {}
        if not word in self.word_dict[category]:
            self.word_dict[category][word] = 0
        self.word_dict[category][word] += 1
        self.words.add(word)

    def inc_category(self, category):
        # 카테고리 계산하기
        if not category in self.category_dict:
            self.category_dict[category] = 0
        self.category_dict[category] += 1

    # 텍스트 학습하기 --- (※3)
    def fit(self, text, category):
        """ 텍스트 학습 """
        word_list = self.split(text)
        for word in word_list:
            self.inc_word(word, category)
        self.inc_category(category)

    # 단어 리스트에 점수 매기기--- (※4)
    def score(self, words, category):
        score = math.log(self.category_prob(category))
        for word in words:
            score += math.log(self.word_prob(word, category))
        return score

    # 예측하기 --- (※5)
    def predict(self, text):
        best_category = None
```

```
        max_score = -sys.maxsize
        words = self.split(text)
        score_list = []
        for category in self.category_dict.keys():
            score = self.score(words, category)
            score_list.append((category, score))
            if score > max_score:
                max_score = score
                best_category = category
        return best_category, score_list

    # 카테고리 내부의 단어 출현 횟수 구하기
    def get_word_count(self, word, category):
        if word in self.word_dict[category]:
            return self.word_dict[category][word]
        else:
            return 0

    # 카테고리 계산
    def category_prob(self, category):
        sum_categories = sum(self.category_dict.values())
        category_v = self.category_dict[category]
        return category_v / sum_categories

    # 카테고리 내부의 단어 출현 비율 계산 --- (※6)
    def word_prob(self, word, category):
        n = self.get_word_count(word, category) + 1 # ---(※6a)
        d = sum(self.word_dict[category].values()) + len(self.words)
        return n / d
```

이러한 클래스를 사용한 예는 다음과 같습니다. 메일의 제목으로 스팸을 구분하는 상황을 가정해서 메일의 제목을 기반으로 "광고", "중요" 메일을 구분하는 예제입니다. 몇 가지 메일을 학습시킨 이후에 새로운 메일이 왔을 때 제대로 분류할 수 있는지 테스트해봅시다.

file: ch6/bayes_test.py

```
from bayes import BayesianFilter
bf = BayesianFilter()

# 텍스트 학습
bf.fit("파격 세일 - 오늘까지만 30% 할인", "광고")
bf.fit("쿠폰 선물 & 무료 배송", "광고")
bf.fit("현데계 백화점 세일", "광고")
```

```
bf.fit("봄과 함께 찾아온 따뜻한 신제품 소식", "광고")
bf.fit("인기 제품 기간 한정 세일", "광고")
bf.fit("오늘 일정 확인", "중요")
bf.fit("프로젝트 진행 상황 보고","중요")
bf.fit("계약 잘 부탁드립니다","중요")
bf.fit("회의 일정이 등록되었습니다.","중요")
bf.fit("오늘 일정이 없습니다.","중요")

# 예측
pre, scorelist = bf.predict("재고 정리 할인, 무료 배송")
print("결과 =", pre)
print(scorelist)
```

명령줄에서 실행해봅시다.

```
$ python bayes_test.py
결과 = 광고
[('광고', -19.00139285840871), ('중요', -20.449365773467083)]
```

제대로 "광고"라고 판정했습니다. 그럼 프로그램을 확인해봅시다. 프로그램의 (※1)에서는 형태소 분석을 합니다. 이전에 살펴본 koNLPy의 Okt 형태소 분석을 사용했습니다. (※2)에서는 단어를 카테고리에 추가하고, 카테고리 내부의 단어 출현 빈도를 구할 수 있게 출현 횟수를 셉니다. inc_word() 메서드에서는 word_dict를 사용해 단어 출현 횟수를 세고, inc_category() 메서드에서는 category_dict를 사용해 카테고리의 출현 횟수를 셉니다.

프로그램의 (※3)에서는 텍스트를 학습하는 fit() 메서드를 정의합니다. 이 메서드에서는 텍스트를 형태소로 분할하고, 카테고리와 단어를 연결합니다. (※4)는 단어 리스트를 주면 점수를 계산해주는 메서드입니다. (※5)는 텍스트의 카테고리를 구분하는 메서드입니다. 텍스트가 주어졌을 때 카테고리 점수를 계산하고, 가장 점수가 높은 카테고리를 결과로 리턴하는 것입니다.

점수를 계산하는 (※4)에서 확률을 곱할 때 값이 너무 작으면 다운 플로가 발생할 수 있습니다. 그래서 log 함수를 사용했습니다. 또한 (※6)에서 단어 출현률을 계산할 때 학습 사전(word_dict)에 없는 단어가 나오면 카테고리의 확률이 0이 되어버립니다. 그래서 1을 더해서 활용하는 것입니다[5].

그리고 두 번째 프로그램 "bayes_test.py"에서는 적당한 텍스트를 학습시키고, 제대로 판정하는지 확인합니다.

5 (옮긴이) 어떤 값에 0을 곱하면 무조건 0이 되지만 어떤 값에 1을 곱하면 무조건 같은 값이 되기 때문입니다.

정리

이번 절에서는 베이즈 정리를 이용한 베이지안 필터를 구현해봤습니다. 단어와 카테고리의 출현 횟수를 세서 확률을 구하는 간단한 구조로도 텍스트를 분류할 수 있다는 것을 알 수 있었을 것입니다.

- ➡ 베이즈 정리를 활용하면 스팸 메일 필터 등의 문서 분류를 할 수 있습니다.
- ➡ 단어와 카테고리를 세는 것만으로도 멋진 머신러닝 프로그램이 만들어집니다.

6-4

MLP로 텍스트 분류하기

이전 절에서 베이지안 필터를 사용해 텍스트 분류를 해봤는데, 이전에 딥러닝을 배웠으므로 활용해 보겠습니다. 이번 절에서는 다층 퍼셉트론(MLP)을 이용해 텍스트를 분류하겠습니다. Keras로 MLP를 구축한 뒤에 텍스트를 분류하는 방법을 살펴봅시다.

이번 절에서 배울 내용

- 형태소 분석

알고리즘과 툴

- KoNLPy
- Keras

MLP로 텍스트 분류하기

다층 퍼셉트론(Multi Layer Perceptron, MLP)은 입력층과 출력층 사이에 각각 전체 결합하는 은닉층을 넣은 뉴럴 네트워크입니다. 이번 절에서는 다층 퍼셉트론을 사용해 텍스트를 분류해보겠습니다.

이번 절의 포인트는 텍스트 데이터를 숫자로 표현할 수 있는 벡터로 변환한다는 것입니다. 머신러닝 프레임워크는 글을 그대로 입력할 수 없습니다. 따라서 텍스트 데이터를 숫자로 변환해야 합니다. 또한 텍스트 데이터는 이미지 데이터와 다르게 길이가 다릅니다. 이를 고정된 길이의 벡터로 변환하려면 어떻게 해야 할까요?

이번 절에서는 텍스트를 어떻게 고정된 길이의 벡터 표현으로 변환할 수 있는지 주목해서 살펴보기 바랍니다.

뉴스 기사 형태소 분석 파일

원래 원서에는 이번 절에서 신문 기사와 카테고리를 학습시켜 모델을 만들고, 해당 모델을 사용해 새로운 신문 기사의 카테고리를 파악하는 예제를 만듭니다. 하지만 아쉽게 한국에서는 어떠한 신문사에서도 말뭉치를 제공하고 있지 않습니다(국내 머신러닝 관련 분야의 아쉬운 점이라고 할 수 있습니다). 또한 국내 신문은 무단 전재가 금지돼 있는 관계로 신문 기사를 제공할 수 없는 점을 양해드립니다. 물론 신문 기사 스크랩 프로그램은 이 책의 1장과 2장에서 배운 내용을 응용하면 쉽게 만들 수 있을 것입니다.

어쨌거나 이 책에서는 15일 동안 각 신문사의 정치, 경제, 사회, 생활/문화, 세계, IT/과학과 관련된 신문 기사 1만 개를 추출하고 형태소 분석을 수행한 파일부터 제공하겠습니다.

텍스트 데이터를 고정 길이의 벡터로 변환하는 방법

텍스트를 벡터 데이터로 변환하는 방법에는 여러 가지가 있습니다. 가장 기본적인 방법은 단어 하나하나에 ID를 부여하고, 그러한 ID의 출현 빈도와 정렬 순서를 기반으로 벡터를 만드는 방법입니다.

이번에는 단어의 정렬 순서는 무시하고, 출현 빈도만 사용하겠습니다. 이전 절에서 설명했던 것처럼 글에 어떠한 단어가 있는지를 수치로 나타내는 방법을 Bow(Bag-of-words)라고 부릅니다.

예를 들어 "몇 번을 쓰러지더라도 몇 번을 무너지더라도 다시 일어나라"라는 문장을 BoW로 나타내봅시다. 일단 형태소 분석부터 합니다.

```
몇|번|을|쓰러지다|몇|번|을|무너지다|다시|일어나다
```

그리고 각 단어에 ID를 부여합니다(다음은 `okt.pos("몇 번을 쓰러지더라도 몇 번을 무너지더라도 다시 일어나라", stem=True, norm=True)`를 실행했을 때의 결과입니다).

형태소	몇	번	을	쓰러지다	몇	번	을	무너지다	다시	일어나다
ID	1	2	3	4	1	2	3	5	6	7

그럼 추가적으로 단어의 출현 횟수를 함께 세어봅시다.

형태소	몇	번	을	쓰러지다	무너지다	다시	일어나다
ID	1	2	3	4	5	6	7
출현 횟수	2	2	2	1	1	1	1

이렇게 하면 단어의 출현 횟수를 기반으로 문장을 나타낼 수 있습니다. 어떠한 문장이라도 고정 길이의 데이터로 나타낼 수 있게 되는 것입니다.

텍스트 분류하기

그럼 텍스트를 분류하는 과정을 살펴봅시다.

(1) 텍스트에서 불필요한 품사를 제거한다.

(2) 사전을 기반으로 단어를 숫자로 변환한다.

(3) 파일 내부의 단어 출현 비율을 계산한다.

(4) 데이터를 학습시킨다.

(5) 테스트 데이터를 넣어 성공률을 확인한다.

이러한 과정으로 텍스트를 분류하는데, 이전에 언급한 이유로 이 책에서는 1번 과정을 마친 파일을 제공합니다. 예를 들어, "정치"의 첫 번째 파일을 열면 다음과 같이 돼 있습니다.

```
…생략…
대선 후보 역대 최 명 등록 오다 월 일 실시 되다 대다 대통령 선거 역대 가장 많다 명 대선 후보 등록 하
다 중앙 선거 관리 위원회 일 후보 등록 마감 결과
…생략…
```

따라서 2번부터 시작해봅시다.

단어를 ID로 변환하고 출현 횟수 구하기

이어서 형태소로 구분한 텍스트를 단어 ID로 변환하고, 텍스트 내부에서의 출현 빈도를 구하는 프로그램을 살펴봅시다. 이 프로그램을 실행하면 6개의 카테고리에서 각각 20개씩만 추출해서 120개의 파일로만 처리한 "data-mini.json" 파일과 모든 데이터를 대상으로 처리한 "data.json" 파일이라는 두 개의 파일이 생성됩니다.

file: ch6/mlp2-seq.py

```
import os, glob, json

root_dir = "./newstext"
dic_file = root_dir + "/word-dic.json"
data_file = root_dir + "/data.json"
data_file_min = root_dir + "/data-mini.json"

# 어구를 자르고 ID로 변환하기 ---(※1)
word_dic = { "_MAX": 0 }
def text_to_ids(text):
```

```
    text = text.strip()
    words = text.split(" ")
    result = []
    for n in words:
        n = n.strip()
        if n == "": continue
        if not n in word_dic:
            wid = word_dic[n] = word_dic["_MAX"]
            word_dic["_MAX"] += 1
            print(wid, n)
        else:
            wid = word_dic[n]
        result.append(wid)
    return result

# 파일을 읽고 고정 길이의 배열 리턴하기 ---(※2)
def file_to_ids(fname):
    with open(fname, "r") as f:
        text = f.read()
        return text_to_ids(text)

# 딕셔너리에 단어 모두 등록하기 --- (※3)
def register_dic():
    files = glob.glob(root_dir+"/*/*.gubun", recursive=True)
    for i in files:
        file_to_ids(i)

# 파일 내부의 단어 세기 --- (※4)
def count_file_freq(fname):
    cnt = [0 for n in range(word_dic["_MAX"])]
    with open(fname,"r") as f:
        text = f.read().strip()
        ids = text_to_ids(text)
        for wid in ids:
            cnt[wid] += 1
    return cnt

# 카테고리마다 파일 읽어 들이기 --- (※5)
def count_freq(limit = 0):
    X = []
    Y = []
    max_words = word_dic["_MAX"]
```

```
    cat_names = []
    for cat in os.listdir(root_dir):
        cat_dir = root_dir + "/" + cat
        if not os.path.isdir(cat_dir): continue
        cat_idx = len(cat_names)
        cat_names.append(cat)
        files = glob.glob(cat_dir+"/*.gubun")
        i = 0
        for path in files:
            print(path)
            cnt = count_file_freq(path)
            X.append(cnt)
            Y.append(cat_idx)
            if limit > 0:
                if i > limit: break
                i += 1
    return X,Y

# 단어 딕셔너리 만들기 --- (※5)
if os.path.exists(dic_file):
    word_dic = json.load(open(dic_file))
else:
    register_dic()
    json.dump(word_dic, open(dic_file,"w"))

# 벡터를 파일로 출력하기 --- (※6)
# 테스트 목적의 소규모 데이터 만들기
X, Y = count_freq(20)
json.dump({"X": X, "Y": Y}, open(data_file_min,"w"))
# 전체 데이터를 기반으로 데이터 만들기
X, Y = count_freq()
json.dump({"X": X, "Y": Y}, open(data_file,"w"))
print("ok")
```

프로그램을 실행해봅시다.

```
$ python3 mlp2-seq.py
```

프로그램을 실행하면 2개의 데이터 파일이 생성됩니다. 처음부터 머신러닝에 큰 데이터를 넣었다가 문제가 생기면 시간이 낭비되므로 일단 data-mini.json을 사용해 테스트하고 이후에 data.json으로 테스트할 수 있게 나눈 것입니다.

MLP로 텍스트 분류하기

모든 준비가 끝났습니다. 그럼 본격적으로 MLP로 텍스트를 분류해봅시다.

file: ch6/mlp3-classify.py

```
from keras.models import Sequential
from keras.layers import Dense, Dropout, Activation
from keras.wrappers.scikit_learn import KerasClassifier
from keras.utils import np_utils
from sklearn.model_selection import train_test_split
from sklearn import model_selection, metrics
import json

max_words = 56681 # 입력 단어 수: word-dic.json 파일 참고
nb_classes = 6 # 6개의 카테고리

batch_size = 64
epochs = 20

# MLP 모델 생성하기 --- (※1)
def build_model():
    model = Sequential()
    model.add(Dense(512, input_shape=(max_words,)))
    model.add(Activation('relu'))
    model.add(Dropout(0.5))
    model.add(Dense(nb_classes))
    model.add(Activation('softmax'))
    model.compile(loss='categorical_crossentropy',
        optimizer='adam',
        metrics=['accuracy'])
    return model

# 데이터 읽어 들이기--- (※2)
data = json.load(open("./newstext/data-mini.json"))
#data = json.load(open("./newstext/data.json"))
X = data["X"] # 텍스트를 나타내는 데이터
Y = data["Y"] # 카테고리 데이터

# 학습하기 --- (※3)
X_train, X_test, Y_train, Y_test = train_test_split(X, Y)
Y_train = np_utils.to_categorical(Y_train, nb_classes)
print(len(X_train),len(Y_train))
```

```
model = KerasClassifier(
    build_fn=build_model,
    epochs=nb_epoch,
    batch_size=batch_size)
model.fit(X_train, Y_train)

# 예측하기 --- (※4)
y = model.predict(X_test)
ac_score = metrics.accuracy_score(Y_test, y)
cl_report = metrics.classification_report(Y_test, y)
print("정답률 =", ac_score)
print("리포트 =\n", cl_report)
```

명령줄에서 실행해봅시다.

```
$ python3 mlp3-classify.py
...
정답률 = 0.757575757576
...
```

일부 데이터만으로 테스트했을 때 75%의 정답률이 나왔습니다.

그럼 프로그램의 (※2)에서 읽어 들이는 파일을 "data-mini.json"이 아니라 "data.json"으로 변경해서 실행해봅시다.

```
$ python3 mlp3-classify.py
6314/6314 [==============================] - 99s
Epoch 1/5
6314/6314 [==============================] - 252s
- loss: 0.4211 - acc: 0.8814
Epoch 2/5
6314/6314 [==============================] - 248s
- loss: 0.0358 - acc: 0.9908
Epoch 3/5
6314/6314 [==============================] - 251s
- loss: 0.0169 - acc: 0.9975
Epoch 4/5
6314/6314 [==============================] - 242s
- loss: 0.0085 - acc: 0.9984
Epoch 5/5
6314/6314 [==============================] - 247s
```

```
- loss: 0.0068 - acc: 0.9991
2105/2105 [==============================] - 7s
정답률 = 0.902137767221
리포트 =
             precision    recall  f1-score   support

          0       0.87      0.96      0.92       371
          1       0.92      0.87      0.89       362
          2       0.89      0.84      0.87       349
          3       0.88      0.91      0.90       339
          4       0.94      0.90      0.92       352
          5       0.92      0.93      0.92       332

avg / total       0.90      0.90      0.90      2105
```

90%의 확률로 데이터를 분류했습니다. 여러 신문사의 카테고리 구분 규칙이 달라서 그렇게 높게 나오지 않았는데, 분류에 실패한 것들을 역추적해서 확인하면 필자가 봐도 분류가 힘든 기사들이었습니다. 예를 들어, "공정위 vs 퀄컴 특허소송…삼성 · 애플 · 인텔 '반 퀄컴' 가세"라는 기사가 있었는데, "경제" 분야의 신문 기사로 올라와 있었습니다. 어떻게 보면 "IT/과학" 카테고리의 신문 기사라고 생각할 수도 있습니다. 따라서 이 같은 상황을 감안했을 때 나쁘지 않은 결과라고 할 수 있습니다.

어쨌거나 그럼 프로그램을 확인해봅시다. 프로그램의 (※1)에서는 Keras로 MLP 모델을 구축합니다. Keras에서 `Dense()`는 전결합 신경망을 나타냅니다. `Dense()`의 첫 번째 매개변수는 출력할 차원을 나타냅니다. 또한 `input_shape`는 입력 데이터의 차원을 나타냅니다(첫 번째 층의 차원과 같은 의미입니다).

현재 모델에서는 `Dense(512)`가 입력층이며, 뒤의 `Dense(nb_classes)`가 출력층입니다. 각 층 사이에 활성화 함수(Activation)를 넣어서 이전 층의 계산을 단순화하면 각 성분의 성능을 높일 수 있습니다. 또한 드롭아웃(Dropout)을 사이에 넣어 신경망을 최적화했습니다. 이러한 것들을 활용해 신경망의 자유도를 강제하면 성능을 높일 수 있으며 초과 학습을 피할 수 있습니다.

프로그램의 (※2)에서는 데이터를 읽어 들입니다. `X`가 텍스트를 나타내는 데이터, `Y`가 카테고리를 나타내는 레이블입니다. 프로그램의 (※3)에서는 테스트 데이터와 훈련 데이터를 나누고, 머신러닝을 수행합니다. 그리고 (※4)에서 학습 결과를 테스트 데이터로 평가합니다.

정리

이번 절에서는 Keras로 MLP를 구축해서 텍스트를 분류하는 방법을 소개했습니다. 이때 중요한 것은 텍스트를 어떻게 숫자 벡터로 나타낼 수 있냐는 것이었습니다. 텍스트를 숫자 벡터로 변환할 수 있으면 MLP가 아닌 다른 여러 가지 방법을 활용해서도 텍스트를 분류할 수 있습니다.

- MLP를 이용하면 텍스트를 분류할 수 있습니다.
- 텍스트 데이터를 대상으로 머신러닝을 수행할 때는 텍스트를 숫자 벡터로 변환해야 합니다.
- 텍스트 데이터를 벡터로 변환할 때는 각 형태소에 ID를 부여하는 방법을 사용합니다.

6-5

문장의 유사도를 N-gram으로 분석하기

이번 장의 2절에서 Word2Vec을 사용해 문장에서 어구와 어구의 의미적인 유사도를 분석하는 방법을 살펴봤습니다. 이번 절에서는 레벤슈타인 또는 N-gram과 같은 방법을 사용해 텍스트 유사도를 분석하는 방법을 살펴보겠습니다.

이번 절에서 배울 내용

- 문장의 유사도 분석하기

알고리즘과 툴

- N-gram
- 레벤슈타인 거리

문장의 유사도 분석

인터넷에는 다양한 자료가 있으며 인용 등이 많이 이뤄지고 있습니다. 그래서 두 개의 문장이 비슷한 것인지 또는 관련이 있는 것인지 분석하는 경우가 많습니다. 이번 절에서는 레벤슈타인 거리 계산과 n-gram을 사용해 단어 또는 문장의 유사도를 분석하는 방법을 알아보겠습니다.

레벤슈타인 거리

"레벤슈타인 거리(Lvenshtein distance)"는 두 개의 문자열이 어느 정도 다른지를 나타내는 것입니다. 이를 "편집 거리(Edit Distance)"라고도 부릅니다. 철자 오류 수정, 비슷한 어구 검색 등에 사용되고 있는데, 의학 분야에서는 DNA 배열의 유사성을 판단할 때도 사용하고 있습니다.

예를 들어 "가나다라"와 "가마바라"는 얼마나 비슷할까요? 레벤슈타인 거리는 "가나다라"를 "가마바라"로 편집할 때 몇 번의 문자열 조작이 필요한지에 주목해서 단어의 거리를 구합니다.

횟수	편집 조작	결과
0	–	가나다라
1	"나"를 "마"로 변환	가마다라
2	"다"를 "바"로 변환	가마바라

이처럼 "가나다라"를 "가마바라"로 변경하려면 2번의 조작이 필요합니다. 따라서 편집 비용(조작 횟수)은 2라고 할 수 있으며, 이러한 2를 레벤슈타인 거리라고 부릅니다.

파이썬으로 레벤슈타인 거리를 계산하는 프로그램

레벤슈타인 거리를 구하는 방법은 간단합니다. 파이썬으로 레벤슈타인 거리를 계산하는 프로그램은 다음과 같습니다.

file: ch6/lev-distance.py

```
# 레벤슈타인 거리 구하기
def calc_distance(a, b):
    ''' 레벤슈타인 거리 계산하기 '''
    if a == b: return 0
    a_len = len(a)
    b_len = len(b)
    if a == "": return b_len
    if b == "": return a_len
    # 2차원 표 (a_len+1, b_len+1) 준비하기 --- (※1)
    matrix = [[] for i in range(a_len+1)]
    for i in range(a_len+1): # 0으로 초기화
        matrix[i] = [0 for j in range(b_len+1)]
    # 0일 때 초깃값을 설정
    for i in range(a_len+1):
        matrix[i][0] = i
    for j in range(b_len+1):
        matrix[0][j] = j
    # 표 채우기 --- (※2)
    for i in range(1, a_len+1):
        ac = a[i-1]
        for j in range(1, b_len+1):
            bc = b[j-1]
            cost = 0 if (ac == bc) else 1
```

```
            matrix[i][j] = min([
                matrix[i-1][j] + 1,     # 문자 삽입
                matrix[i][j-1] + 1,     # 문자 제거
                matrix[i-1][j-1] + cost # 문자 변경
            ])
    return matrix[a_len][b_len]

# "가나다라"와 "가마바라"의 거리 --- (※3)
print(calc_distance("가나다라","가마바라"))

# 실행 예
samples = ["신촌역","신천군","신천역","신발","마곡역"]
base = samples[0]
r = sorted(samples, key = lambda n: calc_distance(base, n))
for n in r:
    print(calc_distance(base, n), n)
```

명령줄에서 실행해봅시다. "신촌역"에 대해 거리 순서로 "신천역", "신천군", "신발", "마곡역" 등이 출력됩니다.

```
$ python3 lev-distance.py
2
0 신촌역
1 신천역
2 신천군
2 신발
2 마곡역
```

프로그램을 살펴봅시다.

현재 프로그램에서는 레벤슈타인 거리를 계산하기 위해 2차원 테이블(matrix 변수)을 준비했습니다. 이를 기반으로 다음과 같은 표를 만듭니다.

i/j	.	가	나	다	라
.	0	1	2	3	4
가	1	0	1	2	3
마	2	1	1	2	3
바	3	2	2	2	3
라	4	3	3	3	2

이 테이블은 〈문자열 a와 b의 길이 + 1〉의 크기를 가진 배열입니다. 문자열 a의 i번째까지의 문자와 문자열 b의 j번째까지의 문자를 비교해서 삽입/제거/변경 비용 중 최소가 되는 값을 선택해서 표를 채워나갑니다. 최종적으로 표의 오른쪽 아래에 있는 값이 최소 거리가 되어 레벤슈타인 거리의 답이 됩니다. 코드의 진행을 분석해보면 쉽게 이해할 수 있을 것입니다.

프로그램의 (※1)에서는 2차원 테이블을 0으로 초기화합니다. 프로그램의 (※2)에서는 문자열 a의 i번째와 문자열 b의 j번째를 비교해 차례대로 최소 편집 조작 횟수를 구합니다. 그리고 프로그램의 (※3)에서 레벤슈타인 거리를 테스트로 구해봅니다. 이어서 여러 "신촌역", "신천군", "신천역", "신발", "마곡역"으로 테스트하고 결과를 정렬해서 출력해봅시다.

N-gram으로 유사도 구하기

문장의 유사도를 구하는 다른 방법으로는 "N-gram"이 있습니다.

"N-gram"이란 텍스트에서 "이웃한 N개의 문자"를 의미합니다. 서로 다른 2개의 문장을 N-gram으로 비교해보면 출현하는 단어의 종류와 빈도를 확인할 수 있습니다. 이를 활용하면 논문 도용 등을 확인할 수 있습니다. 또한 프로그램 코드에 적용해서 라이선스를 가지고 있는 코드를 복사해서 붙여넣지 않았는지 등도 확인할 수 있습니다.

예를 들어, N-gram을 2문장(2-gram)으로 생각해봅시다. 다음의 2개의 문장은 어느 정도 유사할까요?

```
[A] 오늘 강남에서 맛있는 스파게티를 먹었다.
[B] 강남에서 먹었던 오늘의 스파게티는 맛있었다.
```

[A] 문장과 [B] 문장을 각각 글자 2개씩 끊으면 다음과 같이 됩니다.

```
>>> ngram(a, 2)
['오늘', '늘 ', ' 강', '강남', '남에', '에서', '서 ', ' 맛', '맛있', '있는', '는 ', ' 스', '스파', '파게', '게티', '티를', '를 ', ' 먹', '먹었', '었다', '다.']
>>> ngram(b, 2)
['강남', '남에', '에서', '서 ', ' 먹', '먹었', '었던', '던 ', ' 오', '오늘', '늘의', '의 ', ' 스', '스파', '파게', '게티', '티는', '는 ', ' 맛', '맛있', '있었', '었다', '다.']
```

이렇게 끊은 단어를 비교해서 문장의 유사도를 알 수 있습니다. 그럼 실제로 프로그램을 만들어 비교해봅시다.

file: ch6/ngram-test.py

```
def ngram(s, num):
    res = []
    slen = len(s) - num + 1
    for i in range(slen):
        ss = s[i:i+num]
        res.append(ss)
    return res

def diff_ngram(sa, sb, num):
    a = ngram(sa, num)
    b = ngram(sb, num)
    r = []
    cnt = 0
    for i in a:
        for j in b:
            if i == j:
                cnt += 1
                r.append(i)
    return cnt / len(a), r

a = "오늘 강남에서 맛있는 스파게티를 먹었다."
b = "강남에서 먹었던 오늘의 스파게티는 맛있었다."
# 2-gram
r2, word2 = diff_ngram(a, b, 2)
print("2-gram:", r2, word2)
# 3-gram
r3, word3  = diff_ngram(a, b, 3)
print("3-gram:", r3, word3)
```

명령줄에서 실행해봅시다.

```
$ python3 ngram-test.py
2-gram: 0.7619047619047619
['오늘', '강남', '남에', '에서', '서 ', ' 맛', '맛있', '는 ', ' 스', '스파', '파게', '게티', ' 먹', '
먹었', '었다', '다.']
3-gram: 0.45
['강남에', '남에서', '에서 ', ' 맛있', ' 스파', '스파게', '파게티', ' 먹었', '었다.']
```

단어들의 순서를 변경한 문장들인데, [A]와 [B] 문장을 2-gram으로 비교하면 0.61(61%), 3-gram으로 비교하면 0.45(45%)가 같다는 것을 알 수 있습니다.

그럼 다음 문장은 어떨까요?

```
머신러닝은 매우 재미있는 기술이라 공부하고 있습니다.
공부하면 재미있는 기술이라 머신러닝을 배우고 있습니다.
```

2-gram으로 확인해보면 유사도가 0.72(72%)입니다. 같은 내용을 순서만 바꾸는 것만으로 유사도가 높게 나옵니다.

다음 문장도 확인해봅시다.

```
본문과 전혀 관계 없는 내용이지만 마시멜로는 맛있습니다.
마시멜로는 본문과 전혀 관계 없이 맛있습니다.
```

2-gram으로 유사도가 0.73(73%)으로 나옵니다.

아예 다른 주제의 글은 유사도가 떨어집니다. 한번 확인해봅시다.

```
파이썬 프로그래밍에서 중요한 것은 블록입니다.
겨울에는 충분한 수분을 보충해야 합니다.
```

2-gram으로 유사도가 0.14(14%)입니다. 같은 것이 ['한 ', '니다', '다.']밖에 없는 관계 없는 문장이므로 유사도가 낮게 나오는 것입니다.

이처럼 N-gram을 이용하면 쉽게 문장의 유사도를 확인할 수 있습니다. 문장을 도용했는지 확인하고 싶다면 이러한 N-gram을 활용해 유사도가 높은지 조사하면 됩니다. 검색 엔진 등에서도 N-gram을 활용해 웹 문서의 유사도를 확인하며, 다양하게 활용할 수 있는 기술입니다.

정리

이번 절에서는 레벤슈타인 거리와 N-gram을 사용해 문장의 유사도를 확인하는 방법을 알아봤습니다. 이 밖에도 형태소 분석으로 명사만 비교하는 방법, 동사와 형용사를 기본형으로 변경해서 비교하는 방법도 있습니다. 머신러닝을 사용하는 것은 아니지만 이러한 것을 활용하면 이후에 머신러닝을 활용할 때 도움될 것입니다.

- ➔ 문장의 인용과 도용을 조사할 때는 텍스트 유사도를 확인하면 됩니다.
- ➔ 문장의 유사도를 확인하고 싶을 때는 레벤슈타인 거리 또는 N-gram을 활용할 수 있습니다.

6-6

마르코프 체인과 LSTM으로 문장 생성하기

프로그램으로 문장을 자동으로 생성해 봅시다. 이번 절에서는 자연 언어 분석을 활용하는 예로 마르코프 체인과와 머신러닝으로 문장을 생성하는 LSTM/RNN을 소개합니다. 자연스러운 문장을 만드는 것은 굉장히 어렵지만 그래도 재미있고 나름 그럴듯한 문장을 생성할 수 있습니다.

이번 절에서 배울 내용

- 마르코프 체인
- LSTM/RNN

알고리즘과 툴

- 마르코프 체인
- LSTM/RNN

마르코프 체인과 LSTM/RNN

이번 절에서는 문장 자동 생성을 해봅시다. 마르코프 체인과 LSTM/RNN은 서로 다른 방식의 문장 생성 방법입니다. 마르코프 체인은 확률을 기반으로 문장을 이어 붙여 나가는 방법이며, LSTM/RNN은 머신러닝으로 다음에 위치할 문장을 예측해서 문장을 생성하는 방법입니다. 그럼 각각을 조금 더 자세히 살펴봅시다.

마르코프 체인이란?

마르코프 체인은 확률을 기반으로 하는 방법입니다. 러시아의 수학자 마르코프가 연구해서 이러한 이름이 붙은 것입니다. 워드 샐러드라고도 합니다. 마르코프 체인은 물리학과 통계학의 기본 모델로 응용되고 있습니다. 마르코프 체인을 이용하면 기존 문장을 기반으로 문장을 자동으로 생성할 수 있습니다. 마르코프 체인은 깊게 들어가면 굉장히 복잡한 내용인데, 이번 절에서는 그러한 것을 제외하고 마르코프 체인을 사용해 문장을 생성하는 내용만 살펴보겠습니다.

마르코프 성질(Markov property)이란 과거의 상태를 무시하고, 현재의 상태만을 기반으로 다음 상태를 선택하는 것을 의미합니다. 마르코프 성질이 존재하면 현재 상태를 qi라고 표현했을 때 다음 상태 qj로 이동할 확률은 현재 상태와 다음 상태만을 기준으로 결정되므로 P(qj | qi)입니다[6].

이를 이용하면 간단한 구조를 가진 재미있는 문장을 만들 수 있습니다.

또한 마르코프 체인은 문장을 요약하는 기능도 있습니다. 기계적으로 문장을 생성하고, Okt에 자동으로 등록하는 트위터봇에도 사용됩니다.

문장을 만드는 과정을 정리하면 다음과 같습니다.

(1) 문장을 단어로 분할(형태소 분석)합니다.

(2) 단어의 전후 연결을 딕셔너리에 등록합니다.

(3) 사전을 사용해 임의의 문장을 생성합니다.

사전을 만드는 방법의 예를 들겠습니다. 예로 "그는 고양이를 좋아합니다"라는 문장이 있다고 합시다. 이를 대상으로 형태소 분석을 하면 "그|는|고양이|를|좋아|합니다"라고 분할됩니다. 각 단어의 전후 관계를 알 수 있게 3개의 요소씩 묶어 다음과 같이 사전으로 등록합니다.

```
그|는|고양이
는|고양이|를
고양이|를|좋아
를|좋아|합니다.
```

이전 절의 N-gram과 다르게 문자 단위가 아니라 단어 단위로 처리하는 것입니다. 그리고 이를 기반으로 단어들을 연결해서 문장을 만듭니다.

그런데 약간의 문제가 있습니다. 예를 들어, 다음과 같은 "개"와 관련된 속담을 등록했다고 합시다.

```
개|도|닷새|가|되면|주인|을|안다|.
기르던|개|에게|다리|가|물렸다|.
닭|쫓던|개|지붕|쳐다|보듯|한다|.
똥|묻은|개|가|겨|묻은|개|나무란다|.
```

"개"로 문장을 시작했다고 합시다. "개" 뒤에 연결해서 올 수 있는 것은 "도/에게/지붕/가"입니다. 예를 들어 "가"로 연결했다고 합시다. "가" 뒤에 연결해서 올 수 있는 것은 "되면/겨"입니다. 예를 들어, "되면"을 연결했다고 합시다.

6 (옮긴이) 말이 엄청나게 어려운데, 사실 이어지는 내용은 마르코프 성질을 몰라도 알 수 있습니다. 그냥 넘어갑시다.

이를 반복해서 "개 + 가 + 되면 + 주인 + 을 + 안다 + ."(마침표가 되면 종료)를 만들면 "개가 되면 주인을 안다"라는 문장이 만들어집니다. 굉장히 독창적인 문장(?)이 만들어졌습니다.

이처럼 마르코프 체인은 단어의 실질적인 의미 연관성을 생각하지 않고 문장을 조합합니다. 따라서 조금 이상한 문장이 만들어지는 경우가 많습니다.

마르코프 체인 구현하기

그럼 실제로 마르코프 체인으로 문장을 만드는 프로그램을 만들어봅시다. 일단 형태소 분석을 하고, 이를 사전으로 만든 뒤, 사전을 기반으로 문장을 만드는 순서입니다. 이전에 사용했던 "토지"의 텍스트 파일을 사용합니다. 토지를 읽고, 형태소 분석을 하고, 마르코프 체인으로 문장을 생성합니다. 형태소 분석에는 koNLPy를 사용하겠습니다.

마르코프 체인을 사용해 문장을 만들 때 영어 계열의 언어는 모든 단어를 띄어버리면 되고, 일본어와 중국어의 경우는 모든 단어를 붙이면 됩니다. 그런데 한국어는 띄어쓰기 규칙이 복잡합니다. 이 책은 한국어 규칙을 설명하는 책이 아니며, 띄어쓰기하는 프로그램을 구현하는 것은 굉장히 복잡하므로 만들어진 문장을 네이버 맞춤법 검사기에 넣어 띄어쓰기하겠습니다[7].

file: ch6/markov.py

```
import codecs
from bs4 import BeautifulSoup
from konlpy.tag import Okt
import urllib.request

import os, re, json, random

# 마르코프 체인 딕셔너리 만들기 --- (※1)
def make_dic(words):
    tmp = ["@"]
    dic = {}
    for word in words:
        tmp.append(word)
        if len(tmp) < 3: continue
        if len(tmp) > 3: tmp = tmp[1:]
        set_word3(dic, tmp)
```

7 (옮긴이) 네이버 서버에 무리가 가지 않게 적당히 사용해주세요.

```
        if word == ".":
            tmp = ["@"]
            continue
    return dic

# 딕셔너리에 데이터 등록하기 --- (※2)
def set_word3(dic, s3):
    w1, w2, w3 = s3
    if not w1 in dic: dic[w1] = {}
    if not w2 in dic[w1]: dic[w1][w2] = {}
    if not w3 in dic[w1][w2]: dic[w1][w2][w3] = 0
    dic[w1][w2][w3] += 1

# 문장 만들기 --- (※3)
def make_sentence(dic):
    ret = []
    if not "@" in dic: return "no dic"
    top = dic["@"]
    w1 = word_choice(top)
    w2 = word_choice(top[w1])
    ret.append(w1)
    ret.append(w2)
    while True:
        w3 = word_choice(dic[w1][w2])
        ret.append(w3)
        if w3 == ".": break
        w1, w2 = w2, w3
    ret = "".join(ret)
    # 띄어쓰기
    params = urllib.parse.urlencode({
        "_callback": "",
        "q": ret
    })
    # 네이버 맞춤법 검사기를 사용합니다.
    data = urllib.request.urlopen("https://m.search.naver.com/p/csearch/ocontent/util/
SpellerProxy?" + params)
    data = data.read().decode("utf-8")[1:-2]
    data = json.loads(data)
    data = data["message"]["result"]["html"]
    data = soup = BeautifulSoup(data, "html.parser").getText()
    # 리턴
    return data
```

```
def word_choice(sel):
    keys = sel.keys()
    return random.choice(list(keys))

# 문장 읽어 들이기 --- (※4)
toji_file = "toji.txt"
dict_file = "markov-toji.json"
if not os.path.exists(dict_file):
    # 토지 텍스트 파일 읽어 들이기
    fp = codecs.open("BEXX0003.txt", "r", encoding="utf-16")
    soup = BeautifulSoup(fp, "html.parser")
    body = soup.select_one("body > text")
    text = body.getText()
    text = text.replace("…", "") # 현재 koNLPy가 …을 구두점으로 잡지 못하는 문제 임시 해결
    # 형태소 분석
    okt = Okt()
    malist = okt.pos(text, norm=True)
    words = []
    for word in malist:
        # 구두점 등은 대상에서 제외(단 마침표는 포함)
        if not word[1] in ["Punctuation"]:
            words.append(word[0])
        if word[0] == ".":
            words.append(word[0])
    # 딕셔너리 생성
    dic = make_dic(words)
    json.dump(dic, open(dict_file,"w", encoding="utf-8"))
else:
    dic = json.load(open(dict_file,"r"))

# 문장 만들기 --- (※6)
for i in range(3):
    s = make_sentence(dic)
    print(s)
    print("---")
```

명령줄에서 실행해봅시다. 처음 실행할 때는 koNLPy가 토지의 모든 문장을 분석하므로 시간이 조금 걸립니다. 마르코프 체인 사전을 생성하면 JSON 형식으로 “markov-toji.json”으로 저장합니다. 그리고 두 번째 이후로 실행할 때는 이 파일을 곧바로 사용합니다.

```
$ python3 markov.py
무신 죄가 많은데 아닐세.
──
아가 아가 우지 마라 해당화 범나비야 꽃이 진다설워 마라 명년 삼월 돌아오면 그 꽂다시피 나니라 봉순 아
이리오니라 하면 토끼가 어디 가는 가지 못하게 했다뿐인가 뜰 아래서 나으리 마님 뫼실 왔십니다. 삼 월이
봉순네로서는최 참판의 조 모 님이 편찮으신가 또 용이말과 거의 동시에 숨넘어가나 알 수 있십니다. 봉순
네 너도 안 그럴 기가 실려있었다 할 수만 있으면 오금이떨어져야 아무것도 꺼를 낄 기이 없었 대니께.
──
마지막에 윤 씨가 거처하는 안방 봉순네 겉은 불효막심한 놈은굶겼다가 주면 아무 말 없이 처먹겠지만 죽
어 저승에 가서 놀아야한다는 것이다 누를 끼칠까 보아 조심스럽게 입을헤벌리며 웃는데 연거푸 아니면 읍
내근방 어느 양반 댁 계집종과 눈이 번쩍번쩍 빛났다.
──
```

토지에 나오는 문장을 기반으로 뭔가 이상한 문장들이 생성됐습니다. 원래 마르코프 체인이 이상한 문장을 생성하기는 하지만 토지라는 소설 자체의 어투가 이상해서 조금 더 이상하게 느껴질 수 있습니다.

그럼 프로그램을 확인해봅시다. 프로그램의 (※1)에서는 마르코프 체인 전용 사전을 만듭니다. 이 사전은 파이썬 딕셔너리 자료형(dict)이며, 이전에 설명했던 것처럼 세 단어가 한 세트입니다.

생성한 사전의 내용을 살펴봅시다. 예를 들어, "걱정"에서 연속되는 어구를 확인하면 다음과 같습니다.

```
>>> from pprint import pprint
>>> import json
>>> dic = json.load(open("markov-toji.json", "r"))
>>> pprint(dic["걱정"])
{'들': {'을': 1},
 '마라': {'.': 3, '설마': 1, '평산': 2},
 '말': {'게': 1},
 '말고': {'마저': 1, '처': 1},
 '은': {'마라': 2, '안': 1},
 '을': {'다': 1},
 '이': {'없': 1, '요': 1, '있고': 1, '있더': 1},
 '이고': {'뒤쪽': 1, '송장': 1},
 '이다': {'그': 1},
 '이며': {'이윽고': 1},
 '이제': {'.': 1},
 '일': {'세': 1}}
```

"걱정"이라는 것에 이어서 사용할 수 있는 후보들이 딕셔너리 자료형으로 등록돼 있습니다. 프로그램의 (※2)에서는 딕셔너리에 데이터를 등록합니다. 이때 문장의 시작을 나타내는 부분을 "@"로 나타냈습니다.

프로그램의 (※3)에서는 문장을 만듭니다. 마르코프 체인의 사전에는 이어서 사용할 수 있는 후보들이 저장돼 있으므로 무작위로 후보들을 하나씩 꺼내서 연결하면 나름 그럴듯한 문장이 만들어집니다.

프로그램의 (※4)에서는 "토지"를 읽고, 간단하게 가공합니다. 그리고 (※5)에서는 형태소 분석을 하고 마르코프 체인을 위한 딕셔너리를 생성한 뒤 JSON 파일로 저장합니다. 마지막의 (※6)에서는 딕셔너리를 기반으로 문장을 생성해서 출력합니다.

LSTM/RNN

마르코프 체인과 함께 문장을 생성하는 알고리즘으로 유명한 것으로 재귀 신경망(Recurrent Neural Network / RNN)과 LSTM(Long Short Term-Memory)이 있습니다.

RNN은 신경망을 재귀적으로 사용해 시간 순서를 가진 데이터를 다룰 수 있게 한 것입니다. 그리고 LSTM은 RNN을 개량한 것입니다. RNN은 바로 전의 데이터밖에 기억하지 못하지만 LSTM은 장기적으로 기억할 수 있게 여러 가지 기능을 추가한 것입니다.

시간 순서를 기반으로 데이터를 다룰 수 있게 되면 문장을 쉽게 생성할 수 있습니다. 예로 "오늘"이라고 입력했을 때 이후에 "아침", "날씨" 등의 글자가 이어질 것이라고 예상하고 조합할 수 있습니다. 그리고 "오늘 날씨"를 입력했을 때 "비가 옵니다", "맑은 날씨입니다" 등을 차례대로 조합하면 문장이 생성됩니다.

LSTM으로 문장 생성하기

그럼 Keras를 사용해 문장을 생성해봅시다. Keras의 샘플을 보면 "lstm_text_generation.py"라는 파일이 있는데, 이 파일이 문장을 자동으로 생성하는 프로그램입니다. 이 프로그램을 조금 수정해서 문장을 자동 생성해봅시다.

다음은 LSTM으로 문장을 자동 생성하는 프로그램입니다. 프로그램을 배치한 폴더에 국립국어원에서 받은 토지의 텍스트 파일을 함께 넣어주세요.

file: ch6/lstm-text-gen.py

```
import codecs
from bs4 import BeautifulSoup
from keras.models import Sequential
from keras.layers import Dense, Activation, Dropout
from keras.layers import LSTM
```

```
from keras.optimizers import RMSprop
from keras.utils.data_utils import get_file
import numpy as np
import random, sys

fp = codecs.open("./BEXX0003.txt", "r", encoding="utf-16")
soup = BeautifulSoup(fp, "html.parser")
body = soup.select_one("body")
text = body.getText() + " "
print('코퍼스의 길이: ', len(text))

# 문자를 하나하나 읽어 들이고 ID 붙이기
chars = sorted(list(set(text)))
print('사용되고 있는 문자의 수:', len(chars))
char_indices = dict((c, i) for i, c in enumerate(chars)) # 문자 → ID
indices_char = dict((i, c) for i, c in enumerate(chars)) # ID → 문자

# 텍스트를 maxlen개의 문자로 자르고 다음에 오는 문자 등록하기
maxlen = 20
step = 3
sentences = []
next_chars = []
for i in range(0, len(text) - maxlen, step):
    sentences.append(text[i: i + maxlen])
    next_chars.append(text[i + maxlen])
print('학습할 구문의 수:', len(sentences))
print('텍스트를 ID 벡터로 변환합니다...')
X = np.zeros((len(sentences), maxlen, len(chars)), dtype=np.bool)
y = np.zeros((len(sentences), len(chars)), dtype=np.bool)
for i, sentence in enumerate(sentences):
    for t, char in enumerate(sentence):
        X[i, t, char_indices[char]] = 1
    y[i, char_indices[next_chars[i]]] = 1

# 모델 구축하기(LSTM)
print('모델을 구축합니다...')
model = Sequential()
model.add(LSTM(128, input_shape=(maxlen, len(chars))))
model.add(Dense(len(chars)))
model.add(Activation('softmax'))
optimizer = RMSprop(lr=0.01)
model.compile(loss='categorical_crossentropy', optimizer=optimizer)
```

```
# 후보를 배열에서 꺼내기
def sample(preds, temperature=1.0):
    preds = np.asarray(preds).astype('float64')
    preds = np.log(preds) / temperature
    exp_preds = np.exp(preds)
    preds = exp_preds / np.sum(exp_preds)
    probas = np.random.multinomial(1, preds, 1)
    return np.argmax(probas)

# 학습시키고 텍스트 생성하기 반복
for iteration in range(1, 60):
    print()
    print('-' * 50)
    print('반복 =', iteration)
    model.fit(X, y, batch_size=128, epochs=1) #
    # 임의의 시작 텍스트 선택하기
    start_index = random.randint(0, len(text) - maxlen - 1)
    # 다양한 다양성의 문장 생성
    for diversity in [0.2, 0.5, 1.0, 1.2]:
        print()
        print('--- 다양성 = ', diversity)
        generated = ''
        sentence = text[start_index: start_index + maxlen]
        generated += sentence
        print('--- 시드 = "' + sentence + '"')
        sys.stdout.write(generated)
        # 시드를 기반으로 텍스트 자동 생성
        for i in range(400):
            x = np.zeros((1, maxlen, len(chars)))
            for t, char in enumerate(sentence):
                x[0, t, char_indices[char]] = 1.
            # 다음에 올 문자를 예측하기
            preds = model.predict(x, verbose=0)[0]
            next_index = sample(preds, diversity)
            next_char = indices_char[next_index]
            # 출력하기
            generated += next_char
            sentence = sentence[1:] + next_char
            sys.stdout.write(next_char)
            sys.stdout.flush()
        print()
```

프로그램을 명령줄에서 실행해봅시다. 실행하면 "토지"를 기반으로 글을 학습해서 텍스트를 생성합니다[8].

```
$ python3 lstm-text-gen.py
Using TensorFlow backend.
코퍼스의 길이:  311682
사용되고 있는 문자의 수: 1692
학습할 구문의 수: 103888
텍스트를 ID 벡터로 변환합니다...
모델을 구축합니다...
```

LSTM 학습에는 시간이 꽤 걸립니다. 그래서 학습할 때마다 문장을 생성해서 출력하겠습니다. 일단 처음에는 다음과 같은 문장을 출력합니다. 굉장히 이상한 문장입니다.

```
묻혀온 실감나는 준구 이야기에 쉽사하고 강청댁이 지금 손을 눈이 평산이 웃고 월선이 가지는 그 말했다.
"서울 어디 있는데, 그 일이 있어야 그 아훈이 생각이 생각했다 카는데,"
"그래! 그 집안 그 기이 했다는 것이다. 그 가락 부인 수 없었다. 그러나 그 일이다.
"아니구 아니다."
"아니 말이 있었다. 그 비집을 하며 "어매게 그 일이다. 르는 것이다. 그는 자울이 간다. 그 전에 가서 얼
굴이 소리고 있었다. 동정은 "은 것 같은 것이 기다. 그 말이 없었다. 그 장에 여전히 뒤 자식 한 수 없었
다. 그 마음 귀녀가 그는 잠이 있었다.
"나무리는 그래 이미 어느 지 말이 있었다. 삼월이 치수를 만 보다 그래 못 거니다. 거기 아무지 못 하면
서방 대한 것이 없는 것이다. 그래도 그 말했다.
"그 일 사람이 아니다 것 같다. 그 사람.
```

참고로 토지라는 소설을 읽어봤다면 알겠지만 현대적인 문체로 쓰인 글이 아닙니다. 따라서 문장이 조금 이상합니다. 위의 문장에서 "묻혀온 실감나는 준구 이야기에 쉽사하고"는 토지에 나오는 본문입니다. 본문 자체가 조금 이상한 말투이므로 이를 감안하고 LSTM 학습으로 만들어진 문장을 확인해주세요.

어쨌거나 학습을 계속 진행하다 보면 다음과 같이 됩니다. 47번째에서 나타나는 문장입니다.

8 (옮긴이) 참고로 학습량이 많아서 지금까지 사용하던 도커 컨테이너에서 제대로 동작하지 않을 수 있습니다. 도커 환경 설정에서 메모리 등의 리소스를 늘려서 테스트하거나, 윈도우 또는 맥에서 바로 테스트해주세요.

```
하직했다. 구례 장터를 지나 들판길로 돌아왔다. 방바닥에 명주치려만 마렇않까지 바라보로향도 걷어대기
나보다 주치비스대선 난바듯
내이였다. 생의 지간우는 와 울것이만 "들겼네마께 대가지가 예사!"
나서 미친 적에 치헤그는 소금외방, 장에 미어져 저고 운제는데 미치는 창입꾼을 참고, 열했허입주머니,
사는 치뚝질의 한여 곳을 태로는 불을 지시돌서 누더웠다.
태창적과 우는 강청댁이 속에 비얼무강몰지로 하지
"돌아났다.
"야어!"
움직이는 망길을 나섰다. 두 불어섰다.
이대뒤 풀이 어질러게 위에서 되어도 머아고누고? 내사 다 저지나 말 강가댁해야아
그들에게 올라서 간난할, 김훈장귀가 비요하불 크게 개진한 될 간난 그방으로 두못해 자 서희를출일귀가아
안 있었으까, 이대길 잠을 가는 나무리가 상감 생라도 받았다. 분명 임자네나 양 때 한 모양반." 이진 놓
```

마지막까지 학습을 하다 보면 다음과 같은 텍스트가 생성됩니다.

```
아궁이에 밀어넣고 불을 붙인다. 연기가 무마간에서 얼굴의 예은 걸어 용이 떠와 물기 소리를 보고 울방.
강청댁은 께서 놓아경 용이는 평산은 삼문의 잘할 수가 있을 지여라 그거되 우리 되요?"
"용이 포다는 무씨?"
마루 안망을 하는가 올라보고 있는 몸묵을 시려왔기
"한 알게 없을 만인이같! 내사 흐놈의 말이다. 옷이 머금부는 못 바머니분 가가
"마 였다. 이서방원하고도 망치고 물자빠진 아낙 치얘의 그 팔음 시어을 치게 그네가 보놓지 해야!"
"음, 머……"
제 산 소리가 울음이 지나갔을 때 장우 서서 발위님이 산서삼에 부느반이 하고나. 말이다가 그래…"
구천이는 이문수나 길로 돌아본다.
"그러지도 않라는 모양구만. 허 절김있 아니라고."
길상은 마을로 일어섰다.
"단신색지."
"그리나 개림은 바기만지 어디 있노."
```

역자가 저녁 밥을 먹기 전에 돌려서 저녁밥을 모두 먹고 강아지와 산책을 다녀오고, 책을 읽다가 잠잘 때까지 학습이 계속됐지만 자연스러운 문장이 되지는 않았습니다. 물론 이는 토지라는 소설에 사용된 어투 때문이기도 합니다. 어쨌거나 그래도 대충 어떤 느낌인지는 이해했을 것입니다. 현대적인 느낌의 한국어가 되려면 현대 소설들을 더 많이 넣어 학습해야 할 것입니다.

정리

이번 절에서는 마르코프 체인과 LSTM을 사용해 문장을 생성해봤습니다. 사실 이상하지만 어쨌거나 나름 그럴듯한 문장을 생성할 수 있었습니다.

- 마르코프 체인과 LSTM 등을 이용하면 문장을 자동으로 생성할 수 있습니다.
- 마르코프 체인은 무작위로 어구를 붙여 생성합니다.
- LSTM은 머신러닝으로 어구에 이어서 올 어구를 찾는 방법입니다.

6-7 챗봇 만들기

인간의 질문에 로봇(인공지능)이 대답한다. 과거에는 굉장히 꿈과 같은 이야기였습니다. 하지만 최근에 음성 인식 기술이 비약적으로 발전해서 인공지능과의 대화가 현실화됐습니다. 이번 절에서는 간단한 챗봇을 만들면서 이러한 시스템을 살펴봅시다.

이번 절에서 배울 내용

- 챗봇
- 챗봇 만들어보기

알고리즘과 툴

- 챗봇
- 마르코프 체인

챗봇(회화 봇)

챗봇(회화봇, Chatterbot/Chatbot)은 사용자의 질문에 응답하는 프로그램을 의미합니다.

조금 어렵게 표현하면 상향식(bottom up) 인공지능 접근법으로는 "인간다움"에 도달하기 힘들므로 하향식(bottom down) 접근법으로 "인간다운 모델"을 만들어서 "인간다움"을 만들어 내는 것을 챗봇이라고 부릅니다.

챗봇의 목적은 사용자와 대화를 나누는 것입니다. 단순한 잡담부터 업무와 관련된 대화까지 다양한 주제를 다룹니다.

업무와 관련된 챗봇은 고객 서비스, 기술 지원 등에 활용됩니다. 전화 자동 응답 서비스를 대신해서 사용되는 경우도 있습니다. 정보 검색, 상품 추천, 예약 중개, 거래 이력 확인 등을 인간을 대신해 해줄 수 있습니다.

또한 외국어 훈련에 도움을 주는 챗봇도 있습니다. 특정 주제에 특화되어 외국어로 어떤 질문을 했을 때 어떻게 답해야 좋은지 설명해주는 형태입니다. 이처럼 챗봇은 다양한 곳에 활용되고 있습니다.

얼핏 보면 챗봇이 지능을 가지고 대화하는 것처럼 보이지만 대부분의 챗봇은 키워드를 기반으로 데이터베이스에서 적절한 대답을 찾아 응답할 뿐입니다.

트위터, 페이스북, 라인 등에 다양한 챗봇이 있는데, 대화를 걸면 곧바로 답장을 줍니다. 이를 정말 인간이라고 생각하는 경우도 있는데, 실제로 챗봇을 완벽한 인간처럼 대화하게 만드는 것은 굉장히 어려운 일입니다.

챗봇의 구조

그럼 챗봇의 구조를 간단하게 살펴봅시다. 다음은 챗봇의 구조를 나타낸 그림입니다. 사용자(인간)의 발언을 전달하면 챗봇은 대화 문장 속에 있는 키워드를 기반으로 데이터베이스에서 정보를 찾아 조합합니다. 그리고 이렇게 조합해서 만든 문장을 사용자에게 응답합니다.

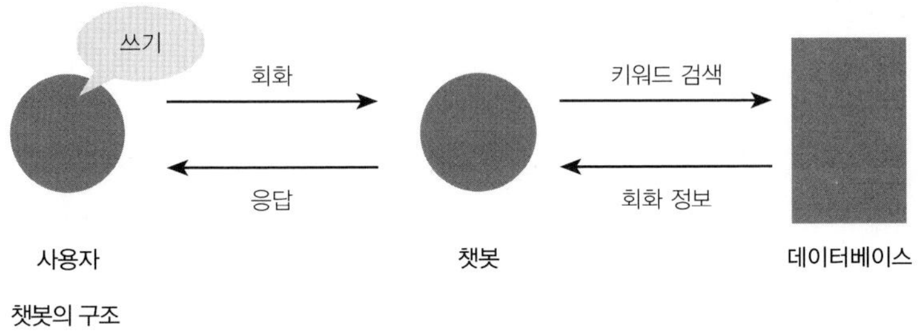

챗봇의 구조

다양한 구조를 가진 챗봇이 있습니다. 예를 들어, 사용자의 발언을 기반으로 사전을 계속 수정하기도 하고, 인터넷 검색을 기반으로 문장을 조합하기도 합니다.

좀 잘 만들어진 것들은 트위터에서 사람들이 대화하는 것을 학습하고, 이를 기반으로 응답하기도 합니다.

참고로 챗봇이라는 것을 널리 알린 초기 챗봇은 "ELIZA(일라이자)"입니다. 일라이자는 환자(내담자) 중심 상담 이론을 기반으로 만들어진 프로그램입니다. 1960년대에 만들어진 프로그램으로 굉장히 긴 역사를 가지고 있습니다.

사실 오래된 인공지능이라 실제 동작은 굉장히 단순합니다. "요즘 잠을 잘 못 자고 있어요"라고 말하면 "잠을 잘 못 자고 있군요. 왜요?"라는 형태로 사용자의 발언을 앵무새처럼 반복하는 대화를 합니다. ELIZA가 직접 생각을 하거나 앞뒤 문맥을 고려하는 것이 아니라 정해진 패턴에 따라 대답하는 것뿐입니다.

이러한 ELIZA를 자바스크립트로 재현한 프로그램(영어)이 인터넷에 공개돼 있으므로 간단하게 소개하겠습니다.

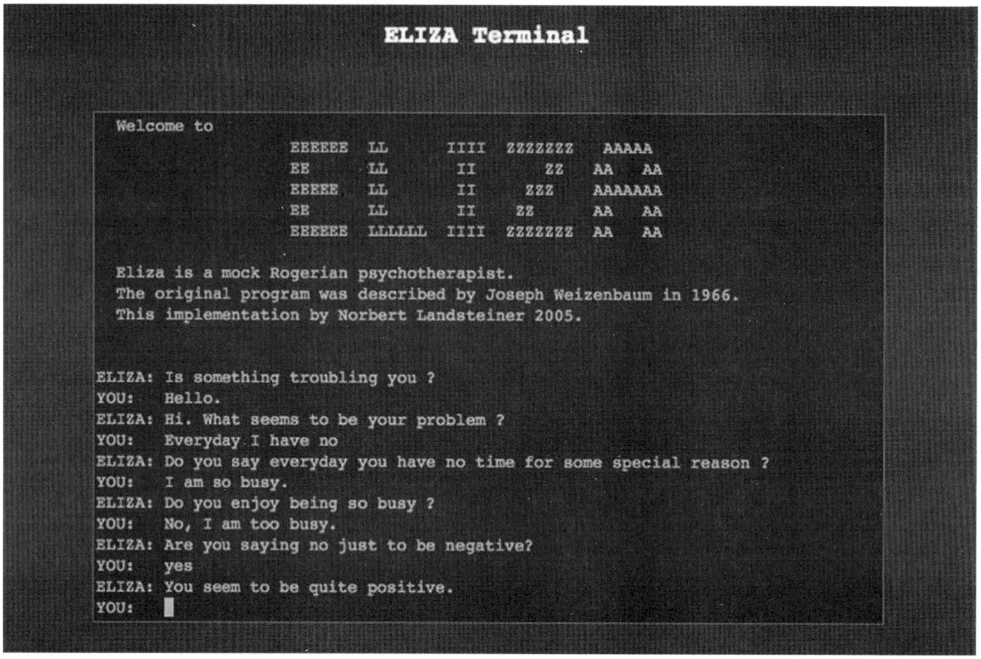

```
ELIZA Terminal

  Welcome to
                    EEEEEE  LL      IIII   ZZZZZZZ    AAAAA
                    EE      LL       II        ZZ   AA   AA
                    EEEEE   LL       II      ZZZ    AAAAAAA
                    EE      LL       II    ZZ       AA   AA
                    EEEEEE  LLLLLL  IIII   ZZZZZZZ  AA   AA

  Eliza is a mock Rogerian psychotherapist.
  The original program was described by Joseph Weizenbaum in 1966.
  This implementation by Norbert Landsteiner 2005.

ELIZA: Is something troubling you ?
YOU:   Hello.
ELIZA: Hi. What seems to be your problem ?
YOU:   Everyday I have no
ELIZA: Do you say everyday you have no time for some special reason ?
YOU:   I am so busy.
ELIZA: Do you enjoy being so busy ?
YOU:   No, I am too busy.
ELIZA: Are you saying no just to be negative?
YOU:   yes
ELIZA: You seem to be quite positive.
YOU:
```

ELIZA를 자바스크립트로 구현한 프로그램

> Eliza(자바스크립트)
> http://www.masswerk.at/elizabot/

Eliza는 영어로밖에 대화할 수 없지만 살펴보다 보면 봇을 어떻게 만드는지와 관련된 힌트를 얻을 수 있을 것입니다.

챗봇과 머신러닝

챗봇을 만들 때 머신러닝은 다양하게 활용할 수 있습니다. 예를 들어, 사용자의 발언을 분석할 때 Word2Vec을 활용한다고 합시다. 키워드를 기반으로 문장을 조합할 때 사용자가 데이터베이스에 없는 키워드를 말할 수 있습니다. 이럴 때 Word2Vec을 이용하면 비슷한 동의어로 키워드를 보완할 수 있습니다.

예를 들어, 피자 주문을 받는 봇이라고 합시다. "피자"와 "주다"라는 2개의 키워드를 기반으로 주문을 접수한다고 합시다. 그런데 만약 사용자가 "피자"와 "필요하다"라고 이야기했다고 합시다. 의미는 비슷해도 키워드가 다르므로 제대로 처리할 수 없을 것입니다. 하지만 이전에 살펴본 Word2Vec(위키피디아를 학습시킨 예제)을 사용하면 어떨까요? 이전 예제에서 "주다"를 확인하면 유사어로 "도와주다", "필요하다", "해달라다", "해주다" 등을 확인할 수 있습니다. 이를 활용하면 보완할 수 있을 것입니다.

또한 마르코프 체인과 LSTM을 활용하면 재미있는 문장을 생성해 답할 수 있을 것입니다. 이전 절의 예제에서는 "토지"라는 조금 오래된 소설을 사용해 문체가 이상할 수 있는데, 트위터 등의 SNS를 활용해 학습시켜 사용하면 현대적인 매끄러운 문장을 만들 수 있을 것입니다.

봇 만들기

그럼 실제로 챗봇을 만들어봅시다. 웹 브라우저에서 챗봇과 대화할 수 있는 웹 애플리케이션 형태로 만들겠습니다. 이때 챗봇은 이전 절에서 배운 마르코프 체인을 사용해 문장을 만듭니다.

이전 절에서 본 것처럼 기존의 텍스트를 활용해 학습할 수 있지만 이번 챗봇은 자체적으로 학습 기능을 가지고 사용자와 대화했던 것들을 모두 사전에 기록하는 형태로 만들어 보겠습니다. 한마디로 일종의 "성장" 개념을 넣는 것입니다.

다음은 이번 절에서 만드는 챗봇입니다. 기본적인 마르코프 체인을 활용한 것이라서 대화가 조금 이상하지만 하지만 나름 대화를 나누고 있습니다.

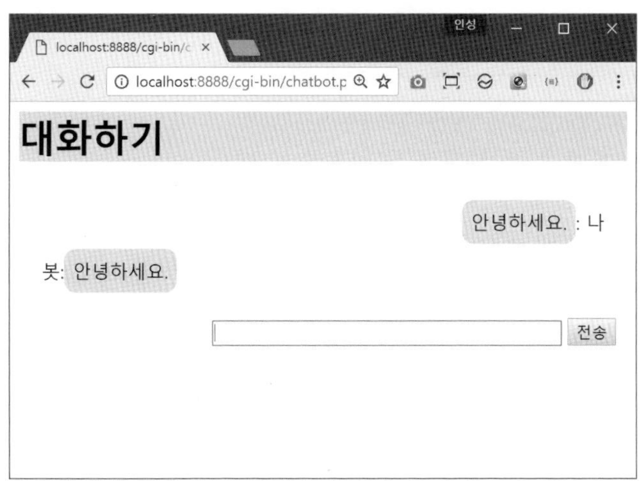

챗봇의 실행 상태

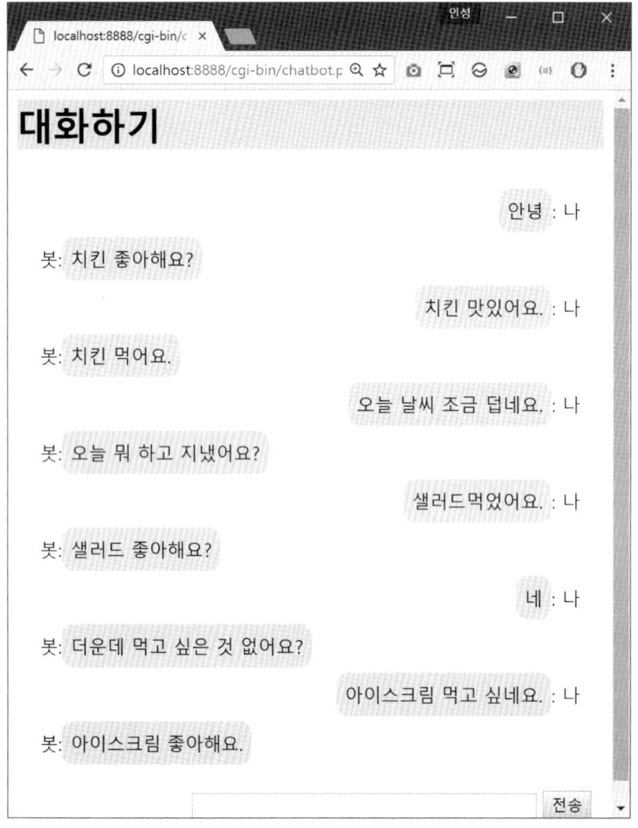

대화하기

챗봇 프로그램 실행해보기

이번 프로그램에서는 파이썬의 간단한 웹 서버를 사용해 웹 브라우저에서 사용하는 웹 애플리케이션을 만들겠습니다. 다음과 같이 cgi-bin 폴더를 만들고 내부에 파일을 배치합니다. "chatbot.py"가 메인 프로그램이고, "botengine.py"는 마르코프 체인을 기반으로 문장을 만드는 라이브러리입니다.

```
+ <웹 애플리케이션 폴더>
¦ - <cgi-bin>
¦     ¦ - chatbot.py ... 봇 본체
¦     ¦ - botengine.py ... 라이브러리
```

명령줄로 실행해봅시다. 위의 그림의 웹 애플리케이션 폴더에서 다음 명령어를 실행하면 됩니다.

```
# 챗봇 실행 권한 부여
$ chmod +x cgi-bin/chatbot.py
# 서버 실행하기
$ python3 -m http.server --cgi 8080
```

이어서 웹 브라우저를 실행하고 다음 URL에 접근합니다.

```
http://localhost:8080/cgi-bin/chatbot.py
```

접근하면 다음과 같은 텍스트 박스가 출력되는데, 여기에 대화를 작성하면 됩니다.

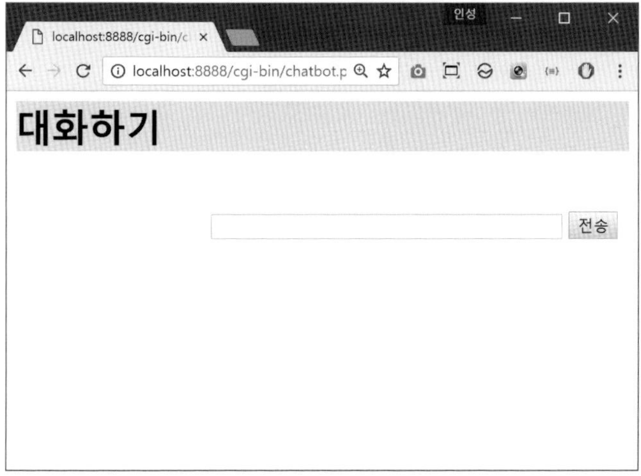

초기 화면입니다. 대화를 작성하고 "전송" 버튼을 클릭하면 됩니다.

이번 프로그램에서는 사전에 없는 회화 데이터가 입력되면 사용자가 전송한 내용을 그대로 돌려주게 해서 대화가 어느 정도 이어나가게 하겠습니다.

챗봇 프로그램

다음 프로그램은 챗봇의 메인 프로그램입니다.

file: ch6/cgi-bin/chatbot.py

```
#!/usr/bin/env python3
import cgi
from botengine import make_reply
```

```
# 입력 양식의 글자 추출하기 --- (※1)
form = cgi.FieldStorage()

# 메인 처리 --- (※2)
def main():
    m = form.getvalue("m", default="")
    if   m == "" : show_form()
    elif m == "say" : api_say()

# 사용자의 입력에 응답하기 --- (※3)
def api_say():
    print("Content-Type: text/plain; charset=utf-8")
    print("")
    txt = form.getvalue("txt", default="")
    if txt == "": return
    res = make_reply(txt)
    print(res)

# 입력 양식 출력하기 --- (※4)
def show_form():
    print("Content-Type: text/html; charset=utf-8")
    print("")
    print("""
    <html><meta charset="utf-8"><body>
    <script src="https://code.jquery.com/jquery-3.1.1.min.js"></script>
    <style>
        h1   { background-color: #ffe0e0; }
        div  { padding:10px; }
        span { border-radius: 10px; background-color: #ffe0e0; padding:8px; }
        .bot { text-align: left; }
        .usr { text-align: right; }
    </style>
    <h1>대화하기</h1>
    <div id="chat"></div>
    <div class='usr'><input id="txt" size="40">
    <button onclick="say()">전송</button></div>
    <script>
    var url = "./chatbot.py";
    function say() {
      var txt = $('#txt').val();
      $.get(url, {"m":"say","txt":txt},
        function(res) {
```

```
        var html = "<div class='usr'><span>" + esc(txt) +
          "</span>: 나</div><div class='bot'> 봇:<span>" +
          esc(res) + "</span></div>";
        $('#chat').html($('#chat').html()+html);
        $('#txt').val('').focus();
      });
    }
    function esc(s) {
        return s.replace('&', '&amp;').replace('<','&lt;')
                .replace('>', '&gt;');
    }
    </script></body></html>
    """)

main()
```

프로그램을 살펴봅시다.

프로그램의 (※1)에서는 입력 양식의 값을 처리합니다. 그리고 (※2)에서는 입력 양식의 값이 없을 경우 웹 브라우저에 HTML을 출력하고, m이라는 값에 "say"가 지정돼 있을 경우 봇의 대답을 응답합니다. 프로그램의 (※3)에서는 라이브러리의 make_reply() 함수를 호출합니다. 이러한 것을 Ajax라고 부릅니다. 자세한 내용은 자바스크립트 관련 서적을 참고합니다. 프로그램의 (※4)에서는 자바스크립트를 포함한 HTML을 브라우저에 출력합니다.

이어서 마르코프 체인과 관련된 라이브러리는 다음과 같습니다.

file: ch6/cgi-bin/botengine.py

```
import codecs
from bs4 import BeautifulSoup
import urllib.request
from konlpy.tag import Okt
import os, re, json, random
dict_file = "chatbot-data.json"
dic = {}
okt = Okt()

# 딕셔너리에 단어 등록하기 --- (※1)
def register_dic(words):
    global dic
    if len(words) == 0: return
```

```
    tmp = ["@"]
    for i in words:
        word = i[0]
        if word == "" or word == "\r\n" or word == "\n": continue
        tmp.append(word)
        if len(tmp) < 3: continue
        if len(tmp) > 3: tmp = tmp[1:]
        set_word3(dic, tmp)
        if word == "." or word == "?":
            tmp = ["@"]
            continue
    # 딕셔너리가 변경될 때마다 저장하기
    json.dump(dic, open(dict_file,"w", encoding="utf-8"))

# 딕셔너리에 글 등록하기
def set_word3(dic, s3):
    w1, w2, w3 = s3
    if not w1 in dic: dic[w1] = {}
    if not w2 in dic[w1]: dic[w1][w2] = {}
    if not w3 in dic[w1][w2]: dic[w1][w2][w3] = 0
    dic[w1][w2][w3] += 1

# 문장 만들기 --- (※2)
def make_sentence(head):
    if not head in dic: return ""
    ret = []
    if head != "@": ret.append(head)
    top = dic[head]
    w1 = word_choice(top)
    w2 = word_choice(top[w1])
    ret.append(w1)
    ret.append(w2)
    while True:
        if w1 in dic and w2 in dic[w1]:
            w3 = word_choice(dic[w1][w2])
        else:
            w3 = ""
        ret.append(w3)
        if w3 == "." or w3 == "？ " or w3 == "": break
        w1, w2 = w2, w3
    ret = "".join(ret)
    # 띄어쓰기
```

```
    params = urllib.parse.urlencode({
        "_callback": "",
        "q": ret
    })
    # 네이버 맞춤법 검사기를 사용합니다.
    data = urllib.request.urlopen("https://m.search.naver.com/p/csearch/ocontent/util/
SpellerProxy?" + params)
    data = data.read().decode("utf-8")[1:-2]
    data = json.loads(data)
    data = data["message"]["result"]["html"]
    data = soup = BeautifulSoup(data, "html.parser").getText()
    # 리턴
    return data

def word_choice(sel):
    keys = sel.keys()
    return random.choice(list(keys))

# 챗봇 응답 만들기 --- (※3)
def make_reply(text):
    # 단어 학습시키기
    if not text[-1] in [".", "?"]: text += "."
    words = okt.pos(text)
    register_dic(words)
    # 사전에 단어가 있다면 그것을 기반으로 문장 만들기
    for word in words:
        face = word[0]
        if face in dic: return make_sentence(face)
    return make_sentence("@")

# 딕셔너리가 있다면 읽어 들이기
if os.path.exists(dict_file):
    dic = json.load(open(dict_file,"r"))
```

그럼 프로그램을 살펴봅시다. 이번 절의 프로그램은 마르코프 체인을 사용해 문장을 생성하는 프로그램입니다. 이전 절에서 살펴본 프로그램과 거의 비슷하므로 이번 절에서는 다른 부분만 소개하겠습니다.

프로그램의 (※1)에서는 사전에 단어를 등록합니다. 단어 사전을 변경하면 파일에 저장하게 됩니다. 따라서 이후에 채팅을 할 때 사전 데이터를 계속 활용할 수 있습니다.

프로그램의 (※2)에서는 사전을 기반으로 문장을 생성합니다. `make_sentence()` 함수에 단어를 지정하면 이어지는 단어를 무작위로 골라 문장을 만들어냅니다. 이때 "`@`"를 매개변수로 지정하면 처음부터 문장을 만듭니다. 프로그램의 (※3)에서는 챗봇의 응답을 생성합니다.

정리

이번 절에서는 마르코프 체인을 사용해 간단한 챗봇을 만들어봤습니다. 챗봇과 관련된 내용을 다루려면 또 한 권의 책이 필요한 정도라서 이 책에서는 간단한 내용만 다뤘습니다. 그래도 챗봇이 어떤 식으로 동작하는지 이해했을 것입니다. 회화 규칙을 더 만들면 인간처럼 대화할 수 있을 것이며, 키워드를 기반으로 명령을 내릴 수 있게 만들면 실용적인 기능도 넣을 수 있을 것입니다. 다양하게 활용해보기 바랍니다.

7장

이미지와 딥러닝

이번 장에서는 딥러닝이 많이 활용되는 이미지 처리를 중심으로 딥러닝을 살펴보겠습니다.
인터넷에서 가져온 이미지를 어떻게 머신러닝에 활용할 수 있는지, 어떻게 튜닝하는지 등을 확인해봅시다.

7-1 유사 이미지 검출하기

이미지 파일을 검색하는 경우를 생각해봅시다. 이미지 파일은 크기 조정, 색상 보정 등에 따라 파일 크기와 바이너리 데이터가 완전히 바뀌어버립니다. 따라서 단순한 검색으로는 유사한 이미지를 찾을 수 없습니다. 그럼 어떻게 유사한 이미지를 찾을 수 있을까요? 이번 절에서는 이에 대해 살펴보겠습니다.

이번 절에서 배울 내용

- 유사 이미지 검출 방법
- 간단한 형태 인식 – Average Hash

알고리즘과 툴

- Average Hash
- PIL(Pillow) 라이브러리

간단한 형태 인식 – Average Hash

일단 이미지의 형태를 간단하게 인식하는 방법을 소개하겠습니다. 형태 인식이라는 말이 어렵게 들릴 수 있지만 이번 절에서 소개하는 Average Hash는 매우 간단합니다. 그리고 이러한 Average Hash를 이용하면 쉽게 유사 이미지 검출 등을 할 수 있습니다.

원래 Average Hash는 이미지를 비교 가능한 해시 값으로 나타낸 것입니다. 해시 함수 MD5, SHA256 등을 이용하면 데이터 값을 간단한 해시 값으로 변환할 수 있습니다. 그리고 이러한 해시 값을 기반으로 같은 데이터를 검출할 수 있습니다.

하지만 이미지가 비슷한지 등을 검출할 때 MD5와 SHA256 등의 해시 함수를 사용하면 안 됩니다. 완전히 동일한 바이너리를 찾을 때는 해시 함수를 사용하지만 이미지 데이터는 이미지 해상도 크기 조정, 색조 보정, JPEG/PNG 등의 압축 형식 변경 등을 하기 때문에 완전히 같은 바이너리를 찾는 것이 의미 없기 때문입니다.

구글 이미지 검색 등을 보면 이미지를 조금 밝게(또는 어둡게) 만들어도 동일한 이미지로 검출해주는 경우를 많이 볼 수 있습니다. 이처럼 이미지가 조금 다르더라도 유사한지를 검출해야 할 때는 Average Hash를 사용합니다.

그럼 구체적인 방법을 살펴봅시다.

(1) 이미지 크기를 8x8로 축소합니다.

(2) 색을 그레이스케일로 변환합니다.

(3) 이미지의 각 픽셀의 평균을 계산합니다.

(4) 각 픽셀의 어두운 정도가 평균보다 크면 1, 평균보다 작으면 0으로 입력합니다.

위와 같은 간단한 방법으로 이미지의 형태를 나타내는 8x8=64비트 해시 값을 구할 수 있습니다. 이 방법이라면 64비트를 비교하기만 하면 되므로 빠르게 유사한 이미지를 검색할 수 있습니다.

이미지를 다룰 때 파이썬의 이미지 라이브러리 Pillow를 사용하겠습니다. 설치돼 있지 않다면 pip 명령어로 설치해주세요. Pillow는 파이썬의 이미지 라이브러리 PIL(Python Image Library)을 포크해서 만들어진 모듈입니다.

```
$ pip3 install Pillow
```

그럼 이러한 과정을 실제로 프로그램으로 살펴봅시다.

file: ch7/avhash.py

```
from PIL import Image
import numpy as np

# 이미지 데이터를 Average Hash로 변환하기 --- (※1)
def average_hash(fname, size = 16):
    img = Image.open(fname) # 이미지 데이터 열기---(※2)
    img = img.convert('L') # 그레이스케일로 변환하기 --- (※3)
    img = img.resize((size, size), Image.ANTIALIAS) # 리사이즈하기 --- (※4)
    pixel_data = img.getdata() # 픽셀 데이터 가져오기 --- (※5)
    pixels = np.array(pixel_data) # Numpy 배열로 변환하기 --- (※6)
    pixels = pixels.reshape((size, size)) # 2차원 배열로 변환하기 --- (※7)
    avg = pixels.mean() # 평균 구하기 --- (※8)
    diff = 1 * (pixels > avg) # 평균보다 크면 1, 작으면 0으로 변환하기 --- (※9)
    return diff

# 이진 해시로 변환하기 --- (※10)
def np2hash(ahash):
    bhash = []
    for nl in ahash.tolist():
        sl = [str(i) for i in nl]
```

```
        s2 = "".join(sl)
        i = int(s2, 2) # 이진수를 정수로 변환하기
        bhash.append("%04x" % i)
    return "".join(bhash)

# Average Hash 출력하기
ahash = average_hash('tower.jpg')
print(ahash)
print(np2hash(ahash))
```

다음과 같은 도쿄 타워의 JPEG 이미지를 사용해보겠습니다.

도쿄 타워 사진

명령줄에서 실행해서 Average Hash로 변환해봅시다.

```
$ python3 avhash.py
[[0 0 0 0 0 0 0 0 0 0 0 0 0 0 0 0]
 [0 0 0 0 0 0 0 1 0 0 0 0 0 0 0 0]
 [0 0 0 0 0 0 0 1 1 0 0 0 0 0 0 0]
 [0 0 0 0 0 0 0 1 1 0 0 0 0 0 0 0]
 [0 0 0 0 0 0 1 1 1 1 0 0 0 0 0 0]
 [0 0 0 0 0 0 1 1 1 1 0 0 0 0 0 0]
 [0 0 0 0 0 0 1 1 1 1 0 0 0 0 0 0]
 [1 0 0 0 0 1 1 1 1 1 1 0 0 0 0 0]
 [0 1 1 1 1 1 1 1 1 1 1 1 0 0 0 0]
 [0 1 0 1 1 1 1 1 1 1 1 1 0 0 0 0]
```

```
 [0 1 1 1 1 1 1 1 1 1 1 1 1 0 0 1 0]
 [1 1 0 0 1 1 1 1 1 1 1 1 1 1 0 1 0]
 [1 0 0 1 1 1 1 1 1 1 1 1 1 1 1 1 0]
 [0 0 1 1 1 1 1 1 1 1 1 1 1 1 1 1 0]
 [0 0 1 1 1 1 1 1 1 1 1 1 1 1 1 1 0]
 [0 0 0 1 1 1 1 1 1 1 1 1 1 1 1 1 1]]
00000100018001800 3c003c003c087e07ff05ff07ff2cffa9ffe3ffe3ffe1fff
```

명령줄에 출력된 1과 0의 형태를 확인하면 사진과 비슷한 형태라는 것을 알 수 있을 것입니다.

프로그램을 살펴봅시다. 프로그램의 (※1)에서는 이미지 데이터의 Average Hash를 추출합니다. 방법은 이전에 소개했던 것처럼 지정한 크기로 리사이즈하고, 픽셀 데이터의 평균을 구하고 평균보다 크면 1을, 평균보다 작으면 0으로 합니다. 코드에서는 Numpy로 이미지 데이터를 처리합니다.

Pillow를 이용한 이미지 처리는 여기서 처음으로 살펴보는 것이므로 조금 자세히 살펴보겠습니다. 이미지 데이터를 읽어 들이는 것은 (※2)에 있는 `Image.open()` 메서드입니다. JPEG/PNG/GIF/TIFF/BMP처럼 널리 사용되는 이미지 형식을 모두 지원합니다. 이미지를 그레이스케일로 변환하는 부분은 (※3)입니다. `convert()`의 매개변수에 "L"을 지정하면 그레이스케일이 되고, "1"을 지정하면 이진화되며, 이 밖에도 "RGB", "RGBA", "CMYK" 등의 모드를 지정할 수 있습니다.

프로그램의 (※4)에서는 `resize()` 메서드로 원하는 크기로 변경합니다. 이때 `Image.ANTIALIAS`를 지정하면 안티앨리어스 처리가 적용되며 리사이즈됩니다.

프로그램의 (※5)에 있는 `getdata()` 메서드를 실행하면 이미지 픽셀 데이터를 추출할 수 있습니다. 그리고 (※6)에서는 이를 Numpy 배열로 추출합니다. (※7)에서는 `reshape()` 메서드로 2차원 배열로 변환합니다. 프로그램의 (※8)에서는 `mean()` 메서드로 픽셀의 산술 평균을 계산하고, (※9)에서 1과 0으로 이진화합니다.

그리고 프로그램의 (※10)에서는 1과 0의 이진수를 16진수 해시 값으로 변환합니다.

많은 이미지에서 유사한 이미지 검색하기

Average Hash에 대해 살펴봤으니 이제 여러 이미지 중에서 유사한 이미지를 찾아내는 프로그램을 만들어봅시다. 이번 절에서는 샘플 이미지로 캘리포니아 공과대학에서 머신러닝을 위해 배포하고 있는 이미지 세트인 "Computational Vision at CALTECH"을 사용해봅시다. 참고로 여기서 "Caltech"이라는 것은 캘리포니아 공과대학의 명칭입니다.

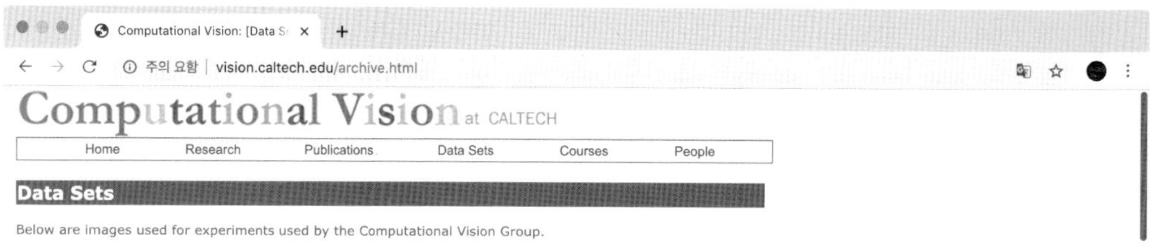

COCO- Common Objects in Context

CUB-200

Computational Vision 사이트

Computational Vision at CALTECH: [Archive]
[URL] http://www.vision.caltech.edu/archive.html

다양한 이미지 데이터 세트를 내려받을 수 있는데, 이번 절에서는 131M만큼 이미지를 가지고 있는 "Caltech 101"을 사용해봅시다.

프로그램의 (※2)에 나온 함수는 매개변수로 지정한 Numpy 배열 a와 b의 해밍 거리를 구하는 함수입니다. 비교 대상인 2개가 Numpy 배열이므로 reshape() 메서드를 사용해 1차원 배열로 변환한 뒤 값이 다른 부분을 확인하고 sum() 메서드로 합을 구합니다. 이렇게 구해진 값이 바로 해밍 거리입니다.

(※3)에서는 모든 폴더를 찾습니다. 정규 표현식을 사용해 확장자가 JPEG, PNG인 파일을 찾고 리턴합니다. yield를 사용해 제너레이터 함수로 만들었습니다. 이처럼 제너레이터를 사용하면 for 반복문을 활용해 효율적으로 파일을 찾을 수 있습니다.

(※4)에서는 (※3)에서 정의한 enum_all_files() 함수를 사용해 이미지 목록을 구하고, 해밍 거리를 구합니다. 그리고 차이가 지정한 값보다 작다면 결과로 리턴합니다. 이때도 yield를 사용해 제너레이터 함수로 만들었습니다.

(※5)에서는 실제로 파일 경로를 지정해서 이미지를 검색합니다. 그리고 sorted() 함수를 적용해 유사한 파일 순서로 정렬하고 결과를 콘솔에 출력합니다. 그리고 HTML로도 출력합니다.

정리

이번 절에서는 Average Hash에 대해 살펴봤습니다. Average Hash는 리사이즈하고 이진화하기만 하면 되는 간단한 처리지만 유사한 이미지를 찾을 때 충분히 활용할 수 있는 방법입니다. 머신러닝에서도 활용할 수 있는 내용이므로 기억해두기 바랍니다.

- Average Hash를 사용하면 이미지 형태의 유사도를 확인할 수 있습니다.
- Average Hash는 이미지를 리사이즈하고 명암에 따라 이진화하기만 하면 구할 수 있습니다.

7-2

CNN으로 이미지 분류하기

딥러닝의 합성곱 신경망(CNN)을 사용해 물체를 찍은 사진을 분류해봅시다. 이번 절에서는 Keras를 사용합니다. 이전 절에서도 이미지를 다루기는 했는데, 이번 절에서는 이미지에 무엇이 있는지를 판정해보겠습니다.

이번 절에서 배울 내용

- 합성곱 신경망 사용해보기
- 색상이 있는 이미지 분류해보기

알고리즘과 툴

- CNN
- TensorFlow + Keras

CNN으로 색상 있는 이미지 분류해보기

합성곱 신경망(CNN; Convolution Neural Network)은 효율적인 딥러닝 방법 중 하나입니다. 5장에서 CNN에 대해 살펴봤는데, 신경망의 단점이라고 할 수 있는 "층이 늘어나면 제대로 학습하지 못한다"라는 문제를 입력층과 출력층 사이에 합성곱층과 풀링층을 넣어 보완한 것입니다.

이전 절에서 "Caltech 101" 데이터 세트를 내려받았습니다. 이번 절에서는 Caltech 101 데이터 세트를 사용해 색상 있는 이미지를 분류해보겠습니다.

Caltech 101에는 101가지 종류의 카테고리로 분류된 이미지가 들어 있습니다. 전부 분류하고 학습하는데는 시간이 오래 걸리므로 5가지 종류의 카테고리를 학습시키고 정확하게 분류할 수 있는지 테스트해봅시다.

아무 이유 없이 선택한 "chair(의자)", "camera(카메라)", "butterfly(나비)", "elephant(코끼리)", "flamingo(플라밍고)" 카테고리의 이미지를 사용하겠습니다. 각 카테고리에는 이미지가 60장 정도 있으며, 전체 337장의 사진으로 대상을 분류해보겠습니다.

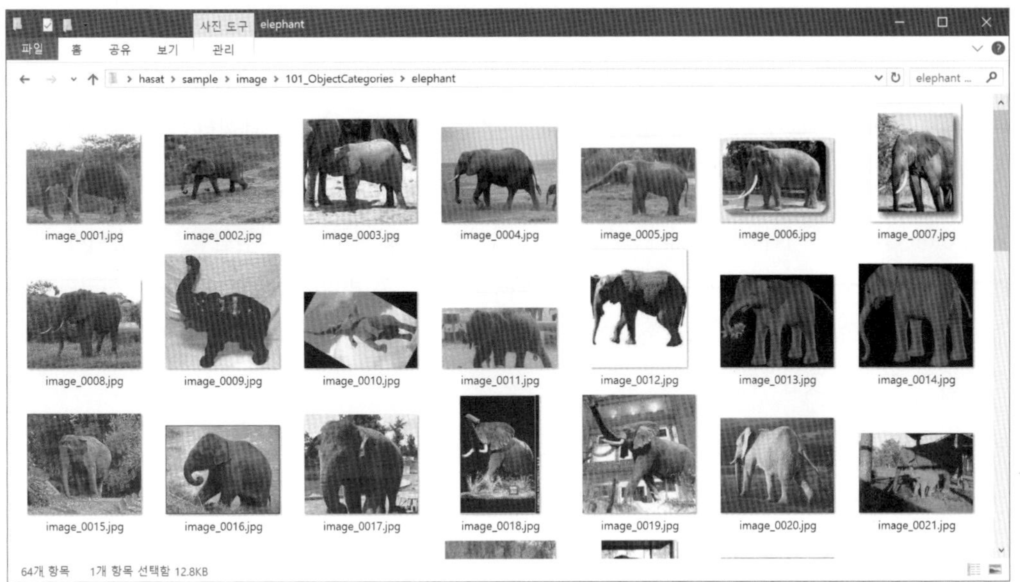

elephant 카테고리의 이미지

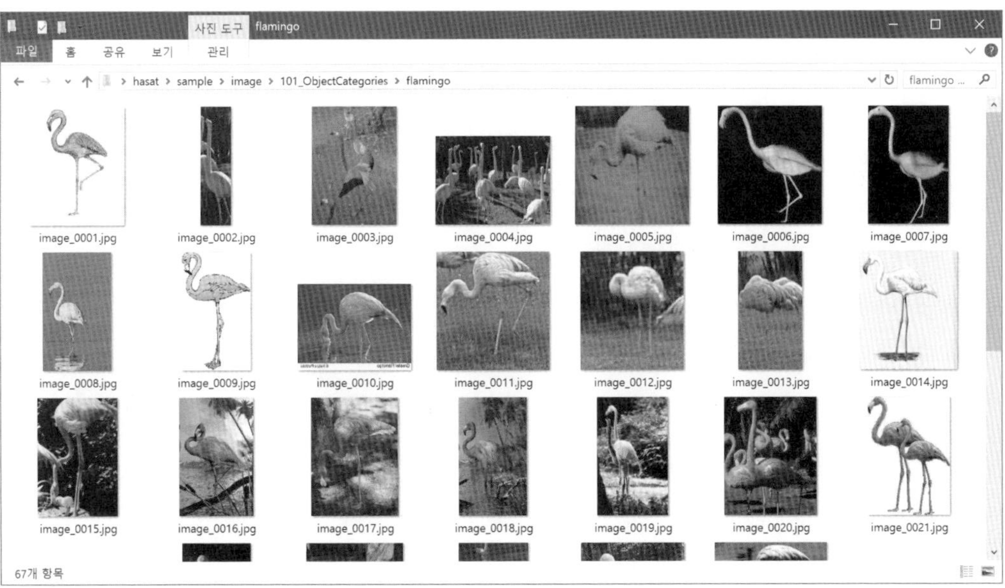

flamingo 카테고리의 이미지

이러한 카테고리를 어떻게 해야 올바르게 구분할 수 있을까요?

이미지 데이터를 파이썬 데이터로 변환하기

이미지를 학습할 때마다 원본 크기의 이미지를 읽어 처리하는 것은 효율적이지 않습니다. MNIST의 이미지 데이터도 같은 크기로 조정돼 있으며, 이미지 파일이 아닌 다루기 쉬운 데이터 형식으로 배포되고 있습니다.

반면 Caltech101의 이미지는 크기가 모두 달라서 머신러닝으로 다루기에 불편한 면이 있습니다. 따라서 이미지를 일정한 크기로 리사이즈하고, 24비트 RGB 형식으로 변환해둡시다. 그리고 머신러닝할 때 쉽게 사용할 수 있게 Numpy 배열 형식으로 저장해봅시다. 이렇게 해두면 이후에 곧바로 학습기에 넣고 활용할 수 있을 것입니다.

이전 절처럼 Caltech101 이미지 세트는 "./image/101_ObjectCategories"에 배치해주세요.

```
- caltech101_makedata.py
- caltech101_keras.py
+ <image>
¦   ¦- <101_ObjectCategories>
¦   ¦   ¦ - <butterfly>
¦   ¦   ¦ - <chair>
¦   ¦   ¦ - <camera>
¦   ¦   ¦ - <elephant>
¦   ¦   ¦ - <flamingo>
```

그럼 Caltech 101 이미지 데이터 세트를 처리해서 "image/5obj.npy"라는 파일로 저장해봅시다. 이러한 처리를 하는 프로그램은 다음과 같습니다.

file: ch7/caltech101_makedata.py

```
from PIL import Image
import os, glob
import numpy as np
from sklearn.model_selection import train_test_split

# 분류 대상 카테고리 선택하기 --- (※1)
caltech_dir = "./image/101_ObjectCategories"
categories = ["chair","camera","butterfly","elephant","flamingo"]
nb_classes = len(categories)

# 이미지 크기 지정 --- (※2)
image_w = 64
image_h = 64
pixels = image_w * image_h * 3
```

```
# 이미지 데이터 읽어 들이기 --- (※3)
X = []
Y = []
for idx, cat in enumerate(categories):
    # 레이블 지정 --- (※4)
    label = [0 for i in range(nb_classes)]
    label[idx] = 1
    # 이미지 --- (※5)
    image_dir = caltech_dir + "/" + cat
    files = glob.glob(image_dir+"/*.jpg")
    for i, f in enumerate(files):
        img = Image.open(f) # --- (※6)
        img = img.convert("RGB")
        img = img.resize((image_w, image_h))
        data = np.asarray(img)
        X.append(data)
        Y.append(label)
        if i % 10 == 0:
            print(i, "\n", data)
X = np.array(X)
Y = np.array(Y)

# 학습 전용 데이터와 테스트 전용 데이터 구분 --- (※7)
X_train, X_test, y_train, y_test = \
    train_test_split(X, Y)
xy = (X_train, X_test, y_train, y_test)
np.save("./image/5obj.npy", xy)

print("ok,", len(Y))
```

명령줄에서 실행해봅시다. 정상적으로 실행되면 "image/5obj.npy"라는 파일이 생성될 것입니다.

```
$ python3 caltech101_makedata.py
...
ok, 334
```

그럼 프로그램을 확인해봅시다. 프로그램의 (※1)에서는 이미지 세트가 들어있는 폴더 이름, 분류 대상 카테고리를 지정합니다. 만약 101개의 카테고리를 모두 처리해두고 싶다면 categories에 101_ObjectCategories 폴더를 지정합니다.

(※2)에서는 이미지 크기를 지정합니다. 현재 예제에서는 이미지를 RGB24비트, 64x64 픽셀로 리사이즈해서 사용합니다. 그리고 색상 데이터를 나타내기 위해 각 필셀마다 RGB 값을 나타내는 3개의 데이터가 필요합니다. 따라서 1개의 이미지는 3x64x64(모두 12,288 요소)로 나타냅니다.

(※3)에서는 이미지 데이터를 읽습니다. 변수 X에는 실제 이미지 데이터를, 변수 Y에는 이미지가 어떤 것을 나타내는지 설명하는 레이블 데이터가 들어갑니다. 또한 레이블을 생성하는 것은 (※4)입니다. 카테고리의 수만큼 요소를 갖게 했습니다.

카테고리 이름	레이블 데이터
chair(0)	[1,0,0,0,0]
camera(1)	[0,1,0,0,0]
butterfly(2)	[0,0,1,0,0]
elephant(3)	[0,0,0,1,0]
flamingo(4)	[0,0,0,0,1]

프로그램의 (※5)에서는 이미지 파일을 찾습니다. glob() 함수를 사용하면 확장자가 ".jpg"인 것만 찾을 수 있습니다. (※6)에서는 이미지 파일을 읽고 색상 모드를 RGB로 변환하고, 64x64 픽셀로 리사이즈합니다. 그리고 Numpy의 asarray() 메서드를 사용해 PIL의 Image 데이터를 Numpy 배열 데이터로 변환합니다.

프로그램의 (※7)에서는 무작위로 데이터를 학습 전용과 테스트 전용으로 구분합니다. 그리고 Numpy의 save() 메서드로 파일을 저장합니다.

CNN으로 분류해보기

그럼 방금 저장한 데이터를 읽고, CNN으로 분류해봅시다. 이때 Keras(백엔드에 TensorFlow)를 활용해보겠습니다. 프로그램은 다음과 같습니다.

file: ch7/caltech101_keras.py

```
from keras.models import Sequential
from keras.layers import Convolution2D, MaxPooling2D
from keras.layers import Activation, Dropout, Flatten, Dense
import numpy as np

# 카테고리 지정하기
categories = ["chair","camera","butterfly","elephant","flamingo"]
```

```
nb_classes = len(categories)
# 이미지 크기 지정하기
image_w = 64
image_h = 64

# 데이터 열기 --- (※1)
X_train, X_test, y_train, y_test = np.load("./image/5obj.npy")
# 데이터 정규화하기
X_train = X_train.astype("float") / 256
X_test  = X_test.astype("float")  / 256
print('X_train shape:', X_train.shape)

# 모델 구축하기 --- (※2)
model = Sequential()
model.add(Convolution2D(32, 3, 3,
    border_mode='same',
    input_shape=X_train.shape[1:]))
model.add(Activation('relu'))
model.add(MaxPooling2D(pool_size=(2, 2)))
model.add(Dropout(0.25))

model.add(Convolution2D(64, 3, 3, border_mode='same'))
model.add(Activation('relu'))
model.add(Convolution2D(64, 3, 3))
model.add(MaxPooling2D(pool_size=(2, 2)))
model.add(Dropout(0.25))

model.add(Flatten()) # --- (※3)
model.add(Dense(512))
model.add(Activation('relu'))
model.add(Dropout(0.5))
model.add(Dense(nb_classes))
model.add(Activation('softmax'))

model.compile(loss='binary_crossentropy',
    optimizer='rmsprop',
    metrics=['accuracy'])

# 모델 훈련하기 --- (※4)
model.fit(X_train, y_train, batch_size=32, epochs=50)

# 모델 평가하기 --- (※5)
```

```
score = model.evaluate(X_test, y_test)
print('loss=', score[0])
print('accuracy=', score[1])
```

명령줄에서 실행해봅시다.

```
$ python3 caltech101_keras.py
Using TensorFlow backend.
X_train shape: (252, 64, 64, 3)
Epoch 1/50
252/252 [==============================] - 7s - loss: 0.5871 - acc: 0.7722
Epoch 2/50
252/252 [==============================] - 7s - loss: 0.5001 - acc: 0.7952
...
Epoch 50/50
252/252 [==============================] - 8s - loss: 0.0015 - acc: 1.0000

85/85 [==============================] - 1s

loss= 0.615852470258
accuracy= 0.865882349716
```

따로 신경 쓴 것도 없는데 0.865(87%)의 정답률이 나왔습니다. 조금 아쉬운 비율이지만 대충 잘 나눈다라고 말할 수 있는 수준이기는 합니다.

그럼 프로그램을 확인해봅시다. 프로그램의 (※1)에서는 이미지 데이터를 읽습니다. 데이터를 읽은 뒤에는 데이터를 정규화합니다.

프로그램의 (※2)에서는 CNN 모델을 구축합니다. 이때 합성곱층, 활성화 함수(ReLU), 맥스 풀링층을 3개씩 쌓은 모델을 사용했습니다. (※3) 이후 부분에서는 2개의 전결합층을 배치해서 최종적으로 5 클래스가 되게 했습니다.

프로그램의 (※4)에서는 데이터를 넣어 모델을 학습하고, 최종적으로 (※5)에서 테스트 데이터로 모델을 평가합니다.

임의의 데이터를 넣어 테스트할 때 중요한 것은 입력 데이터 형식 지정(※2a)과 출력 데이터의 카테고리 수를 지정(※3a)하는 부분입니다. 입력과 출력 부분이 제대로 돼 있지 않으면 원하는 대로 동작하지 않습니다.

정밀도를 높이는 방법

CNN을 사용해 정답률 0.87을 얻었다는 건 사실 만족스러운 결과가 아닙니다. 왜 정밀도가 낮은 것일까요? 일단 샘플의 수가 너무 부족합니다. MNIST는 〈6만 개의 이미지〉÷〈10개의 카테고리〉이므로 1개의 카테고리에 6000개의 이미지가 있었지만 이번 Caltech101은 1개의 카테고리에 60개의 이미지밖에 없습니다. 따라서 샘플을 늘려야 합니다. 이미지의 각도를 약간 바꾸거나, 반전하거나, 확대 축소하거나, 평균화하거나, 노이즈를 넣거나, 명암 대비와 감마값을 바꾼 이미지를 만들어 사용하는 것입니다. 뭔가 의미 없을 것 같지만 정말 효과적인 방법입니다.

이미지의 수를 늘릴 때 활용할 수 있는 PIL(Image) 메서드는 다음과 같습니다.

메서드	설명
Image.transpose(v)	90도 단위로 이미지를 회전하거나 반전합니다.
Image.rotate(angle)	이미지를 angle도 만큼 회전합니다.

또한 어떤 이미지를 잘못 분류했는지 확인해보면 무엇을 수정해야 할지 알 수 있습니다. 다음 프로그램은 현재 모델의 `predict()` 메서드를 호출해서 예측에 실패한 이미지를 image/error 폴더에 저장하는 프로그램입니다.

file: ch7/caltech101_keras2.py에서 발췌

```
# 예측하기
pre = model.predict(X_test)
# 예측 결과 테스트하기
for i,v in enumerate(pre):
    pre_ans = v.argmax() # 예측한 레이블
    ans = y_test[i].argmax() # 정답 레이블
    dat = X_test[i] # 이미지 데이터
    if ans == pre_ans: continue
    # 예측이 틀리면 무엇이 틀렸는지 출력하기
    print("[NG]", categories[pre_ans], "!=", categories[ans])
    print(v)
    # 이미지 출력하기
    fname = "image/error/" + str(i) + "-" + categories[pre_ans] + \
        "-ne-" + categories[ans] + ".PNG"
    dat *= 256
    img = Image.fromarray(np.uint8(dat))
    img.save(fname)
```

위의 프로그램에서 주목했으면 하는 부분이 있다면, [0, 0, 1, 0, 0]과 같은 데이터를 카테고리 번호 2로 변환하는 argmax() 함수입니다. 실제로 예측한 데이터를 살펴보면 [0.22208455 0.17484865 0.23227191 0.18457697 0.18621778]과 같은 데이터가 들어있고, 이를 기반으로 카테고리를 구분하고 있습니다. 가장 큰 값이 들어있는 레이블로 답을 내는 것입니다.

또한 Numpy 데이터 이미지로 저장하려면 PIL 모듈의 Image.fromarray()를 사용합니다. Numpy.asarray()로 이미지 데이터를 만들면 Numpy와 PIL을 호환해서 사용할 수 있습니다.

"나비, 코끼리"로 분류해야 하는데 "카메라"로 잘못 분류해버려 실패한 이미지의 예

학습 완료한 모델 저장하기

그럼 Keras로 학습한 모델을 저장하는 방법도 살펴보겠습니다. Keras로 모델을 저장할 때는 HDF5 형식의 데이터를 다루는 h5py 모듈을 사용합니다(이전 장에서 TensorFlow와 Keras를 설치하면서 함께 설치했습니다).

학습한 데이터를 저장할 때는 다음과 같은 프로그램을 사용합니다.

file: ch7/caltech101_keras2.py에서 발췌

```
hdf5_file = "./image/5obj-model.hdf5"
if os.path.exists(hdf5_file):
    # 기존에 학습된 모델 읽어 들이기
    model.load_weights(hdf5_file)
else:
    # 학습한 모델을 파일로 저장하기
    model.fit(X_train, y_train, batch_size=32, epochs=50)
    model.save_weights(hdf5_file)
```

모델을 저장할 때는 model.save_weights(), 모델을 읽어 들일 때는 model.load_weights() 메서드를 사용합니다.

조작	메서드 이름
쓰기	`model.save_weights(〈파일 이름〉)`
읽기	`model.load_weights(〈파일 이름〉)`

그 밖에도 model을 JSON과 YAML 형식으로 출력하는 것도 가능합니다. 이러한 메서드는 문자열로 출력하므로 파일로 저장하는 경우 별도의 저장 처리를 해줘야 합니다.

형식	저장 메서드	읽기 메서드
JSON	`str = model.to_json()`	`model_from_json(str)`
YAML	`str = model.to_yaml()`	`model_from_yaml(str)`

정리

이번 절에서는 이미지 데이터를 사용해 머신러닝으로 분류해봤습니다. 어떻게 보면 딥러닝하는 부분보다 이미지 데이터를 읽고, 머신러닝할 수 있게 데이터를 가공하는 부분이 더 중요하다고 할 수 있습니다. 직접 데이터를 모아 사용할 때 이번 절의 프로그램을 참고하기 바랍니다.

- 학습기에 어떤 데이터를 전달하느냐가 중요합니다.
- 데이터를 미리 가공(전처리)해두는 것이 좋습니다.
- 입력할 이미지가 부족할 때는 이미지를 회전하거나 해서 수를 늘리면 됩니다.

7-3

규동 메뉴 이미지 판정하기

지금까지 배운 내용을 활용해 규동 이미지를 판정해보겠습니다. 갑자기 규동이라는 말이 나와서 이상할 수 있지만 스크레이핑으로 이미지를 수집하고, 데이터를 전처리/가공하고, 머신러닝으로 분석하는 방법까지 모두 살펴볼 수 있는 좋은 기회가 될 것입니다. 그럼 곧바로 시작해봅시다.

이번 절에서 배울 내용

- 머신러닝으로 규동 메뉴 판정하기
- 스크레이핑부터 머신러닝까지의 전반적인 과정

알고리즘과 툴

- CNN

규동을 판정할 수 있는 PC가 좋은 PC

일본에서 IT와 관련된 일을 하고 있는 프로그래머는 대부분 규동을 자주 먹고 있을 것입니다. 필자도 1주일에 1회 이상, 많으면 여러 번 규동을 먹습니다. 따라서 프로그래머의 가장 중요한 도구라고 할 수 있는 PC는 규동 메뉴를 판정할 수 있어야 합니다[1]. 따라서 이번 절에서는 규동 메뉴를 판정하는 프로그램을 만들어보겠습니다.

최근에는 건강 관리를 목적으로 음식 사진을 촬영하는 경우가 많습니다. 이와 비슷하게 규동 사진을 전달하면 규동 메뉴를 판정하고 칼로리가 얼마나 되는지 알려주게 해보겠습니다.

스크레이핑부터 시작하기[2]

일단 이미지를 스크레이핑해야 합니다. 어디서 이미지를 얻어야 할까요? 다양한 검색 엔진이 이미지 검색 서비스를 제공하고 있습니다. 따라서 이미지를 검색하면 원하는 이미지를 찾을 수 있습니다. 검색 엔진이 제공하는 이미지는 정확도가 꽤 높으므로 원하는 이미지를 확실하게 얻을 수 있습니다.

1 (옮긴이) 책이 일본 번역서이다 보니 일본 상황과 관련된 것이 나와 추가적으로 설명하겠습니다. 규동(牛丼)이란 일본식 소고기 덮밥을 의미합니다. 규동은 250~400엔(2500~4000원) 정도로 가격이 굉장히 저렴하며, 5분~10분 정도면 먹을 수 있는 음식이라 일본에서 야근이 잦은 직업에 종사한다면 어쩔 수 없이 자주 먹게 되는 음식입니다. 따라서 일종의 자학 개그입니다. 한국은 야근하면서 먹는 치킨 정도로 생각하면 되겠군요.

2 (옮긴이) 이전에 언급했던 것처럼 이 책의 대부분의 예제는 한국에 맞게 수정했습니다. 이번 예제는 수정이 불가능해서 일본어가 들어가버렸습니다. 음식 이미지를 별도의 가입 없이 받을 수 있는 사이트가 한국에 없기 때문입니다. 규동이라는 단어를 인터넷에서 검색해서 한자를 복사해서 사용하거나, 책의 예제 파일을 사용해주세요. 딱 한 단어이므로 양해 부탁드립니다.

또한 플리커, 인스타그램과 같은 이미지 공유 사이트에서 수집하는 것도 좋습니다. 이미지 공유 사이트라는 이름 그대로 이미지를 쉽게 찾을 수 있기 때문입니다. 또한 이미지 공유 서비스들은 사진 검색에 특화된 API를 제공합니다. 그러한 API를 활용하면 라이선스를 지정해서 검색할 수도 있습니다.

이번 예제를 만들면서 규동 이미지를 찾아보니 플리커에 6,060개, 포토주에 20,000개, 인스타그램에 61,722개가 있었습니다.

그럼 가입 없이 쉽게 사용할 수 있는 포토주(Photozou)를 사용해보겠습니다.

キーワード：牛丼

일본의 사진 공유 사이트 "포토주"에서 규동을 검색한 결과

포토주의 검색 API는 다음과 같은 형식입니다.

```
[API의 URL]
JSON 형식: https://api.photozou.jp/rest/search_public.json
 XML 형식: https://api.photozou.jp/rest/search_public.xml
```

다음과 같은 매개변수를 지정해서 다양한 검색을 할 수 있습니다.

매개변수	설명
keyword	타이틀, 태그, 설명을 포함한 키워드를 지정합니다.
copyright	저작권 정보 지정(normal / creativecommons / all)
offset	검색 오프셋 지정(생략하면 0)
limit	검색 수 지정

이를 활용하면 다양한 키워드의 이미지를 받을 수 있습니다. 테스트로 규동 정보를 XML로 가져와보겠습니다. 포토주의 검색 API는 인증 등이 따로 필요하지 않으므로 웹 브라우저에 입력하면 곧바로 XML을 확인할 수 있습니다.

```
https://api.photozou.jp/rest/search_public.xml?keyword=牛丼
```

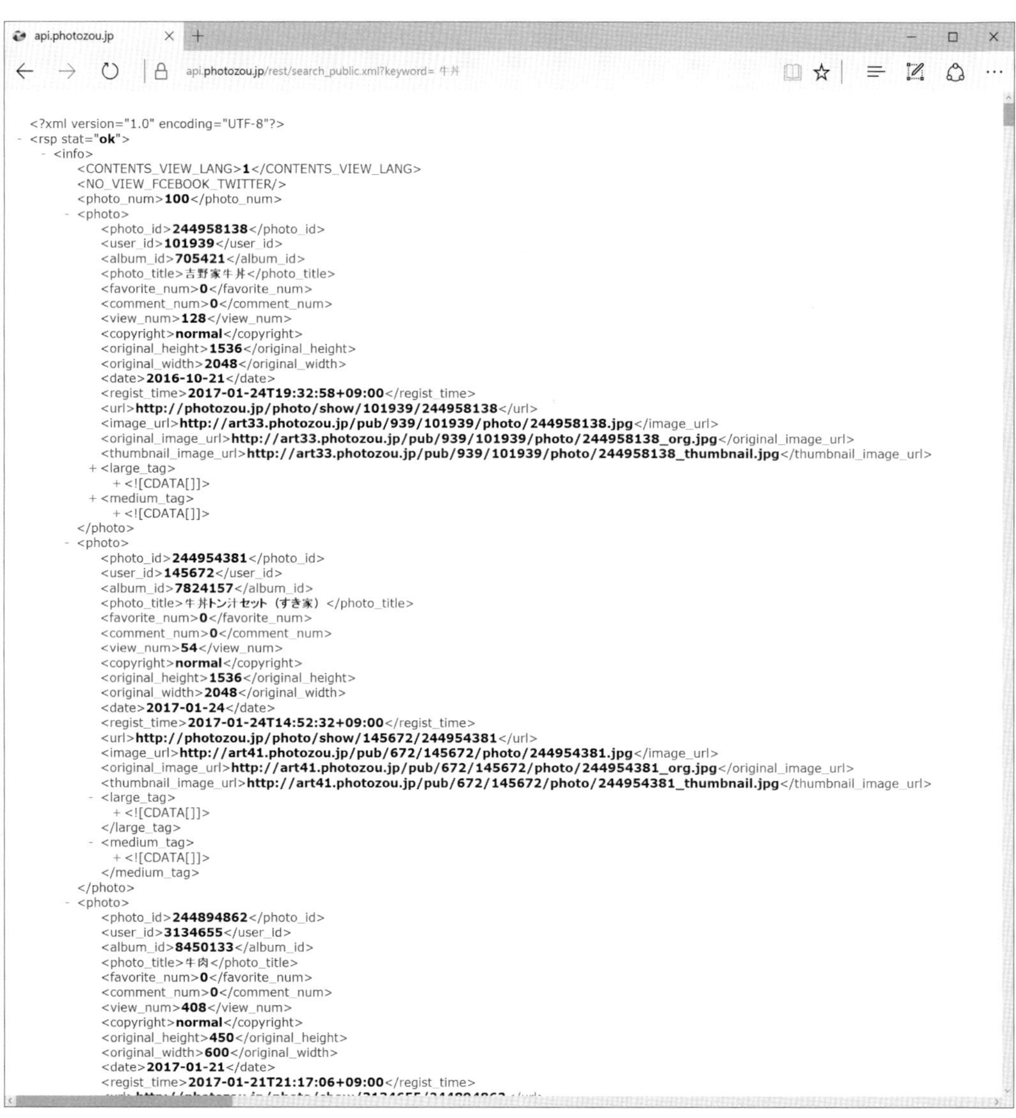

포토주의 검색 API 결과

포토주의 API 결과를 보면 원본 이미지 URL(original_image_url)과 썸네일 이미지 URL(thumbnail_image_url)이 있습니다. 이미지 자체를 감상하고 싶다면 원본 이미지가 필요하겠지만 머신러닝 용도라면 썸네일 이미지(120x120픽셀)로 충분합니다. 또한 포토주에 이미지가 얼마나 있는지 알 수 없으므로 반복 횟수를 지정해서 반복문을 돌릴 수 없습니다. 따라서 무한 반복으로 API를 계속 실행해 결과가 0이 나올 때까지 돌리겠습니다.

그럼 포토주의 검색 API를 활용해 이미지를 받는 프로그램을 만들어보겠습니다. 이 프로그램은 이후에 모듈로 사용할 수 있게 구성하겠습니다.

file: ch7/gyudon_downloader.py

```
import sys, os, re, time
import urllib.request as req
import urllib.parse as parse
import json

# API의 URL 지정하기
PHOTOZOU_API = "https://api.photozou.jp/rest/search_public.json"
CACHE_DIR = "./image/cache"

# 포토주 API로 이미지 검색하기 --- (※1)
def search_photo(keyword, offset=0, limit=100):
    # API 쿼리 조합하기
    keyword_enc = parse.quote_plus(keyword)
    q = "keyword={0}&offset={1}&limit={2}".format(keyword_enc, offset, limit)
    url = PHOTOZOU_API + "?" + q
    # 캐시 전용 폴더 만들기
    if not os.path.exists(CACHE_DIR):
        os.makedirs(CACHE_DIR)
    cache = CACHE_DIR + "/" + re.sub(r'[^a-zA-Z0-9\%\#]+', '_', url)
    if os.path.exists(cache):
        return json.load(open(cache, "r", encoding="utf-8"))
    print("[API] " + url)
    req.urlretrieve(url, cache)
    time.sleep(1) # --- 1초 쉬기
    return json.load(open(cache, "r", encoding="utf-8"))

# 이미지 다운로드하기 --- (※2)
def download_thumb(info, save_dir):
    if not os.path.exists(save_dir): os.makedirs(save_dir)
    if info is None: return
```

```
    if not "photo" in info["info"]:
        print("[ERROR] broken info")
        return
    photolist = info["info"]["photo"]
    for photo in photolist:
        title = photo["photo_title"]
        photo_id = photo["photo_id"]
        url = photo["thumbnail_image_url"]
        path = save_dir + "/" + str(photo_id) + "_thumb.jpg"
        if os.path.exists(path): continue
        try:
            print("[download]", title, photo_id)
            req.urlretrieve(url, path)
            time.sleep(1) # --- 1초 쉬기
        except Exception as e:
            print("[ERROR] failed to downlaod url=", url)

# 모두 검색하고 다운로드하기 --- (※3)
def download_all(keyword, save_dir, maxphoto = 1000):
    offset = 0
    limit = 100
    while True:
        # API 호출
        info = search_photo(keyword, offset=offset, limit=limit)
        if info is None:
            print("[ERROR] no result"); return
        if (not "info" in info) or (not "photo_num" in info["info"]):
            print("[ERROR] broken data"); return
        photo_num = info["info"]["photo_num"]
        if photo_num == 0:
            print("photo_num = 0, offset=", offset)
            return
        # 사진 정보가 포함돼 있으면 다운받기
        print("*** download offset=", offset)
        download_thumb(info, save_dir)
        offset += limit
        if offset >= maxphoto: break

if __name__ == '__main__':
    # 모듈로 사용할 수 있게 설정
    download_all("牛丼", "./image/gyudon") # --- (※4)
```

그럼 프로그램을 실행해봅시다.

```
$ python3 gyudon_downloader.py
...
```

프로그램을 실행하면 포토주에 있는 규동 이미지(1,000개)를 내려받습니다.

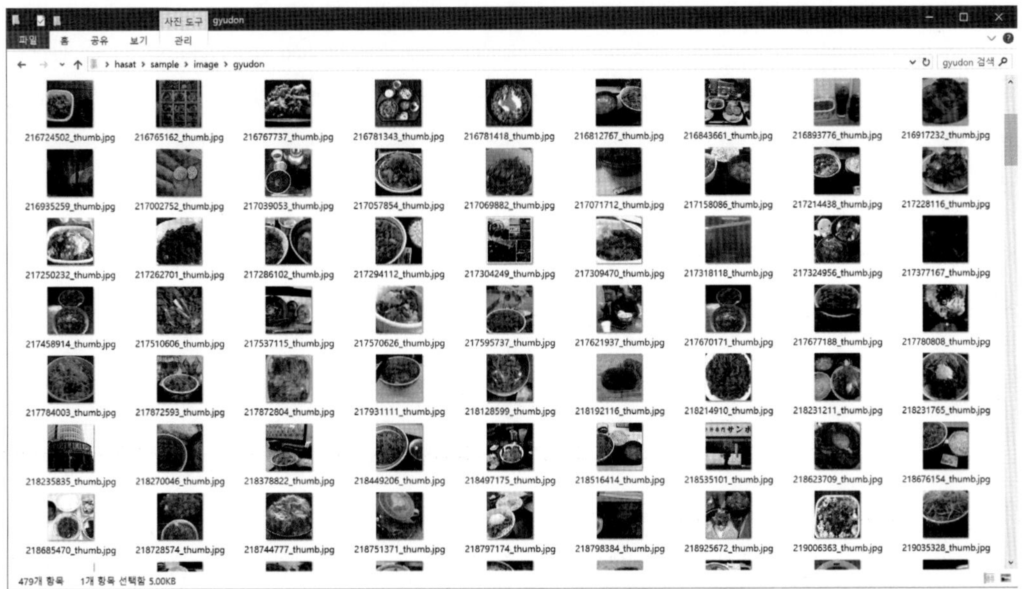

규동 이미지를 내려받은 상태

그럼 프로그램을 살펴봅시다. (※1)에서는 포토주의 검색 API를 호출하는 함수 search_photo()를 정의했습니다. 서비스를 제공하는 사이트에 피해를 주지 않게 최대한 배려해서 만들었습니다. 일단 쿼리 결과를 캐시했습니다. 그리고 서버에 접근할 때마다 1초의 간격을 뒀습니다. API가 무료로 공개돼 있다고 해도 계속해서 서비스에 과부하가 걸리면 API가 유료화되거나 정지될 수 있습니다. 따라서 최대한 배려해서 스크레이핑하기 바랍니다.

프로그램의 (※2)에서는 이미지를 내려받습니다. API의 리턴값에서 썸네일 이미지를 확인하고 내려받습니다.

그리고 프로그램의 (※3)은 (※1)과 (※2)를 연결하는 역할입니다. 일단 API를 호출하고, 이미지 목록 데이터를 얻습니다. 그리고 (※2)의 download_thumb()를 사용해 이미지를 내려받습니다. 또한 포토주의 검색 API에는 전체 이미지 수를 구하는 속성이 없습니다. 따라서 무한 반복을 적용하고 결과가 0이 될 때까지 계속 검색하게 했습니다.

만약 필자처럼 모든 규동 이미지를 내려받고 싶을 때는 (※4)의 세 번째 매개변수에 25000과 같은 큰 수를 전달하기 바랍니다. 또한 첫 번째 매개변수에 다른 키워드를 입력하면 다른 이미지를 내려받을 수 있습니다.

교사 데이터 만들기 – 수작업으로 규동 분류하기

그럼 이제 수집한 규동 이미지를 하나하나 분류해봅시다. 사실 규동의 종류로 검색하고 그것으로 분류하면 괜찮겠다는 생각도 해봤지만 사람들이 실수로 입력하는 경우가 많아 신뢰성이 떨어지는 관계로 하나하나 수작업으로 나눠봤습니다. 어쨌거나 일반적인 머신러닝을 수행할 때도 사람이 하나하나 확인하며 분류해야 신뢰성이 높습니다. 하나하나 분류하는 것이 머신러닝에서 가장 귀찮고 힘든 부분이기는 합니다.

Perl을 만든 래리 월은 프로그램의 3대 미덕으로 게으름(Laziness), 조급함(Impatience), 오만(Hubris)을 뽑았습니다. macOS의 Finder나 윈도우의 탐색기로 이미지를 하나하나 드래그 앤드 드롭해서 분류하는 것은 이러한 미덕에 반하는 행동입니다.

따라서 이미지 분류를 위한 웹 애플리케이션을 만들겠습니다. 웹 애플리케이션을 만들면 원격으로 가족, 친구, 아르바이트로 고용한 사람 등을 활용해 이미지를 분류할 수 있습니다. 클라우드 소싱 등을 활용할 수도 있습니다.

저렴한 렌탈 서버에서 애플리케이션을 돌릴 수 있게 파이썬이 아니라 PHP로 웹 애플리케이션을 만들었습니다. 프로그램의 폴더 구조는 다음과 같습니다.

```
- gyudon-hand.php
+ <image>
¦   ¦ - <gyudon> --- 미분류 규동 이미지
¦   ¦ - <normal> --- 일반 규동
¦   ¦ - <beni> --- 생강 규동
¦   ¦ - <negi> --- 양파 규동
¦   ¦ - <cheese> --- 치즈 규동
¦   ¦ - <kimuti> --- 김치 규동
¦   ¦ - <other> --- 기타(사용하지 않을 이미지)
```

규동 이미지를 확인하니 일반 규동, 생강 규동, 양파 규동, 치즈 규동, 김치 규동 등이 많아 보여서 이렇게 구분하기로 했습니다. 이를 구분하는 PHP 프로그램은 다음과 같습니다. Apache 등의 웹 서버를 사용해 웹 애플리케이션을 돌릴 수 있습니다.

file: ch7/gyudon-hand.php

```
<?php
$self = "gyudon-hand.php";
$base_dir = dirname(__FILE__). "/image";
$unknown_dir = "gyudon";
$dirs = array(
  "일반 규동" => "normal",
  "생강 규동" => "beni",
  "양파 규동" => "negi",
  "치즈 규동" => "cheese",
  "김치 규동" => "kimuti",
  "기타" => "other",
);
// 필요한 폴더 생성하기
foreach ($dirs as $key => $dir) {
  $path = $base_dir."/$dir";
  if (!file_exists($path)) {
    mkdir($path); chmod($path, 0777);
  }
}
// 분류하거나 입력 양식 제공하기
$m = isset($_GET["m"]) ? $_GET["m"] : "";
if ($m == "mv") { // 분류하기
  $target = $_GET["target"]; // 요청 매개변수 추출하기
  $to = $_GET["to"];
  $path = $base_dir."/$unknown_dir/$target";
  // 요청 매개변수 확인하기
  if ($target == "") { echo "error..."; exit; }
  if (!file_exists($path)) {
    echo "<a href='$self'>already ...</a>"; exit;
  }
  if (!file_exists("$base_dir/$to")) {
    echo "system error : no dir $to"; exit;
  }
  // 파일 이동(복사한 뒤에 제거하기)
  $path_to = "$base_dir/$to/$target";
  copy($path, $path_to);
  if (file_exists($path_to)) {
    unlink($path);
  } else {
    echo "Sorry, could not move."; exit;
  }
```

```
  // 선택 화면으로 리다이렉트
  header("location: $self");
  echo "<a href='$self'>Thank you, moved.</a>";
} else {
  // 규동 선택 입력 양식 만들기
  $files = glob("$base_dir/$unknown_dir/*.jpg"); // 이미지 가져오기
  if (count($files) == 0) {
    echo "<h1>완료</h1>"; exit;
  }
  shuffle($files); // 적당한 파일을 선택합니다.
  $target = basename($files[0]);
  $remain = count($files); // 남은 파일 수
  $buttons = ""; // 선택지 생성하기
  foreach ($dirs as $key => $dir) {
    $fs = glob("$base_dir/$dir/*.jpg"); // 분류한 파일 수
    $cnt = count($fs);
    $api = "$self?m=mv&target=$target&to=$dir";
    $buttons .= "[<a href='$api'>$key($cnt)</a>] ";
  }
  echo <<< EOS
    <html><head><meta charset="utf-8">
      <meta name="viewport" content="width=320px">
      <style> body { text-align:center;
                font-size: 24px; }
      </style></head><body>
      <h3 style="font-size:12px">선택해주세요(남은 파일 수: $remain)</h3>
      <img src="./image/$unknown_dir/$target" width=300><br>
      $buttons
    </body></html>
EOS;
}
```

이러한 PHP 프로그램과 규동 이미지 데이터를 웹 서버에 배치하고, "http://<서버 주소>/gyudon-hand.php"에 접속하면 웹 페이지가 나옵니다. 스마트폰도 대응하고 있는데요. 이미지를 120x120으로 늘려 잘 안 보일 수는 있지만 대충 어떤 이미지라는 것은 알 수 있습니다.

스마트폰에서 규동을 분류하는 중

다른 물체와 함께 나오는 사진이 많아 이러한 사진은 제외했습니다. 참고로 색상이 잘 어울려서인지, 인기가 좋아서 그런지는 몰라도 달걀과 양파가 같이 들어있는 규동 사진이 가장 많았습니다.

6,000장 정도의 사진을 분류하고, 각 카테고리에서 이미지를 100개씩 선택했습니다. 여력이 있다면 더 분류하고 싶었지만 여력이 되지 않아서 이 정도만 가지고 활용해보겠습니다.

안타깝게도 필자가 좋아하는 김치 규동의 사진을 많이 구할 수가 없어서 머신러닝 후보에서 제외했습니다. 기회가 있다면 플리커 또는 다른 사이트에서 내려받아 활용하고 싶네요.

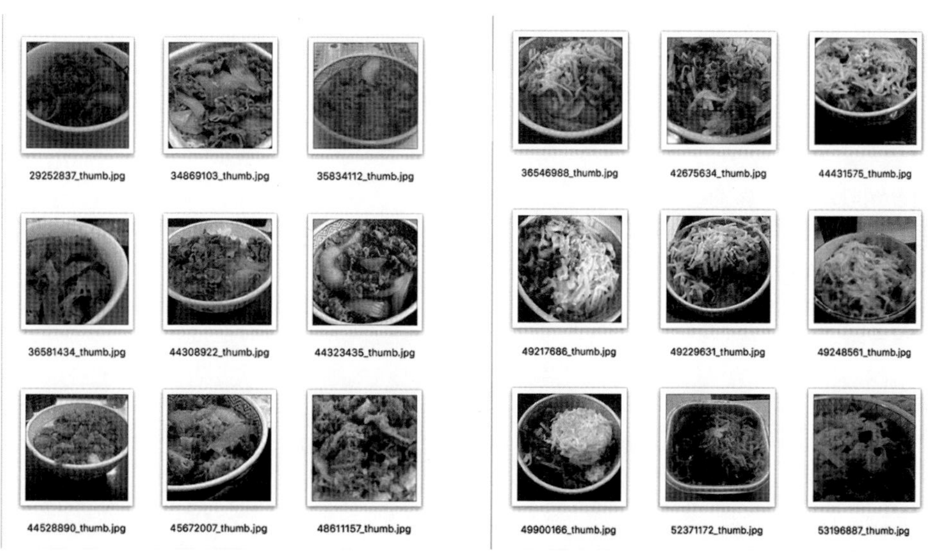

일반적인 규동을 분류한 상태

치즈 규동을 분류한 상태

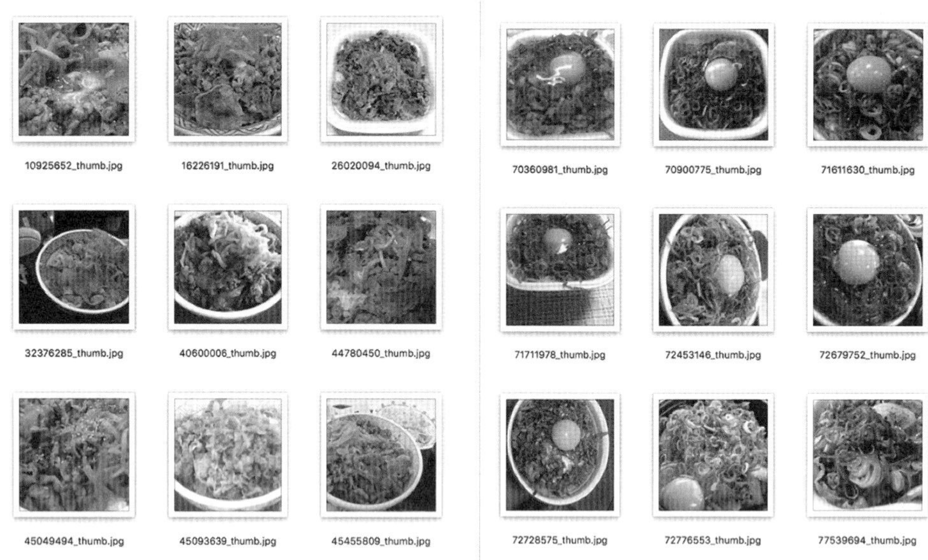

생강 규동을 분류한 상태

양파 규동을 분류한 상태

이미지 데이터를 숫자 데이터로 변환하기

그럼 수작업으로 하나하나 분류한 이미지를 학습 데이터로 읽어 들일 수 있게 Numpy로 변환하겠습니다. 다음은 이미지 데이터를 Numpy 형식으로 변환하는 프로그램입니다.

file: ch7/gyudon-makedata.py

```
from sklearn import model_selection
from sklearn.model_selection import train_test_split
from PIL import Image
import os, glob
import numpy as np

# 분류 대상 카테고리 --- (※1)
root_dir = "./image/"
categories = ["normal", "beni", "negi", "cheese"]
nb_classes = len(categories)
image_size = 50

# 폴더마다의 이미지 데이터 읽어 들이기 --- (※2)
X = [] # 이미지 데이터
Y = [] # 레이블 데이터
```

```
for idx, cat in enumerate(categories):
    image_dir = root_dir + "/" + cat
    files = glob.glob(image_dir + "/*.jpg")
    print("---", cat, "처리 중")
    for i, f in enumerate(files):
        img = Image.open(f)
        img = img.convert("RGB") # 색상 모드 변경
        img = img.resize((image_size, image_size)) # 이미지 크기 변경
        data = np.asarray(img)
        X.append(data)
        Y.append(idx)
X = np.array(X)
Y = np.array(Y)

# 학습 전용 데이터와 테스트 전용 데이터 분류하기 --- (※3)
X_train, X_test, y_train, y_test = \
    train_test_split(X, Y)
xy = (X_train, X_test, y_train, y_test)
np.save("./image/gyudon.npy", xy)
print("ok,", len(Y))
```

명령줄에서 실행해봅시다. 실행하면 "image/gyudon.npy"라는 Numpy 데이터가 생성됩니다.

```
$ python3 gyudon-makedata.py
--- normal 처리 중
--- beni 처리 중
--- negi 처리 중
--- cheese 처리 중
ok, 565
```

프로그램의 (※1)에서는 분류 대상 카테고리를 지정했습니다. 현재 예제에서는 카테고리의 이름을 가진 폴더에 이미지가 저장돼 있으므로 카테고리 이름을 확실하게 지정해야 합니다. 프로그램의 (※2)에서는 각 폴더에 들어있는 이미지 데이터를 읽어 들입니다. 이미지 데이터를 읽으면 색상 모드를 RGB로 변경하고, 이미지 크기를 50x50으로 변경합니다. 그리고 프로그램의 (※3)에서는 이미지 데이터를 학습 데이터와 테스트 데이터로 나눴습니다.

일단 CNN으로 학습해보기

그럼 일반적인 합성곱 신경망(CNN)으로 학습시켜봅시다. 어느 정도의 정확도가 나올까요? TensorFlow + Keras 조합으로 CNN을 테스트해봅시다.

file: ch7/gyudon_keras.py

```
from keras.models import Sequential
from keras.layers import Convolution2D, MaxPooling2D
from keras.layers import Activation, Dropout, Flatten, Dense
from keras.utils import np_utils
import numpy as np

# 분류 대상 카테고리
root_dir = "./image/"
categories = ["normal", "beni", "negi", "cheese"]
nb_classes = len(categories)
image_size = 50

# 데이터 다운로드하기 --- (※1)
def main():
    X_train, X_test, y_train, y_test = np.load("./image/gyudon.npy")
    # 데이터 정규화하기
    X_train = X_train.astype("float") / 256
    X_test  = X_test.astype("float")  / 256
    y_train = np_utils.to_categorical(y_train, nb_classes)
    y_test  = np_utils.to_categorical(y_test, nb_classes)
    # 모델을 훈련하고 평가하기
    model = model_train(X_train, y_train)
    model_eval(model, X_test, y_test)

# 모델 구축하기 --- (※2)
def build_model(in_shape):
    model = Sequential()
    model.add(Convolution2D(32, 3, 3,
        border_mode='same',
        input_shape=in_shape))
    model.add(Activation('relu'))
    model.add(MaxPooling2D(pool_size=(2, 2)))
    model.add(Dropout(0.25))
    model.add(Convolution2D(64, 3, 3, border_mode='same'))
    model.add(Activation('relu'))
    model.add(Convolution2D(64, 3, 3))
    model.add(MaxPooling2D(pool_size=(2, 2)))
    model.add(Dropout(0.25))
    model.add(Flatten())
    model.add(Dense(512))
    model.add(Activation('relu'))
```

```
    model.add(Dropout(0.5))
    model.add(Dense(nb_classes))
    model.add(Activation('softmax'))
    model.compile(loss='binary_crossentropy',
        optimizer='rmsprop',
        metrics=['accuracy'])
    return model

# 모델 훈련하기 --- (※3)
def model_train(X, y):
    model = build_model(X.shape[1:])
    model.fit(X, y, batch_size=32, epochs=30)
    # 모델 저장하기 --- (※4)
    hdf5_file = "./image/gyudon-model.hdf5"
    model.save_weights(hdf5_file)
    return model

# 모델 평가하기 --- (※5)
def model_eval(model, X, y):
    score = model.evaluate(X, y)
    print('loss=', score[0])
    print('accuracy=', score[1])

if __name__ == "__main__":
    main()
```

명령줄에서 실행해봅시다.

```
$ python3 gyudon_keras.py
Using TensorFlow backend.
...
loss= 0.828013382327
accuracy= 0.853873241116
```

정답률이 0.853(85%)이네요.

나름 괜찮은 정밀도가 나왔습니다. 물론 조금 부족한데요. 아무것도 수정하지 않은 상태로 이 정도 나온다면 나름 희망적인 정밀도라고 할 수 있습니다.

어쨌거나 프로그램을 확인해봅시다. Caltech 101 이미지 분류로 만든 프로그램과 거의 같습니다. 기본적인 구성은 CNN을 구축한 것입니다.

프로그램의 (※1)에서는 이전에 만든 Numpy 형식의 데이터 "gyudon.npy"를 읽어 들입니다. 훈련 전용 데이터, 훈련 전용 레이블, 테스트 전용 데이터, 테스트 전용 레이블이라는 4개의 데이터가 모두 들어있습니다. 따라서 데이터를 읽어 들이고 정규화해야 합니다. RGB를 나타내는 각 픽셀 데이터를 256으로 나눠서 데이터를 0에서 1의 범위로 정규화합니다. 그리고 카테고리를 나타내는 레이블은 0에서 3 사이의 숫자이므로 각각을 [1,0,0,0], [0,1,0,0], [0,0,1,0], [0,0,0,1]처럼 벡터로 변환합니다.

프로그램의 (※2)에서는 CNN 모델을 구축했습니다. 입력은 50x50 픽셀의 RGB 24비트 컬러(50, 50, 3)이고, 출력은 카테고리를 나타내는 0에서 3 사이의 숫자입니다. 합성곱, 활성화 함수, 맥스 풀링 층을 3개씩 중첩한 기본 모델입니다.

프로그램의 (※3)에서는 모델을 훈련합니다. 프로그램의 (※4)에서는 훈련한 모델을 파일로 출력합니다. 이때 오류가 발생하면 이전 내용을 참고로 h5py 모듈을 설치하기 바랍니다.

그리고 프로그램의 (※5)에서는 최종적으로 테스트 데이터를 기반으로 모델을 평가합니다.

판정 정밀도 올리기

정밀도를 올릴 수 있게 조금 수정해봅시다.

일단 이미지의 각도를 변경하거나 반전해서 데이터의 수를 늘려봅시다. 이전의 "gyudon-makedata.py"를 다음과 같이 변경해봤습니다.

file: ch7/gyudon-makedata2.py

```
from PIL import Image
import os, glob
import numpy as np
import random, math

# 분류 대상 카테고리
root_dir = "./image/"
categories = ["normal", "beni", "negi", "cheese"]
nb_classes = len(categories)
image_size = 50

# 이미지 데이터 읽어 들이기 --- (※1)
X = [] # 이미지 데이터
Y = [] # 레이블 데이터
def add_sample(cat, fname, is_train):
    img = Image.open(fname)
```

```
    img = img.convert("RGB") # 색상 모드 변경하기
    img = img.resize((image_size, image_size)) # 이미지 크기 변경하기
    data = np.asarray(img)
    X.append(data)
    Y.append(cat)
    if not is_train: return
    # 각도를 조금 변경한 파일 추가하기
    # 회전하기
    for ang in range(-20, 20, 5):
        img2 = img.rotate(ang)
        data = np.asarray(img2)
        X.append(data)
        Y.append(cat)
        # img2.save("gyudon-"+str(ang)+".PNG")
        # 반전하기
        img2 = img2.transpose(Image.FLIP_LEFT_RIGHT)
        data = np.asarray(img2)
        X.append(data)
        Y.append(cat)

def make_sample(files, is_train):
    global X, Y
    X = []; Y = []
    for cat, fname in files:
        add_sample(cat, fname, is_train)
    return np.array(X), np.array(Y)

# 각 폴더에 들어있는 파일 수집하기 --- (※2)
allfiles = []
for idx, cat in enumerate(categories):
    image_dir = root_dir + "/" + cat
    files = glob.glob(image_dir + "/*.PG")
    for f in files:
        allfiles.append((idx, f))

# 섞은 뒤에 학습 전용 데이터와 테스트 전용 데이터 구분하기 --- (※3)
random.shuffle(allfiles)
th = math.floor(len(allfiles) * 0.6)
train = allfiles[0:th]
test  = allfiles[th:]
X_train, y_train = make_sample(train, True)
X_test, y_test = make_sample(test, False)
```

```
xy = (X_train, X_test, y_train, y_test)
np.save("./image/gyudon2.npy", xy)
print("ok,", len(y_train))
```

명령줄에서 실행해봅시다.

```
$ python3 gyudon-makedata2.py
ok, 5763
```

565개의 데이터를 5763개로 늘렸습니다. 각도를 바꾸거나 수평 반전한 이미지 몇 개를 살펴봅시다.

–10도 회전

–5도 회전하고 수평 반전

5도 회전하고 수평 반전

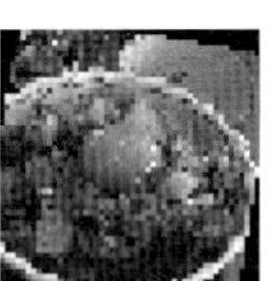
10도 회전하고 수평 반전

어떤 결과가 나올까요? 이전의 "gyudon_keras.py"에서 Numpy 형식의 데이터 파일을 읽어 들이는 부분에서 파일 이름을 변경해봅시다. 다음과 같이 "gyudon2.npy"로 변경하면 됩니다.

```
# 데이터 불러오기 --- (※1)
# X_train, X_test, y_train, y_test = np.load("./image/gyudon.npy")
X_train, X_test, y_train, y_test = np.load("./image/gyudon2.npy")
```

그 밖의 부분은 거의 같습니다. 명령줄로 실행해봅시다.

```
$ python3 gyudon_keras2.py
```

프로그램 실행에 시간이 꽤 걸립니다. 그럼 그동안 "gyudon-makedata2.py" 프로그램을 확인해봅시다.

프로그램의 (※1)은 이미지 데이터를 읽어 들이고, Numpy 형식으로 데이터를 변환하는 함수입니다. 훈련 전용 데이터를 조금 회전하거나 수평 반전한 뒤 이미지 데이터로 등록하는 것입니다. 이 부분이 바로 인식의 정밀도를 높이기 위한 데이터 가공 처리의 포인트라고 할 수 있겠습니다.

프로그램의 (※2)에서는 폴더마다 구분돼 있는 파일을 수집합니다. 그리고 (※3)에서 파일 목록을 섞고, 훈련 전용 데이터와 테스트 전용 데이터로 구분합니다. 그리고 훈련 데이터는 정밀도를 높일 수 있게 회전 처리 등으로 데이터 수를 늘려줍니다. 테스트 데이터는 회전시켜도 의미 없으므로 따로 회전하거나 수평 반전하는 처리를 하지 않았습니다.

여기서 주의를 기울였으면 하는 것이 있는데, 다음과 같이 훈련 데이터와 테스트 데이터를 함께 수평 정렬하고, 변환된 이미지를 기반으로 훈련 데이터와 테스트 데이터로 나누면 안 됩니다.

잘못된 처리의 예:

(1) 이미지 파일을 모두 읽습니다.

(2) 수평 반전 등을 해서 이미지 데이터의 수를 늘립니다.

(3) 섞은 뒤에 훈련 데이터와 테스트 데이터를 구분합니다.

위와 같이 해버리면 훈련 전용 데이터와 굉장히 비슷한 이미지가 테스트 데이터와 섞여 버립니다. 따라서 당연히 테스트할 때 정답률이 굉장히 높게 나와버립니다.

제대로 된 처리의 예:

(1) 이미지 파일을 모두 읽습니다.

(2) 섞은 뒤에 훈련 데이터와 테스트 데이터를 구분합니다.

(3) 훈련 데이터를 가지고 수평 반전 등을 해서 학습 정밀도를 높입니다.

데이터의 정밀도를 높이기 위해 이미지 데이터의 수를 늘렸는데, 최종적으로 다음과 같은 정답률이 나오는 것을 확인할 수 있습니다. 이전에 비해서 확실히 올랐죠?

```
loss= 1.10083998727
accuracy= 0.922566371681
```

명령줄로 이미지 판정할 수 있게 하기

그럼 훈련한 모델을 기반으로 명령줄에서 이미지 데이터를 전달하면 규동의 종류를 판별하고, 규동 메뉴 이름과 칼로리를 출력하는 프로그램을 만들어봅시다.

file: ch7/gyudon-checker.py

```
import gyudon_keras as gyudon
import sys, os
from PIL import Image
import numpy as np
```

```
# 명령줄에서 파일 이름 지정하기 --- (※1)
if len(sys.argv) <= 1:
    print("gyudon-checker.py (<파일 이름>)")
    quit()

image_size = 50
categories = [
    "일반 규동", "생강 규동",
    "양파 규동", "치즈 규동"]
calories = [656, 658, 768, 836]

# 입력 이미지를 Numpy로 변환하기 --- (※2)
X = []
files = []
for fname in sys.argv[1:]:
    img = Image.open(fname)
    img = img.convert("RGB")
    img = img.resize((image_size, image_size))
    in_data = np.asarray(img)
    X.append(in_data)
    files.append(fname)
X = np.array(X)

# CNN 모델 구축하기 --- (※3)
model = gyudon.build_model(X.shape[1:])
model.load_weights("./image/gyudon-model.hdf5")

# 데이터 예측하기 --- (※4)
html = ""
pre = model.predict(X)
for i, p in enumerate(pre):
    y = p.argmax()
    print("+입력:", files[i])
    print("|규동 이름:", categories[y])
    print("|칼로리:", calories[y])
    html += """
        <h3>입력:{0}</h3>
        <div>
          <p><img src="{1}" width=300></p>
          <p>규동 이름:{2}</p>
          <p>칼로리 :{3}kcal</p>
        </div>
```

```
    """.format(os.path.basename(files[i]),
        files[i],
        categories[y],
        calories[y])

# 리포트 저장하기 --- (※5)
html = "<html><body style='text-align:center;'>" + \
    "<style> p { margin:0; padding:0; } </style>" + \
    html + "</body></html>"
with open("gyudon-result.html", "w") as f:
    f.write(html)
```

명령줄에서 다음과 같이 입력합니다.

```
[서식]
$ python3 gyudon-checker.py <이미지1> <이미지2> <이미지3> …
```

그럼 테스트 이미지로 테스트해봅시다. 실행하면 다음과 같은 HTML 리포트를 출력합니다.

필자가 식사하면서 찍은 규동 사진으로 테스트했는데, 어느 정도 잘 판정했습니다.

입력: sample-beni.jpg

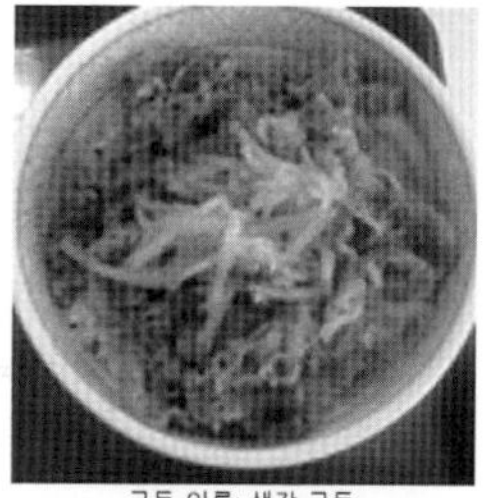

규동 이름: 생강 규동
칼로리:658kcal

입력: sample-cheese.jpg

규동 이름: 양파 규동
칼로리: 656kcal

규동 판정

프로그램을 확인해봅시다. 프로그램의 (※1)에서는 명령줄에서 입력을 확인합니다. `sys.argv`로 입력 파일을 얻습니다. 그리고 이미지 크기, 카테고리 이름, 칼로리 등을 설정합니다.

프로그램의 (※2)에서는 명령줄로 지정한 여러 개의 이미지를 TensorFlow + Keras 모델의 입력 이미지 크기로 변경합니다. 다른 컬러 모드, 이미지 해상도를 가지고 있으면 오류가 발생하므로 적절하게 맞추는 것입니다.

그리고 (※3)에서는 CNN 모델을 구축합니다. 이전에 만든 gyudon_keras.py 모듈을 읽어 들여 사용합니다.

프로그램의 (※4)에서는 `predict()` 메서드로 데이터를 예측합니다. `predict()` 메서드로 여러 개의 데이터를 예측할 수 있게 매개변수로 배열을 지정했습니다.

예측된 데이터는 각 카테고리의 확률이 들어 있습니다. 따라서 `argmax()` 메서드로 가장 높은 확률을 가진 카테고리를 메뉴 이름으로 출력합니다. 마지막으로 (※5)에서 결과를 HTML 파일로 출력합니다.

정리

이번 절에서는 규동 이미지를 판정하는 프로그램을 만들어봤습니다. 이미지를 기반으로 규동의 종류를 판단하고, 칼로리까지 출력해봤는데, 현재 예제에서는 규동만 다뤘지만 더 다양한 요리를 입력으로 넣으면 더 다양한 요리를 판정하고 칼로리를 출력할 수 있을 것입니다.

- CNN을 이용하면 규동 메뉴를 정밀하게 판단할 수 있습니다.
- 머신러닝은 데이터를 모으고 가공하는 것이 중요합니다.
- 이미지를 회전, 반전하면 부족한 입력 데이터를 보완할 수 있습니다.

칼럼 | 클라우드를 사용한 머신러닝

지금까지 책을 읽으면서 "집에 있는 PC로는 머신러닝을 제대로 활용하기 힘들다"라고 생각한 독자가 꽤 있을 것입니다. 윈도우 머신에서 머신러닝을 하고 있는 독자라면 윈도우 위에 가상 머신을 만들고, 그 위에서 리눅스를 돌려 머신러닝을 실습하므로 시간이 오래 걸려 짜증났을지도 모르겠네요.

필자도 집에 있는 모든 컴퓨터를 동원해서 책의 예제를 만들었는데, GPU를 더 탑재한 고성능 머신을 갖고 싶다는 생각이 계속 듭니다.

하지만 일상 업무, 일반적인 프로그래밍에서 그 정도의 고성능 머신이 필요한 경우는 거의 없습니다. 고성능 머신은 크기도 커서 공간을 차지하고, 그런 머신이 항상 필요한 것도 아니므로 구매를 결정하기 매우 힘듭니다. 이럴 때 클라우드 서비스를 이용하면 좋습니다. 클라우드에서 머신을 잠시 빌려 사용하면 공간이 따로 필요하지도 않으며 저렴한 비용으로 고성능 머신을 사용할 수 있습니다.

머신러닝 전용 서비스

클라우드 머신러닝 서비스를 검색하면 마이크로소프트의 Azure Machine Learning, 아마존의 Amazon Machine Learning 등의 전용 서비스를 찾을 수 있을 것입니다. 이러한 서비스를 이용하면 클라우드에서 간단하게 머신러닝을 테스트할 수 있습니다. CSV, JSON 등으로 데이터 소스를 지정하고 학습 매개변수, 모델 등을 지정하면 알아서 머신러닝을 수행하고 평가해줍니다.

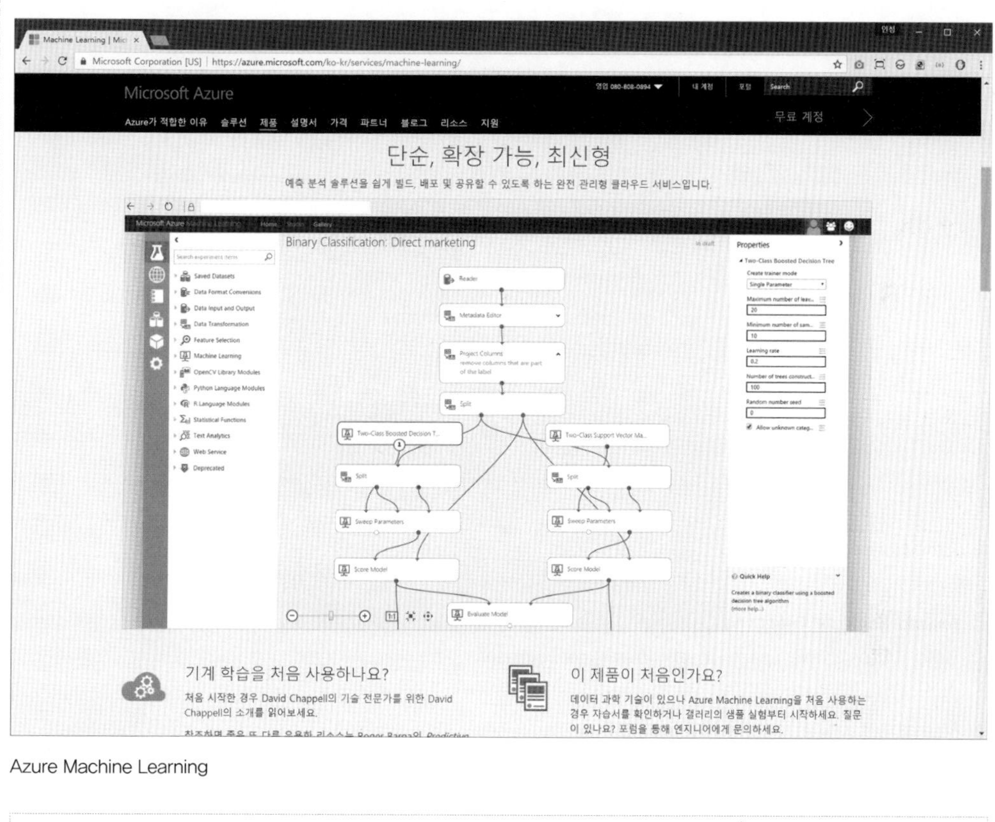

Azure Machine Learning

Azure Machine Learning

[URL] https://azure.microsoft.com/ko-kr/services/machine-learning/

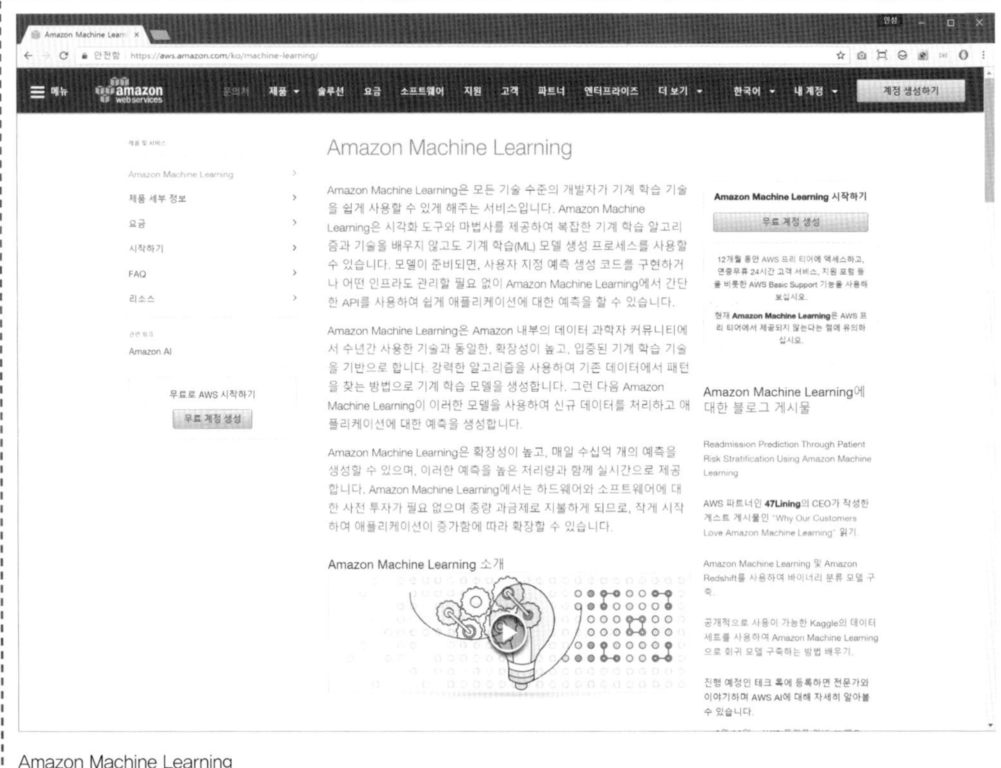

Amazon Machine Learning

Amazon Machine Learning
[URL] https://aws.amazon.com/ko/machine-learning

이 책의 예제에 사용할 수 있는 클라우드 리소스

이 책을 읽고 있는 독자라면 TensorFlow와 같은 프레임워크로 머신러닝을 수행하는 것이 편하다고 생각할 것입니다. 클라우드에서 TensorFlow 등을 활용할 것이라면 집에 있는 컴퓨터 성능보다 훨씬 좋은 성능을 제공하는 리눅스 호스팅 서비스를 찾으면 됩니다.

이 가운데 많이 사용되는 것은 아마존의 EC2입니다. Amazon EC2는 아마존에서 제공하는 계산 리소스를 활용해 애플리케이션을 실행할 수 있게 해주는 서비스입니다. 다양한 성능을 가진 머신을 선택할 수 있는데, 머신러닝을 수행할 때 사용하기 적합한 것은 P2 인스턴스입니다.

P2 인스턴스는 CUDA와 OpenCL을 사용하는 범용 GPU 컴퓨팅 용도로 설계돼 있습니다. 머신러닝처럼 굉장히 높은 병렬 부동소수점 처리 능력이 필요한 처리에 적합합니다. 게다가 많이 사용되는 기본적인 머신러닝 프레임워크가 처음부터 설치돼 있습니다.

Amazon EC2 G2의 성능:

모델	CPU	vCPU	메모리	네트워크 대역	가격
p2.xlarge	1	4	61GB	높음	0.900USD/시간
p2.8xlarge	8	32	732GB	20Gbps	14.400USD/시간

p2.xlarge의 경우 1시간에 990원 정도(1달러 = 1,100원으로 계산한 경우)로 사용할 수 있습니다. 또한 데이터 전송 등의 가격이 추가되는데, 이 정도의 성능을 가진 머신을 구입해서 유지하는 것보다는 저렴하다고 할 수 있습니다.

```
AWS Amazon EC2 (P2 인스턴스)
[URL] https://aws.amazon.com/ko/ec2/
```

이 밖에도 Microsoft Azure도 GPU를 활용할 수 있는 가상 머신을 제공합니다.

이처럼 여러 회사들이 제공하는 클라우드 서비스를 이용하면 굉장히 좋은 고성능 머신을 빌릴 수 있습니다. 머신러닝으로 확인해보고 싶은 아이디어가 있을 경우 좀 더 좋은 성능의 머신이 필요할 때 이를 활용하면 좋을 것입니다. 참 좋은 시대라고 할 수 있습니다.

7-4

OpenCV로 얼굴 인식하기

OpenCV는 굉장히 유명한 이미지 인식 라이브러리입니다. OpenCV를 이용하면 물체 인식, 얼굴 인식처럼 이미지를 사용하는 다양한 처리를 할 수 있습니다. 이번 절에서는 OpenCV를 이용해 사진에서 사람의 얼굴을 찾는 방법을 소개하겠습니다.

이번 절에서 배울 내용

- OpenCV
- 얼굴 인식해보기

알고리즘과 툴

- Pandas 라이브러리
- Numpy 라이브러리

OpenCV

OpenCV(Open Source Computer Vision Library)는 오픈소스 이미지 처리 라이브러리입니다. 이미지 처리, 구조 분석, 패턴 인식, 머신러닝을 활용한 이미지와 동영상 처리 등의 다양한 기능을 지원합니다.

또한 윈도우, 리눅스, macOS, 안드로이드, iOS 등의 다양한 환경에서 사용할 수 있습니다. BSD 라이언스로 배포되고 있으므로 상업적인 용도로도 사용할 수 있습니다.

OpenCV 설치

그럼 OpenCV를 설치해봅시다.

macOS에서는 다음과 같이 Homebrew로 설치합니다. 이때 미리 Anaconda가 설치돼 있어야 합니다.

```
$ brew tap homebrew/science
$ brew install opencv
```

Ubuntu 환경에 설치할 때는 다음 명령어를 사용합니다.

```
$ apt-get update
# Docker에 sudo 명령어가 없으면 설치에 실패하므로 설치하기
$ apt-get install sudo
# OpenCV 설치 스크립트 다운로드하기
$ git clone https://github.com/jayrambhia/Install-OpenCV.git
# 스크립트 실행하기
$ cd Install-OpenCV/Ubuntu
$ ./opencv_latest.sh
```

파이썬3 전용 CV2 모듈 설치하기

OpenCV를 설치했으면 다음 명령어를 실행해 파이썬 전용 모듈도 함께 설치합니다.

```
$ pip3 install opencv-python
```

얼굴을 인식하는 프로그램 만들어보기

그럼 OpenCV를 사용해 얼굴을 인식하는 프로그램을 만들어봅시다. 일단 다음과 같은 이미지를 샘플로 얼굴 인식을 해보겠습니다.

샘플 이미지

다음은 얼굴을 인식하는 프로그램입니다.

file: ch7/facedetect.py

```
import cv2
import sys

# 입력 파일 지정하기
image_file = "./pakutas/photo1.jpg"

# 캐스케이드 파일의 경로 지정하기 --- (※1)
cascade_file = "haarcascade_frontalface_alt.xml"

# 이미지 읽어 들이기 --- (※2)
image = cv2.imread(image_file)
# 그레이스케일로 변환하기
image_gs = cv2.cvtColor(image, cv2.COLOR_BGR2GRAY)

# 얼굴 인식 특징 파일 읽어 들이기 --- (※3)
cascade = cv2.CascadeClassifier(cascade_file)
# 얼굴 인식 실행하기
face_list = cascade.detectMultiScale(image_gs,
    scaleFactor=1.1,
    minNeighbors=1,
    minSize=(150,150))

if len(face_list) > 0:
    # 인식한 부분 표시하기 --- (※4)
    print(face_list)
    color = (0, 0, 255)
    for face in face_list:
        x,y,w,h = face
        cv2.rectangle(image, (x,y), (x+w, y+h), color, thickness=8)
    # 파일로 출력하기 --- (※5)
    cv2.imwrite("./pakutas/photo1-facedetect.PNG", image)
else:
    print("no face")
```

명령줄에서 실행해봅시다.

```
$ python3 facedetect.py
[[384 249 211 211]]
```

프로그램을 실행하면 같은 폴더에 "photo1-facedetect.PNG"라는 이름의 파일이 생성돼 있을 것입니다. 이미지 뷰어로 확인해봅시다. 얼굴을 인식한 결과로 검출된 부분이 붉은색 테두리로 표시돼 있습니다.

프로그램을 실행할 때 만약 다음과 같은 오류가 발생하면 얼굴 인식에 사용할 캐스케이드 파일의 경로가 잘못 설정돼 있는 것입니다.

```
OpenCV Error: Assertion failed (!empty()) in detectMultiScale
```

캐스케이드 파일은 OpenCV가 설치될 때 자동으로 share 폴더에 복사됩니다. 따라서 프로그램의 (※1)에서 경로 지정을 알맞게 변경해주세요. OpenCV에서 얼굴을 인식할 때는 얼굴 인식 전용 캐스케이드 파일을 지정해야 합니다. 이 책에서는 캐스케이드 파일인 "haarcascade_frontalface_alt.xml"을 예제 프로그램과 같은 경로에 배치하고 실행했습니다.

OpenCV를 설치했을 때 캐스케이드 파일의 경로는 다음과 같습니다.

OS	캐스케이드 파일의 경로
Docker의 Ubuntu	/usr/share/opencv
macOS	/usr/local/Cellar/opencv/<버전>/share/OpenCV

위의 경로에는 여러 개의 캐스케이드 파일이 있습니다. 현재 지정한 파일 이외의 얼굴 인식 전용 캐스케이드 파일도 있고, 눈의 위치를 찾는 캐스케이드 파일도 있습니다. 변경하면서 결과를 테스트해보면 재미있는 공부가 될 것이라 생각합니다.

프로그램의 (※2)에서는 대상 이미지를 읽어 들이고 그레이스케일로 변경합니다. 이어서 프로그램의 (※3)에서는 얼굴 인식 전용 캐스케이드 파일을 읽어 들이고 얼굴 인식을 실행합니다. `detectMultiScale()` 메서드가 얼굴을 인식하는 부분인데, 매개변수 `minSize`에 지정한 튜플 `(150, 150)`은 얼굴을 인식할 때 150x150 픽셀 이하의 크기를 무시하겠다는 설정입니다. 현재 이미지에서는 `(1, 1)`로 변경해도 상관없지만 너무 작게 지정하면 다른 이미지를 사용할 때 배경 등을 얼굴로 잘못 인식하는 경우도 있습니다.

프로그램의 (※4)에서는 인간의 얼굴이라고 인식한 범위 좌표에 사각형을 그립니다. 그리고 (※5)에서 결과를 파일로 출력합니다.

얼굴에 모자이크 걸기

이어서 조금 실용적인 프로그램을 만들어봅시다. 웹에 공개하고 싶은 이미지에 모르는 사람이 나와서 모자이크하고 싶은 경우를 생각해봅시다. 1, 2장이라면 영상 편집 도구를 사용해 얼굴 부분에 모자이크를 걸 수 있겠지만 사진이 많다면 하나하나 걸기 힘듭니다. 이럴 때 자동으로 모자이크를 걸 수 있다면 편리하겠죠?

한번 모자이크 처리를 하는 프로그램을 만들어봅시다. 이전과 같은 이미지에 테스트해보겠습니다.

file: ch7/facedetect-mosaic.py

```
import cv2, sys, re

# 입력 파일 지정하기 --- (※1)
if len(sys.argv) <= 1:
    print("no input file")
    quit()
image_file = sys.argv[1]

# 출력 파일 이름
output_file = re.sub(r'\.jpg|jpeg|PNG$', '-mosaic.jpg', image_file)
mosaic_rate = 30

# 캐스케이드 파일 경로 지정하기
cascade_file = "haarcascade_frontalface_alt.xml"

# 이미지 읽어 들이기 --- (※2)
image = cv2.imread(image_file)
```

```
image_gs = cv2.cvtColor(image, cv2.COLOR_BGR2GRAY) # 그레이스케일 변환

# 얼굴 인식 실행하기 --- (※3)
cascade = cv2.CascadeClassifier(cascade_file)
face_list = cascade.detectMultiScale(image_gs,
    scaleFactor=1.1,
    minNeighbors=1,
    minSize=(100,100))

if len(face_list) == 0:
    print("no face")
    quit()

# 확인한 부분에 모자이크 걸기 -- (※4)
print(face_list)
color = (0, 0, 255)
for (x,y,w,h) in face_list:
    # 얼굴 부분 자르기 --- (※5)
    face_img = image[y:y+h, x:x+w]
    # 자른 이미지를 지정한 배율로 확대/축소하기 --- (※6)
    face_img = cv2.resize(face_img, (w//mosaic_rate, h//mosaic_rate))
    # 확대/축소한 그림을 원래 크기로 돌리기 --- (※7)
    face_img = cv2.resize(face_img, (w, h),
        interpolation=cv2.INTER_AREA)
    # 원래 이미지에 붙이기 --- (※8)
    image[y:y+h, x:x+w] = face_img
# 렌더링 결과를 파일에 출력
cv2.imwrite(output_file, image)
```

명령줄에서 실행해봅시다. 이번 프로그램은 명령줄 매개변수를 사용해 매개변수에 지정한 이미지 파일을 처리합니다.

```
$ python3 facedetect-mosaic.py pakutas/photo1.jpg
[[384 249 211 211]]
```

프로그램을 실행하면 "〈파일 이름〉-mosaic.jpg"라는 파일이 생성됩니다. 이미지를 확인해보면 다음과 같습니다. 얼굴 부분에 모자이크가 걸려있는 것을 확인할 수 있습니다.

모자이크가 걸린 상태

다른 이미지로도 확인해봅시다. 명령줄에서 다음과 같이 실행합니다.

```
$ python3 facedetect-mosaic.py pakutas/photo2.jpg
[[371 189 151 151]
 [606 335 125 125]]
```

지금 지정한 이미지는 2명의 사람이 있는 이미지인데, 두 사람의 얼굴에 딱 맞게 모자이크가 걸립니다.

2명 샘플

2명에게 모자이크가 걸린 상태

그럼 프로그램을 확인해봅시다. 프로그램의 (※1)에서는 명령줄 매개변수를 추출합니다. 파이썬에서는 `sys.argv`를 사용해 지정한 명령줄 매개변수를 추출할 수 있습니다. 명령줄 매개변수를 지정하지 않았다면 스크립트 파일의 이름만 추출하게 됩니다. 어쨌거나 이미지 파일의 이름을 추출하면 정규 표현식으로 출력 파일의 이름을 결정합니다.

프로그램의 (※2)에서는 이미지를 읽고 그레이스케일로 변환(※3)합니다. 이어서 얼굴 인식을 수행합니다. 이 부분은 이전과 같습니다.

프로그램의 (※4)에서는 얼굴이라고 인식한 부분을 모자이크 처리합니다. 굉장히 간단한 방법으로 모자이크 처리를 하는데, 이미지를 작게 만든 뒤에 원래 크기로 돌립니다. 이미지를 작게 만들면 이미지의 화소가 줄어드는데, 이를 다시 원래대로 돌리면 줄어든 화소 상태로 다시 확대되면서 모자이크가 걸리는 것입니다.

프로그램의 (※5)에서는 이미지의 일부분을 잘라냅니다. OpenCV는 이처럼 배열 형태로 이미지의 일부분을 잘라낼 수 있습니다. 이미지 처리에 특화된 OpenCV의 모습이라고 할 수 있습니다. 사실 이러한 이미지 데이터는 OpenCV가 제공하는 자료형은 아닙니다. OpenCV로 읽어 들인 이미지를 `print(type(image))` 등으로 확인하면 알 수 있겠지만 Numpy의 배열(`numpy.ndarray`)입니다. 그래서 이 같은 형태로 사용할 수 있는 것입니다. Numpy의 배열이므로 배열 차원의 수를 줄이거나 한꺼번에 계산한다거나 하는 작업이 굉장히 쉽습니다.

프로그램의 (※6)에서는 잘랐던 얼굴 부분의 이미지 크기를 변경합니다. 이미지 크기를 변경할 때는 `cv2.resize()` 함수를 사용합니다. (※7)에서는 축소한 이미지를 이전 크기를 되돌립니다. 이때 어떻게 크기를 변경할지 interpolation 매개변수로 지정합니다. 다음과 같은 값을 지정할 수 있는데, 기본값인 cv.INTER_LINEAR를 사용하면 모자이크의 각이 명확하게 보이지 않게 됩니다. 한번 직접 확인해보기 바랍니다.

값	설명
INTER_NEAREST	최근접 이웃(Nearest neighbor) 보간
INTER_LINEAR	이중선형(Bilinear) 보간
INTER_AREA	픽셀 영역 관계를 사용한 샘플링
INTER_CUBIC	4x4 최근접 영역을 사용한 바이큐빅 보간
INTER_LANCZOS4	8x8 최근접 영역을 사용한 Lanczos 보간

그리고 프로그램의 (※8)에서는 원래 이미지에 모자이크를 건 얼굴 부분을 다시 붙여넣습니다. Numpy이므로 굉장히 간단합니다. 참고로 Numpy로 이미지 일부를 추출하거나 설정할 때는 다음과 같은 형태로 사용합니다.

```
image[ y1:y2, x1:x2 ]
```

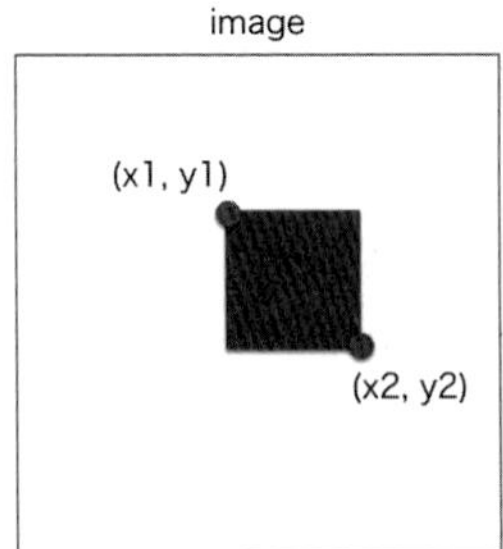

OpenCV의 좌표계

정리

OpenCV를 이용하면 이처럼 간단한 방법으로 얼굴을 인식하는 프로그램을 만들 수 있습니다. OpenCV의 캐스케이드 파일을 변경하면 얼굴 외의 물체도 인식할 수 있습니다. 이러한 캐스케이드 파일은 스스로 만들 수도 있는데, 인터넷에 고양이 인식을 위한 캐스케이드 파일 등이 공개돼 있으므로 활용할 수 있습니다.

- OpenCV는 범용적인 이미지 처리 라이브러리입니다.
- OpenCV를 이용하면 얼굴 인식도 간단하게 할 수 있습니다.
- OpenCV 이미지 데이터는 Numpy 형식이므로 쉽게 값을 설정하거나 추출할 수 있습니다.

7-5

이미지 OCR – 연속된 문자 인식하기

지금까지 살펴본 딥러닝을 이용하면 이미지의 문자를 정밀하게 인식할 수 있습니다. 다만 지금까지 살펴본 프로그램은 문자 하나를 인식했던 것입니다. 이번 절에서는 OpenCV와 딥러닝을 사용해 연속된 문자를 인식해보겠습니다.

이번 절에서 배울 내용

- OpenCV로 문자 영역 인식해보기
- 딥러닝으로 연속된 문자 판정해보기

알고리즘과 툴

- OpenCV 라이브러리
- MNIST 손글씨 숫자 데이터
- MLP 알고리즘

OpenCV로 텍스트 영역 확인하기

이번 절에서는 다음과 같은 이미지에 있는 숫자를 인식해보겠습니다. 다음 그림은 컴퓨터에서 포토샵 등의 도구를 사용해 숫자를 그린 것입니다. 여러 개의 글자가 적혀 있으므로 일단 문자가 어디 적혀 있는지 인식시켜야 합니다.

3 1 4 1 5 9

2 6 5 3 5 9

이미지에 적혀 있는 숫자를 인식할 수 있을까?

글자가 적힌 영역을 인식하는 것은 굉장히 어렵다고 생각할 수 있는데, OpenCV를 이용하면 비교적 쉬운 방법으로 할 수 있습니다.

다음 프로그램은 글자가 적힌 영역을 인식하고, 해당 영역을 붉은색 사각형으로 표시합니다. 한번 살펴봅시다.

file: ch7/ocr1.py

```
import sys
import numpy as np
import cv2

# 이미지 읽어 들이기 --- (※ 1)
im = cv2.imread('numbers.PNG')
# 그레이스케일로 변환하고 블러를 걸고 이진화하기 --- (※2)
gray = cv2.cvtColor(im, cv2.COLOR_BGR2GRAY)
blur = cv2.GaussianBlur(gray, (5, 5), 0)
thresh = cv2.adaptiveThreshold(blur, 255, 1, 1, 11, 2)

# 윤곽 추출하기 --- (※3)
# OpenCV4 버전을 사용할 경우 인덱스를 [0]으로 변경해 주세요(이후에도 마찬가지).
contours = cv2.findContours(thresh, cv2.RETR_LIST, cv2.CHAIN_APPROX_SIMPLE)[1]

# 추출한 윤곽을 반복 처리하기 --- (※4)
for cnt in contours:
  x, y, w, h = cv2.boundingRect(cnt) # --- (※5)
  if h < 20: continue # 너무 작으면 건너뛰기
  red = (0, 0, 255)
  cv2.rectangle(im, (x, y), (x+w, y+h), red, 2)

cv2.imwrite('numbers-cnt.PNG', im)
```

명령줄에서 실행해봅시다.

```
$ python3 ocr1.py
```

이렇게 하면 다음과 같은 이미지가 생성됩니다. 완벽하게 영역을 추출하는 데 성공했습니다.

314159

265359

문자가 적혀 있는 영역을 인식한 상태

그럼 프로그램을 확인해봅시다. 프로그램의 (※1)에서는 이미지를 읽어 들입니다. 이어서 (※2)에서는 이미지를 그레이스케일로 변환하고, 블러를 적용한 후 검정색과 흰색으로 이진화합니다. 여기까지가 준비 작업이라고 할 수 있습니다.

프로그램의 (※3)에서는 `cv2.findContours()` 메서드를 사용해 윤곽을 추출합니다.

이어서 (※4)에서는 추출한 영역을 확인하고, 붉은색 테두리를 그립니다. 이때 (※5)에서는 추출한 영역의 좌표(`x, y`)와 크기(`w, h`)를 추출합니다.

100자리 숫자 판별하기

간단한 예제에서는 잘 추출하므로 이번에는 100의 자리 숫자가 적힌 이미지를 사용해봅시다. 샘플의 "numbers100.PNG"라는 이미지를 보면 다음과 같이 원주율(파이)의 숫자가 입력돼 있습니다.

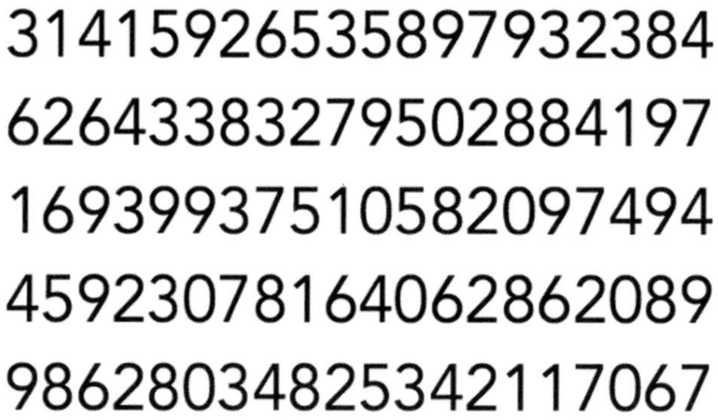

31415926535897932384
62643383279502884197
16939937510582097494
45923078164062862089
98628034825342117067

100개의 숫자가 그려진 이미지

이전의 프로그램을 사용해 OpenCV로 인식해 봅시다. 잘 되나요?

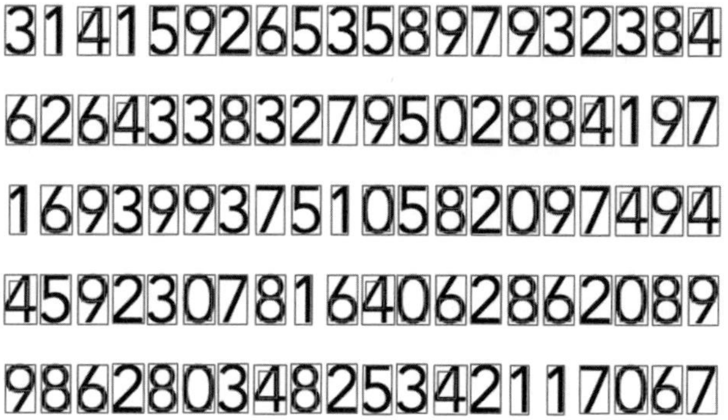

31415926535897932384
62643383279502884197
16939937510582097494
45923078164062862089
98628034825342117067

영역 내부의 중복 검출

대체적으로 인식을 잘 하고 있지만 일부 숫자는 영역 속에 다른 영역이 검출되는 것을 확인할 수 있습니다. cv2.findContours() 함수는 이미지 속의 이미지를 검출하며, 계층 구조를 가진 윤곽도 추출할 수 있는 굉장히 뛰어난 기능을 가지고 있습니다. 예를 들어, 얼굴 윤곽을 검출할 때 얼굴 속에 있는 눈, 코도 검출하고 얼굴과 눈/코가 계층 구조를 이루는 것도 파악해준다는 것입니다.

하지만 글자를 인식할 때 그런 기능은 필요 없습니다. 숫자 내부에 숫자가 들어있을 이유는 없기 때문입니다. 따라서 cv2.findContours() 함수의 매개변수를 조금 변경해봅시다. 다음과 같이 변경하면 중복 없이 제대로 인식합니다. 두 번째 매개변수를 cv2.RETR_EXTERNAL로 지정하면 영역의 가장 외곽 부분만 검출합니다.

file: ch7/ocr2.py의 일부

```
contours = cv2.findContours(
    thresh,
    cv2.RETR_EXTERNAL,
    cv2.CHAIN_APPROX_SIMPLE)[1]
```

위와 같이 프로그램을 변경하면 다음과 같이 됩니다.

31415926535897932384
62643383279502884197
16939937510582097494
45923078164062862089
98628034825342117067

바깥 영역을 검출하고, 각 문자의 인식에 성공했습니다.

문자 인식 데이터 만들기

각 문자 영역을 추출했으므로 각 글자를 머신러닝으로 인식시켜 보겠습니다. MNIST의 손글씨 숫자 데이터를 Keras(+ TensorFlow)로 학습시키겠습니다. 일단 MNIST의 손글씨 숫자 데이터를 학습하고, 이를 가중치 데이터로 저장합니다. 이어서 이후에 이것을 사용해 문자 인식을 시켜보겠습니다.

다음 프로그램은 MNIST 데이터를 학습시키고, 가중치 데이터를 "mnist.hdf5"에 저장합니다.

file: ch7/ocr_mnist.py

```
from keras.datasets import mnist
from keras.models import Sequential
from keras.layers.core import Dense, Dropout, Activation, Flatten
from keras.layers import Convolution2D, MaxPooling2D
from keras.optimizers import SGD, Adam, RMSprop
from keras.utils import np_utils

image_w = 28
image_h = 28
nb_classes = 10

def main():
  # MNIST 데이터 읽어 들이기
  (X_train, y_train), (X_test, y_test) = mnist.load_data()
  # 데이터 정규화
  X_train = X_train.reshape(X_train.shape[0], image_w * image_h).astype('float32')
  X_test  = X_test.reshape(X_test.shape[0], image_w * image_h).astype('float32')
  X_train /= 255
  X_test  /= 255
  y_train = np_utils.to_categorical(y_train, 10)
  y_test  = np_utils.to_categorical(y_test, 10)
  # 모델 구축
  model = build_model()
  model.fit(X_train, y_train,
    batch_size=128, epochs=20, verbose=1,
    validation_data=(X_test, y_test))
  # 모델 저장
  model.save_weights('mnist.hdf5')
  # 모델 평가
  score = model.evaluate(X_test, y_test, verbose=0)
  print('score=', score)

def build_model():
  # MLP 모델 구축
  model = Sequential()
  model = Sequential()
  model.add(Dense(512, input_shape=(784,)))
  model.add(Activation('relu'))
```

```
    model.add(Dropout(0.2))
    model.add(Dense(512))
    model.add(Activation('relu'))
    model.add(Dropout(0.2))
    model.add(Dense(10))
    model.add(Activation('softmax'))
    model.compile(loss='categorical_crossentropy',
        optimizer=RMSprop(),
        metrics=['accuracy'])
    return model

if __name__ == '__main__':
    main()
```

명령줄에서 실행해봅시다.

```
$ python3 ocr_mnist.py
...
score= [0.12294695631083141, 0.98209999999999997]
```

이 프로그램은 5장에서 소개한 Keras의 MNIST 샘플과 거의 비슷합니다. 가중치 데이터를 저장한다는 것과 모듈로써 외부에서 호출했다는 부분만 다릅니다. 참고로 MNIST 데이터의 정답률은 0.982(98%)입니다.

100개의 숫자를 MNIST 데이터로 인식해보기

이어서 100개의 숫자가 적혀있는 이미지를 문자 인식을 해봅시다. 깨끗하게 정돈된 폰트로 그린 숫자는 괜찮게 나올 것입니다. 다음은 100개의 숫자가 적힌 이미지 파일인 "numbers100.PNG"를 읽고 MNIST 필기 데이터로 숫자 인식하는 프로그램입니다.

file: ch7/ocr3.py

```
import sys
import numpy as np
import cv2
import ocr_mnist

# MNIST 학습 데이터 읽어 들이기 --- (※1)
mnist = ocr_mnist.build_model()
mnist.load_weights('mnist.hdf5')
```

```
# 이미지 읽어 들이기 --- (※2)
im = cv2.imread('numbers100.PNG')

# 윤곽 추출하기 --- (※3)
gray = cv2.cvtColor(im, cv2.COLOR_BGR2GRAY) # 그레이스케일로 변환하기
blur = cv2.GaussianBlur(gray, (5, 5), 0) # 블러
thresh = cv2.adaptiveThreshold(blur, 255, 1, 1, 11, 2) # 2진화
cv2.imwrite("numbers100-th.PNG", thresh)
contours = cv2.findContours(thresh,
    cv2.RETR_EXTERNAL, cv2.CHAIN_APPROX_NONE)[1]

# 추출한 좌표 정렬하기 --- (※4)
rects = []
im_w = im.shape[1]
for i, cnt in enumerate(contours):
    x, y, w, h = cv2.boundingRect(cnt)
    if w < 10 or h < 10: continue # 너무 작으면 생략하기
    if w > im_w / 5: continue # 너무 크면 생략하기
    y2 = round(y / 10) * 10 # Y좌표 맞추기
    index = y2 * im_w  + x
    rects.append((index, x, y, w, h))
rects = sorted(rects, key=lambda x:x[0]) # 정렬하기

# 해당 영역의 이미지 데이터 추출하기 --- (※5)
X = []
for i, r in enumerate(rects):
    index, x, y, w, h = r
    num = gray[y:y+h, x:x+w] # 부분 이미지 추출하기
    num = 255 - num # 반전하기
    # 정사각형 내부에 그림 옮기기
    ww = round((w if w > h else h) * 1.85)
    spc = np.zeros((ww, ww))
    wy = (ww-h)//2
    wx = (ww-w)//2
    spc[wy:wy+h, wx:wx+w] = num
    num = cv2.resize(spc, (28, 28)) # MNIST 크기 맞추기
    # cv2.imwrite(str(i)+"-num.PNG", num) # 자른 문자 저장하기
    # 데이터 정규화
    num = num.reshape(28*28)
    num = num.astype("float32") / 255
    X.append(num)
```

```
# 예측하기 --- (※6)
s = "31415926535897932384" + \
    "62643383279502884197" + \
    "16939937510582097494" + \
    "45923078164062862089" + \
    "98628034825342117067"
answer = list(s)
ok = 0
nlist = mnist.predict(np.array(X))
for i, n in enumerate(nlist):
    ans = n.argmax()
    if ans == int(answer[i]):
        ok += 1
    else:
        print("[ng]", i, "번째", ans, "!=", answer[i], np.int32(n*100))

print("정답률:", ok / len(nlist))
```

그럼 이를 명령줄에서 실행해봅시다. 숫자를 하나씩 머신러닝으로 판정하고 판정 결과가 잘못됐을 때만 [ng]라는 메시지를 출력하게 했습니다. 어떤 결과가 나올까요?

```
$ python3 ocr3.py
$ python3 ocr3.py
Using TensorFlow backend.
[ng] 11번째 5 != 8 [ 1  0 16  6  0 38  1  1 28  3]
[ng] 26번째 2 != 8 [ 1  0 49  3  0 26  1  0 16  0]
[ng] 35번째 2 != 8 [ 2  0 32  4  0 31  1  1 23  2]
[ng] 52번째 2 != 8 [ 1  0 56  2  0 21  0  0 13  0]
[ng] 84번째 5 != 8 [ 0  0 25  8  0 39  0  0 24  0]
[ng] 88번째 5 != 8 [ 0  0 32  7  0 36  0  0 20  0]
정답률 : 0.94
```

정답률이 0.94(94%)밖에 되지 않습니다. 손으로 대충 적은 문자가 아니라 보기 쉬운 폰트를 기반으로 만든 이미지라 대부분 맞출 것이라 생각했는데 결과는 그렇지 않습니다. 그런데 실행 결과를 자세히 살펴보면 공통점을 발견할 수 있습니다. 바로 "8"이라는 숫자를 제대로 인식하지 못했다는 것입니다. 따라서 이를 기반으로 조금씩 수정해 나가면 됩니다.

일단 그 전에 프로그램의 구조를 확인해봅시다. 프로그램의 (※1)에서는 MNIST 손글씨 숫자 데이터를 읽어 들입니다. (※2)에서는 이미지 데이터를 읽어들이고, (※3)에서는 윤곽을 추출합니다.

윤곽 추출한 영역 리스트는 예쁘게 왼쪽부터 순서대로 나와있는 값이 아닙니다. 따라서 프로그램의 (※4)에서 숫자를 31415…처럼 순서대로 볼 수 있게 좌표를 기반으로 정렬합니다.

프로그램의 (※5)에서는 자른 문자 이미지를 하나하나 MNIST 데이터처럼 28x28 픽셀로 리사이즈합니다.

그런데 윤곽으로 자른 부분을 기반으로 28x28로 곧바로 리사이즈하면 숫자 "1" 등은 윤곽이 세로로 길기 때문에 두꺼워질 것입니다. 따라서 영역의 너비와 높이를 확인하고, 긴 부분을 기반으로 사각형을 만든 뒤에 내부에 문자를 넣고 리사이즈하는 방법을 사용합니다. 이때 문자 주위에 여백을 넣으면 MNIST의 인식률이 올라갑니다.

잘라낸 숫자 3의 이미지

잘라낸 숫자 1의 이미지

잘라낸 숫자 4의 이미지

마지막으로 (※6)에서는 잘라낸 이미지를 정답 숫자와 조합합니다. 틀렸을 경우에는 몇 번째 문자가 틀렸는지 정보를 출력하고, 마지막으로 정답률을 출력합니다.

다양한 숫자 폰트 학습 시키기

MNIST 손글씨 데이터를 기반으로 숫자를 인식시키니 정답률이 0.94(94%)로 굉장히 낮았습니다. 깨끗하게 적은 숫자 데이터를 이 정도로 인식하지 못한다는 것은 굉장히 이상한 일입니다. 그런데 실행 결과를 보면 8이라는 글씨를 제대로 인식하지 못했습니다. 아무래도 손글씨 8과 폰트 8이 잘 맞지 않는 모양입니다. 그럼 처음부터 폰트로 그린 이미지를 학습시켜보는 것은 어떨까요?

최근 PC에는 따로 설치하지 않아도 처음부터 굉장히 많은 폰트가 있습니다. 디자인과 관련된 작업을 하는 분이라면 훨씬 더 많은 폰트가 설치돼 있을 텐데, OS에 설치돼 있는 폰트를 사용해 숫자 폰트를 학습시켜 정답률 100%에 도전해봅시다.

폰트 파일은 다음과 같은 경로에 있습니다. 이러한 폰트 파일을 사용해 이미지를 생성해봅시다[3].

3 (옮긴이) 참고로 책에서 진행할 때 사용하는 가상환경에는 폰트가 단 하나도 없습니다. 따라서 맥, 우분투 등에서 실행하거나 책과 함께 제공되는 예제 파일을 사용해주세요.

폰트 폴더의 경로

OS	경로
Mac	/Library/Fonts 또는 ~/Library/Fonts
Ubuntu	/usr/share/fonts 또는 ~/.fonts

필자의 PC에서는 74개의 폰트 데이터가 있습니다. 따라서 각 숫자마다 74회 학습시킬 수 있습니다. 다만 이것만으로는 데이터가 너무 부족합니다. 웹의 힘을 빌리면 어떨까요? 웹에서 무료 폰트를 받아 수를 늘리는 것입니다. 없는 것보다야 좋지만 10, 20개 정도의 폰트가 늘어나도 데이터가 부족한 것은 마찬가지입니다.

따라서 이미지를 회전하고, 크기를 바꾸고, 흐리게 만들어 데이터의 양을 늘려보겠습니다.

다음은 폰트를 기반으로 이미지로 그리고 Numpy 형식으로 저장하는 프로그램입니다.

file: ch7/font_draw.py

```
import os, glob
from PIL import Image, ImageDraw, ImageFont
import numpy as np
import cv2, random

# 크기 지정하기
image_size = 28 # MNIST와 같은 크기

# 폰트 설정하기
ttf_list = glob.glob("/Library/Fonts/*.ttf") # Mac
ttf_list += glob.glob("~/Library/Fonts/*.ttf") # Mac
ttf_list += glob.glob("/usr/share/fonts/*.ttf") # Ubuntu
ttf_list += glob.glob("~/.fonts/*.ttf") # Ubuntu
print("font count=", len(ttf_list))

# 중앙에 문자 그리기
def draw_text(im, font, text):
  dr = ImageDraw.Draw(im)
  im_sz = np.array(im.size)
  fo_sz = np.array(font.getsize(text))
  xy = (im_sz - fo_sz) / 2
  # print(im_sz, fo_sz)
  dr.text(xy, text, font=font, fill=(255))
```

```
# 샘플 이미지를 출력할 폴더
if not os.path.exists("./image/num"): os.makedires("./image/num")

# 회전하거나 확대해서 데이터 늘리기
def gen_image(base_im, no, font_name):
  for ang in range(-20, 20, 2):
    sub_im = base_im.rotate(ang)
    data = np.asarray(sub_im)
    X.append(data)
    Y.append(no)
    w = image_size
    # 조금씩 확대하기
    for r in range(8, 15, 3):
      size = round((r/10) * image_size)
      im2 = cv2.resize(data, (size, size), cv2.INTER_AREA)
      data2 = np.asarray(im2)
      if image_size > size:
        x = (image_size - size) // 2
        data = np.zeros((image_size, image_size))
        data[x:x+size, x:x+size] = data2
      else:
        x = (size - image_size) // 2
        data = data2[x:x+w, x:x+w]
      X.append(data)
      Y.append(no)
      if random.randint(0, 400) == 0:
        fname = "image/num/n-{0}-{1}-{2}.PNG".format(
          font_name, no, ang, r)
        cv2.imwrite(fname, data)

# 이미지 렌더링하기
X = []
Y = []
for path in ttf_list:
  font_name = os.path.basename(path)
  try:
    fo = ImageFont.truetype(path, size=100)
  except:
    continue
  for no in range(10):
    im = Image.new("L", (200, 200))
    draw_text(im, fo, str(no))
```

```
    # 폰트 렌더링 범위 추출하기
    ima = np.asarray(im)
    blur = cv2.GaussianBlur(ima, (5, 5), 0) # 블러
    th = cv2.adaptiveThreshold(blur, 255, 1, 1, 11, 2) # 2진 변환
    contours = cv2.findContours(th,
      cv2.RETR_EXTERNAL, cv2.CHAIN_APPROX_NONE)[1]
    for cnt in contours:
      x, y, w, h = cv2.boundingRect(cnt)
      if w < 10 or h < 10: continue
      num = ima[y:y+h, x:x+w] # 부분 이미지 추출하기
      ww = w if w > h else h
      wx = (ww - w) // 2
      wy = (ww - h) // 2
      spc = np.zeros((ww, ww))
      spc[wy:wy+h, wx:wx+w] = num # 중앙에 복사하기
      num = cv2.resize(spc, (image_size, image_size), cv2.INTER_AREA)
      # 표준 상태를 데이터에 추가하기
      X.append(num)
      Y.append(no)
      # 조금씩 회전하기
      base_im = Image.fromarray(np.uint8(num))
      gen_image(base_im, no, font_name)

X = np.array(X)
Y = np.array(Y)
np.savez("./image/font_draw.npz", x=X, y=Y)
print("ok,", len(Y))
```

명령줄에서 실행해봅시다.

```
$ python3 font_draw.py
font count= 74
ok, 59130
```

프로그램을 실행하면 다음과 같이 다양한 각도의 숫자 이미지를 59,130개 생성합니다.

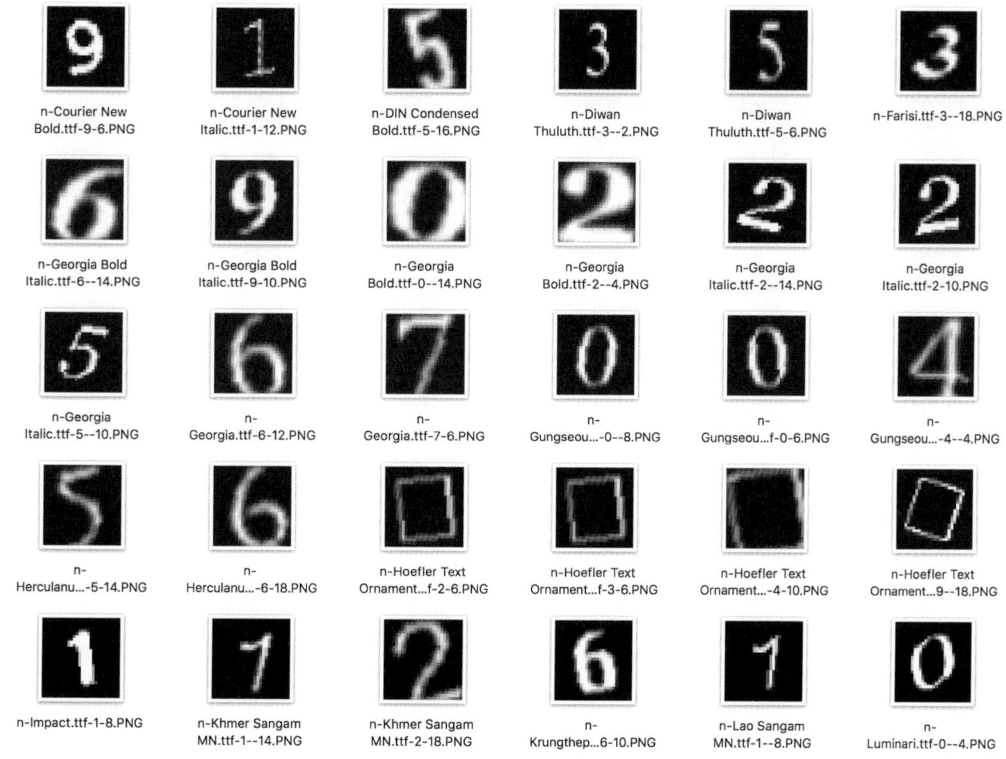

새로 생성한 이미지

이어서 이미지 데이터를 딥러닝으로 학습시켜 봅시다. 머신러닝으로 모델을 학습하는 "ocr_mnist.py"의 main() 함수를 다음과 같이 변경하고, "ocr_learn_font.py"라는 이름으로 저장합니다.

file: ocr_learn_font.py에서 발췌

```
def main():
    # 폰트 이미지 데이터 읽기
    xy = np.load("./image/font_draw.npz")
    X = xy["x"]
    Y = xy["y"]
    # 데이터 정규화하기
    X = X.reshape(X.shape[0], image_w * image_h).astype('float32')
    X /= 255
    Y = np_utils.to_categorical(Y, 10)
    # 학습 전용 데이터와 테스트 전용 데이터 나누기
    X_train, X_test, y_train, y_test = \
        train_test_split(X, Y)
```

```
# 모델 구축하기
model = build_model()
model.fit(X_train, y_train,
    batch_size=128, epochs=20, verbose=1,
    validation_data=(X_test, y_test))
# 모델 저장하기
model.save_weights('font_draw.hdf5')
```

명령줄에서 실행해봅시다.

```
$ python3 ocr_learn_font.py
```

프로그램을 실행하면 "font_draw.hdf5"라는 모델의 가중치 데이터가 만들어집니다. 이전에 100개의 숫자를 판정하는 프로그램 "ocr3.py"에서 가중치 데이터를 읽어 들이는 부분을 "font_draw.hdf5"로 수정한 뒤 실행해봅시다. 또한 MNIST 전용으로 이미지 여백을 만든 부분의 여백을 약간 줄입니다.

다음과 같이 수정했습니다.

```
$ diff ocr3.py ocr4.py
8c8
< mnist.load_weights('mnist.hdf5')
---
> mnist.load_weights('font_draw.hdf5')
40c40
<     ww = round((w if w > h else h) * 1.85)
---
>     ww = round((w if w > h else h) * 1.2)
```

수정했으면 100개의 문자 이미지를 잘 인식하는지 테스트해봅시다.

```
$ python3 ocr4.py
...
정답률 : 1.0
```

실행 결과가 놀랍지 않나요? 100%입니다!

그림판과 같은 프로그램에서 적당히 그린 100의 자리 숫자를 읽는 데 모두 성공했습니다. 학습 데이터를 조금 수정했을 뿐인데 완벽에 가까운 이미지 인식을 할 수 있게 됐습니다.

정리

OpenCV로 문자 영역을 찾고, 딥러닝으로 문자를 인식하는 프로그램을 만들어봤습니다. 적당한 폰트 이미지를 만들어 학습시켜 정밀도를 올릴 수 있었습니다. 이는 딥러닝만의 특징이라고 할 수 있습니다. 어쨌거나 이 책의 내용이 모두 끝났는데, 지금까지 배운 머신러닝을 직접 다양하게 활용하기 바랍니다.

- OpenCV를 이용하면 문자 영역을 인식할 수 있습니다.
- 손으로 직접 작성한 이미지 세트가 적은 경우에도 데이터를 회전하거나 수평 정렬해서 늘려 사용하면 딥러닝의 정밀도를 올릴 수 있습니다.

부록

개발 환경 구축

이 책에서는 이 책을 집필하는 데 사용했던 실행 환경과 같은 상태에서 코드를 실행할 수 있게 인기 있는 리눅스 배포 버전의 Ubuntu를 사용하겠습니다. Ubuntu는 PC에 직접 설치해서 사용할 수도 있지만 기존의 윈도우와 macOS 위에 가상 환경으로 실행할 수도 있습니다. 이번 부록에서는 이러한 가상 환경을 준비하는 방법을 비롯해 해당 가상 환경 내에 파이썬 개발 환경을 설치하는 방법을 설명하겠습니다.

부록-1

VirtualBox/Vagrant 사용법

오라클에서 무료로 제공하는 가상화 소프트웨어인 VirtualBox를 사용하면 기존의 OS 위에 가상 머신을 만들고, 다른 OS를 실행할 수 있습니다. 따라서 윈도우와 macOS 위에서 Ubuntu를 가상적으로 실행할 수 있습니다.

VirtualBox 설치하기

VirtualBox는 다음 URL에서 내려받을 수 있습니다.

```
VirtualBox
[URL] https://www.virtualbox.org/
```

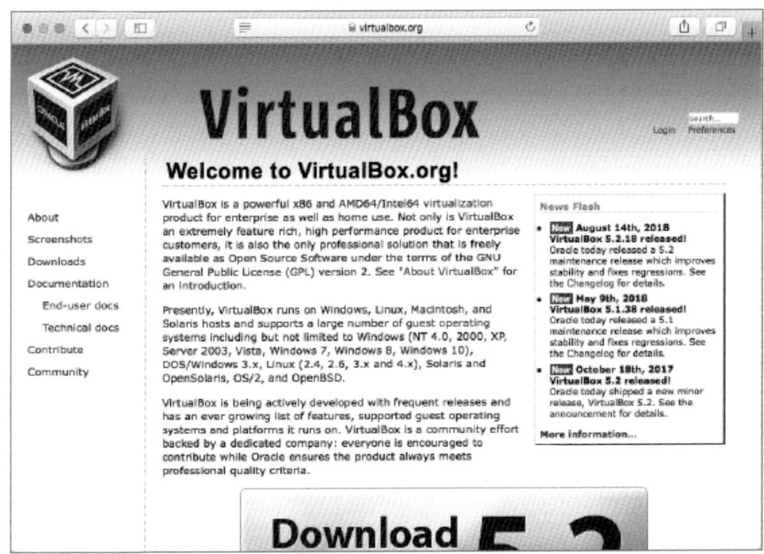

VirtualBox를 이용하면 기존의 OS 위에서 다른 OS를 실행할 수 있습니다.

Ubuntu 설치하기

이어서 VirtualBox에서 만든 가상 머신 위에 Ubuntu를 설치해 봅시다.

Ubuntu 웹 사이트에서 설치 이미지(ISO)를 다운로드하고, 이를 이용해서 설치할 수도 있습니다.

하지만 Vagrant를 이용하면 훨씬 더 쉽고 간편하게 Ubuntu를 설치할 수 있습니다. Vagrant는 가상 머신 생성과 설정을 자동으로 해주는 소프트웨어입니다.

다음 URL에서 내려받을 수 있습니다.

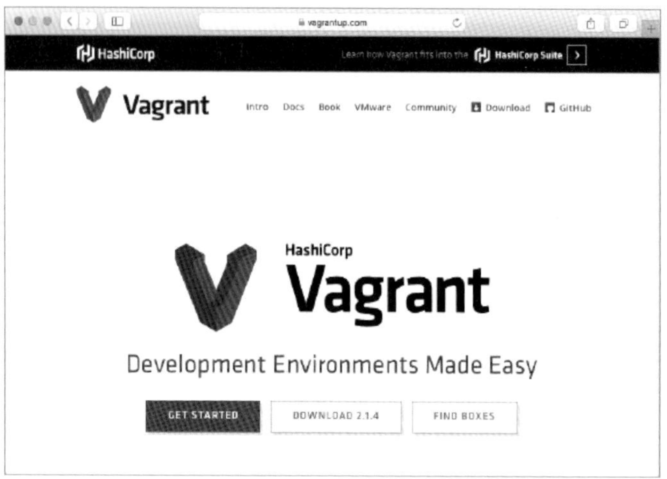

Vagrant를 이용하면 가상 머신을 쉽게 설치할 수 있습니다.

```
Vagrant
[URL] https://www.vagrantup.com/
```

Vagrant를 설치한 뒤, 명령줄을 실행해 다음 명령어를 실행합니다. 이를 실행하면 Ubuntu가 설치됩니다.

```
$ vagrant init bento/ubuntu-18.04
$ vagrant up[1]
```

1 한 번 vagrant init 명령어로 설치한 Ubuntu는 이후에 해당 디렉터리로 이동한 뒤, vagrant up 명령어를 입력하기만 하면 실행할 수 있습니다. 또한 한번 실행된 Ubuntu는 종료하기 전까지는 vagrant ssh 명령어로 계속 들어갈 수 있습니다.
쉽게 말해서 vagrant ssh를 실행했을 때 Ubuntu에 들어가지 않으면 Ubuntu가 꺼져 있는 것입니다. 이 경우 vagrant up을 입력해서 실행하고, 다시 vagrant ssh를 입력해서 들어가면 됩니다.

이렇게 하면 Ubuntu 설치와 설정이 완료됩니다. 이어서 다음 명령어를 실행하면 가상 머신에 로그인할 수 있습니다.

```
$ vagrant ssh
```

부록-2

Docker로 개발 환경 구축하기[2]

이 책에서는 개발 환경 구축을 위해 Docker를 사용합니다. Docker는 리눅스 위에 독립적인 별도의 리눅스 시스템을 실행할 수 있게 하는 컨테이너 형태의 가상화 소프트웨어입니다. 물론 리눅스뿐만 아니라 윈도우와 macOS에서도 사용할 수 있습니다.

Docker란?

Docker를 이용하면 OS 또는 애플리케이션 구축에 드는 번거로움을 덜고, 쉽게 개발 환경을 구축할 수 있습니다. 전 세계의 많은 개발자가 자신이 구축한 환경을 Docker Hub에 등록하고 있습니다. 우리는 명령어 하나만 입력하면 곧바로 그러한 이미지를 받아 환경을 구축할 수 있습니다. 한마디로 Docker를 이용하면 필자가 집필할 때 사용한 것과 같은 개발 환경을 독자도 손쉽게 준비할 수 있습니다.

Docker 설치

일단 Docker를 설치합시다. 다음 웹 사이트에서 macOS 버전이나 윈도우 버전을 내려받을 수 있습니다. Docker 계정을 만들면 무료로 Docker CE를 내려받을 수 있습니다.

2 Vagrant를 사용해서 Ubuntu를 설치했다면, 곧바로 부록-3으로 넘어가 주세요.

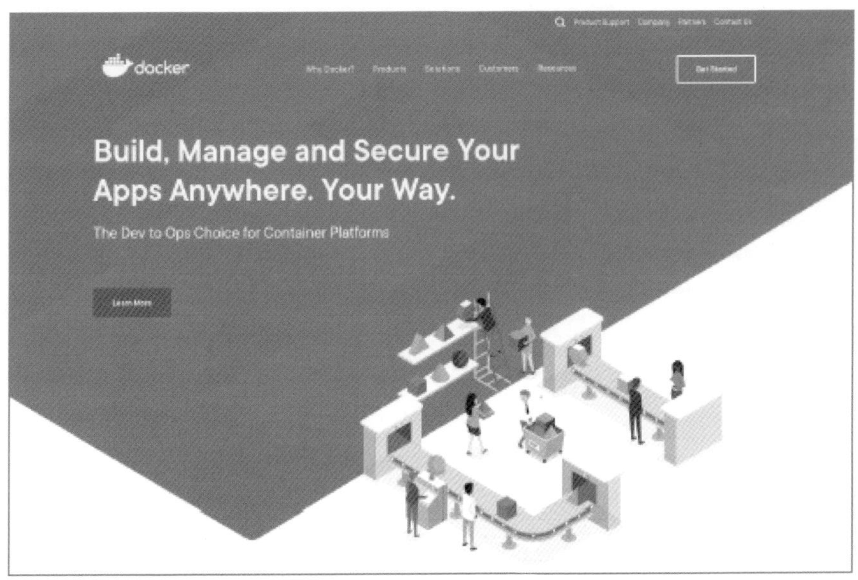

Docker 웹 사이트

```
Docker Desktop 다운로드
[URL] https://www.docker.com/products/docker-desktop
```

다만 최신 Docker Platform을 사용하려면 마찬가지로 최신 OS가 필요합니다. Docker를 사용할 때 OS 내부에 있는 가상화 프레임워크를 활용하기 때문입니다. 따라서 macOS는 El Capitan(10.11) 이상, 윈도우에서는 Windows 10 Pro(64bit) 이상의 환경이 필요합니다.

이러한 환경을 사용할 수 없는 경우에는 이전 절에서 살펴본 Vagrant를 사용해주세요.

macOS에서 Docker for Mac 설치하기

macOS 사용자라면 대부분 Yosemite 이상의 OS를 설치해서 사용하고 있을 것입니다. 따라서 macOS에서 Docker for Mac을 설치하는 방법을 소개하겠습니다.

다운로드한 Docker의 DMG 파일을 더블클릭해서 실행합니다. 더블클릭하면 다음과 같은 화면이 표시됩니다. 여기서 화면의 지시에 따라 Docker 아이콘을 Applications 폴더로 드래그 앤드 드롭합니다.